湖南省检察理论研究基地丛书

潇湘检察论坛

第 11 卷

主　　编：丁维群

副 主 编：文兆平　王国忠

编　　者：刘　拥　魏建文　谭义斌

　　　　　邹　涛　谭泽林　张翠玲

中南大学出版社
www.csupress.com.cn

·长沙·

图书在版编目（ＣＩＰ）数据

潇湘检察论坛. 第 11 卷／丁维群主编. --长沙：
中南大学出版社，2018.5
ISBN 978 - 7 - 5487 - 3239 - 6

Ⅰ.①潇… Ⅱ.①丁… Ⅲ.①检察机关一工作一湖南
一文集 Ⅳ.①D926.32 - 53

中国版本图书馆 CIP 数据核字(2018)第 094884 号

潇湘检察论坛　第 11 卷
XIAOXIANG JIANCHA LUNTAN

丁维群　主编

□**责任编辑**　沈常阳
□**责任印制**　易红卫
□**出版发行**　中南大学出版社
　　　　　　　社址：长沙市麓山南路　　　　邮编：410083
　　　　　　　发行科电话：0731 - 88876770　　传真：0731 - 88710482
□**印　　装**　长沙印通印刷有限公司

□**开　　本**　710×1000　1/16　□**印张** 23　□**字数** 373 千字
□**版　　次**　2018 年 6 月第 1 版　□2018 年 6 月第 1 次印刷
□**书　　号**　ISBN 978 - 7 - 5487 - 3239 - 6
□**定　　价**　58.00 元

目　录

第二编 检察实务专题

第一编　"认罪认罚从宽制度"与"检察机关公益诉讼制度"年会专题

不忘初心 牢记使命
推进新时代检察理论研究工作创新发展[*]

丁维群[**]

本次年会是在全国、全省上下深入学习贯彻党的十九大精神，深入学习贯彻习近平新时代中国特色社会主义思想，把力量凝聚到党的十九大确定的各项任务的背景下召开的一次重要会议。省院对这次会议高度重视。省院党组书记、检察长游劝荣因参加全省经济工作会议不能参加本次会议，但他亲笔对本次会议和检察理论研究工作做出了重要指示。游劝荣检察长强调："省院党组高度重视检察理论研究工作，12 月 19 日还召开了高规格的'新时代检察工作科学发展研讨会'，希望检察理论研究战线的同志认真学习党的十九大精神和习近平新时代中国特色社会主义思想，认真研究进入新时代后检察工作面临的新情况和新问题，提出符合湖南实际和检察工作实际的决策意见和建议，为湖南检察事业科学发展提供坚实的理论支持和理论保障。"游劝荣检察长的重要指示为我们这次会议定下了基调，为今后我省检察理论研究工作指明了方向，全省检察机关要认真学习和贯彻执行。

2017 年，全省检察机关认真贯彻落实高检院和省院的相关部署，持续加强检察理论建设，着力抓好理论成果转化，全省检察理论研究工作取得新的进步。一是检察理论研究成果再上新台阶。在 2017 年全国检察理论研究成果年度评选中，《以审判为中心创新检察工作模式》《以审判为中心对

---

[*] 本文系作者在 2017 年湖南省检察理论研究年会上的讲话。
[**] 湖南省人民检察院党组成员、副检察长。

检察环节非法证据排除工作的影响及其应对》两篇论文分别荣获全国一、二等奖,获奖等次和数量在全国各省、直辖市、自治区中名列前茅。《关于少数民族贫困地区查办涉农职务犯罪情况的调查报告》《湖南省生产、销售假劣药犯罪案件实证研究》在全国检察应用理论研究优秀成果评选中荣获三等奖。二是课题引领作用进一步发挥。我省成功申报高检院重大理论应用课题 2 项,全省检察理论研究课题立项 60 个。三是检察理论研究质量稳步提升,10 多篇论文入选全国检察理论研究年会、中国检察基础理论论坛,多篇文章发表在《人民检察》《中南大学学报(社会科学版)》等核心期刊上。这些成绩的取得,凝结着广大检察理论研究人员的心血和汗水。

在新的历史条件下,就如何做好检察理论研究工作、推动新时代检察理论研究创新发展,谈以下几点意见。

一、认真学习贯彻党的十九大精神,切实做好新时代我省检察理论研究工作

(一)做好新时代检察理论研究,必须按照"学懂、弄通、做实"的要求,认真学习贯彻党的十九大精神

党的十九大是在全面建成小康社会决胜阶段、中国特色社会主义进入新时代的关键时期召开的一次十分重要的大会,在政治上、理论上、实践上取得了一系列重大成果,具有划时代的里程碑意义。

学习贯彻党的十九大精神,是当前和今后一个时期的首要政治任务。党的十九大报告内容丰富、思想深邃、博大精深,提出了许多新理念、新论断,确定了许多新任务、新举措,是我们党在新时代开启新征程,续写新篇章的政治宣言和行动纲领。

全省检察机关法律政策研究室和检察理论研究工作者,要按照"学懂、弄通、做实"的要求,紧密联系思想和工作实际,在真正做到学思践悟、入脑入心上狠下功夫,把广大检察干警的思想和行动统一到党的十九大精神上来,切实用习近平新时代中国特色社会主义思想武装头脑,牢固树立"四个意识",进一步坚定"四个自信",全面贯彻党的基本理论、基本路线、基本方略。要真正把党的十九大精神刻到骨子里,融到血液中,落到行动上,切实增强使命感和责任感,积极投入全面依法治国的伟大实践中来。检察理论研究要通过学习贯彻好党的十九大精神,为检察工作和检察事业发展

提供理论支撑和智力支持；为促进检察机关进一步突出法律监督职责，确保严格执法和公正司法，维护法律的统一正确实施，维护社会公平正义，提供理论支撑和智力支持；为自觉把以人民为中心的发展思想，满足人民日益增长的美好生活需要，体现检察机关的新作为，提供理论支撑和智力支持；为确保我省检察工作和检察事业始终沿着正确的方向科学发展，落实新时代各项检察工作任务，提供理论支撑和智力支持。

（二）做好新时代检察理论研究，必须用党的十九大精神和党的重大理论创新成果统领和指导检察理论研究工作

党的十九大报告把党的十八大以来党的理论创新成果概括为习近平新时代中国特色社会主义思想，并由党章确立为党的行动指南，实现了党的指导思想的又一次与时俱进，是党的十九大的一个重大历史贡献。习近平新时代中国特色社会主义思想的核心要义，就是坚持和发展中国特色社会主义，党的十九大报告用"八个明确"概括了这一重大思想的主要创新观点。

学习习近平新时代中国特色社会主义思想，加强新时代检察理论研究工作必须做好以下几方面的工作：

（1）要深刻领会核心要义，牢固树立"四个自信"。要在检察工作和检察理论研究中牢固树立"四个自信"，坚持中国特色社会主义理论指导检察理论研究工作，坚持走中国特色社会主义检察工作的道路，坚持中国特色社会主义检察制度，坚持传承中国优秀传统文化和法制文化，同时吸收人类文明和法治文明的有益经验。

（2）要深刻领会丰富内涵，自觉做到"八个明确"。检察理论研究要深刻领会"八个明确"的丰富内涵，特别是法治建设和司法改革的丰富内涵，把它作为指导、引领检察工作和检察理论研究的思想武器，努力构建科学完备的中国特色社会主义检察理论体系，为完善中国特色社会主义检察制度、法治体系提供坚实的检察理论基础，为建设中国特色社会主义的法治国家、法治政府、法治社会贡献检察力量。

（3）要深刻把握本质优势，坚定检察理论研究正确政治方向。用习近平新时代中国特色社会主义思想武装头脑，特别要深刻理解中国特色社会主义最本质的特征是中国共产党的领导，中国特色社会主义制度最大的优势是中国共产党的领导，从而坚决防止和摒弃在检察理论研究中西化"普世价值"，摒弃西方"宪政""多党制""三权分立"等思想影响，坚决摒弃不讲党的领导的所谓"司法独立"思想和理论影响，使检察理论研究始终沿着正确的政治方向和正确的道路前进。

（4）要深刻理解基本方略，自觉对标"十四个坚持"。要在新时代找准和坚持检察机关和检察理论研究的历史方位和宪法定位。要全方位对标怎样坚持和发展中国特色社会主义检察制度，研究怎样坚持和发展中国特色社会主义检察事业和检察工作；要把检察事业和检察工作放到新时代党和国家的工作大局中谋划，研究检察工作如何贯彻执行好党和国家大政方针；要研究新时代检察事业和检察工作的基本方略、前进方向、工作办法、发展路径等问题。

（5）深刻领会新时代新要求，多出创新性检察理论成果。检察机关尤其要准确把握党的十九大报告对法治建设、司法改革、检察工作提出的新要求，引领、提高政治站位，更新检察理念，明确发展方向，更好地履行检察职能。要结合湖南实际和检察实际，加强新时代检察理论研究，不断发现新情况、解决新问题，不断创新、发展、完善检察理论、制度和实践体系。要尽快形成一批有高度、有深度、有实证、有引导作用的检察理论研究成果，以理论创新引领工作创新发展，促进新时代我省检察工作创新发展。

（三）做好新时代检察理论研究工作，必须联系湖南实际和检察实际，以检察理论创新带动检察工作创新发展

（1）紧紧围绕全面建成小康社会和建设富饶美丽幸福新湖南，加强检察理论研究。检察理论研究工作要贯彻坚持新发展理念的要求，紧紧围绕省委作出的战略部署和工作任务目标要求，研究如何找准检察机关服务和保障的切入点和着力点，研究检察工作服务和保障经济社会发展的新举措和新方式，研究更好运用法治思维和法治方式推动我省经济社会持续健康发展，研究如何继续推进"除虫护花"和"依法容错"机制落地生根，研究生态环境资源检察工作，研究检察服务精准扶贫工作，研究知识产权检察司法保护，研究如何实现司法办案政治效果、法律效果、社会效果的有机统一，等等。要以检察理论研究成果、检察理论创新带动检察机关以出色的工作业绩助推我省实现经济社会发展、大局稳定和谐、社会公平正义，为建设富饶美丽幸福新湖南贡献检察力量。

（2）紧紧围绕"以人民为中心"，加强检察理论研究工作。党的十九大报告把人民对美好生活的向往作为奋斗目标,并作出了"我国社会主要矛盾已经转化为人民日益增长的美好生活需要和不平衡不充分的发展之间的矛盾"的全新科学论断,彰显了党全心全意为人民服务的根本宗旨和价值取向。检察理论研究要围绕民生检察,加强对建设平安湖南保障人民安居乐业、健康法治建设、服务和保障精准扶贫、生态环境资源司法保护、推进公益诉讼工作等重点领域的检察理论研究。要研究如何加强司法办案守护民生的基本手段和有效途径,要研究回应人民群众对检察工作的新期待,研究如何更好地为人民群众提供更加优质便捷的司法服务,努力让人民群众对公平正义和美好生活有更多的获得感。

(3)紧紧围绕全面依法治国,突出法律监督主业主责,加强检察理论研究。检察机关是国家的法律监督机关,在依法治国中肩负着法定职责和使命。要以问题为导向,研究国家法律监督机关的宪法定位、根本属性和本质特征;研究检察制度的发展规律和中国特色社会主义检察制度的完善;研究诉讼规律、司法规律和法律监督规律。当前要特别重视研究检察理论工作的转型发展,进一步突出检察机关法律监督主责主业,研究检察基本职能、重点职能和新的职能,研究如何补齐短板、创新发展和平衡发展。要围绕新时代检察业务工作,加强对完善刑事检察、民事检察、行政检察、刑事执行检察、控告申诉检察等业务工作的研究。要以理论创新带动和推进检察事业和检察工作的创新发展,努力让人民群众在每个司法案件中感受到公平正义。

(4)紧紧围绕深化司法体制改革和健全配套司法体系建设,加强检察理论研究。党的十九大报告提出了深化依法治国实践和司法体制综合配套改革、落实司法责任制的要求。同时做出了健全党和国家监督体系改革、推进监察体制改革的决策部署。除了健全配套司法体系建设和深化司法体制改革,还有许多新的改革任务。检察理论研究工作要进一步加强对重大司法改革和新的司法改革相关问题的研究。要围绕对以审判为中心的诉讼制度改革,加强对刑事证据制度、标准和排除非法证据的研究,加强对认罪认罚从宽制度和繁简分流快速办理案件的研究;要抓住公益诉讼改革的契机,加强对民事检察、行政检察业务的研究;要牢牢牵住司法责任制改革的"牛鼻子",加强对落实司法责任制的研究,加强对员额制落实的研究;要加强对检察官正规化、专业化、职业化的研究;加强对省以下检察院人、财、物统管工作的研究;加强对科技强检和大数据、智能化支撑检察工作创新发展的研究;加强内设机构扁平化、提高工作效率的研究;加强对检察监督体系的研究;加强对转隶过程和转隶后的衔接工作机制研究,确保国家监察体制改革试点和转隶工作的顺利进行。总之,要通过检察理论研究,细化和落实改革措施和工作措施,并不断总结经验、探索规律,推动司法改革、检察改革落地见效。

（5）紧紧围绕全面从严治党,切实加强检察队伍建设,加强检察理论研究。要认真落实全面从严治党的新要求,坚持从严治检不动摇。要认真研究加强检察机关党的建设、加强班子建设、加强检察队伍建设等方面的相关问题和措施。同时也要认真研究加强法律政策研究室和检察理论研究队伍建设的相关问题。

二、强化责任担当,进一步推进新时代法律政策研究转型和科学发展

（一）积极发挥智库作用,服务好领导决策和司法办案

曹建明检察长在今年的大检察官研讨班上指出:"检察理论研究所、国家检察官学院、高检院法律政策研究室要发挥检察监督理论研究主阵地作用,努力建成全国最好的检察智库、具有较大影响力和知名度的法治智库。"这是对法律政策研究室工作提出的新要求。为落实这一任务要求,高检院法律政策研究室起草了《关于加强检察智库建设的意见》。全省各级院法律政策研究室要深刻认识为发展完善中国特色社会主义检察制度提供智力支持的职责使命,切实发挥好检察智库作用。研究检察工作中的重大问题,发挥参谋助手作用,为院党组决策和各项工作开展提供智力支持;研究检察实践中的难点问题,发挥业务指导作用,为司法办案提供参考,也为相关司法解释等规范性文件的出台提供依据;研究司法改革中的关键问题,发挥"改革参谋部"作用,为检察改革顺利开展破解理论难题。

（二）创新研究方式,推进"大调研""大研究"工作格局建设

认真贯彻高检院对法律政策研究室工作的指导精神,推动"大调研""大研究"工作格局的建立完善。主要做好以下工作:

（1）进一步加强专题研究、应用研究。要继续推行课题制研究模式,积极申报国家级和省级重大法律和检察理论研究专题课题。同时要建立健全

课题组定期汇报机制,领受上级院调研课题的人员以课题组形式开展调研工作,不定期研讨调研课题研究项目,并定期召开调研工作推进会,听取课题组成员汇报调研工作阶段性进展及成果,组织调研骨干为重点研究课题提供资料、提出参考性意见。

(2)积极推进案例研究。案例研究既凸显了法律政策研究室的业务属性,也是检察调研与司法办案深度融合的一种有效方式。曹建明检察长指出:"全面推进司法案例工作,不仅对指导司法办案实践、提升司法质量和公信力具有重要意义,也是推进法治社会建设、促进全社会尊法学法守法用法的重要途径。"各级院法律政策研究室要紧密对接业务部门办案需求,在增强案例研究的主动性、针对性和提升指导性案例的应用性上下功夫;要及时发现和研究司法办案中的法律适用难题,加强对个案中共性法律适用问题和类案中司法办案规律的研究和提炼,着力挖掘对办案工作具有指导和借鉴意义的典型案例;要加强对高检院已发布指导性案例适用情况的研究,推动指导性案例在司法实践中的实际应用,提高案例指导工作的水平。

(3)建立调研工作人才培养、激励机制。要加强与办案业务部门的密切协作,开展多层次、多方位的检察理论调研培训,探索建立轮岗研修制度,定期安排业务部门青年干警轮流到调研岗位参与理论研究工作,提高检察理论研究水平。检察理论研究还要善于借用外力配合和协助工作,加强与法学界的联系,加强检校联合协作,吸收法学专家教授加入检察理论研究团队,建立完善联合研究重大课题的检察理论研究机制,促进检察理论研究水平的提高和高质量完成检察理论课题任务。

(4)建立健全调研工作绩效考评机制。推动将调研工作纳入有关业绩考评内容以及部门绩效考核任务,作为个人晋升晋级和部门评优评先的重要依据;同时对有突出调研成果的部门和个人予以表彰,对有突出成绩的调研人才向政工部门申报立功受奖。

(5)积极推进"互联网+"、大数据、云计算、人工智能等现代科技在检察理论研究中的运用。近期要抓好以知网等平台在检察理论研究中的运用工作,为广大检察干警的工作和研究提供源源不断的资讯和知识。在推进科技应用和信息化过程中,要加强对法律和司法办案的资料研究,积极为全省检察机关和广大检察干警提供司法办案的工具和资料。

（三）认真落实高检院、省院布置和安排的理论研究和法律政策研究各项工作任务

根据高检院和省院的安排，集中精力抓好重点工作任务的落实。加强对检察基础理论的研究，2018 第八届中国检察基础理论研究论坛将在我省召开，全省检察机关法律政策研究室和检察理论研究工作者要加强对检察监督体系的理论基础和检察工作基本原理、检察监督体系与检察职能的定位、调整完善、检察监督体系的制度保障等方面的研究，为开好会议提供高质量的论文。配合检察院组织法、检察官法修改加强研究，着力围绕办案组织、机构设置、职权配置、监督手段、履职保障等重点问题，对修订草案进行系统、深入的调研论证，提出有前瞻性、针对性的意见建议。继续加强对以审判为中心诉讼制度改革的研究和认罪认罚从宽制度的研究。加强对民事、行政公益诉讼等检察改革项目和对行政违法、行政强制措施实行监督改革的研究，特别是要加强对提起公益诉讼的研究。要继续配合推进民法典分编的编纂研究，保证按时优质地提交专题研究意见和立法建议。加强围绕监察体制改革"两局"转隶衔接机制相关问题的研究，如检察机关办理职务犯罪案件采取强制措施、审查起诉、提起公诉、不起诉等具体司法程序。研究如何进一步科学设置内设机构等问题。积极推进司法解释建议报送工作和指导性案例报送工作。做好其他法案研究工作和业务类规范性文件审查工作。规范开展案件请示答复工作。加强刑法和刑事诉讼法应用问题调研工作。

时代是思想之母，实践是理论之源；实践没有止境，理论创新也没有止境；使命引领未来，使命呼唤担当。正如党的十九大报告指出："历史只会眷顾坚定者、奋进者、搏击者，而不会等待犹豫者、懈怠者、畏难者。"只要我们以党的十九大精神和习近平新时代中国特色社会主义思想为指导，不忘初心，牢记使命，拥抱新时代，不断探索，不断认识规律，不断推进检察理论创新，就一定能够推进新时代我省检察事业和检察工作的创新发展。

认罪认罚从宽案件值班律师的困境与破局

——以检察实务看值班律师制度的改革与完善

谭义斌* 王 艳** 李云军***

认罪认罚从宽制度改革，是十八届四中全会决定中"优化司法职权配置"部分提出的一项具体司法改革措施。为贯彻落实这一改革部署，根据全国人大常务委员会授权，"两高三部"出台了《关于在部分地区开展刑事案件认罪认罚从宽制度试点工作的办法》（以下简称《办法》）。自此，我国的认罪认罚从宽制度正式从理论走向了实践。而从实践中不断发现、解决问题，改革与完善有关制度、措施，亦是开展试点工作应有之义。①

当前，理论界和实务界在认罪认罚从宽制度的理论基础、证明标准、办理程序等问题上展开了热烈的探讨，形成了很多共识。但该制度中的一个重要主体——律师，却未得到应有的关注。而综观整个认罪认罚制度，若缺少了律师的充分、有效参与，认罪认罚从宽制度要守住的公平正义的底线将时刻面临被突破的风险，这将严重动摇该制度的根基。是故，如何审视律师参与在认罪认罚从宽制度中的地位和作用，特别是如何完善值班律师制度，使其在保障人权、维护司法公正、实现程序公正等方面发挥作用，

＊ 湖南省检察学研究会秘书长。

＊＊ 长沙市芙蓉区检察院检察官。

＊＊＊ 长沙市开福区检察院公诉科副科长。

① 长沙市开展认罪认罚从宽制度试点后，省院公诉部门及时进行了调研指导，省检察学研究会亦参与了部分调研，并将其作为重要课题进行研究，此论文即是课题研究的中期成果。省院公诉部门有关同志对此成果作了指导。

是摆在我们面前亟须认真研究并尽快解决的重要课题。①

一、律师参与的理论价值和实践意义

认罪认罚从宽制度，是在原有刑事实体、程序中"坦白从宽""宽严相济"的刑事政策中发展、提炼而成的一系列刑事政策的总结和高度概括，是在我国刑事案件高发、犯罪轻刑化趋势、合理节约诉讼资源等社会现状和要求下而产生的司法探索和诉讼模式。它的运行，将使一大批案件犯罪嫌疑人通过认罪认罚从宽程序实现程序优待、处罚从轻的诉讼结果。这一大批案件如果没有律师参与到程序和实体处罚中来，从诉讼构造上讲是不完整的，从诉讼双方力量对比上讲是没有张力的，从诉讼权利保障上讲是易被忽视的。为使认罪认罚从宽案件犯罪嫌疑人能获得有效法律帮助，理解并自觉接受这一制度，减少案件后续矛盾，强化律师有效参与是健全和完善这一制度的必要之策。

（一）是助推司法体制改革的强大动力

（1）推动贯彻"宽严相济"刑事政策。认罪认罚从宽制度本身即体现了我国现代司法宽容的精神，是落实"宽严相济"政策的一个样本，其意义在于通过制度设计推动坦白从宽制度化，体现罚当其罪，促使被追诉对象自愿认罪认罚，以换取从宽处理。在此意义上，律师参与既能在宏观上保障上述制度功能的顺利实现，又能在微观上参与具体从宽幅度的协商，使认罪认罚从宽真正落到实处。

（2）助力形成合理诉讼结构。从结构决定功能的理论出发，没有权力制衡的合理结构，就不会有刑事诉讼各个权力最佳功能的发挥。律师参与认罪认罚制度可以使被追诉对象获得律师提供的法律帮助，从诉讼结构上平衡了控辩双方的攻防力量，有利于保持"三角诉讼结构"，实现刑事诉讼中国家权力和个人权利的平衡。②

（3）顺应世界刑事司法趋势 。世界刑事诉讼的第四次革命是控辩关系以对抗为主转向以合作为主。③ 认罪认罚案件中，在被追诉对象放弃对抗的

---

① 本文先讲律师作用，再讲律师参与认罪认罚存在的现实困难，最后讲改革值律师制度的设想，中间"律师"与"值班律师"没有作严格界定和区分，请读者注意。

② 王敏远.司法改革背景下的三机关相互关系问题探讨[J].法治与社会发展，2016（2）：36.

③ 冀祥德，李瑛.律师介入认罪认罚从宽制度研究[J].人民检察，2016（18）：12.

情况下，冲突解决的方式从"决定型司法"转向"合意型司法"，控辩双方的关系从"对抗式"转为"协商式"。在律师的帮助下，诉讼双方在平等的基础上从对抗走向合作，这顺应了世界刑事司法的趋势，也必将对我国传统刑事诉辩格局产生强烈的震撼并引发深刻的变革。

（二）是敦促司法人员依法履职的必要外因

（1）有助于提高办案效率。律师广泛参与到认罪认罚从宽制度之中，首先，能为案件在侦查阶段的顺利侦破减少阻力，极大地推动侦查机关的案件办理进程；其次，于审查起诉阶段，律师参与能促成控辩双方尽早就认罪和量刑等问题达成一致意见，简化办案程序，减少办案时间；而在审判阶段，广泛采取非对抗的速决程序进行的诉讼程序，使案件纠纷化解于庭审之前，将尽可能简略庭审程序，极大地提高司法效率。

（2）有助于提升办案质量。一方面，律师参与并就案件发表相关辩护意见，客观上为办案人员审查案件提供了多种视角，使办案人员能更为辩证客观地看待案件，能有效防止冤假错案的发生。另一方面，认罪认罚从宽制度设计的初衷之一便是实现刑事案件的繁简分流，从而达到"简案快办、疑案精审"的目标。在此基础上，司法人员能够集中力量办大案、要案，有助于办出更多经得起历史推敲的精品案件。

（三）是保障被追诉对象诉讼权利的基本要求

保障被追诉对象的权利是律师参与认罪认罚从宽制度最重大的意义所在。在鼓励被追诉人以认罪认罚的合作换取法律的宽大处理的情况下，面对拥有强大司法权的国家公权力机关，如何实现这种合作的自愿性与协商的平等性，律师的参与更容易被认同与接受，也是不可或缺的一环。

（1）使其能够积极参与诉讼过程，保障程序选择的恰当性。《办法》依据被追诉对象是否认罪，以及可能判处的刑种和刑期的长短设置了速裁程序、简易程序和普通程序三种诉讼程序，以有效应对不同的案件，从而给了当事人更多的程序选择权。律师参与并提供法律帮助，能在一定程度上减少被追诉对象与司法人员之间因信息不对称而导致的程序选择的盲目和被动，有利于被追诉对象理解自己所处的刑事诉讼过程，充分认识到自己享有的诉讼权利，并通过理性的程序选择维护自己的合法权益。

（2）使其能够清晰明辨罪与非罪、此罪与彼罪，确保认罪的自愿性。一般的被追诉对象不具备专业法律知识，对案件的实体和程序后果难以有客观正确的理解和把握。如果没有法律专业人员的帮助，被追诉对象在认罪认罚过程中很可能遭受误导、诱惑和压力而做出错误的"认罪"意思表示。而律师的参与和帮助将使其对罪与非罪、此罪与彼罪的区别有清醒的认识，由其自主决定是否认罪，从而确保认罪的自愿性，以使无罪的人不受刑事追究。

（3）使其能够准确预见所面临的刑罚，保证认罚的正当性。《办法》第二十条规定："对于认罪认罚案件，人民法院依法作出判决时，一般应当采纳人民检察院指控的罪名和量刑建议。"这意味着被追诉对象一旦同意了检察机关指控的罪名和量刑建议，通常也就提前预知了裁判结果，故而在审查起诉阶段律师与检察机关就量刑的磋商和博弈就显得尤为重要。另一方面律师帮助被追诉对象分析法定、酌定的量刑情节，也使其能更加理性地判断是否同意检察机关的量刑建议。

（四）是实现律师自身价值的良好契机

认罪认罚从宽制度的出台，一方面对律师的专业素养、谈判能力提出了新的要求；另一方面，也为律师参与法治建设、实现自己的人生价值提供了机会。所谓认罪认罚从宽制度，其构成要件主要为：在实体上表现为自愿认同指控罪名（认罪），认可量刑建议书（认罚）；在程序上表现为对庭审程序简化不持异议；在行为上表现为深刻忏悔，主动退赃，积极赔偿，求得被害人谅解；在对被追诉对象的从宽处理上主要表现为有利程序选择与量刑减让（从宽）。这些要件的形成，都需要律师的参与和帮助，在此意义上，律师在认罪认罚程序中应大有可为。

二、律师参与困境的成因及分析

在我国刑事案件中，律师作用发挥不足是公认的事实。认罪认罚从宽制度中的律师参与同样也面临着这样的问题。虽然如前文所述，该制度中的律师参与有如此重大的理论价值和实践意义，但在具体操作中仍遇到了诸多问题。而相对于其他案件，认罪认罚从宽类案件律师可发挥作用的效力和空间更大。在认罪方面，要求被追诉人"如实自愿"，办案人员不能进行"协商"，但律师可以帮助被追诉人做出判断和指引，他可以凭借其专业的法律知识和丰富的诉讼经验，帮助被追诉人做出正确明智的选择；同时针对办案人员的不当施压和诱供等情形，律师又可以帮助其有效防御。在强制措施方面,律师可以根据犯罪事实、认罪悔罪情况和人身危险性,建议适用相对宽缓的强制措施。在认罚方面,律师可以根据案件的事实、性质、情节、危害程度和家庭状况,选择最有利、最相适应的处罚。在审判程序方面,律师可以根据前期案情及被追诉人认罪认罚并签署具结书等情况,选择快捷简便的审判方式。

经调查,长沙市检察系统 2017 年 1 月至 4 月,向法院起诉认罪认罚从宽案件 170 件、198 人(法院采纳 190 人),占同时段所有审查起诉案件的21.94%。显然办案数量偏少,比例偏低,且分布不平衡,与该制度全面适用于认罪认罚刑事案件的设计初衷不相契合,对刑事案件"繁简分流"并未起到实质性的作用。具体分析,除了与办案时限短、法律文书冗杂等原因相关外,其中的律师参与问题也对该制度的适用造成了困境。

(一)制度规定不健全

(1)值班律师制度尚未建立。值班律师制度,是指由国家为犯罪嫌疑人、被告人购买法律服务,由法律援助机构在人民法院、看守所派驻法律援助值班律师,为犯罪嫌疑人、被告人提供免费法律服务,不审查犯罪嫌疑人、被告人的经济状况和所涉案情的一种司法救济制度。按照《办法》的规定,所有的认罪认罚案件都需要辩护律师或者值班律师的参与,而绝大多数的刑事案件是没有辩护律师的,那么认罪认罚案件中的律师参与重担就落在了值班律师身上。而反观我们的值班律师制度,虽然早在 2014 年 8 月"两高两部"关于刑事速裁试点办法中要求建立法律援助值班律师制度,2015 年 6 月中共中央办公厅、国务院办公厅印发了《关于完善法律援助制度的意见》,又要求在全国建立法律援助值班律师制度,法律援助机构在法院、看守所派驻法律援助值班律师,但值班律师制度却没有真正建立并完善起来,有的地方虽有值班律师,但仅能满足一小部分案件需要,且时间也无保障。

(2)对律师参与的规定过于笼统。目前认罪认罚从宽制度中的律师参与遵照《办法》和长沙市人民检察院《关于在刑事诉讼中开展认罪认罚从宽制度试点工作的细则》(以下简称《长沙市细则》)有关规定予以展开,但有关律师参与的具体内容,如提供法律帮助的律师是否需要承担辩护律师的职责,是否享有辩护律师的相关权利,适用速裁程序、简易程序、普通程序不同情形下的律师参与是否应当区别对待等问题,均不能从现有的规定中得到明确的答案。值班律师仅在值班地点为被追诉人提供法律咨询，并不具有辩护和出庭职责。如此，辩护和出庭等后续工作又缺乏有效衔接。

（3）检察机关未通知律师参与的法律后果不明晰。《办法》仅对律师参与作出了原则性规定，但未明确司法机关不通知律师参与所引起的法律后果。正是因为缺乏对未通知律师参与的情况下所作讯问及"认罪认罚具结书"的程序性后果，该制度也就丧失了现实意义上的拘束力，容易沦为办案人员选择性遵守的规范。这使得认罪认罚从宽制度中的律师参与所起的效果在实践中大打折扣。

（二）现实难以应对办案需要

（1）没有律师，无法适用。虽然在适用认罪认罚从宽制度的过程中尽力遵守《办法》规定和《长沙市细则》，力争使每一个适用该制度的犯罪嫌疑人均得到法律帮助，但现实困境是，值班律师要么没有，要么需要长时间预约，而最终也只是在签署具结书时露个面。由此，造成一些办案人员不想也不愿适用这一程序，而选择适用其他程序。这也是当前办理认罪认罚从宽案件比例低的一个重要因素。

（2）勉强应付，律师积极性不高。《办法》第五条提出了值班律师或辩护律师参与的强制性规定。除了几种特殊情形必须为其指定法律援助律师以外，绝大多数的犯罪嫌疑人是没有辩护人的，这意味着检察人员必须为其通知值班律师提供法律帮助。但是就目前的情况来看，到哪里去通知值班律师成为摆在检察人员面前的一大难题。在不得已的情况下，检察人员只能通知一般的辩护律师为犯罪嫌疑人提供帮助，而一般辩护律师是需要收取律师费的，费用问题又横亘在办案人员面前。加之，律师因没有阅卷，没有全面了解案情，却让其在具结书上签字，他认为要承担一定风险，其积极性也不高。

（3）律师来了，作用不大。除了可以从直观上感受到的适用率低的问题以外，更严重的问题是律师参与流于形式，缺少实质作用。在该制度的实施过程中，无论是援助律师还是检察机关指派的律师，提供的法律帮助质量均不尽如人意，效果并不理想。体现在：①律师没有程序启动权，是否可以适用认罪认罚从宽制度由检察机关说了算。实践中，往往是在检察人员判断案件是否适用认罪认罚程序并启动该程序之后再通知律师，律师被动地参与到案件中来，法律援助也没有抓住人权保障的关键环节来确保认罪的自愿性及量刑的正当性。②援助律师不具有辩护人地位。除了法律援助律师外，检察机关指派的帮助律师均没有参与到整个刑事诉讼程序中来，仅是同检察人员简单了解案情后，告知犯罪嫌疑人可以采用认罪认罚程序，并没有审查案卷或调查取证，更没有出庭为其进行辩护，难以与控方进行有力协商和形成对抗。因此，大多数情况下，律师似乎成了检察机关适用认罪认罚程序的"辅助者"。

个别案件因受办案时限和诉讼效率，在没有律师参与的情况下也直接适用了认罪认罚程序。其做法是在犯罪嫌疑人签署"认罪认罚从宽制度告知书"和"认罪认罚具结书"时，让其同意放弃律师为其提供帮助；或者由其他办案人员代理律师职责，帮助其完成有关法律手续。显然这些做法表现出试点过程中的法律援助不健全，这与值班律师制度的不完善是有关系的，其出路就是要解决律师的有效供给问题。

（三）检察机关适用主动性不够

（1）程序烦琐影响适用。根据笔者的走访和调查，绝大多数的检察人员认为，适用认罪认罚程序除了要告知犯罪嫌疑人诸多权利义务、签署多份文书以外，还要花费时间、精力为其指派律师，办结一个认罪认罚案件往往需要消耗掉比一般简易程序案件更多的资源。认罪认罚从宽制度的适用现阶段确实没能让检察人员从案多人少的境况中解脱出来，而广大办案人员又习惯于传统的办案惯性思维，进一步导致了他们对该制度有部分抵触情绪。

（2）经费匮乏影响适用。在现有的免费值班律师严重缺失的情况下，检察机关为犯罪嫌疑人指派律师成了常态。这部分律师来自哪里，是否需要支付费用，费用由谁承担都成问题。实践中，某区检察院的做法是支付给前来的帮助律师每人 200 元的律师费，有的基层检察院要求律师无偿提供服务，甚至连车马费都需要律师自行承担。而 2017 年湖南省律师协会理事会通过的《湖南省律师服务收费行业指导标准》规定"执业 3 年以下的律师，每工作 1 小时收费不低于 500 元"，具有职称或者执业时间更长的律师收费标准甚至可以高达每小时数千元。巨大的收费悬殊，使一般辩护律师不愿参与到认罪认罚从宽制度中来，而检察人员又面临律师难请和经费无保障问题。作为一项制度建设，从长远看，如何能够使律师自觉自愿参与到认罪认罚从宽制度中来，是必须考虑的问题。律师作为独立的经济体，让其无条件地付出，必定很难长久，而且长久这样做，也有失司法公信。

（3）主观抵触影响适用。长期受有罪推定法律思维的负面影响，部分检察人员的思维仍局限在如何有效打击犯罪上，将刑事案件中的律师参与简单视为给自己找碴，将律师依法进行协商或提出异议，视为不合作不配合，甚至认为是与犯罪嫌疑人沆瀣一气。虽然随着刑事司法理念的革新，上述观念已逐步被检察人员摒弃，但诚然，律师的工作更注重于保障犯罪嫌疑人的利益，较之无律师参与的案件，律师提出的各种意见无疑增加了检察人员的工作难度。这也是检察人员主观上不愿意律师参与到刑事案件中来的原因之一。

（四）被追诉者接纳程度不高

部分被追诉人对律师的作用不完全理解，又缺乏有效沟通，对其信任度并不高，总认为律师是冲钱而来，不能被犯罪嫌疑人充分信赖和接纳。在向犯罪嫌疑人解释认罪认罚从宽制度及律师帮助是免费的情况之后，犯罪嫌疑人又容易转而认为律师仅仅是检察机关办案人员带来走过场的"摆设"，并不能给自己带来实质性的帮助，从而消极对待。这种观念在一定程度上导致被追诉对象对律师的接纳程度不高。

（五）律师参与积极性不强

（1）认罪认罚从宽制度给律师执业带来风险。认罪认罚从宽制度具有高效率的程序价值，但也有损害公平正义的制度缺陷。在认罪认罚从宽处理程序中，比较容易发生被追诉对象避重就轻逃避惩罚、权权交易、权钱交易等问题。一方面，为了逃避惩罚，被追诉对象及其家属很可能利用律师参与定罪量刑磋商的时机向辩护律师提出非分要求，让律师偏离公平正义的底线；另一方面，律师在办理此类案件时，也认为其在没有阅卷和询问被追诉人的情况下签署具结书仅起一个在场作用，对具结书内容把握不准，容易发生执业风险，这使得律师参与认罪认罚案件时持谨慎态度。

（2）经济效益缺失削弱了律师参与的积极性。如前文所述，参与认罪认罚案件不能给律师带来经济效益，客观上检察机关无法要求其为追求公平正义的法律信仰而摒弃"养家糊口"的责任，毕竟从本质上来讲，无论出钱的人是谁，律师服务作为一种商品，是需要购买的。

（3）个人价值无法凸显损害了律师参与的积极性。实践中，律师参与多流于形式，仅在检察机关讯问犯罪嫌疑人及要求犯罪嫌疑人签署相关文书时在场,并签字确认,留给律师发挥作用的空间很小,这难以令参与认罪认罚案件的律师产生成就感和职业自豪感,继而损害其参与的积极性。

三、律师有效参与的对策及路径

认罪认罚从宽制度是"刑事诉讼中,从实体和程序上鼓励、引导、保障确实有罪的犯罪嫌疑人、被告人自愿认罪认罚,并予以从宽处理、处罚的由一系列具体法律制度、诉讼程序组成的法律制度"①。认罪认罚从宽制度是与以审判为中心的诉讼制度相对应的基本诉讼制度,它与以审判为中心的诉讼制度共同构成刑事案件处理的两种模式或两种诉讼轨道。而从案件数量上说,随着这一诉讼制度的逐步展开,通过这一模式处理的案件将占绝大多数。但是通过前面的分析可以看出,律师有效参与是认罪认罚从宽制度中问题比较突出的一环,而且随着这一制度的渐次开展,问题会更加突出。那么律师究竟应当如何参与,如何保障律师充分有效参与,是我们要认真思考和解决的问题。笔者认为,解决的路径有以下几条。

(一)着眼现实,重新定位值班律师制度

(1)完善值班律师制度,实现认罪认罚案件全覆盖。值班律师制度首要解决的是律师的量的问题,其主要职责是为被追诉人提供法律咨询,解答有关疑难问题,帮助被追诉人对案件的处理过程和结果有个正确预期,实现案件全覆盖。② 现有规定将值班律师与辩护律师区分开来,规定值班律师的主要职责是及时提供法律咨询和建议,告知被追诉对象适用认罪认罚程序的法律后果,帮助其进行程序选择和量刑协商等,并且明确限定了值班律师的功能,即不享有阅卷、询问等权利,也不承担出庭辩护的职责。实际上,值班律师仅起一个"普法"的作用,帮助被追诉人扫除法律"盲点"。但要实现认罪认罚案件值班律师全覆盖,需要做的工作很多,因此需要大量的值班律师参与进来。笔者认为,完全由法律援助律师来担任值班律师,显然很难满足这一需要,硬要强制推行也很难达到目的。当前一些地方由政府出资设立驻看守所、驻法院的值班律师,根本无法满足办案需要,就很

① 顾永忠. 关于"完善认罪认罚从宽制度"的几个理论问题[J]. 当代法学,2016(6):129 - 137.
② 程衍. 论值班律师制度的价值与完善[J]. 法学杂志,2017(4):119.

能说明这一点。为此笔者建议，扩大值班律师人员范围，组成以司法工作人员为主协调（带班）、社会组织和法律志愿者为主要力量、包括律师在内的法律服务团队，以应对认罪认罚从宽制度对值班律师的迫切需求。当然未来理想的状态是，"由国家以政府公务员的身份招募全职值班律师"，使值班律师成为一种固定职业。[①]

具体设想是，各级司法行政机关成立值班律师办公室，负责值班律师的选拔、聘用、派驻（带班）、考评等工作，在司法机构退休人员、高校教师、法律志愿者（如在校法律学生、单位法律顾问、社区法律工作者）中招募既有法律知识又热心从事公益的人员，组成值班律师团队，定期安排从事法律服务。[②] 这部分社会力量，如果能用好，将是一笔很大的社会资源。光是每年从公检法司退休的人员，就是相当大一笔资源。他们中很多人衣食无忧，身体健康，想干点事又无处下手，甚至一时难以适应悠闲的生活。让他们中一些人充当志愿者，发挥余热，他们是乐意干的。如果再能给点补助，让其在付出之余还有一点回报，那就更满意了。[③]

（2）完善值班律师办案范围。前面讲到，值班律师一般由法律志愿者来做，主要职责是提供咨询与法律服务，不出庭和承担辩护职责。如何科学地界定认罪认罚程序中值班律师与普通案件的援助律师、辩护律师之间的分工，推进不同角色之间有效转换，保障辩护权在刑事案件中得到充分有效实现，需要选择与其职责相适应的案件范畴和诉讼方式。我们认为，值班律师主要办理刑事速裁、简易程序、刑事和解程序三类案件。因为这三类案件案情都比较简单明确，争议不大，辩护的空间很小，职责主要是法律咨询和法律帮助，所以认罪认罚案件的值班律师，一般应由律师之外的司

① 程衍. 论值班律师制度的价值与完善[J]. 法学杂志，2017(4)：122.
② 在法律援助工作做得很好的河南，公检法司四部门于 2016 年 8 月出台了《河南省法律援助值班律师办公室（工作站）工作规定》，规定驻法院值班律师是便民服务，驻看守所值班律师是人权司法保障，后者工作内容突出对被羁押的犯罪嫌疑人、被告人的权益保护，通过参与入所教育，告知在押人员依法享有的诉讼权利，进行一对一的法律帮助等形式，切实发挥值班律师的人权司法保障职能。可见其主要职责是法律咨询和帮助。
③ 现在，法院有人民陪审员，检察院有人民监督员，司法行政机关值班律师志愿者，可以冠以"人民司法员"名义。希望各有关部门重视办案这一现实问题，加强调查研究，创建符合中国特色的值班律师制度，使"人民司法员"制度能够落地生根。

法工作人员(退休人员)、法律志愿者来做。① 如果犯罪嫌疑人既认罪认罚，又不愿放弃律师出庭辩护，可以选择普通程序。这样分工，既解决了值班律师人员不足的问题，又可以保障援助律师集中做好辩护。对此，《办法》第二条也有相似规定：犯罪嫌疑人、被告人为尚未完全丧失辨认和控制自己行为能力的精神病人的，未成年人犯罪嫌疑人、被告人的法定代理人、辩护人对未成年人认罪认罚有异议的，均不适用认罪认罚程序。上述两类案件即便犯罪嫌疑人认罪认罚，仍然要按普通程序审理，以充分保障其辩护权，法律援助机构应当指派律师为其辩护。针对我国目前法律援助现状，应当进一步落实、完善辩护制度，这一块还有很大的提升空间。

此外，我国刑事辩护率本来就很低，一般认为只有25%～30%。② 普通刑事案件尚不能提供足够的刑事辩护，认罪认罚案件却要求辩护全覆盖，既浪费司法资源，又影响诉讼效率。而由犯罪嫌疑人自主选择程序(辩护)，既符合开展这一制度的初衷，又兼顾了犯罪嫌疑人的权利保障。

(3)明确、细化值班律师的职责。我们认为，根据值班律师的受案范围，其职责主要有四项：一是核实案件事实和证据，确认犯罪嫌疑人真实自愿认罪，使案件经得起检验；二是根据案件的事实、情节、性质和后果，帮助犯罪嫌疑人正确认识其行为对社会造成的危害及其行为应给予的刑罚处罚；三是告知犯罪嫌疑人认罪认罚有关法律知识，可以获得的程序和实体优惠，使其对选择认罪认罚有个正确预期，从而自觉自愿接受这一程序；四是帮助犯罪嫌疑人忠诚认罪悔罪，实现认罪认罚时的承诺，及时改过自新，真正成为对社会有用的人。在我国，犯罪嫌疑人文化知识水平相对较低，法律知识更是阙如，面对强大的公权力机关，完全有必要由值班律师提供帮助，使其获得合法有利的处理结果。当然因此类案件相对简单，在获得必要帮助的同时，从节约诉讼资源的角度讲，值班律师也要帮助犯罪嫌疑人有个正确的认知和预期，尽早做到案结事了。此外，为了延伸值班律师的服务功能，除了法律咨询和帮助等一般职责外，根据个案情况，可以赋予值班律师以下权利：首先是认罪认罚程序启动权。值班律师不应当在司法

---

① 中办、国办关于完善法律援助制度的意见中有"坚持和完善党委政府领导、司法行政机关具体负责、有关部门协作配合、社会力量广泛参与的中国特色社会主义法律援助制度"的规定，也提到"社会力量广泛参与"。

② 程衍.论值班律师制度的价值与完善[J].法学杂志,2017(4):117.

机关启动认罪认罚程序后被动地参与到案件中来，而是应当被赋予程序的启动权，以争取对被追诉对象早日启动这一程序。当前，对认罪认罚案件中犯罪嫌疑人的实体权利保障已经比较到位，而其对程序权利的选择与优惠还缺乏认识。实际上，程序权利的选择更能体现对认罪认罚案件对象的优待与奖励。其次是认罪认罚协商的在场权与建议权。检察人员与被追诉人就认罪认罚从宽进行协商的时候，值班律师可以在场提供法律咨询和帮助，并且根据案件情况提出建议。这样做既有利于此类案件的正当性，也使案件结果更易为被追诉人接受。再次是签署具结书时的见证和审查。签署具结书既是案件协商的结果，也是案件程序选择和处罚结果的前瞻。要求值班律师在场，除了表明具结书的自愿性外，还需值班律师对具结书进行审查签字，以确认其合法和有效性。此外，还有一些权利，可以应值班律师的要求，与办案检察官协商确定，如讯问在场权、必要会见权、阅卷权、与被追诉人家属和被害人的沟通权等。值班律师也只有对案件情况有全面的了解，才能为被追诉对象理性选择认罪认罚提供可靠帮助。上述权利在域外的相关立法中已有明确规定，如法国的庭前认罪答辩的特别程序中，就规定"被追诉人承认其受到指控的犯罪事实的声明和检察官提出的刑罚提议，应在律师在场时提出与接受；律师应当能够当场查阅案卷"[1]。并规定被追诉人向检察官告知其决定之前可自由地与律师交谈，检察官不得在场。

此外，值班律师的参与也不应限制在检察审查阶段，还可以向前后延伸。[2] 被追诉人在不同阶段认罪认罚可能有不同的结果，在每一个节点，认罪认罚对最终的处罚结果也应当是不一样的。认罪认罚从宽制度虽然在检察环节已如火如荼开展起来，但尚未在侦查阶段予以明确，审判阶段的步履也稍显迟缓。值班律师制度既解决了法律帮助的资格问题，又增加了辩护和出庭等法律障碍问题，如让值班律师职能向前后延伸，还有一些问题需要研究和明确。

(4)明确量刑激励制度，为控辩双方预留一定协商空间。结合《办法》

---

① 《世界各国刑事诉讼法》编辑委员会.世界各国刑事诉讼法(欧洲卷·上)[M].《世界各国刑事诉讼法》编辑委员会，译.北京：中国检察出版社，2016：655–657.

② 王敏远.认罪认罚从宽制度疑难问题研究[J].中国法学，2017(4):17–34.

第二十条规定的"对于认罪认罚案件，人民法院依法做出判决时，一般应当采纳人民检察院指控的罪名和量刑建议"，可以预料的是，对于大多数刑事案件而言，辩护的重心将发生转移，将由传统的以"法庭"为战场前移至以"检察院"为战场，审查起诉阶段将成为辩护的关键阶段。但就目前的相关规定看，似乎这种控辩协商的规定不够明确具体。笔者认为，保障认罪认罚从宽制度中的律师参与，应当首先制定相对透明，具有指引性、激励性的量刑激励制度，为律师参与协商提供条件，再认真倾听控辩双方意见，对于合理的部分予以采纳，并对原来的诉讼建议即指控罪名和量刑建议予以矫正，在双向反复的磋商互动中找到双方都可以接受的"平衡点"，从而达成一致意见。如果制度设计上缺乏协商程序和协商空间，那么律师参与辩护功能的发挥就非常有限，可能仅仅是一个被咨询者，而不可能成为一个有力的谈判者。[①]

（二）加大宣传，更新观念

加大对认罪认罚从宽制度的宣传。侦查人员、检察人员、审判人员一接触到案件，就要向涉案犯罪嫌疑人宣讲认罪认罚的刑事政策，鼓励他们走认罪认罚从宽之路。更新被追诉对象、律师、司法人员观念的意义在于：首先，促使被追诉对象尽早正确认识认罪认罚的法律后果，促使其理性做出程序选择；再者，有助于值班律师与司法人员在公正基础上实现交流与对抗，赢得相互尊重与支持。

应当看到的是，认罪认罚从宽制度内部蕴含了被追诉对象、值班律师和司法人员相互协商的内涵，而协商只有在相互合作的背景下谋求各自的利益才能取得进展。无疑，这种协商的合作过程将增进值班律师和司法人员的互信，为其参与认罪认罚创造良好的环境，更进一步讲，也有利于法律共同体的建设，共同承担社会关系有利调整者和社会发展有利推进者的责任和使命。

特别是办案人员要高度自觉地认识认罪认罚从宽制度。认罪认罚案件从宽处理，是我们司法工作者为社会和谐稳定作的一份贡献，能创造"多赢"的法律效果：于被追诉人，让他获得从轻处罚，及时回归社会，减少讼累；于社会，能有效化解对立情绪，增加和谐因素；于国家，减少改造成本，

---

① 韩旭.辩护律师在认罪认罚从宽制度中的有效参与[J].南都学坛，2016(6)：68.

节约国家资财；于司法机关，可以减少案件工作量，缓解案多人少的问题。同时要让被追诉人认识到，认罪认罚从宽处理最大的受益者还是他本人，这是司法人性关怀的重要体现。

（三）提高素质，直面挑战

无论是值班律师，还是司法人员，在参与认罪认罚从宽制度的过程中都离不开对案件的清楚认识和对法律的准确适用。除此之外，双方在协商的过程中，还要求具备较高的谈判能力和说法释理能力。认罪认罚从宽制度中的值班律师参与客观上增大了控辩双方正面交锋的可能性，使诉讼具有张力，对在其中发挥重要作用的检察人员来说，需要对案情有精准把握，对处罚有正确判断，对协商有掌控技巧，必须具有法理、情理、说理的综合素质。双方也只有不断提高自身业务素质，方能无畏正面交锋的挑战，将真理越辩越明。在这种良性的互动下，值班律师的有效参与定能产生良好的法律和社会效果。

大法官雨果·布莱克说过："如果被控犯罪的穷人没有律师的帮助而直面其指控者，那么，公正审判这一高贵理想就无从实现。"为此，笔者着重分析探讨了认罪认罚从宽制度中律师作用、当前存在的现实困境及其改革之道，笔者认为，认罪认罚从宽制度的司法价值与社会价值已毋庸置疑，而值班律师是卡在其中的短板，只有着眼现实，挖掘社会潜力，认罪认罚从宽制度才能焕发其生机与活力。

关于认罪认罚从宽制度改革试点的
情况分析及制度完善
——以长沙市院《关于在刑事诉讼中开展认罪认罚
从宽制度试点工作的细则》为例

谢 勇[*] 邬 炼[**]

一、认罪认罚从宽制度的内涵及价值

(一)认罪认罚从宽制度的内涵

根据长沙市院《关于在刑事诉讼中开展认罪认罚从宽制度试点工作的细则》(以下简称《试点工作细则》)的规定,认罪认罚从宽制度,是指在刑事诉讼中,对于犯罪嫌疑人、被告人自愿如实供述自己的罪行,对指控的犯罪事实没有异议,同意量刑建议,签署具结书的,人民检察院从实体上依法从宽处理,从程序上依法从简、从快处理的制度。从以上规定看,认罪认罚从宽制度既包括程序法上的从简处理,也包括实体法上的从宽处理,既存在于刑事诉讼各个程序阶段,也存在于刑事案件的定罪量刑过程中,所以认罪认罚从宽制度是在宽严相济的刑事政策指导下的法律制度和诉讼程序的集合体。根据《试点工作细则》的规定,该制度主要包括以下三层含义:一是"认罪",是指犯罪嫌疑人、被告人自愿如实供述自己的罪行,对指控的犯罪事实没有异议。对犯罪事实没有异议,仅对个别细节提出异议的,或者仅对罪名提出异议的,不影响"如实供述"的认定。二是"认罚",是指同意人民检察院量刑建议,对人民检察院建议判处的刑罚种类、幅度及刑罚

---

   * 长沙市岳麓区人民检察院检察长。
 ** 长沙市岳麓区人民检察院公诉科副科长。

执行方式没有异议。三是"从宽",是依法从宽,特别是减轻、免除处罚,不能突破现行法律规定,区分情形,依据事实和法律综合考量,确定从宽幅度。

(二)认罪认罚从宽制度的价值

(1)贯彻宽严相济刑事政策、落实依法从宽的法治要求。随着法治的发展,我国刑事政策由一味强调"严打"到走向更理性化的"宽严相济",办理刑事案件要分清轻重、区别对待,做到该严则严,当宽则宽,宽严相济,刑事司法呈现明显的宽缓化特征。但伴随着经济的飞速发展,以及社会风险与矛盾纠纷的增加,刑法更多地干预社会生活,如因邻里纠纷引发的故意伤害案件、酒后驾车引起的危险驾驶案件等轻罪案件数量明显增多,如不将宽严相济的刑事政策上升为人们可以提前明知并预评自己行为的法律制度,很容易导致对各类案件从宽缺乏统一标准,同罪不同刑的出现更容易导致公众对司法权威的质疑。认罪认罚从宽制度,就是从实体和程序适用方面,整合零散的法律规定、政策要求,使行为在刑法上具有可预测性,强化依法从宽的法律效果,以法律规定的方式更好地推进宽严相济刑事政策的落实。

(2)发挥繁简分流作用、提高诉讼效率的必然要求。公平与效率哪一个才是司法的首要目的,这一问题在司法实务中一直存在争议。但迟到的正义非正义,刑事案件大量增加的同时,"案多人少"的矛盾在基层司法系统尤为突出[①],现有刑事诉讼法规定的以简易程序、普通程序来区分刑事案件的办理模式略显单一,案件办理简化程度缺乏明确区分,多数轻罪、微罪案件处理当简不简,难以实现真正的繁简分流,不能有效缓解办案压力。认罪认罚从宽制度适用于刑事诉讼的全过程,通过认罪认罚使其与不认罪的普通案件做第一次划分,再根据个案案情,结合速裁程序、简易程序、和解程序对案件进行第二次划分,使每个诉讼环节根据办案重点的不同有序衔接,充分发挥刑事诉讼程序繁简分流的重要作用,提高诉讼效率,实现司法资源配置的最优化。

(3)实现刑法平等化、协商性司法的有益探索。认罪认罚从宽制度改变了以往司法机关牢牢掌握程序主导权的传统,被追诉人有选择适用认罪认罚从宽制度的权利,通过自愿认罪认罚选择是否签署具结书并选择是否最

---

① 曾文卉.基层一线法官数量有待增加[EB/OL]. http://www.beijingreview.com.cn.

终适用该制度。协商是整个程序的关键,依据《试点工作细则》的规定,在协商过程中,办案机关必须充分听取犯罪嫌疑人、被告人及其辩护人、被害人的意见,并将犯罪嫌疑人、被告人是否与被害人达成和解协议、赔偿被害人并取得被害人谅解作为量刑的重要考虑因素,以此鼓励犯罪嫌疑人、被告人积极赔偿被害人损失,有助于尽快修复被犯罪破坏的社会关系。在认罪认罚从宽制度中,国家司法机关在遵守法律规定的前提下,以程序、实体上的利益换取犯罪嫌疑人、被告人认罪认罚,使得传统的对抗式控辩关系向平等、协商转变,这也是刑事诉讼制度日益注重人权保障的体现。

二、认罪认罚从宽制度试点情况及在司法实务中遇到的问题

(一)认罪认罚从宽制度在长沙市检察机关试点工作情况

2016 年 11 月,最高人民法院、最高人民检察院、公安部、国家安全部和司法部下发《关于在试点地区开展刑事案件认罪认罚从宽制度试点工作办法》(以下简称《试点办法》),自此长沙市检察机关全面推开试点工作,试点范围包括市院及所辖 8 个基层院。

如表 1,截至 2017 年 8 月 31 日,长沙市检察机关共审结认罪认罚从宽案件 689 件 796 人,其中适用速裁程序审理的案件 495 件,适用简易程序审理的案件 154 件,适用普通程序简化审理的案件 4 件。审结认罪认罚的案件数和人数分别占全部刑事案件的 15.79% 和 12.73%。

表 1 长沙市检察机关适用认罪认罚从宽案件基本情况

时间	起诉全部刑事案件		起诉认罪认罚案件		认罪认罚案件占比(%)		其中适用速裁程序(件)	其中适用简易程序(件)	其中适用普通程序简化审理(件)
	件	人	件	人	件	人			
2017 年 1—2 月	974	1389	71	87	7.29	6.26	45	23	1
3 月	574	832	91	109	15.85	13.1	72	18	1
4 月	425	590	66	75	15.53	12.71	54	11	1
5 月	496	738	83	96	16.73	13.01	54	29	0
6 月	660	833	88	100	13.33	12	65	22	1

续表1

时间	起诉全部刑事案件		起诉认罪认罚案件		认罪认罚案件占比(%)		其中适用速裁程序(件)	其中适用简易程序(件)	其中适用普通程序简化审理(件)
	件	人	件	人	件	人			
7月	599	867	90	112	15.03	12.92	76	24	0
8月	681	984	190	218	27.9	22.15	130	27	0
总计	4363	6253	689	796	15.79	12.73	495	154	4

以长沙地区8个基层院适用认罪认罚从宽制度案件为样本(298件、339人)进行分析,发现目前所办理的认罪认罚案件主要呈以下特点。

1.程序启动以检察院为主体

以2017年1—5月长沙地区8个基层院适用认罪认罚从宽制度案件为样本(298件、339人),其中,提起公诉案件297件338人,不予起诉案件1件1人。检察院自行决定适用的有279件、317人,占适用案件总数的93.62%;公安机关建议适用的有19件、22人,占适用案件总数的6.38%;法院建议适用案件数为0件。可见,认罪认罚案件是以检察院建议适用为主,公安机关参与积极性不高。另外,在适用认罪认罚从宽制度提起公诉案件的297件、338人中,法院不同意检察院适用案件数仅为2件、2人,检察机关提出的适用建议绝大部分都被法院采纳。

2.罪名分布较为集中

适用刑事案件认罪认罚从宽制度提起公诉案件的297件、338人中,共涉及21个罪名,其中1人犯两罪。从罪名分布情况来看,盗窃案148件、165人,占认罪认罚从宽案件总数的49.83%和48.82%;交通肇事和危险驾驶案45件、45人,占总数的15.15%和13.31%;故意伤害案36件、36人,占总数的12.12%和10.65%;毒品类案件27件、30人,占总数的9.09%和8.88%;非法持有枪支案8件、8人,占总数的2.69%和2.37%;寻衅滋事案7件、15人,占总数的2.36%和4.44%;非法拘禁案7件、11人,占总数的2.36%和3.25%;诈骗类案件5件、6人,占总数的1.68%和1.78%;开设赌场案和容留卖淫案均为3件、5人,占总数的1.01%和1.48%;抢劫案3件、4人,占总数的1.01%和1.18%;伪造居民身份证件案和掩饰隐瞒犯罪所得案均为2件、3人,占总数的0.67%和0.89%;协助组织卖淫案1件、2人,占总数的0.34%和0.59%;非法买卖枪支和聚众斗殴均为1件、1人,分别占总数的0.34%和0.30%。

如表2,适用认罪认罚从宽程序的案件中,盗窃案件数量最多,占比将近一半,交通肇事、危险驾驶案件次之,故意伤害案件再次之,上述类型案件占比均超过10%。伪造居民身份证件、掩饰隐瞒犯罪所得、非法买卖枪支、聚众斗殴等其他犯罪占比均未超过1%。总的来说,适用刑事案件认罪认罚从宽制度提起公诉的案件适用罪名范围仍然较小。

表2　认罪认罚案件罪名分布情况

罪名	件	人
适用认罪认罚案件总数	297	338
盗窃罪	148	165
故意伤害罪	36	36
交通肇事罪	23	23
危险驾驶罪	22	22
容留他人吸毒罪	16	19
非法持有枪支罪	8	8
寻衅滋事罪	7	15
非法拘禁罪	7	11
贩卖毒品罪	6	6
非法持有毒品罪	5	5
开设赌场罪	3	5
容留卖淫罪	3	5
诈骗罪	3	4
抢劫罪	3	4
信用卡诈骗罪	2	2
伪造身份证件罪	2	3
掩饰隐瞒犯罪所得罪	2	3
协助组织卖淫罪	1	2
非法买卖枪支罪	1	1

续表 2

罪名	件	人
聚众斗殴罪	1	1
妨碍公务罪	1	1

3. 值班律师参与度不高

在适用认罪认罚从宽制度起诉的 338 名被告人中，值班律师参与签署具结书的 134 人，占认罪认罚从宽案件起诉总人数的 39.64%，指定法律援助的 99 人，占总人数的 29.30%，嫌疑人自行委托辩护人的 52 人，占总人数的 15.38%。值得反思的是，还有 53 名适用认罪认罚从宽制度的被告人是没有律师参与的，占总人数的 15.68%，犯罪嫌疑人、被告人的知情权和自愿性没有得到充分保障。

4. 适用程序以速裁程序为主

在适用刑事案件认罪认罚从宽制度提起公诉案件的 297 件、338 人中，已出庭案件 272 件、312 人。其中，适用速裁程序审理的 203 件、227 人，占已出庭案件数的 74.63%，适用简易程序审理的 61 件、73 人，占已出庭案件数的 22.43%，适用普通程序审理的 8 件、12 人，占已出庭案件数的 2.94%。适用认罪认罚从宽制度的案件开庭程序以速裁程序为主。

5. 上诉率较低

在适用刑事案件认罪认罚从宽制度提起公诉案件的 297 件、338 人中，被告人提出上诉的案件仅为 10 件、12 人，占适用认罪认罚提起公诉案件的 3.37% 和 3.55%，上诉率较低。

（二）认罪认罚从宽制度在司法实务中遇到的问题

1. 值班律师制度落实不到位

根据《试点办法》规定，犯罪嫌疑人在辩护人或者值班律师在场的情况下签署具结书，是审查起诉环节适用认罪认罚从宽制度的必要条件。虽然《关于完善法律援助制度的意见》（中办发〔2015〕37 号文件）、《关于推进以审判为中心的刑事诉讼制度改革的意见》（法发〔2016〕18 号文件），对法律援助值班律师工作提出了具体要求，也为全国各地开展此项工作提供了制度依据，但目前长沙地区尚未建立值班律师制度，律师在场缺乏保障的问题已成为制约试点工作开展的最大障碍。

（1）值班律师参与积极性不高。造成这个结果的原因有两个。一是经济因素的影响。与律师正常办案的经济收入相比，律师到法院、看守所值班的收入过于微薄。另外，由于司法机关经费有限，司法局为试点工作派驻固定公职律师的数量也无法得到有效保证。二是部分律师对见证签署具结书的法律后果存在担忧。由于值班律师并未接受犯罪嫌疑人的聘请，在适用认罪认罚从宽制度办案过程中，仅在签署具结书这一环节提供"见证"的法律服务，对案件事实、证据了解并不全面，对犯罪嫌疑人签署具结书的真实自愿性不一定完全了解，因此值班律师对自己见证犯罪嫌疑人签署具结书的法律后果存在一定程度的顾虑。

（2）刑事案件辩护率低，律师在场保障机制不健全。长沙地区作为中部省会城市，与其他一线城市相比，轻微刑事案件的辩护率较低，大部分犯罪嫌疑人既没有聘请辩护人，又不符合法律规定的指派法律援助律师的条件。在律师义务参与认罪认罚从宽制度案件办理的积极性不高、值班律师制度未建立、律师在场保障机制不健全的情况下，目前司法实践中大量符合要求的案件无法适用认罪认罚从宽制度，严重影响适用认罪认罚制度办案的整体规模。

2. "被害人参与"流于形式

《试点工作细则》中规定办理认罪认罚案件，应当听取被害人、附带民事诉讼原告人及其代理人意见，并将犯罪嫌疑人、被告人是否与被害人、附带民事诉讼原告人达成和解协议或者赔偿损失，取得谅解，作为量刑的重要考虑因素。虽然规定司法机关应当听取被害人意见，却并未将被害人得到损失赔偿或取得被害人谅解作为认罪认罚从宽制度的必要条件。此项规定或出于对防止被害人恶意不与犯罪嫌疑人、被害人达成和解协议，扩大认罪认罚从宽制度适用范围、提高诉讼效率的综合考量，但对以何种形式听取被害人、附带民事诉讼原告人及其代理人意见并未明确规定，使本就参与度不高的被害人、附带民事诉讼原告人的权利更加弱化，部分被害人对司法机关从轻、减轻处罚犯罪嫌疑人、被告人表示不理解，质疑司法公信力，也为其缠访、闹访埋下隐患。

3. 证据采集简化、证明标准有所降低

根据《实施细则》的规定，认罪认罚从宽制度适用于刑事案件的侦查、审查起诉、审判等各个阶段。在侦查过程中，侦查机关应当告知犯罪嫌疑人享有的诉讼权利和认罪认罚可能导致的法律后果，听取犯罪嫌疑人及其辩护人或值班律师的意见，对于犯罪嫌疑人的全部供述，包括首次认罪供述，应当有全程录音录像，确保犯罪嫌疑人认罪自愿、真实、合法。但在司法实务中，公安机关由于办案压力等多方原因，并未对每一起能够适用认罪认罚从宽制度的案件随案移送全程同步录音录像。在办理案件中，由于犯罪嫌疑人认罪认罚，办案人员就更加重视口供的作用，更集中精力对犯罪嫌疑人有罪供述的取证，而放松了对其他证据取证的要求与标准，可能导致以下不利案件办理的情形出现：

第一，存在犯罪嫌疑人"顶包"案件，特别是在交通肇事案、危险驾驶案中尤为突出。第二，仅有犯罪嫌疑人可能无罪案件，由于犯罪嫌疑人自身对法律规定了解有限，为求得到从宽处理而"自愿"认罪认罚。第三，由于认罪认罚从宽制度允许犯罪嫌疑人、被告人在诉讼中对认罪认罚表示反悔，其在侦查阶段主动认罪认罚，后在其辩护人阅卷后发现存在证据有所欠缺或其他情形，突然反悔又适用普通诉讼程序办案，此时已错过取证最佳时机，导致案件的证据无法补充等情况，增加了"冤假错"案发生风险，使认罪认罚从宽制度失去其原本价值。

4.社会调查耗时长，无法与其他诉讼程序有效对接

《试点工作细则》中规定，人民检察院拟建议宣告缓刑或者判处管制的，应当及时委托犯罪嫌疑人居住地司法行政机关进行调查评估。同时规定对符合速裁程序适用条件的案件，一般应当在受理十日内做出是否提起公诉的决定，对可能判处有期徒刑超过 1 年的，是否提起公诉的时间可以延长至 15 日，并建议人民法院适用速裁程序审理，对刑事案件进行第二次繁简分流。

在基层检察机关适用认罪认罚从宽制度办理的案件中，大多案件均为轻刑案件，如危险驾驶、邻里纠纷引发的故意伤害、数额较小的盗窃等案件，对犯罪嫌疑人适用认罪认罚从宽制度中涉及量刑的部分，多数是可以依法拟建议宣告缓刑或者判处管制的，同时也可以适用速裁程序，但《实施细则》规定对拟宣告缓刑或者判处管制的犯罪嫌疑人，检察机关应当委托司法机构进行调查评估，检察官制作社会调查函并送达当地司法机构，司法机构进行调查并制作社会调查报告，耗时周期长，往往会拖长办案期限超

过速裁程序的办案期限,无法建议法院适用速裁程序办理案件。而直接选择适用速裁程序则会由于不能进行调查评估而使检察机关不能建议符合缓刑或管制条件的犯罪嫌疑人适用缓刑或管制,设置了认罪认罚从宽制度与速裁程序衔接的阻碍。

三、认罪认罚从宽制度完善建议

(一)建立健全值班律师制度,解决律师在场保障问题

协同司法局建立值班律师制度,为不符合法律援助申请资格又未聘请辩护人的自愿认罪认罚的犯罪嫌疑人提供法律帮助。

(1)制度保障。由司法局、法院和检察院联合发文,对值班律师工作点的设立层级、管理模式、具体职责作出明确要求。在各看守所设置驻所值班律师,每天安排一到两名值班律师为认罪认罚案件提供法律帮助。在各试点检察院设立值班律师办公室,确保公诉人在传唤非在押犯罪嫌疑人签署具结书时有值班律师在场。

(2)财政保障。提请市政法委统筹申请认罪认罚案件专项财政经费支持,参照司法部门对法律援助律师的付费标准,向为认罪认罚案件提供法律帮助的值班律师支付报酬,提高律师参与的积极性,有效解决律师在场保障问题。

(二)建立书面征求被害人意见制度,强化被害人参与权

认罪认罚从宽制度是对协商性司法的有益探索,在有被害人或附带民事诉讼原告人的案件中,在司法协商过程中,司法机关应当充分听取被害人、附带民事诉讼原告人及其诉讼代理人的意见,将被害人纳入认罪认罚从宽制度的主体范围,赋予其知情权、发表意见权,可以避免被害人对认罪认罚从宽制度产生"处罚不公""花钱买刑"等质疑司法公信力情况的发生。对于征求被害人、附带民事诉讼原告人对案件适用认罪认罚从宽制度应当落实到书面形式,由建议适用该制度的司法机关制作"征求被害人、附带民事诉讼原告人及其诉讼代理人意见书",并对相关人员进行送达,被害人对该制度适用有不同意见,可以向建议适用认罪认罚从宽司法机关作出书面说明,由司法机关综合考量,最终作出是否对案件适用该制度的决定,并将相关文书附卷。

（三）严格证据裁判标准，坚持证据"确实、充分"

关于认罪认罚从宽制度证据标准问题，《试点工作细则》作出原则性规定：坚持证据裁判。依照法律规定搜集、固定、审查和认定证据，即使犯罪嫌疑人认罪认罚，公安机关也应当全面搜集证明犯罪事实的各类证据，确保案件经得起事实和法律的检验。但司法实务中对认罪认罚的证明标准如何把握，是必须完全依照普通刑事案件的证据确实、充分标准，还是可以适当降低要求、提高办案效率？根据《刑事诉讼法》第五十三条的规定：对一切案件的判处都要重证据，重调查研究，不轻信口供。认定证据确实、充分，应当符合三个条件：一是实体条件，定罪量刑的事实都有证据证明；二是程序条件，据以定案的证据均经法定程序查证属实；三是心证条件，综合全案证据，对所认定事实已排除合理怀疑。

适用认罪认罚从宽制度办理案件，应特别注意在案件的侦查阶段要确保犯罪嫌疑人认罪认罚的"自愿性"。排除侦查人员利用刑讯逼供等非法方法强迫犯罪嫌疑人认罪情形外，侦查人员不应将重点只放在对犯罪嫌疑人的有罪供述上，应坚持不轻信口供的原则，只有犯罪嫌疑人有罪供述，没有其他证据的，不能认定犯罪嫌疑人有罪和处以刑罚；没有犯罪嫌疑人供述，证据确实、充分的，可以认定犯罪嫌疑人有罪和处以刑罚。在犯罪嫌疑人自愿做有罪供述后，侦查机关重点应放在根据有罪供述找到案件其他证据上，即使在其后的诉讼阶段犯罪嫌疑人对认罪认罚反悔，也能根据之前在侦查阶段收集的其他证据对案件事实进行认定。同时在《实施细则》中规定，在侦查阶段就适用犯罪嫌疑人认罪认罚制度的案件，侦查机关在移送案卷时，随案移送讯问犯罪嫌疑人的全程同步录音录像，以保证犯罪嫌疑人认罪认罚的"自愿性"，防止"冤假错"案的产生。

认罪认罚从宽制度在适用上体现出对案件的繁简分流作用，为了节约诉讼资源、提升办案效率，可以在不影响案件事实认定的前提下，适当将证据形式的要求放宽。基层侦查机关在办案过程中会存在取证不规范等现象，证据形式上存在一些瑕疵。在犯罪嫌疑人不认罪案件中，对所有证据瑕疵都应当进行补正或作出合理解释。但在适用认罪认罚从宽制度的刑事案件中，非关键证据存在部分瑕疵，未达到影响案件定罪量刑的程度，犯罪嫌疑人又未提出异议的，可以适当容忍，以保证程序上的从快从简。①

（四）转变社会调查评估方式，理顺与速裁程序的衔接

《试点工作细则》中规定的检察机关对适用认罪认罚从宽制度的犯罪嫌疑人建议适用缓刑或管制，需要检察机关委托犯罪嫌疑人居住地司法行政机关进行调查评估，耗时久、周期长，影响其与速裁程序的衔接。部分案件因社会调查时限过长而被动转为其他简易或普通程序审理，特别是犯罪嫌疑人为外地人的轻罪案件尤为明显，既不利于犯罪嫌疑人、被告人诉讼权益的保护，也不利于诉讼效率的提升。弱化社会调查评估时间的影响：

第一，可考虑将社会调查评估的介入时间提前，如在侦查阶段就对微罪、轻罪刑事案件着手社会调查工作，并将相关材料附卷移送检察机关。

第二，可以考虑适当降低缓刑或管制实施的经常居住地标准，将缓刑考验期内拟对被告人进行监管的居住地向司法行政机关报备，并据此办理居住地登记。判决生效后，将执行通知和居住地登记材料送交居住地司法行政管理部门。②

---

① 顾永忠，肖沛权."完善认罪认罚从宽制度"的亲历观察与思考、建议——基于福清市等地刑事速裁程序中认罪认罚从宽制度的调研[J].法治研究，2017(1)：56 - 70.

② 艾静.刑事案件速裁程序的改革定位和实证探析——兼论"认罪认罚从宽制度"的理性衔接[J].中国刑事法杂志，2016(6)：27 - 35.

认罪认罚从宽制度的检讨与完善

袁小安* 王玉洁**

《关于认罪认罚从宽制度改革试点方案》是为了完善刑事诉讼中认罪认罚从宽制度而制定的法规，自2016年7月22日起实施。按照《全国人大常委会关于授权最高人民法院、最高人民检察院在部分地区开展刑事案件认罪认罚从宽制度试点工作的决定》，"两高"可以在北京、天津、上海、重庆、沈阳、大连、南京、杭州、福州、厦门、济南、青岛、郑州、武汉、长沙、广州、深圳、西安开展刑事案件认罪认罚从宽制度试点工作。本文首先通过列举我国现行刑事司法中有关认罪认罚从宽的主要表现，对认罪认罚从宽制度的概念进行界定；其次，明确认罪认罚从宽制度适用的现实意义和潜在风险；最后结合工作实际，对认罪认罚从宽制度适用案件范围进行有益探讨，提出在刑事案件侦查、审查起诉、审判整个诉讼阶段完善认罪认罚从宽制度的几点建议。

一、认罪认罚从宽的内涵

2016年11月16日最高法、最高检、公安部、国家安全部、司法部印发的《关于在部分地区开展刑事案件认罪认罚从宽制度试点工作的办法》规定，犯罪嫌疑人、被告人自愿如实供述自己的罪行，对指控的犯罪事实没有异议，同意量刑建议，签署具结书的，可以依法从宽处理。

认罪认罚从宽制度是我国宽严相济刑事政策的制度化，也是对刑事诉

* 新化县人民检察院党组成员。
** 新化县人民检察院法律政策研究室主任。

讼程序的创新,既包括实体上从宽处理,也包括程序上从简处理,将有利于促使犯罪嫌疑人、被告人如实供述犯罪事实,配合司法机关依法处理好案件,有利于节约司法成本,提高司法效率,也有利于减少社会对抗,修复社会关系。

从宽分为实体上从宽和程序上从简两方面。对认罪认罚案件,属于基层法院所管辖的可能判处三年以下有期徒刑的案件,被告人认罪认罚可以适用速裁程序进行审判。对于基层法院管辖、可能判处三年以上有期徒刑刑罚的案件,可以适用简易程序。在审理当中,被告人对程序适用提出异议的,或者有其他不宜简化审理情形的,人民法院依法转为普通程序进行审理。这是程序上的从宽。

实体上,检察机关根据犯罪事实和对社会危害程度以及认罪认罚的情况,依法提出从宽处罚的量刑建议,人民法院在做出判决时一般应采纳人民检察院指控的罪名和量刑建议,但是如果被告人不构成犯罪,或者不应当追究刑事责任,或者违背意愿认罪认罚,否认指控犯罪事实,或者指控的罪名跟人民法院审理的罪名不一致,以及有其他可能影响公正审判情形的除外。

但是从保障人权和确保司法公正角度出发,认罪认罚从宽制度对以下几类案件是不适用的:一种是犯罪嫌疑人、被告人是属于尚未完全丧失辨认或者控制自己行为能力的精神病人;二是未成年人的犯罪嫌疑人和被告人,他们的代理人和辩护人对未成年人认罪认罚有异议的;第三种是犯罪嫌疑人、被告人可能不构成犯罪,以及有其他不宜适用的情形。

二、认罪认罚从宽制度的价值功能

认罪认罚从宽制度涉及公、检、法三机关各自职权的重大调整,由全国人大常委会事先授权十分必要。从刑事审判角度看,该制度对中国刑事司法具有重大价值。

首先,它有助于鼓励犯罪嫌疑人、被告人认罪服法、接受教育改造,实现预防再犯罪的刑罚目的。一部人类刑法发展史,就是从注重犯罪行为的客观危害,强调"以眼还眼、以牙还牙""同态复仇""等量报应"向更加注重犯罪人的主观恶性和人身危险性,更加注重犯罪人的人格、生活成长经历及主观罪过转变的历史。这一转变使刑罚不再仅仅是冷漠的报应,而更多体现了现代刑事司法的宽容精神和人文关怀,强调对犯罪人的教育改造,促使其早日回归社会。尽管我国刑法设置了自首从宽、坦白从宽等制度，量刑规范化改革也明确规定了犯罪嫌疑人、被告人具有自首、坦白等法定情节的，可以减少基准刑的一定比例，但这些刑罚制度的价值主要体现在审判阶段。对公安、检察机关而言，基于侦查法定原则及起诉法定原则，即使被告人认罪认罚，公安、检察机关仍必须依法移送审查起诉、依法提起公诉，攸关被告人切身利益的量刑问题只有到了审判阶段才被提上日程，并被视为是法院独自享有的裁量权。

建立认罪认罚从宽制度，一方面给予了犯罪嫌疑人、被告人最大限度的"政策优惠"，另一方面也赋予了公安机关可以撤销案件、人民检察院可以做出不起诉决定，或对涉嫌数罪中的一项或多项提起公诉，或向人民法院提出量刑建议的权力，这必将增加公安、检察机关在侦查、审查起诉案件时的能动性，积极引导犯罪嫌疑人、被告人认罪服法，减少社会对抗，争取自身利益最大化，最终提高诉讼效率，实现刑罚目的。

其次，认罪认罚从宽制度实现了刑事案件的繁简分流，节约了司法资源，有助于简案快审、难案精审，在更高层次上实现公正和效率的统一。随着我国社会治理体系创新和法治建设完善，刑法的规范功能越来越受到关注，特别是劳动教养被废止后，刑法进行了修改，将一些普遍存在的违法行为，如醉驾等多发违法行为入刑，使得刑事案件呈显著增长态势。2015 年全国法院一审刑事案件比十年前增加约 60%，"案多人少"矛盾日益突出。合理配置司法资源，就必须对刑事案件进行"区别对待"，合理繁简分流，将更加复杂的刑事诉讼程序用于处理少数疑难、复杂案件，将更简便的程序用于处理占绝对多数的简单、轻微案件。

按照认罪认罚从宽制度设计，对于可能判处三年有期徒刑以下刑罚的认罪认罚案件，可适用速裁程序，由审判员独任审判，不再进行法庭调查、法庭辩论，当庭宣判；对于可能判处三年有期徒刑以上刑罚的认罪认罚案件，亦可适用简易程序审判。这一方面使各级法院从不堪重负，疲于应付简单、轻微刑事案件中解脱出来，另一方面也有助于在少数疑难、复杂刑事案件中严格贯彻落实疑罪从无、非法证据排除、直接言词原则等现代刑事司法理念和制度，最终确保案件的质量和审理效果。

再次，认罪认罚从宽制度助推刑事诉讼各项制度的发展变化，必将对我国刑事审判制度，乃至整个刑事诉讼结构产生广泛而深远的影响。主要

体现在以下四个方面:

一是凸显了检察机关量刑建议在刑事审判中的权重,这将进一步深化量刑规范化改革。

二是对于被告人认罪认罚案件,其对公正的需求程度不像被告人不认罪案件和死刑案件那么高,实现相对公正即可,由此也必将推动刑事证据制度进行调整,使前者在证据收集、固定、非法证据排除及证明标准上区别于后者。

三是将进一步推动我国审级制度改革。当前,被告人的上诉权是绝对的、不受限制的,只要被告人在法定期限内提出上诉,必然启动二审程序。对于被告人认罪认罚的案件,就应当对被告人的上诉权作出适度限制,实行一审终审,否则不仅浪费司法资源,增加诉讼程序负担,也违背了承诺应当信守原则,破坏司法公信力。

四是将有助于纠正当前刑事审判中长期存在的重实体、轻程序,重定罪、轻量刑,重打击、轻保护等现象,认罪认罚从宽制度强调对被告人实体权利和诉讼权利的保障,包括从快办理、从轻量刑,还包括对被告人选择程序、获得法律帮助、最后陈述等权利的保障,势必强化被告人的诉讼主体地位,确保其自愿认罪、自愿选择程序、知悉程序后果,等等。以上所有这些制度变量都将凝聚成强大的合力,最终推动中国刑事审判制度,乃至整个刑事诉讼制度的深刻变革。

三、检察机关实施认罪认罚从宽制度面临的现实困境

(1)缺少具体的认罚从宽制度。从现有法律制度看,目前我国尚没有具体的认罚从宽法律制度。从司法实践情况看,侦查阶段、审查起诉阶段、审判阶段存在犯罪嫌疑人、被告人认罚的情况,但这种认罚只是抽象的认罚,犯罪嫌疑人、被告人仅是表示愿意接受司法机关的刑罚处罚或表示愿意接受法院的判决结果,对犯罪嫌疑人、被告人的认罚表现,司法机关一般置于认罪态度中去评价,对认罚能给予多大程度的从宽,无法考察。而且对不同认罚形态的从宽层级与梯度缺乏具体规定,即未建立起认罚从宽处理的制度体系,这一体系的构建需要试点探索完成。

在刑事诉讼中,人民检察院具有对犯罪嫌疑人、被告人适用何种刑罚及刑幅的量刑建议权。从司法实际的一般情形来看,由于法院在检察院建

议的刑幅之外量刑的情况较少发生，甚至可以说，检察院的量刑建议权事实上决定着法院量刑的轻重。在这个意义上，在检察环节统一"认罪认罚从宽"的标准，对最终审判环节定罪量刑的实体公正都会产生决定性的影响。然而，从司法实践情况看，为了提高"认罪"率，加速办案，一些地方检察院在职务犯罪侦查、审查逮捕、审查起诉环节随意使用从轻处罚的自由裁量权，诱使犯罪嫌疑人"主动"认罪的情况也有发生。由于检察环节犯罪嫌疑人"认罪认罚从宽"的标准不均衡、不统一，在案件进入审判环节后，当法官在检察官的求刑幅度内"看菜下饭"进行量刑时，很可能导致认罪案件量刑的畸轻畸重，损害司法的公正与权威。

（2）配套制度缺失，影响认罪认罚从宽制度实施的实际效果。一方面现有相关规定过于框架化，没有对认罪认罚从宽制度适用的案件范围进行具体规定。最高人民法院、最高人民检察院、公安部、国家安全部、司法部《关于在部分地区开展刑事案件认罪认罚从宽制度试点工作的办法》（简称《办法》）只从反面列举了不适用认罪认罚从宽制度的三类情形，对于控辩之间如何协商，协商的载体、平台、程序、内容、效力等未予明确。《办法》只对检察机关单方面作出量刑建议进行规定。这种过于框架化的制度设计虽在一定程度上给试点工作留下了较大的创新空间，但在实际操作中可能由于缺乏方向性指引而带来较大不确定性。另一方面制度间的协同不足，主要表现为具体的公益值班律师制度和量刑建议指南没有及时跟进配套，难以支持检察机关准确、有效地实施认罪认罚从宽制度，如检察机关如何制作精准的量刑建议，怎样安排控辩协商内容和公益律师介入，等等。

（3）认罪认罚从宽的正当程序制度尚未建立。从现行刑事诉讼法律制度、刑事案件速裁程序试点规定及司法实践情况看，认罪认罚从宽实施的程序保障仍存在犯罪嫌疑人、被告人的权益保障不充分，认罪认罚的自愿性、合法性缺乏足够的机制支撑，认罪认罚从宽协商做法多样等问题。认罪认罚从宽如何实现与现有诉讼程序（如刑事和解程序、未成年人附条件不起诉程序）的衔接等也有待探讨。

四、认罪认罚从宽制度的具体设计

（一）认罪认罚从宽制度适用的案件范围

目前，对认罪认罚从宽制度之案件适用范围，学界和实务界的争议均较大，有观点认为，认罪认罚从宽制度仅适用于刑事速裁案件，即事实清楚及整体案情简单的案件；有观点认为，认罪认罚从宽制度可选择适用于可能判处无期徒刑以下的案件范围；也有观点认为不应有案件范围限制，包括可能判处死刑的重罪都可适用该制度。笔者认为认罪认罚案件必须要确保宽严有据、罚当其罪，避免片面地从严和一味地从宽这两种错误的倾向。从保障人权和确保司法公正角度出发，以下几类案件不适用认罪认罚从宽制度：一是犯罪嫌疑人、被告人是属于尚未完全丧失辨认或者控制自己行为能力的精神病人；二是未成年人的犯罪嫌疑人和被告人，他们的代理人和辩护人对未成年人认罪认罚有异议的；三是犯罪嫌疑人、被告人可能不构成犯罪，以及有其他不宜适用的情形。

（二）证明标准

我国刑事诉讼法对刑事证明标准有统一规定，各种案件的证明标准均为案件事实清楚，证据确实充分。无论案件适用何种审理程序，案件的证明标准并无减低空间。借出此次认罪认罚制度的完善之机，引入认罪协商的主张逐渐抬头。一些侦破难度较大的案件被认为可以进行认罪协商，通过降低指控罪名或罪数来获取认罪自白，完善证据体系。这种观点具有相当的危险性。引入认罪协商的实质是变相降低案件的证明标准。构建认罪认罚从宽制度的目的在于通过认罪认罚来适用简化程序，提高诉讼效率，将更多的司法资源用于有争议的、难侦破的案件，真正实现简案简办，难案精办，繁简分流。对证据有疑问的案件，应该投入更多的司法资源来搜集证据、完善证据体系，而不能以降格指控来诱惑犯罪嫌疑人提供口供。对于无法达到证明标准的，必须严格执行疑罪从无。对疑罪案件及时做出从无处理，同样能够及时终结诉讼程序，减少进入审理程序的案件数量。在认罪认罚案件中坚持事实清楚、证据充分的证明标准，既是坚守疑罪从无的需要，也与我国尚不具备认罪协商的条件相适应。我国当前的实体法和程序法都无法支撑认罪协商制度的运行，自无降低证明标准的空间。美国辩诉交易可以进行罪名交易、罪数交易和量刑交易，与其"碎片化"犯罪构成要件模式和采用简单相加的数罪并罚模式有关。对特定被告人可以判处十个几甚至几十个罪名，自由刑累计可达几十年甚至上百年刑期，而陪审团审判又使庭审结果充满变数。只有在这种模式下，双方才有交易的动机和筹码。而我国规定的犯罪行为一般是集合行为，刑罚也是采用限制加重，可以进行罪名和罪数交易的空间非常小。没有了交易的动机和筹码，罪名和罪数交易几无可能，证明标准自然也没有降低的必要和可能。因此，在认罪认罚案件中应当严格遵守证明标准，不能借认罪协商之名擅自降低证明标准，防止疑罪从无的虚化。

（三）建立监督程序

首先，应当加大对办案人员的有效监督，通过构建内部案管部门监督和外部纪检监察监督体系，防止因适用认罪认罚制度而滋生的司法腐败。其次，应加强对该类案件嫌疑人认罪认罚自愿性的审查监督工作，既要了解嫌疑人认罪认罚的动机，也要清楚其对定罪量刑的认识与预期，防止在认罪认罚过程中存在非自愿或者隐瞒、威胁、欺诈等行为。最后，要建立认罪认罚权利受损后的救济机制。对于已生效的法律判决，应当允许被告人提出上诉，保护被告人的上诉权。

（四）发挥律师辩护职能

联合国《公民权利和政治权利国际公约》第14条第3款规定："……在判定对他提出的任何刑事指控时，人人完全平等地有资格享受以下的最低限度的保证有相当时间和便利准备他的辩护并与他自己选择的律师联络……"

考虑到犯罪嫌疑人大多法律知识匮乏，对何谓自愿认罪认罚、认罪认罚的应然后果等缺乏必要的法律认知，为保证犯罪嫌疑人选择适用认罪认罚从宽制度的自主、自愿，非常有必要将犯罪嫌疑人认罪认罚案件纳入法律援助辩护的适用范围，具体措施包括：第一是在检察环节建立强制辩护制度。应当规定，适用认罪认罚从宽的案件，如果犯罪嫌疑人、被告人在检察环节没有委托辩护人的，必须指派律师担任辩护人。第二是完善值班律师制度。法律援助值班律师制度，是指法律援助机构向法院、检察院、公安看守所派驻工作站，安排律师值班，开展法律援助宣传咨询，受理法律援助申请，提供免费法律服务的制度设置。在认罪认罚案件的检察环节，在犯罪嫌疑人未自行聘请辩护人的情况下，人民检察院亦应就指控罪名及从宽处罚建议等事项听取犯罪嫌疑人值班律师的意见，以充分发挥值班律师在保障认罪认罚案件犯罪嫌疑人合法权益中的积极作用。

认罪认罚从宽制度存在的问题及完善路径

夏立荣[*]　胡　浪^{**}

2016 年 9 月 3 日,第十二届全国人民代表大会常务委员会第二十二次会议通过《全国人大常委会关于授权最高人民法院、最高人民检察院在部分地区开展刑事案件认罪认罚从宽制度试点工作的决定》(以下简称《决定》),认罪认罚从宽制度在全国 18 个城市正式开展试点工作。从试点情况看,自制度推行以来办案质量和效率得到有力提升,但同时也暴露出一定的问题,亟待解决。因而,必须要坚持问题导向,在全面分析试点地区现状的基础上吸收其他国家和地区成果,促使该制度不断完善。

一、认罪认罚从宽处理制度的内涵

对于认罪认罚从宽制度的概念,理论界和实务界还在学习研究中,尚未达成广泛共识。虽然这一制度在我国现行法律体系中无对应的文字概念,但却具有相关的条文依据和程序设置。例如,在实体法中,《刑法》规定:对于自首的犯罪分子,可以从轻或者减轻处罚。其中,犯罪较轻的,可以免除处罚;犯罪嫌疑人虽不具有规定的自首情节,但是如实供述自己罪行的,可以从轻处罚;因其如实供述自己罪行,避免特别严重后果发生的,可以减轻处罚。在程序法中,1996 年修订《刑事诉讼法》增设的"简易程序",2012 年修订《刑事诉讼法》增设的"当事人和解的公诉案件诉讼程序"(以下简称"和解程序"),以及自 2014 年开始在部分地区试行的"刑事速裁

---

　* 沅陵县人民检察院检察长。

** 沅陵县人民检察院办公室副主任。

程序"，其适用均以犯罪嫌疑人、被告人认罪为基本条件。

认罪认罚从宽制度作为一项具有实体与程序双重属性的法律制度，有其特定的含义。所谓认罪，是指犯罪嫌疑人、被告人自愿如实供述自己的罪行，对指控的犯罪事实没有异议；所谓认罚，是指犯罪嫌疑人、被告人同意量刑建议，签署具结书，即对检察机关建议判处的刑罚种类、幅度及刑罚执行方式没有异议。而所谓认罪认罚从宽，则是指在犯罪嫌疑人、被告人认罪认罚的前提下，公安司法机关依法对其在实体上予以从轻、减轻或者免除处罚，在程序上作出相应的判决或者予以不起诉。① 这其中，认罪是前提，认罚是关键，从宽是结果，三者密切联系、互为条件、互相促进，共同构成完整意义上的认罪认罚从宽制度。

二、认罪认罚制度的域外借鉴

(一)美国的辩诉交易制度

辩诉交易是指起诉和辩诉双方律师在庭外进行磋商和谈判，起诉方以撤销部分指控、降格指控或者建议法官从轻判刑等许诺以换取被告人作有罪答辩，以便节省审判所需时间和开支，特别是避免审判的不确定性。在种类上辩诉交易一般分为指控交易与量刑交易。前者是指检控官仅指控数罪中的部分罪行，其余罪行不予指控，或将指控的较重罪名降为较轻罪名指控；后者是指在被告人做出有罪答辩的情况下，检控官请求法官判处相对较轻的刑罚。法官保持中立地位，不受辩诉交易的约束，可接受或拒绝。被告在宣判前可撤回认罪。被告认罪后即表示放弃了由陪审团审判的权利而由法官按简易程序审理，同时放弃了上诉权。②

(二)英国的罪状认否程序

即在法庭开始审理后的第一个阶段，由书记官在庭上宣读起诉书后询问被告人是作出有罪答辩还是无罪答辩，若作出有罪答辩则不再进行正式的法庭审理而直接进入量刑听证程序。作出有罪答辩的被告人将获得量刑折扣。量刑折扣的主要原因是为了鼓励那些明知自己有罪的被告人作出有罪答辩，以此节省将在对抗审判中消耗的资源。另一个存在某些特定类型

---

① 黄燕萍.认罪认罚从宽制度探讨[J].四川警察学院学报,2017(3):47-56.
② 潘玮,胡思华.论辩诉交易在我国的适用性[J].江西广播电视大学学报,2009(2):15-16.

案件中的次要原因是被告人通过有罪答辩分担了证人必须出庭作证的负担，而量刑折扣的幅度一般可减少 1/4 至 1/3。①

（三）法国的庭前认罪答辩程序

即允许刑事被告人在某些轻罪案件中以认罪为前提与控方进行量刑交易。其仅适用于主刑为五年以下监禁刑或罚金刑的犯罪，且明确排除诸如未成年人犯罪等几类犯罪的适用。其运作过程包括：被告人认罪、检察官提出量刑建议、被告接受或拒绝量刑建议、法官审核四个部分。法官审核的要点在于犯罪事实的真实性、量刑建议的适当性及程序的公正性等。②

（四）德国的认罪协商程序与刑事处罚令程序

德国的认罪协商程序是指从控方提起诉讼到法官宣判前的整个诉讼期间，被告人可通过同意在审判过程中认罪，以获得控方撤销某些罪名的指控或法官不超过特定限度量刑的承诺。刑事处罚令程序是指在控方向法院提出申请后，法院直接作出书面的处罚命令。主要适用于被告人所涉嫌的是可能判处一年以下自由刑或单处罚金刑的犯罪，检察院认为没有必要进行审判。被告人收到法院签发的处罚令后在两周内可提出异议，若无异议则发生法律效力等同于正式判决。

（五）日本的即决裁判程序

该程序仅适用于轻微且没有争议的案件，对一年以上惩役或监禁及无期、死刑的案件排除适用。由检察官向法院提出适用该程序的申请，且需被告人及其辩护人的同意。适用该程序将导致审理程序的简化，且原则上当日宣判，但强化了对被告人权利的保护，若其没有辩护人则法官将依职权为其指定辩护人。依照即决裁判程序审理的案件，不得以事实错误为理由提出上诉。③

三、认罪认罚从宽制度运行中存在的问题

（一）相关标准规定不完善

一是证明标准被降低。从实践来看，在案件数量较多的基层司法机关，

---

①　张吉喜.被告人认罪案件处理程序的比较法考察[J].时代法学，2009（3）：24－32.

②　施鹏鹏.法国庭前认罪答辩程序评析[J].现代法学，2008（5）：174－186.

③　杨柳幸.认罪认罚从宽制度研究[D].重庆：西南政法大学，2015.

办案人员普遍面临案件积压量较大的突出问题。个别地区为了尽快了结案件，用量刑激励制度促使犯罪嫌疑人、被告人认罪悔罪，忽视全面收集固定证据的证明责任要求，对于尚未达到"事实清楚、证据确实充分"的轻微案件，在控辩协商的基础上直接进行起诉、审判，导致证据的证明标准被人为降低。[①] 二是悔罪标准不清晰。实践中，认定犯罪嫌疑人、被告人认罪认罚的主要依据是《认罪认罚承诺书》的签署以及认罪并愿意接受处罚的供述，而对其是否真诚悔罪缺乏深层次判断标准。不排除有些犯罪嫌疑人、被告人在内心尚无对自己错误的认识和悔意的情况下，仅为获得从宽处理而在口头上表示认罪认罚。办案人员受时间、精力、经验等因素的限制，并不能对犯罪嫌疑人、被告人悔罪情形进行准确认定并深入研判。认罪认罚从宽机制便有可能成为某些犯罪嫌疑人、被告人投机的机会。三是量刑标准不明确。《最高人民法院关于常见犯罪的量刑指导意见》仅仅对部分罪名设定了指导标准，需要进一步进行扩展。此外，实践中对于认罪认罚从宽理解片面，从宽幅度过大，引起部分被害人及其家属不满。并且，对于从具体哪个环节认罪认罚应采取何种量刑幅度缺乏明确规定，导致实践中"一刀切"，无论在侦查、审查起诉还是审判阶段，不加区别设定从宽方式和刑期，违背了罪责刑相适应的要求。

（二）程序规定不健全

一是认罪认罚从宽制度是否适用侦查环节规定不明。关于侦查环节认罪认罚从宽制度是否适用，法律规定不明确，理论界和实务界存在很大争议。以陈光中教授等为代表的专家认为，被追诉人在侦查阶段认罪的，侦查机关在对其认罪的自愿性进行审查后，可以在符合条件时从宽适用强制措施。而以陈卫东教授为代表的专家则认为，侦查阶段不适用认罪认罚制度，必须在检察院审查起诉阶段通过案件审查后才能确定是否采用认罪认罚制度审理案件。由于认识不清、规定不明，导致在具体实务中，侦查机关具体适应情况不统一。二是审查起诉阶段适用认罪认罚从宽处理制度不全面。《关于在部分地区开展刑事案件认罪认罚从宽制度试点工作的办法》（以下简称《试点办法》）对检察机关审查起诉主要规定在办法第十一条：人

---

① 曾泉生，苏静.刑事案件认罪认罚从宽机制的实践与反思[J].中国检察官，2017（15）：10 - 13.

民检察院向人民法院提起公诉的，应当在起诉书中写明被告人认罪认罚情况，提出量刑建议，并同时移送被告人的认罪认罚具结书等材料。但是，实践中，侦查机关移送审查起诉的符合认罪认罚从宽条件的案件有不同种类，认罪悔罪情况有很大不同，需要进行详细的程序性规定。[①] 三是审判阶段认罪认罚程序不科学。审判阶段是认罪认罚从宽制度实行的关键阶段，直接关系制度设计初衷能否实现。关于认罪认罚从宽处理，法院主要采取简易程序、刑事和解程序和轻微刑事案件速裁程序办理。以沈阳为例，自试点以来至 2017 年 2 月末，全市各基层法院共适用认罪认罚从宽制度审理案件589 件 676 人，占全部刑事案件的 35.82%，其中适用速裁程序审理 196件。[②] 但是，关于在审判阶段是否需要开庭、开庭审理的环节以及能否适用上诉等问题规定不清晰，影响了制度执行效果。

（三）配套制度不到位

一是律师参与制度不完善。从实际办案情况看，刑事案件辩护率偏低。中国政法大学顾永忠教授团队对北京、江苏、湖南、新疆 4 个省份 2013—2014 年的基层法院刑事判决书进行统计，发现北京的律师辩护率是25.5%，江苏是 20.5%，湖南是 15%，新疆是 19.7%，4 省份的平均辩护率是 20.17%。[③] 从试点情况看，由于被告人认罪认罚，很多地区被告人没有请律师，有的由法院安排值班律师，但仅是形式上辩护，并未真正起到辩护的作用。二是被害人权益保障机制不健全。《试点办法》对被害人利用关注度不多，主要在第七条，要求将是否赔偿被害人、取得被害认谅解作为量刑时考虑的重要因素。被害人不同意适用认罪认罚从宽制度、不服刑事判决的救济的没有作出具体救济性规定。三是监督机制尚需完善。从认罪认罚从宽制度试点以来，社会公众都不乏对该制度公正性的质疑。办案人员可能存在以从宽处理换取犯罪嫌疑人、被告人有罪供述的可能性，甚至可能进行"花钱买刑""权钱交易"。虽然目前为止未见试点地区关于此类问题的

---

① 叶文胜，邓洪涛，张倩.认罪认罚从宽制度现状与问题分析[J].第十三届国家高级检察官论坛论文集，2017.

② 韩宇.沈阳中院公布认罪认罚从宽制度试点工作情况[EB/OL].(2017-03-22)[2017-03-30].http://gn.legaldaily.com.cn/content/2017-03/22/content_7064015.htmnode=37232.

③ 蒋宏敏.刑事案件律师辩护率及辩护意见采纳情况实证研究（上）——以四省（区、市）1203份判决书为研究对象[J].中国律师，2016(11)：72-74.

报道，但是，如果对机制运行缺乏有效的监督制约举措，导致司法腐败的隐患就会成为现实。

四、认罪认罚从宽制度完善对策

（一）完善相关标准

（1）规范证明标准。尽管2012年刑事诉讼法增加了"排除合理怀疑"条款，但通说认为其仅仅是增加了对证明标准的主观判断要素，"事实清楚、证据确实充分"仍然是法定的证明标准。由于轻微认罪案件在实践中占有相当大的比例，如果降低证明标准，便意味着"客观真实"在整个刑事司法领域的松动，这对我国现行的很多制度都会有巨大的冲击力。因此，要明确办案人员"全面收集证据"的证据审查标准，坚守"事实清楚、证据确实充分"的证明标准，不得因为经过了控辩协商而放弃客观真实的底线。

（2）化悔罪标准。认罪虽然主观上具有自愿、主动性，但只是体现被告人客观上承认自己所犯罪行的一种行为，而悔罪包含对罪行深深自责、改过自新的情感因素。因此，检察机关和法院在审查被告人认罪认罚时，对其所犯罪行的主观认识应当有更高的要求，即要求被告人不仅要自愿、主动认罪，还应具有情感悔悟，即被告人能主动认识到自己行为的错误与不当，对被害人及其所侵害的社会关系有悔罪和恢复心理，以确保其人身危险性和社会危害性降到与从宽处罚相匹配的程度。因此，必须要聘请心理学、社会学和法学专家组成课题组，对悔罪标准进行研究，并在专业研究成果的基础上制定悔罪标准，以满足办案需要。

（3）细化量刑标准。要建立科学明确的量刑指导意见。对尚未明确量刑标准的罪名，及时出台量刑指导意见。同时，应加强对从宽量刑的集中统一培训，达到检法两家在量刑上的相对统一。在具体的从宽量刑方法上，在总量上应该规定一个明确限度，认罪认罚从宽不是无限制从宽，而应限定在法律范围之内。限度过宽会导致自由裁量权过大，容易引发量刑失衡和罪责刑不相适应等问题，限度过窄则会达不到认罪认罚从宽制度的适用效果。另外，要进一步明确从宽幅度，对于不同的诉讼阶段启动认罪认罚从宽制度的，应当区别对待；对不同的认罪认罚形式也应当区分量刑幅度。一般而言，越早启动该制度的，其从宽幅度就应当越大，而自首的量刑从宽幅度也应当大于坦白和普通认罪认罚行为。

（二）科学设置运行程序

（1）侦查阶段程序。虽说在刑事案件的侦查阶段，侦查机关的任务是查明案件事实真相与收集案件相关证据，并不直接负有促使到案的犯罪嫌疑人认罪认罚的职责。但是，并不是说犯罪嫌疑人在侦查阶段不能做出要认罪认罚的意思表示。严格来说，如果在侦查阶段，犯罪嫌疑人能够在了解自己案件事实的情况下，做出认罪认罚的意思表示，那么司法资源就能得到有效利用。犯罪嫌疑人明知自己躲不过去，对所犯罪行供认不讳、认罪认罚，出于对认罪认罚后刑罚上从宽处理的期待，犯罪嫌疑人向侦查机关提出要认罪认罚的意思表示，侦查机关可以专门记录，交由犯罪嫌疑人签字核实。当案件侦查完结，这类犯罪嫌疑人已表示认罪认罚的案件可以另外备注，然后移交给公诉机关进入审查起诉阶段。同时，如果该犯罪案件经过侦查是事实清楚、证据充分的，侦查机关应告诉犯罪嫌疑人适用认罪认罚从宽制度的益处，为公诉机关审查起诉阶段的协商做下铺垫。

（2）审查起诉阶段程序。对于侦查机关移送审查起诉的符合认罪认罚从宽条件的案件，检察机关在审查证据材料之前应当核实侦查阶段犯罪嫌疑人认罪认罚的自愿性及过程的合法性，再按照不起诉、附条件不起诉或起诉的法律规定处理。对于应当起诉且满足认罪认罚从宽条件的案件，检察机关应当按照量刑协商程序告知被告人指控罪名，与其案件事实、认罪认罚情节有关的量刑规定以及可能的量刑结果，并与被告人及其辩护人或值班律师进行量刑协商，提出量刑和审理程序建议。对于侦查阶段未处理的退赃退赔、刑事和解等事宜，在量刑协商阶段有必要一并处理。被告人自愿认罪，对指控的犯罪事实和罪名没有异议，并同意检察机关的量刑建议和审理程序建议的，应当签署具结书。起诉时，检察机关应当将案卷材料、量刑协议、具结书一并移交法院。对于被告人同意适用简易程序或速裁程序的案件，检察机关起诉时还应就审理程序向法院提出建议。对于达成量刑协议并签署具结书的被告人，还应赋予其认罪认罚表示撤回权。

（3）法院审查确认阶段程序。案件类型的差异、可能判处刑罚的差异等均会影响案件处理的诉讼程序类型，因此，在审判阶段是否需要开庭、开庭审理的环节等也需要区别分析。而这直接决定了法院审查确认的方式。例如，对于适用速裁程序审理的简单轻微案件，法庭审理直接省略法庭调查、法庭辩论环节。而对于可能判处较重刑罚的案件，尽管控辩双方协商达成一致,但由于案件性质的差异,法院仍须在被告人及其律师、检察院公诉人同时到场后,开展讯问被告人是否充分知悉适用认罪认罚的法定后果等一系列活动,促成法官审查后形成内心确信并依法作出裁判。针对法院审查确认并作出裁判,是否允许被告人上诉或者申诉,应当分情况进行讨论。第一,适用刑事速裁程序予以审理的案件,而该程序适用以省略法庭调查、法庭辩论为前提。那么,在该程序审理的案件中,由于是经协商处理的简单轻微刑事案件,且被告人也已经认罪认罚,因而此类案件应不允许上诉。但被追诉人的申诉权利仍应得到保障。第二,适用普通程序审理的案件一般都是比较重大的案件,结合我国刑事诉讼法"第二审程序"、"审判监督程序"等章节的规定,尽管存在部分审判环节的适当减免,但仍有别于速裁程序的庭审方式。因此,仍有必要赋予被告人上诉的权利,但需要重新限定提出上诉的法定情形。

(三)健全配套制度

(1)完善被害人权益保障机制。法院在进行量刑时应充分考虑被害人的意见。对于可以适用认罪认罚从宽的案件需要听取被害人意见或者取得被害人谅解的案件,如果被告人选择适用认罪认罚从宽诉讼程序,被害人有权参与针对被告人的量刑裁判过程。法院应当在庭审程序中直接询问被害人对于初步量刑基准的意见,在案件处理过程中,将被告人是否取得被害人谅解、双方是否达成和解协议以及赔偿金是否给付到位等作为对被告人的量刑参考。法院对被告人作出判决后,被害人对此有异议的,可以通过请求检察院提出抗诉而寻求救济。

(2)健全完善律师参与制度。律师参与刑事诉讼活动有利于充分保障被告人权益。而目前由于刑事辩护率低等原因导致律师的参与程度不够。首先,应当进一步推动值班律师制度的建立和完善。具体而言,应当推动建立和落实法律援助值班律师制度,解决经费保障等问题,推动有条件的地方在检察机关派驻值班律师,进一步加强律师的参与程度。其次,要强化律师的实质参与,探索构建新型控辩关系。律师的帮助不仅包括形式上的辩护,更应突出实质上的辩护。

(3)建立认罪认罚从宽制度监督程序。要加大对办案人员的有效监督,通过构建案件质量评查部门常态化案件监督机制,加强对该类案件嫌疑人认罪认罚自愿性的审查监督工作。既要了解嫌疑人认罪认罚的动机,也要清楚其对定罪量刑的认识与预期,防止在认罪认罚过程中存在非自愿或者隐瞒、威胁、欺诈等行为。要主动接受人大监督、纪检监察监督和舆论监督,定期向人大报告工作开展情况,定期邀请人大代表视察工作、纪检监察部门检查工作,定期向新闻媒体通报工作,把权力置于阳光下运行。要畅通举报渠道,设置举报信箱、举报热线,严厉打击"花钱买刑""权钱交易"等违法违纪行为。

长沙市检察机关开展认罪认罚从宽制度
试点工作的实证调研报告

李克明[*]

2016 年 11 月，根据全国人大常委会决定及最高人民法院、最高人民检察院、公安部、国家安全部、司法部《关于在部分地区开展刑事案件认罪认罚从宽制度试点工作的办法》（以下简称《试点办法》），长沙市成为试点城市。我市检察机关按照上级的要求，结合长沙实际大胆探索，积极稳妥有序推进试点工作，采取有效措施规范量刑建议，取得了一些成效，但也遇到了一些问题和困难，导致部分基层检察院适用积极性不高，试点工作规模难以扩大。本文拟从长沙市检察机关开展认罪认罚从宽制度的实证分析入手，着重阐述认罪认罚从宽制度试点工作的现状、主要做法、存在的问题，并提出相应的对策和建议。

一、试点工作的现状及主要做法

2016 年 11 月，长沙市被确定为认罪认罚从宽制度试点城市，长沙市检察机关即全面推开试点工作，试点范围包括市院及所辖 9 个基层院。2016年 12 月 1 日至 2017 年 7 月 31 日，全市检察机关共审结认罪认罚从宽案件482 件、558 人，占审结全部刑事案件数的 16.18%，其中适用速裁程序审理309 件，适用简易程序审理 102 件，适用普通程序简化审理 8 件。审结认罪认罚的案件数和人数分别占全部刑事案件的 13.32% 和 10.97%。适用刑事案件认罪认罚从宽制度提起公诉案件中，共涉及 21 个罪名。从罪名分布情

---

* 长沙市人民检察院法律政策研究室主任。

况来看，盗窃案件数量最多，占从宽案件总数的 49.83% 和 48.82%，占比将近一半；交通肇事和危险驾驶案 45 件、45 人，占总数的 15.15% 和 13.31%；故意伤害案 36 件、36 人，占总数的 12.12% 和 10.65%；毒品类案件 27 件、30 人，占总数的 9.09% 和 8.88%。在适用认罪认罚从宽制度起诉的 338 名被告人中，提出幅度刑量刑建议的 236 人，占总人数的 68.05%，提出确定刑量刑建议的 108 人，占总人数的 31.95%。在适用刑事案件认罪认罚从宽制度提起公诉案件的 297 件、338 人中，已出庭案件 272 件、312 人。其中，适用速裁程序审理的 203 件、227 人，占已出庭案件数的 74.63%；适用简易程序审理的 61 件、73 人，占已出庭案件数的 22.43%；适用普通程序审理的 8 件、12 人，占已出庭案件数的 2.94%。

主要做法如下。

（一）精心组织部署，提升办案水平

一是党组高度重视。市检察院召开党组会专题研究在全市开展刑事案件认罪认罚从宽制度试点工作，充分认识试点工作的重要意义，及时向市委政法委做好汇报，力求公、检、法、司形成合力。二是提高办案能力。市检察院举办全市检察机关刑事案件认罪认罚从宽制度试点工作培训班，组织检察官开展专题学习、分组讨论和公诉实战演练，全面学习、系统掌握相关文件精神和具体操作规程。三是加大宣传力度。全市检察院向辖区内看守所的 1000 余在押未决人员发放"两高三部"《关于在部分地区开展刑事案件认罪认罚从宽制度试点工作的办法》的复印件，增进其对试点工作的了解。

（二）确立适用原则，明确改革方向

一是规范适用原则。市检察院制定《关于在刑事诉讼中开展认罪认罚从宽制度试点工作细则（试行）》，明确适用认罪认罚从宽制度的范围、条件、办案期限、工作机制和办案要求。二是保障合法权益原则。坚持依法办案，不因程序从简而忽略、损害犯罪嫌疑人及其他当事人的合法权益。三是简化审批流程原则。在保证案件质量、确保司法公正的前提下，尽量简化办案流程，提高司法效率。四是全面推行、逐步完善原则。试点范围覆盖全市各基层院，要求各基层院全面推行试点工作，并及时收集整理问题，总结经验，分析原因，推动试点工作逐步完善。

（三）全面大胆试点，优化工作环境

一是鼓励基层探索。授权长沙地区9个基层院在法律框架内制定各自的试点实施细则，要求各基层院结合本地工作实际，对工作程序、文书制作、审批流程等环节依法进行简化，最大限度地提高办案效率。二是健全考评机制。积极与上级院和市委政法委沟通协调，建议对适用认罪认罚从宽制度办理的案件进行单独考核，不将此类案件纳入上级院和各级党委政法委的普通案件质量评查，给试点工作创造一个宽松的考评环境。

（四）加强沟通协作，畅通办案渠道

一是内部积极沟通协作。建立案管部门、侦监部门、公诉部门之间的沟通协作机制。案管部门在源头上及时掌握认罪认罚案件的相关信息，完善受案管理，节约案件流转时间；侦监部门发现在审查逮捕过程中发现可能符合认罪认罚从宽制度适用条件的案件，由侦监部门征求犯罪嫌疑人的意见，并及时向侦查机关提出启动认罪认罚从宽程序的建议。二是加强与公安机关的协作。由其采取"批量随时移"和"定时移送"的方式集中送案；对可能适用缓刑的案件，在侦查阶段及时开展社区矫正调查评估，避免因调查报告反馈不及时影响认罪认罚从宽制度适用的情况发生。三是加强与司法局及律所的协作。如开福区院先后与两家律所建立合作，遴选一批优秀律师作为值班律师义务参与试点工作，保证每周一次看守所讯问和一次院内审讯室讯问有值班律师参与。四是加强与法院的协作。尽可能保证认罪认罚案件集中起诉、集中开庭，安排专人负责出庭，提升庭审效率，同时争取在量刑方面与法院达成共识。

（五）创新工作方式，提升办案效率

一是优化办案模式。探索建立办案组或指定专人办理认罪认罚从宽案件，采取集中讯问、集中审批、集中移送、集中开庭的办案模式，提升办案效率。如开福区院、芙蓉区院的检察长带头集中办理一批认罪认罚从宽案件，对优化办案模式起到示范引领作用。二是简化文书制作。对于决定建议适用速裁程序审理的认罪认罚案件，可以不制作审查报告；起诉书可以简化，但应当在起诉书中提出量刑建议。对于决定建议适用简易程序审理的认罪认罚案件，可以简化制作审查报告，简单列明证据，归纳证明的案件事实，但对案件的处理意见及理由，以及其他可能影响定罪量刑的问题，应详细说明；起诉书应当按照有关要求制作，不得简化。三是加强线下管理。

目前认罪认罚从宽制度的相关配套文书还未录入全国检察机关统一业务应用系统，浏阳市院为加强对办理此类案件的内部管理，通过制定一套线下办案操作流程规范，有效防止文书、文号错乱的现象发生，也便于开展统计工作。

二、试点工作取得的成效和存在的问题

（一）取得的成效

认罪认罚从宽制度的推出，符合当前我国司法稳健运行的迫切需要，充分彰显了宽严相济刑事政策的核心价值，可以缓解司法资源的有限性和日益增长案件数量之间的紧张关系，体现了实体上的从宽和程序上的从简。综合起来看，长沙试点工作取得了一定的效果。一是有效地分流了案件。据不完全统计，近几年来长沙市判处 3 年以下有期徒刑以下刑罚的案件约占案件总数的 3/4，2017 年以来全市检察机关适用认罪认罚从宽处理的案件数虽然只占同期起诉全部刑事案件的 13.32%，但也有效地部分分流了案件。二是诉讼效率得到提升。在适用认罪认罚从宽处理的案件中，适用速裁程序和简易程序审理的案件占到了适用总数的 98%，检察环节平均审查起诉周期只有 6.5 天，大大地节约了办案时间，基本上实现把有限的司法资源运用到重大疑难复杂的案件上。三是办案的三个效果得以体现。通过认罪认罚从宽处罚办理的案件，由于基本上保证了律师的参与、与被害人的沟通和解、加强了与公安法院的及时对接，使得案件办理的法律效果、政治效果和社会效果明显得以提升。根据现有数据，在适用刑事案件认罪认罚从宽制度判决的 297 件、338 人中，已经提出上诉的案件仅为 10 件、12 人，占适用认罪认罚提起公诉案件的 3.37% 和 3.55%，上诉率较低。

（二）存在的问题

（1）整体适用比例不高。我市认罪认罚从宽制度试点工作开展以来，虽然这样采取了一些有效的措施促使这项工作全面有效地铺开，但整体适用的比例只有 13.32%，比例较高的如开福区院 2017 年上半年共审结 270 件、399 人，向法院提起公诉 256 件、377 人。其中，适用认罪认罚从宽制度审结各类刑事案件共计 74 件、82 人，占全部审结案件数的 28.9%。其中，适用速裁程序审结案件 49 件、55 人，适用简易程序审结案件 25 件、27 人。之所以面临举步维艰的困境，其主要原因在于律师在场难实现、与法院在

"认罚"和"从宽"幅度的认定上存在认识差异、公安机关适用认罪认罚从宽制度的主动性不够、承办人适用认罪认罚从宽制度的积极性不高等因素。

（2）律师在场保障机制不健全。根据《试点办法》规定，辩护人参与是认罪认罚从宽处理制度有效实施的必要环节，律师的重要性主要体现在两方面：一是在检察机关就案件事实、证据、嫌疑人的行为可能判处的刑罚以及认罪认罚的直接后果与嫌疑人进行沟通、嫌疑人签署具结书的情况下，律师需要在场；另一方面则是检察机关应当就嫌疑人涉嫌的罪名、检察机关可能提出的量刑建议、认罪认罚后案件审查适用的程序等事项听取律师意见并记录在案。然而，在长沙地区尚未建立值班律师制度。司法实践中，有很多犯罪嫌疑人自己没有聘请辩护人，又不符合法律规定的指派法律援助律师的条件，这就导致大量符合要求的案件无法适用认罪认罚从宽制度。在适用认罪认罚从宽制度起诉的 338 名被告人中，值班律师参与签署具结书的 134 人，占从宽案件起诉总人数的 39.64%；指定法律援助的 99 人，占从宽案件总人数的 29.30%；嫌疑人自行委托辩护人的 52 人，占从宽案件总人数的 15.38%；值得反思的是，还有 53 名适用认罪认罚从宽制度的被告人是没有律师参与的。这非常不利于保障犯罪嫌疑人、被告人的知情权和自愿性，也是目前制约认罪认罚从宽试点工作进一步展开的重要原因。

（3）从宽评价标准体系不完善。一是在现有的规定上不完备。如《试点工作办法》《人民法院量刑指导意见》对自愿认罪规定相应的从宽幅度比较笼统和粗简，对自首、坦白等认罪种类以及退赃、退赔等认罚种类没有统一的明显的裁判尺度，又如认罪认罚从宽处罚的时间以及诉讼环节也没有明显的差别体现，还有认罪认罚的审查及处理流程也没有明确的规定，等等。二是在司法实践中，检法两家存在着一定的分歧。犯罪嫌疑人对检察机关指控的犯罪事实、量刑建议均无异议，表示认罪认罚。但犯罪嫌疑人被羁押，被判实刑，其履行罚金刑只能依靠其亲朋好友代为履行。有的基层法院对愿意缴纳罚金的执行方式，一般采取责成被告人或其家属先交保证金，再下判决的模式。如果被告人认罚的罚金数额未如数交至法院，有的法官则认为被告人的行为不属于"认罚"，导致不适用认罪认罚制度，使公诉部门所作的前期工作付诸东流。同样，检察院提出的量刑建议法院不一定完全认同。在适用认罪认罚从宽处理制度提起公诉且法院已判决的案件中，有少数被告人的判处刑罚略重于检察院提出的量刑建议，虽然该被告人没有对此提出意见，但法院判决与量刑建议之间的出入，显然影响了检察机关的公信力，不利于试点工作的有效开展。因此亟须一个法检统一的量刑减让指导规则作为从宽的依据。

（4）公安机关适用认罪认罚从宽制度的工作滞后。2016 年 12 月我市启动认罪认罚从宽制度试点工作以来，我市公安机关对于开展认罪认罚从宽处理制度的工作滞后，建议适用认罪认罚的刑事案件比例较低。由于公安机关对于开展认罪认罚从宽处理制度工作认识不到位，工作中出现消极表现，导致检察机关适用认罪认罚程序的被动。对于可能判处管制或缓刑的犯罪嫌疑人认罪认罚的案件若无法在侦查阶段就启动委托社区矫正调查评估，到审查起诉环节再委托司法行政机关进行社区矫正调查评估，增加了检察机关的工作量。检察院从收案到起诉只有十个工作日，办案时间较短，很难保证短时间内社区矫正材料就能到位，也会影响案件办理进度。另外，湖南省只有长沙市是认罪认罚从宽制度的试点城市，而其他城市司法行政机关开展社区矫正的调查评估的依据是《湖南省实行社区矫正社会调查评估暂行办法》，该办法规定，只有公安机关、法院和监狱管理机关才有委托司法行政机关进行社区矫正的调查评估的职权，并未规定检察机关具有这项职权，也即检察机关的委托于法无据，外地司法行政机关有理由拒绝接受委托。这就导致对此类可能判处管制或缓刑的犯罪嫌疑人认罪认罚的案件，承办人适用认罪认罚从宽程序办理的积极性也不高。

（5）法律文书复杂，影响办案效率。程序虽然已经从简，但办案期限并非取决于检察机关，有时更多地要依赖侦查机关；同时法律文书依然从旧未从简，承办人适用认罪认罚从宽制度的积极性不高。试点工作开展后，基层检察院普遍反映，适用认罪认罚从宽制度的案件办案期限相比普通程序大大缩短，而需要填制的法律文书反而增多，例如：根据最高检发布的法律文书格式，适用认罪认罚从宽制度的案件，除了在起诉书中列明建议适用的程序和量刑的具体建议，还需要单独制作《适用速裁程序/简易程序建议书》和《认罪认罚案件量刑建议书》；适用速裁和简易程序审理的案件，同样要制作出庭预案和出庭笔录；对于犯罪嫌疑人认罪认罚、承办人审查后建议作相对不起诉处理的案件，在审批程序上也没有实质性的简化，相反，承办人员办理此类案件的审查期间却大为缩短，这直接导致办案强度增大。目前为止，适用认罪认罚程序作相对不诉的案件只有 1 件、1 人，办案工作量增加导致承办人适用的积极性不高。

（6）适用效果有待观察。本文中虽然概括性地阐述了适用认罪认罚从宽制度取得了一定的工作成效，但由于法律规定的不完善以及实践过程中带来的诸多问题，导致了认罪认罚从宽制度的适用效果大打折扣。如最高人民法院《关于常见犯罪的量刑指导意见》仅涉及十几种罪名，而绝大多数罪名的量刑建议没有依据，导致了量刑建议的不规范，影响司法公正；被害人是否谅解不仅影响到量刑建议的提出，而且直接影响认罪认罚从宽制度适用效果；在认罪认罚从宽制度适用过程中，犯罪嫌疑人、被告人的认罪态度对于案件的处理起到了关键的作用，实践中会导致过度依赖口供，容易出现重口供的倾向，甚至难免会出现"关系案""人情案"的现象；办案效率虽然有所提升，但检察官的办案时间更加紧迫，工作任务更加压头，直接影响到办案的质量；在认罪认罚程序中，犯罪嫌疑人、被告人以及被害人的正当程序保护机制被告削弱，其诉讼权利等难以得到全面的保护，等等。

三、完善认罪认罚从宽制度的建议和对策

认罪认罚从宽制度是"坦白从宽"制度的具体落实，契合了以审判为中心诉讼制度改革的要求，检察机关在适用认罪认罚从宽制度过程中，应着重从检察监督的视角来看待认罪认罚从宽制度的完善。

（一）完善认罪认罚从宽的标准体系

认罪认罚从宽制度正确全面的贯彻落实，需要公安、检察和法院的协同配合，目前的《试点办法》、最高人民法院《关于常见犯罪的量刑指导意见》等文件虽然进行了规范，但也比较粗简，因此有必要进一步加以规范。一是制定工作细则。针对认罪认罚从宽制度的法律适用的要求，设置对应的程序，包括程序启动、适用决定、适用监督等，对于认罪认罚的犯罪嫌疑人、被告人随时都可以启动程序。二是细化量刑激励制度。认罪认罚从宽是对认罪认罚的犯罪嫌疑人、被告人予以相对缓和的刑法评价，所依据的是刑罚个别化的量刑原则。对于认罪认罚的犯罪嫌疑人、被告人，侦查机关应当及时启动程序、检察机关提出恰当的量刑建议、审判机关统一裁判尺度。三是控辩双方量刑协商制度。认罪认罚从宽制度适用过程中，在犯罪嫌疑人认罪认罚的基础上，要及时地引进律师辩护，在确保犯罪嫌疑人、被告人的权益的基础上控辩双方可进行量刑协商，检察机关可探索认罪量

刑协商制度,对量刑进行协商。在量刑协商过程中,要充分听取被害人及其家属的意见,确保被害人的知情权和其他正当权益。四是确立科学的量刑减让指导规则。只要犯罪嫌疑人在侦查、审查起诉阶段甚至是审判阶段认罪认罚,就可以适用认罪认罚从宽制度。公检法司应联合制定科学的、符合本地实际情况的量刑减让规则是非常重要和必要的。建议借鉴其他试点地区的成功经验,对适用认罪认罚从宽制度的刑事案件,采用分级量刑激励。对于犯罪嫌疑人、被告人在公安侦查、检察院审查起诉、法院一审不同诉讼阶段认罪认罚的,法院宣告判决时适用的量刑激励幅度按递减原则处理。

(二)要守好案件质量底线

在办理认罪认罚从宽的案件中,我们不能降低办案的质量标准,要在事实上、证据上严格把关。从经验看,真正容易出现质量问题的案件,往往不是重大疑难复杂案件或者不认罪案件,而是常见常发的有犯罪嫌疑人、被告人认罪口供的普通案件。在推进认罪认罚从宽制度试点时,对于案件质量问题一定要予以充分的认识和关注,一定要坚持法定证明标准不动摇,一定要把对认罪认罚自愿性的程序审查和对主要事实证据的实质审查相结合,一定要做到用口供但不偏信口供、简程序但守住程序底线,依法排除非法证据、及时补正瑕疵证据、有效补强关键证据,切实防止诱迫认罪、顶替犯罪等错案情况发生。在具体案件处理中,要重点把握犯罪嫌疑人认罪认罚的彻底性、时效性、主动性,如犯罪嫌疑人自动到案、自愿将自己交于司法机关控制,主动如实全部交待自己的犯罪事实,等等。

(三)积极倡导侦查机关的积极参与

认罪认罚从宽制度是一个系统工程,需要公安、检察和法院的共同参与,认罪认罚的起点应该始于侦查阶段,如果犯罪嫌疑人在侦查阶段就如实供述自己的罪行的,是有利于公安机关起获证据、查明犯罪事实的,而事实清楚、证据充分的案件也有利于提高后续的审查起诉和开庭审理环节的效率。根据《试点办法》第八条的规定,"在侦查过程中,侦查机关应当告知犯罪嫌疑人享有的诉讼权利和认罪认罚可能导致的法律后果,听取犯罪嫌疑人及其辩护人或者值班律师的意见,犯罪嫌疑人自愿认罪认罚的,记录在案并附卷。……对拟移送审查起诉的案件,侦查机关应当在起诉意见中写明犯罪嫌疑人自愿认罪认罚情况"。可见,公安机关也可以是认罪认罚案件的启动主体。在试点过程中，有些试点地区的分级量刑激励机制中就明确规定了公安机关启动认罪认罚从宽制度的，公安机关可根据最高人民法院发布的量刑指导意见，建议审判机关对被告人给予不高于基准刑20%的量刑从宽激励。在公安机关适用认罪认罚从宽制度积极性不高的情况下，这一做法值得借鉴。根据《湖南省实行社区矫正社会调查评估暂行办法》规定，只有公安机关、法院和监狱管理机关才有委托司法行政机关进行社区矫正的调查评估的职权。对于那些可能判处管制或缓刑犯罪嫌疑人认罪认罚的案件，如果在侦查阶段就启动认罪认罚从宽工作，由公安机关委托司法行政机关进行社区矫正调查评估，不仅于法有据，而且有效节约了审查起诉时间，有利于实现简单案件的快速办理。

（四）稳妥推进量刑建议工作

量刑建议是适用认罪认罚从宽制度的必经环节。在办案中，承办人对试点办法所要求的相对确定的量刑建议还存在一定的困惑甚至畏难情绪，主要原因是，目前没有相对统一明确的参考标准，没有相对明确的认罪、量刑协商规则，经验积累不够，协商的度把握不准。一是要充分认识到量刑建议的重要性。在认罪认罚从宽制度下，法院当庭审查确认检察机关量刑建议，实质上意味着将刑罚决定权部分交给了检察机关。提出相对确定的量刑建议，是检察机关必须履行好的任务职责。对于实践中遇到的困难、障碍，检察机关不能回避、不能绕行，必须想办法去破解、去克服。二是要积累工作经验。实现认罪认罚案件相对确定量刑建议的常态化、全覆盖，必须实事求是、逐步积累、循序渐进，不能贸然求进、一蹴而就。要善于借助大数据技术平台，通过对历史判例的精细化分析，集中精力把这些常见、多发罪名的量刑建议工作做好、做牢，实现标准规范化、工作常态化后，再扩大范围。三是要主动做好与法院的沟通、协调。尽早启动量刑建议标准规范化工作，既要认真分析、研判法院量刑规范和既定判决，以之为重要参考，确保检法标准把握的大体一致，也要注意体现检察机关的职能作用和法律适用的独立性，不能亦步亦趋，完全照搬法院标准。

（五）建立值班律师法律援助制度

律师的有效参与是认罪认罚案件不可或缺的环节。要在有限的律师资源里构建值班律师法律援助制度，针对目前律师资源紧张的状况，可以考虑把法律工作者纳入值班律师队伍中来。在律师辩护率普遍较低的情况下，对认罪认罚从宽案件建立值班律师法律援助制度，完全可以考虑在轻微的刑事案件中，把法律工作者纳入到值班律师的队伍中来。同时，健全值班律师内部管理制度，对值班律师履职情况进行考评，鼓励律师积极参与刑事速裁程序中的辩护活动。充分、有效的法律帮助，是保障认罪认罚自愿性、合法性的关键。特别是对于签署具结书这一决定性环节，辩护人或者值班律师的在场见证必不可少。要充分利用长沙法律援助资源比较充分的优势，协同有关职能部门探索、推进认罪认罚案件法律援助全覆盖。试点中可以在本市试点方案和实施细则基础上，做进一步的思考、论证和尝试。实践证明有实际效果的，及时总结、推广；违背试点精神或者法律规定的，要及时纠偏、修正。

认罪认罚从宽制度中的风险防范

刘林玲[*]

当今，人类已经步入了风险社会，尤其是在我们中国，体制机制和社会转型正进入关键时期，制度规范尚未完全建立，社会矛盾集中凸显，社会风险急剧增加，为应对传统风险而建立起来的各种制度规范无疑都将面临较大的挑战。刑事司法制度中的认罪认罚从宽制度的创制与发展亦存在不少风险。

一、风险社会下的刑事法制风险创制与控制

"风险社会"的概念首次出现和使用是在1986年，著名的西方社会学家乌尔里希·贝克在其《风险社会》一书中定义后工业社会的社会形态。其后，西方学者斯科特·拉什、沃特·阿赫特贝格、吉登斯、玛丽·道格拉斯、威尔德韦斯等又分别从不同的角度对风险社会理论进行了深入的研究，使风险社会理论得以发展。纵观风险社会理论发展的整个过程，风险社会理论的主要观点如下：一是后工业社会属于风险社会；二是风险的来源主要是人类自身；三是风险表现为复杂性、现代性、全球化的特征；四是造成风险的原因是多方面的，其中主要是社会现代性的副作用；五是化解风险的方法主要是建构在现代性反思基础上的综合治理的新机制。

刑事法制风险创制与控制，正如梁根林教授提出来的："一方面我们国家治理体系要现代化，另一方面我们已经进入到全球信息社会，全球化时代，或者是全球风险社会。在这样的背景下，我们的立法者怎么创制刑事

---

* 长沙市天心区人民检察院干部。

法律风险、怎么创制刑法规范,从被规制的对象的角度来说,可能等于是法律上预设了可能的法律风险。"①刑事法律作为社会保障法制体系中的最后一道防线,在国家社会治理现代化过程中在创设法律规范和法律制度时,在调整对象和范围的把握中不可避免地服务于社会的发展出现的新问题,立法和司法中也就会存在相应的风险。

二、认罪认罚从宽制度中存在的风险

(一)制度本身处于试行试点的风险

2016 年 11 月 16 日两高三部依据全国人大常委会授权制定的《关于在部分地区开展刑事案件认罪认罚从宽制度试点工作的办法》,在全国十八个城市试点开展为期两年的刑事案件认罪认罚从宽工作。认罪认罚从宽制度试点是落实党的十八届四中全会关于完善刑事诉讼中认罪认罚从宽制度改革部署的重大举措,是依法推动宽严相济刑事政策具体化、制度化的重要探索。因为认罪认罚从宽工作是继 2014 年全国十八个城市进行的为期两年的刑事速裁程序试点工作初步成功基础上进行的改革,同时进行了新的扩展和补充,在制度设计上还是存在一些以试行为主、不成熟的创设。如设置不同于以往、存在一定幅度的量刑建议,此次认罪认罚从宽试点要求检察机关进行精准无幅度的确定量刑,就极易引发风险,即检察机关求刑权的突破而对法院量刑裁判权的僭越。

(二)刑事司法介入民事协商因素引发的风险

刑事诉讼与民事诉讼都是属于程序法,一般认为都是公法范畴。刑事诉讼的启动是国家基于公权而发动,具有强制性和地位的不平等性;而民事诉讼的启动是基于公民个人,具有较强的自愿性和平等性。一直以来,刑事司法是绝对由公权力作用的范围。认罪认罚从宽中特别强调和赋予了犯罪嫌疑人的自主选择权以及与代表国家公权力的检察机关在程序和实体上的协商权,实际上是将公权力与犯罪嫌疑人作为同等主体对待,难免产生"头重脚轻,喧宾夺主"嫌疑,亦无法避免公权因此遭受不严肃诟病。而实践中如存在上下游犯罪或者选择性罪名等的案件,如非法持有毒品犯罪

---

① 梁根林. 浅谈刑事法律风险的控制[EB/OL].[2017 - 01 - 31]. http://www.cssn.cn/fx/fx_rdty/201701/t20170131_3400569.shtml

案件和贩卖毒品案件、非法买卖枪支案件和非法持有枪支案件、侵财型案件与隐瞒犯罪所得案件等，犯罪嫌疑人出于利益考量，可能更容易对量刑较轻的下游犯罪事实予以供认，而否认上游的犯罪行为并在定罪、量刑、行刑方面一再与司法机关进行讨价还价。

(三)侦诉审律等人为引发的风险

1.权限不明，配置不当，标准不一，各行其道

侦查阶段、审查起诉阶段及法庭审理阶段的诉讼任务是不同的，权力配置和职能要求也不同。在试行认罪认罚从宽制度中，普遍倾向是在审查起诉阶段和法庭审理阶段推行，同时随着适用认罪认罚从宽，控诉责任和法庭审理的重点会发生变化，而在场值班律师不一定担任庭审辩护律师。以上种种，导致各参与主体的权利、权力不明，适用认罪认罚从宽制度的积极性不高，且配合不够，甚至存在拆台现象。

2.刑罚力度趋轻甚至偏轻

刑罚的力度是指刑罚力的强度。刑罚力度受诸多因素的影响，如刑罚观念、刑事政策和个案中特定因素。[①] 我国刑罚体系呈现出以自由刑为中心向以自由刑和财产刑等非监禁刑为中心发展的趋势。2014年全国法院判决发生法律效力被告人118.4万人，其中，判处缓刑、拘役、管制及单处附加刑、免于刑事处罚以及宣告无罪的被告人，约计56.8万人，占全部人数的48%左右，而我国被判处三年以下有期徒刑的案件比例已经达到80%以上，且呈不断上升趋势。在认罪认罚制度适用过程中也可以看出来刑罚理念和刑事政策等诸多因素的重构和调整导致刑罚力度的趋轻甚至偏轻。比如注重个别预防，体现刑罚个别化。对行为人本人适用何种刑罚种类、刑期多少，更注重从行为人犯罪的事实、性质、情节和对社会的危害程度等具体罪行和量刑情节方面综合考虑。对于行为人的犯罪行为刑事违法性的惩戒力度就更多体现为轻微自由刑或财产刑等非监禁刑。

3.司法腐败

主要体现为为获得从宽从轻定罪、量刑和行刑而出现的权权、权钱交易以及花钱买刑等。普遍存在的担忧是，"检察院和法院自由裁量权的扩大，必然增加权力寻租的空间，加重当前存在的司法腐败，并进而大大降低

---

① 赖早兴.刑罚力度问题研究：中国刑罚力度趋轻化之探讨[M].北京：法律出版社，2014.

司法公信力"①"刑事案件'认罪认罚从宽'制度的施行，直接让法官的自由裁量权更大，不可避免地面临着如何正确行使自由裁量权的严峻考验。自由裁量权是一把双刃剑，它在避免法官机械适用法律的同时，也容易造成审判权力的滥用，导致司法腐败。最不容忽视的是，个别忘记职业操守的法官，可能会因为利益的冲突或人情世故，以宽严相济为幌子进行枉法裁判"②。

4. 冤假错案

主要体现为被告人认罪认罚不充分、不自愿或者是司法机关降低证据标准导致的冤假错案。在犯罪嫌疑人及其辩护人等参与协商时，有的即使存在不充分、不自愿认罪认罚，但出于己方利益考虑，司法机关可能会以定罪处罚行刑上的宽宥迫使羁押犯或者存在前科劣迹的犯罪行为人选择认罪认罚。也有的司法机关或者承办人员认为既然适用认罪认罚，那么证据标准和证据资格的把关没有普通刑事案件严格，证据搜集力度相对要小，积极性或主动性不够。有的有被害人而被害人谅解、获得赔偿等前提下，司法机关可能选择以较低的证据标准对行为人适用认罪认罚。而前述种种情况下，导致冤假错案的概率是比较大的。

三、认罪认罚从宽需要把握的原则

审查起诉阶段作为非常重要的"案件枢纽中心"、实体和程序把关的"闸口"及繁简分流的"识别器"，在认罪认罚从宽制度体系的建构与适用中要注意把握好以下几个原则：

（一）把握认罪认罚的大前提：悔罪的基础是犯罪事实清楚，证据确实充分

通过对我国刑法总则、分则、司法解释的逐一对比（见表1），我们可以得出结论：虽然我国刑法对认罪没有进行统一界定，各种认罪制度，如坦白、自首、缓刑、假释等，零散地分布在刑法当中，同时对于从宽幅度的具体适用，虽然仅有原则性的规定，具体方式、方法、幅度完全由检察官或者

---

① 赵霞. 论辩诉交易与司法公正[J]. 宜宾学院学报，2004(2)：33.
② 张智全. 认罪认罚从宽 须把握两大关键[A/OL]. [2016-09-02]. http://news.sina.com.cn/sf/news/2016-09-02/doc-ifxvqcts9204454.shtml.

法官自由裁量,但是,上述大前提都是行为人悔罪,而悔罪基础应该是犯罪事实清楚,证据确实充分。

表 1

法律法规	具体内容
总则	定罪。第 13 条规定犯罪的各种情形,同时也有但书"情节显著轻微危害不大的,不认为是犯罪"
	量刑。《刑法》第 22、23、24 条分别规定了犯罪预备、犯罪未遂、犯罪中止,表明了出于认罪的深浅程度,各种犯罪形态将给予犯罪人不同的惩罚;第 67 条规定了坦白、自首、准自首的条件、第 68 条规定了立功的情形,都是认罪从宽制度的最直接体现
	执行。《刑法》第 72 条缓刑的规定第一款第(二)项规定要有悔罪表现,也体现出犯罪分子只有悔罪才能获得缓刑;同样,第 78 条、第 81 条中减刑、假释也规定了需要有悔罪表现才可减刑、假释
分则	第 383 条第三款关于贪污、贿赂犯罪的规定,确认了在提起公诉前如实供述自己罪行、真诚悔罪、积极退赃的法定从宽处罚情节
	第 390 条第二款、第 392 条第二款关于行贿犯罪的规定,确认了行贿人(介绍贿赂人)在被追诉前主动交代行贿行为或介绍贿赂行为的,可以减轻或免除处罚的法定从宽处罚情节
	关于非法种植毒品原植物罪的规定:在收获前自动铲除的,可以免除处罚
规范性文件	最高人民法院《人民法院量刑指导意见(试行)》(2010 年 10 月 1 日起试行)、《关于常见犯罪的量刑指导意见》(2014 年 1 月 1 日实施)规定:对于当庭自愿认罪的,根据犯罪的性质、罪行的轻重、认罪程度以及悔罪表现等情况,可以减少基准刑的 10% 以下,依法认定为自首、坦白的除外

关于犯罪事实清楚,证据确实充分,我国修改后《刑事诉讼法》第 53 条确定了"证据确实、充分"的刑事证明标准,对证据确实、充分的条件进行了细化:①定罪量刑的事实都有证据证明;②据以定案的证据均经法定程序查证属实;③综合全案证据,对所认定事实已排除合理怀疑。这一规定使证据确实内涵中的"质量"与证据充分内涵中的"数量"及证明标准中的底线"排除合理怀疑"判断依据相互衔接,合成了一个不可分割的刑事证明体系。由此也可以判断对于"犯罪事实清楚"的证明标准的要求,是包括了指

控的行为人犯罪的定罪的事实及可能处刑的量刑的事实都要清楚,是违法性、该当性、有责性三者统一的事实都要清楚。不能因为是认罪认罚的,就想当然地降低了证明标准或者减免了证明责任的;也不能因为是认罪认罚的,就将存在毛病的案件进入到审查起诉环节甚至是进入到审判环节。

(二)认罪认罚必须以自愿为核心,以协商为基础,以从宽为利益回报

犯罪嫌疑人的认罪认罚是一种法律行为,也应该是一种自主选择的行为。我国虽然没有引进沉默权的概念,也没有建立反对自证其罪的制度,但是法律不能强人所难,立法之初也是非常清楚犯罪嫌疑人在对待自己的行为是会有趋利避害的选择和供述,可以供认,也可以否认。最高人民法院在《人民法院第四个五年改革纲要(2014—2018)》中第13项提出:明确被告人自愿认罪、自愿接受处罚、积极退赃退赔案件的诉讼程序、处罚标准和处理方式,构建被告人认罪案件和不认罪案件的分流机制。同样的,作为案件"枢纽中心"的审查起诉阶段,也应该明确这一要求,并发挥案件分类筛选和分流处理的作用。在明确告知犯罪嫌疑人认罪认罚程序、相关证据状况、法律后果和从宽幅度等情况下,在考察确认犯罪嫌疑人自愿性情况下,给予犯罪嫌疑人选择权以及与代表国家公权力的检察机关在程序和实体上的协商权。根据案件类型和认罪悔罪表现,综合行为人的情节、程度、社会危害性和人身危险性大小等等,或者作出不起诉(含附条件不起诉)决定,或者作出有明确从宽量刑建议的起诉决定。

(三)认罪认罚适用于所有的案件,不限于程序表现形式

正如法律面前一律平等原则所强调的,触犯刑事法律的行为人不论身份、地位、年龄等,在法律面前都是平等的。那么,进入刑事诉讼活动中的,涉及人身自由的犯罪追诉,所有的犯罪嫌疑人理应享有刑事诉讼赋予的权利,不论罪行的性质大小、轻重、罪数是否不一,不论可能以何种程序进行审查,只有确保他们都有适用认罪认罚从宽制度的可能性,只要他们选择了认罪认罚且符合条件的,就给予同样的从宽处理的机会,维护法律适用的公平性,扩大适用的广泛性。

四、认罪认罚从宽制度风险防范的具体路径探讨

(一)全面推进以审判为中心的诉讼制度改革

党的十八届四中全会通过《中共中央关于全面推进依法治国若干重大

问题的决定》，明确推进以审判为中心的诉讼制度改革，全面贯彻证据裁判规则。建立以审判为中心的诉讼制度，对侦查、审查逮捕、审查起诉、审判等刑事诉讼各个环节都提出了新的更高的要求。认罪认罚从宽制度目前主要作用环节在审查起诉和审判阶段，参与者主要包括检察官、犯罪嫌疑人及被告人、辩护人、法官等。而根据改革要求，第一，开展刑事案件认罪认罚从宽制度试点工作的决定是全国人大常委会作出的，具体试点工作办法是由最高人民法院、最高人民检察院、公安部、国家安全部、司法部联合发文的，那么对于认罪认罚从宽制度的适用也应该是多方联动下的动作，必须建立公检法司权责明晰、权责一致、监督有序、配套齐全的权力运行机制，同时要控制刑事案件介入民事协商因素的案件类型和范围。第二，权力运行机制的目的是为了优化司法职权配置，维护法制的统一和法律的尊严，核心应该是客观公正基础上的证据标准和规则体系。在审前程序中同样要强调审判所要求的"犯罪事实清楚，证据确实、充分"。"以审判为中心"要求在侦查阶段及起诉阶段，办案人员按照符合审判法定标准的要求收集、认定证据，进而从源头上避免事实不清、证据不足的案件或带有程序瑕疵的案件进入审判程序。[①] 第三，加深法理认识，以规范化、统一性的定罪量刑标准来切实落实罪罚从宽，起诉、不起诉或者判决通过检务公开、审查公开和判决公开、文书公开、听证制度、人民监督员监督等公开透明的方式进行，加强犯罪嫌疑人、被告人及其辩护人对罪与刑等的可预测性和公平性。

（二）保证律师参与的有效性

辩护权是法律赋予犯罪嫌疑人、被告人的反驳、辩解、申辩等维护其合法权益的一种诉讼权利。辩护权肯定了犯罪嫌疑人、被告人及其辩护人的主体地位及能动作用，也是对国家司法权力的有效制约。"无论是从保障被告人权利的角度，还是从与刑事司法内在的真实主义相协调的角度，被告人的程序处分权都必须正确而公正地行使。"[②]在认罪认罚制度中，目前强调了要求值班律师在场。但这更多的是对该程序适用解释层面上的见证。

---

① 王端婷. 以审判为中心背景下的审查逮捕工作[J]. 法制与社会，2015(10)：205+207.
② 田口守一. 刑事诉讼的目的[M]. 张凌，于秀峰，译. 北京：中国政法大学出版社，2011：217.

值班律师不是出庭辩护律师会在一定程度上影响犯罪嫌疑人或被告人的有效辩护权的行使。公正是司法的生命线，认罪认罚从宽制度中对效率的提倡不代表放弃公正。所以，一方面要确保使用认罪认罚从宽制度的犯罪嫌疑人或被告人均有获得律师法律援助的权利，进而享有程序启动的建议权、证据的知悉权，享有适用认罪认罚程序的权利和不认程序的权利；另一方面有必要将值班律师作用最大化和实质化，比如值班律师通过值班回见当事人并见证认罪认罚程序解释适用过程中直接提出对程序和事实方面的法律意见等，在法庭审理中也可以单独设立认罪认罚从宽的定罪和量刑程序，相关环节可以简单设置，相关工作可以简化，但是也应该保证被告人及其辩护人对认罪认罚中定罪、量刑乃至行刑的辩护权，辩护律师的参与也会使得控辩双方的力量更为平衡，也有助于被告人获得对过程与结果的双重肯定。

（三）健全法官、检察官惩戒制度

以审判为中心的诉讼制度改革和法检的员额制改革、终身责任制的推进，要求检察官必须从证据事实出发对案件独立行使起诉决定权，法官不受干扰地对案件事实作出独立判断。这其中包含了心证独立与决策独立双重含义。法官和检察官应该是要设置独立的机构设置、职权划分、管理制度等权力运行机制和在明确职业发展方向基础上的独立的评价、问责、惩戒与退出等机制。尤其是建立健全行之有效的惩戒制度，增强司法人员的责任意识，规范执法理念，确保法官、检察官廉洁高效、忠于职守，是防止司法腐败、实现司法公正的必要途径。

认罪认罚从宽制度在侦查阶段
适用的若干问题思考

张晓溪[*]

党的十八届四中全会《中共中央关于全面推进依法治国若干重大问题的决定》中明确提出完善刑事诉讼中认罪认罚从宽制度。2016 年，最高人民法院、最高人民检察院经全国人大常委会授权，会同有关部门出台了《关于在部分地区开展刑事案件认罪认罚从宽制度试点工作的办法》（以下简称《试点办法》），开始在北京、天津、上海等多个城市开展为期两年的刑事案件认罪认罚从宽制度试点工作。由于目前认罪认罚从宽制度尚无具体实施方案，对于该制度的适用、幅度、程序等许多问题尚不明确。笔者拟以认罪认罚从宽制度在侦查阶段（本文所指侦查阶段仅限于公安机关的侦查）的适用为视角，探讨该制度的适用以及认罪、从宽的标准等问题。

一、侦查阶段能否适用认罪认罚从宽制度

《试点办法》第八条规定了公安机关在侦查过程中应当告知犯罪嫌疑人享有的诉讼权利和认罪认罚可能导致的法律后果。但是，对于侦查阶段能否适用认罪认罚从宽制度，理论上存在一定的争议。有的认为，认罪认罚制度的适用应当有严格的诉讼节点限制，只能在审查起诉阶段和审判阶段发挥特定优势，而不能适用于侦查阶段。[②] 有的认为，认罪认罚从宽制度应当有严格的诉讼节点限制，只能在审查起诉和审判阶段发挥其独特作用，

＊ 株洲市人民检察院法律政策研究室副主任。

② http://www.chinalawedu.com/web/23183/jx1701053587.shtml.

侦查阶段应慎重适用。①

　　笔者认为，认罪认罚从宽制度在侦查阶段的适用具有一定的局限性。这个局限性主要基于以下四个影响因素：①公安机关无实体从宽的权利。根据我国刑事诉讼法的规定，公安机关负责对刑事案件的侦查。公安机关侦查终结的案件，必须达到案件事实清楚，证据确实、充分的程度。② 刑事诉讼法第一百一十八条第二款③以及《试点办法》第八条④均规定，都明确了公安机关在侦查过程中有告知的义务，均要求告知犯罪嫌疑人如实供述或者是认罪认罚的法律后果。但是公安机关肩负着依法搜集能够证实犯罪嫌疑人有罪或者无罪，犯罪情节轻重的各种证据的任务。侦查阶段查明的犯罪事实以及搜集、调取的证据材料是之后诉讼程序作出实体处理决定的依据和基础，发现没有犯罪事实的或者不应对犯罪嫌疑人追究刑事责任的要撤销案件。公安机关无法对犯罪嫌疑人的量刑做出准确的预判，只有经过法庭审判才能确定犯罪嫌疑人是否有罪、犯何罪、需要承担怎样的刑事责任。因此，公安机关在侦查阶段对刑事案件并无实体处理权。⑤ ②案件的性质。《试点办法》第二条将限制、无行为能力人、未成年刑事案件中的辩护人、法定代理人有异议、不构成犯罪等四种情形排除了认罪认罚从宽制度的适用，但是并没有涉及哪些具体类型的案件。我国刑法分则部分关于严重危害公共安全、国家安全以及侵害公民生命等章节的罪名都是危及国家安全、社会稳定、危害人民利益的严重犯罪。司法实践中，公安机关对上述几类案件必然是集中警力，尽早破案，从严处理，以降低社会负面影响，最大限度地恢复公众的安全感。而这些案件中的犯罪嫌疑人在侦查过程中认罪认罚或者如实供述并不等于案件造成的恶劣社会影响力降低，也无法再

---

　　① 陈卫东.认罪认罚从宽制度试点中的几个问题[J].国家检察官学院学报，2017（1）：3－8，171.

　　② 《公安机关办理刑事案件程序规定》第二百七十四条：侦查终结的案件，应当同时符合以下条件：案件事实清楚，证据确实、充分；犯罪性质和罪名认定正确；法律手续完备；依法应当追究刑事责任。

　　③ 《中华人民共和国刑事诉讼法》第一百一十八条第二款：侦查人员在询问犯罪嫌疑人的时候，应当告知犯罪嫌疑人如实供述自己罪行可以从宽处理的法律规定。

　　④ 《关于在部分地区开展认罪认罚从宽制度试点工作的办法》第八条第一款：在侦查过程中，侦查机关应当告知犯罪嫌疑人享有的诉讼权利和认罪认罚可能导致的法律后果，听取犯罪嫌疑人及其辩护人或者值班律师的意见，犯罪嫌疑人自愿认罪认罚的，记录在案并附卷。

　　⑤ 陈光中，马康.认罪认罚从宽制度若干重要问题探讨[J].法学，2016（8）：3－11.

修复案件本身带来的社会危害和民众的恐慌。于此，公安机关从宽处理，于法无据，于情不能。③犯罪嫌疑人的社会危险性。《试点办法》的第六条①规定了犯罪嫌疑人认罪认罚的行为是考量其是否具有社会危害性的重要因素，也影响着犯罪嫌疑人是否会得到强制措施上的从宽处理。刑事诉讼法明文规定了犯罪嫌疑人对侦查人员的提问有如实回答的义务。犯罪嫌疑人如实供述是法定的义务，是衡量其是否社会危害性的考虑因素，但不是决定因素。而犯罪嫌疑人的社会危险性才是决定是否适用强制措施、适用何种强制措施的关键因素。除了到案后的如实供述，考量犯罪嫌疑人是否具有社会危险性及其程度的因素还有很多，比如个人品质、声誉、职业、是否有固定住所、家庭环境、从前是否存在犯罪记录、犯罪行为的动机和目的、是否是惯犯、作案后是否积极抢救被害人，等等。④取保候审、监视居住的法律规定。我国刑事诉讼法第六十五条、第七十二条，第七十九条分别规定了适用取保候审、监视居住、逮捕措施的条件。《试点办法》第六条的规定，是公安机关认定犯罪嫌疑人认罪认罚后，对其从宽的依据，而且仅涉及在强制措施上的从宽。

因此，除了轻微刑事案件，犯罪嫌疑人在侦查阶段认罪认罚的，在综合案件的暴力程度、社会危害程度以及犯罪嫌疑人本身的社会危险性等因素之外，是否能适用取保候审、监视居住还应当符合法定的条件。

二、关于侦查阶段犯罪嫌疑人认罪认罚的认定问题

1. 认罪认罚的范围界定

对认罪的界定，理论上的主流观点是犯罪嫌疑人、被告人承认被指控的行为构成犯罪。根据《试点办法》第一条的规定，犯罪嫌疑人到案后自愿如实供述自己的罪行，对指控的犯罪事实没有异议，同意量刑建议，签署具结书的，可以依法从宽处理。在侦查阶段，犯罪嫌疑人如实供述自己的罪行，属于认罪的表现。但是，司法实践是复杂多样的，比如：从罪名来看，公安机关的侦查人员经过侦查发现，犯罪嫌疑人可能涉及几个不同的罪名，

---

① 《关于在部分地区开展认罪认罚从宽制度试点工作的办法》第六条：人民法院、人民检察院、公安机关应当将犯罪嫌疑人、被告人认罪认罚作为其是否具有社会危害性的重要考虑因素，对于没有社会危险性的犯罪嫌疑人、被告人，应当取保候审、监视居住。

也可能涉及一个罪名但是多次犯罪事实;从抓获情况看,犯罪嫌疑人可能在案发现场被抓获,也可能是经他人举报抓获;从案件的侦破情况看,可能是依赖监听监控,也可能是群众扭送;从公安机关掌握的证据来看,经过侦查,可能收集部分罪行的证据,也可能收集到了所有罪行的证据。因此,犯罪嫌疑人认罪的客观表现可能是交代了所有的犯罪,也可能仅交代被抓获时的罪行;可能承认了主要罪行,也可能只承认了次要的罪行;可能只承认了一个罪名的事实,也可能是多个罪名的事实;可能承认了自认为刑罚轻的罪行,可能只承认了自认为刑罚较重的罪行。

上述司法实践中出现的各种认罪的情况,总的来说,就是犯罪嫌疑人是不是认罪,认了多少罪。侦查机关认定犯罪嫌疑人认罪与否,必须在其供述的基础上,结合收集的证据情况予以认定,既不能肆意夸大犯罪嫌疑人的认罪范围,也不能限制和否认,并以此认定犯罪嫌疑人认罪认罚的客观行为。犯罪嫌疑人认罪是认罚与从宽的基础,在认罪的基础上真实认罚,就为审查起诉、审判阶段的从宽处理提供考量的依据。

2. 认罪认罚的证明标准

认罪认罚从宽必须犯罪事实清楚,证据确实、充分。犯罪嫌疑人认罪认罚,提高了从宽处理的概率,节约了司法资源,但并不意味着要降低证据的证明标准。认罪认罚从宽制度是我国刑事诉讼活动的制度之一,对于犯罪嫌疑人认罪认罚的事实,其证明标准应当与我国《刑事诉讼法》规定相一致,坚持"案件事实清楚,证据确实、充分",而这一证明标准适用于公安机关侦查终结、人民检察院审查后提起公诉,以及法院作出有罪判决。不论是轻微刑事案件还是严重的暴力性案件、社会影响恶劣的经济案件,证明的标准只有一个,不因为犯罪嫌疑人是否认罪认罚而改变。

事实不清、证据不足,不能适用认罪认罚从宽制度。尽管我国法律明确规定,侦查终结、移送起诉、审判均须达到事实清楚,证据确实、充分的证明标准,但还是因为有少部分案件因事实不清,证据不足未能经得起历史和法律的检验,最终酿成了冤假错案,而且这些教训惨痛的冤假错案,在群众心里的不良影响尚需要时间来消除。因此,如果继续对事实不清、证据不足的案件适用被告人认罪认罚从宽程序,无疑是认可了疑罪从轻的错误做法;如果犯罪嫌疑人向公安机关认罪认罚,但是证据尚未达到确实、充分的标准,也不能适用认罪认罚从宽制度,否则就是放任了冤假错案的发生。只有在办理每一起案件过程中都坚持事实清楚，证据确实、充分的证据要求，才能守住防止冤假错案的底线。

3. 起诉意见书上记录认罪认罚的效力

根据《试点办法》的要求，公安机关在审查了犯罪嫌疑人自愿认罪认罚的情况下，可以在一定条件下从宽适用强制措施，当案件进入下一个诉讼节点也就是审查起诉时，起诉意见书上应当记录犯罪嫌疑人认罪认罚情况。笔者认为，起诉意见书上的记明认罪认罚情况具有阶段性的，仅仅代表犯罪嫌疑人在侦查阶段的主观意愿，而不是整个刑事诉讼过程中的意愿。

侦查与审查起诉、审判阶段的任务各有不同。司法实践中，侦查阶段如实供述罪行，到了审查起诉阶段、审判阶段翻供否认的现象非常常见。公诉部门对全案事实、证据的审查起诉建立在侦查基础之上，兼具刑事诉讼活动监督的职能。对于侦查阶段犯罪嫌疑人的认罪认罚情况，公诉部门必然要加强审查，核实和确认，并充分听取犯罪嫌疑人认罪认罚的情况，这是与被告人就量刑问题能否达成一致的依据。当然，犯罪嫌疑人在侦查阶段认罪认罚，在审查起诉、审判阶段反悔，选择不认罪，不认罚，并不能以此加重对犯罪嫌疑人的刑罚，而应当更加慎重的审查案件，审查认罪认罚的自愿性，排除非法证据，查明案件事实，确保案件的定罪量刑的准确。对于不选择认罪认罚或选择之后又撤销的犯罪嫌疑人、被告人，可能是确实有罪而不认罪，也可能是确实无罪而不认罪，不论何种情况，都要充分认识到获得公正审判是被告人的诉讼权利，应当确保以庭审实质化的方式对此类案件进行审理，并作出正确、公正的裁判。①

三、侦查阶段适用认罪认罚从宽制度可能存在的问题

1. 犯罪嫌疑人获从宽处理后脱逃

根据《试点办法》的规定，公安机关在犯罪嫌疑人认罪认罚后，结合其社会危险性对其做出取保候审、监视居住的决定。笔者认为，该规定就是侦查阶段适用认罪认罚从宽制度，对犯罪嫌疑人从宽处理的体现。

犯罪嫌疑人在被告知了认罪认罚从宽后，为了不被羁押而积极主动认

---

① 顾永忠. 关于"完善认罪认罚从宽制度"的几个理论问题［J］. 当代法学，2016（6）：129－137.

罪,向侦查机关表明自己认罪伏法。而侦查机关适用认罪认罚从宽制度,即对其取保候审、监视居住,而不是拘留、逮捕。司法实践中,在取保候审、监视居住之后,由于公安机关监管不力或被取保候审、监视居住者错误地认为交了保证金就赎身自由了等原因,导致被取保候审、监视居住者脱逃的情况屡见不鲜,严重损害了司法权威,浪费了司法资源。

笔者认为,为了避免犯罪嫌疑人基于种种原因脱逃而不到案的情况,侦查机关应当慎重适用认罪认罚从宽制度。对轻微刑事案件、社会危险性不大的犯罪嫌疑人取保候审、监视居住时,应当加强监管和责任追究。

2. 侦查机关更加依赖口供

侦查工作是为起诉、审判打基础和做准备的阶段,也是案件证据材料从无到有,由少到多的积累过程的过程。相对于审查起诉和审判阶段,公安机关的主要任务就是查明事实,收集证据。如果犯罪嫌疑人在侦查期间能认罪认罚,这充分为公安机关指明了侦查方向,提高了办案效率,节约了司法资源。

同时,也要防止侦查机关在犯罪嫌疑人认罪认罚之后,产生惰性,更加依赖口供。犯罪嫌疑人在认罪之后,侦查人员认为案件事实已经清楚,犯罪嫌疑人也有口供,从而自我降低了对案件质量的要求,降低了对证据完整性的要求,甚至会疏忽对相关物证、鉴定意见书的收集和固定。主要依靠犯罪嫌疑人的笔录定案的案件,很容易发生翻供的情况,也必然增加案件指控的难度,可能导致对真正有罪罪犯的追诉失败。而被害人或将通过其他手段进行诉求表达,更使得认罪认罚案件在追求公平正义和司法效率两个方面均失去意义。[①]

3. 可能导致非法证据

我国刑事诉讼法明文规定了不得强迫任何人自证其罪。司法实践中,有的公安人员为了尽快破案、收集到有罪供述,不惜通过刑讯逼供手段强迫犯罪嫌疑人认罪的情形依然存在。

非法证据的情形也分为两种情况。一是犯罪嫌疑人确实没有犯罪事实,在侦查人员的刑讯逼供下,为了停止身体和精神遭受的痛苦和折磨,委

---

① 胡铭,张传玺.认罪认罚从宽制度中的法律监督[J].昆明理工大学学报(社会科学版).2017(2):5.

曲求全，放弃辩解，最终形成了不利的有罪供述。还有一种情况是，犯罪嫌疑人到案后产生了强烈的抵抗意识，对于自己的罪行矢口否认，侦查人员为了突破案件，刑讯逼供，导致犯罪嫌疑人在受到了强烈的生理疼痛之后交代了罪行。不论是哪种情形，都属于违法收集证据的情形。

笔者认为，认罪认罚从宽制度本质上要求犯罪嫌疑人的认罪认罚是自愿的、如实的，而不是被强迫的。如果只要犯罪嫌疑人如实供述了罪行，而不论该有罪供述怎么收集到的，就适用认罪认罚从宽制度，未免违背了这个制度的初衷。如果在案件中能够综合审查出被告人真实的反悔自省的悔过心理，并依此做出从宽处理，才能体现认罪认罚从宽制度的意义。

浅议认罪认罚从宽制度中检察机关的作用

雷振湘[*]　王拂冉[**]

2016 年 9 月 3 日，第十二届全国人民代表大会常务委员会第二十二次会议通过了《关于授权最高人民法院、最高人民检察院在部分地区开展刑事案件认罪认罚从宽制度试点工作的决定》，授权最高人民法院、最高人民检察院在北京、天津、上海、长沙等 18 个地区开展刑事案件认罪认罚从宽制度试点工作。随后，"两高三部"在总结刑事司法实践经验和刑事案件速裁程序试点经验的基础上，就认罪认罚从宽制度联合制定了工作办法，报中央全面深化改革领导小组审议、特提请全国人大常委会决定后，从 2016 年 11 月 16 日开始，在上述 18 个地区试行两年。笔者认为，认罪认罚从宽制度是深化我国刑事诉讼制度中改革中一项蹄急步稳的创新，检察机关应充分发挥法律监督作用，依据上述决定和实施办法可以大展身手、大有可为，为改革试点工作开创实验、积累经验。故笔者拟站在检察机关角度对认罪认罚从宽制度有关问题进行简单梳理。

一、认罪认罚从宽制度的依据

早在 2014 年 2 月份，习近平总书记在主持召开中央全面深化改革领导小组第二次会议时就强调，凡属重大改革都要于法有据。认罪认罚从宽制度作为一项中国特色的刑事诉讼制度的改革尝试、大胆创新，当然也不例外，也应有充分的法律依据、理论依据和实践基础。

---

[*]　耒阳市人民检察院检察长。

[**]　耒阳市人民检察院干部。

（一）认罪认罚从宽制度的法律依据

1. 实体法的有关规定

根据我国《刑法》第六十七条的规定，犯罪以后自动投案，如实供述自己的罪行的，是自首；对于自首的犯罪分子，可以从轻或者减轻处罚，其中犯罪较轻的，可以免除处罚；虽不具有自首情节，但是如实供述自己罪行的，可以从轻处罚；因其如实供述自己罪行，避免特别严重后果发生的，可以减轻处罚。

上述法律规定，对何为自首和坦白情节、应如何进行处罚（何种情形可以从轻、何种情形可能减轻或者免除）作出了规定。笔者认为，认罪认罚制度在实体方面包含了自首、坦白情节，是对自首、坦白情节的延伸、发展。因为"两高三部"《关于在部分地区开展刑事案件认罪认罚从宽制度试点工作的办法》（下称"认罪认罚"《工作办法》）第一条就开宗明义地对何谓"认罪认罚"作出了规定①，即犯罪嫌疑人、被告人自愿如实供述自己的罪行，对指控的犯罪事实没有异议、同意量刑建议、签署具结书的，可以依法从宽处理。因此，认罪认罚制度就是建立在"如实供述自己罪行"的基础上的，认罪认罚制度与自首、坦白在"如实供述自己罪行"交集上，才能达成从宽（包括从轻、减轻和免除）处罚的"异曲同工"之妙。

因此，笔者认为，认罪认罚从宽制度的法律依据就是刑事实体法中的量刑制度，侧重点在于犯罪行为确定之后的刑罚的具体运用、实施。

2. 程序法的有关规定

根据我国《刑事诉讼法》第二百七十九条的规定，对于达成和解协议的案件，公安机关可以向人民检察院提出从宽处理的建议。人民检察院可以向人民法院提出从宽处罚的建议；对于犯罪情节轻微，不需要判处刑罚的，可以作出不起诉的决定。人民法院可以依法对被告人从宽处罚。

上述法律规定，对可以达成刑事和解的公诉案件，即部分可能判处三

---

① 有论者认为，该条的主旨为认罪认罚的适用范围，如中国人民大学法学院副教授、硕士研究生导师魏晓娜在《人民法治》于2017年01期发表的《〈认罪认罚从宽制度试点工作办法〉评析》一文中指出，关于认罪认罚从宽制度的适用范围，《认罪认罚从宽制度试点工作办法》从正反两个方面进行了界定，该《办法》第一条首先规定了适用该办法的前提条件。笔者不同意上述观点，即该《办法》第二条以反面例举的方式对案件适用范围进行了规定，不再需要从正面作出不规定，第一条应当是对"认罪认罚"作出的定义。

年以下的故意犯罪案件和部分可能判处七年以下的过失犯罪案件①，在犯罪嫌疑人、被告人真诚悔罪，通过向被害人赔偿损失、赔礼道歉等方式获得被害人谅解，被害人自愿和解的，双方当事人可以和解的情况下，公安机关、检察机关、审判机关均可以从宽处理。具体是：公安机关在侦查终结后移送起诉时可以提出从宽处罚建议；公诉机关可以在量刑建议中提出从宽处罚建议，也可以对情节轻微的案件作出相对不起诉决定；审判机关则在量刑时可以对被告人从轻、减轻或者免除处罚。笔者发现，上述法律规定是"从宽"一词在基本法律中第一次出现，而认罪认罚从宽制度中的"从宽"一词的内涵与外延应当涵盖了我国《刑事诉讼法》中当事人和解的公诉案件诉讼程序规定的"从宽"的内容，即后者处理方式包括：不起诉、从轻处罚、减轻处罚和免除处罚，而认罪认罚从宽制度中的"从宽"除此之外，还包括公安机关撤销案件。理由是："认罪认罚"《工作办法》第九条规定，犯罪嫌疑人自愿如实供述涉嫌犯罪的事实，有重大立功或者案件涉及国家重大利益，需要撤销案件的，办理案件的公安机关应当层报公安部，由公安部提请最高人民检察院批准。

因此，笔者认为，认罪认罚从宽制度的法律依据就是刑事诉讼法中的刑事和解程序，而且已经突破刑事和解程序的规定，将撤销案件作为从宽处理的方式之一。

（二）认罪认罚从宽制度的理论依据

近代刑法学之父贝卡利亚提出，"诉讼本身应该在尽可能短的时间内结束，这是因为惩罚犯罪的刑罚越是迅速和及时，就越是公正和有益"②。日本刑法学者田宫裕指出，受到人力、物力、时间等因素制约，所有案件都一律按照严格程序处理不太现实，反倒不如确立按照犯罪性质、情节轻重区别对待的做法，对较轻的犯罪适用快速而又能保证公正的诉讼程序。③

最高人民法院院长周强受最高人民检察院委托，代表审判机关和检察

---

① 根据我国《刑事诉讼法》第二百七十七条的规定，笔者对适用范围具体解读是，可以和解的公诉案件主要包括两类：一是宣告刑在三年有期徒刑以下的侵犯人身民主权利、财产权利的故意犯罪案件，二是宣告刑在七年有期徒刑以下的职务犯罪案件以外的过失犯罪案件。
② 贝卡利亚.论犯罪与刑罚[M].黄风，译.北京：中国大百科全书出版社，1993：56.
③ 田宫裕.刑事程序的简易化[M]//西原春夫.日本刑事法的形成与特色.李海东，等译.北京：法律出版社，1997：406.

机关在全国人大常委会对《关于授权在部分地区开展刑事案件认罪认罚从宽制度试点工作的决定（草案）》作说明时指出，认罪认罚从宽制度试点工作是优化司法资源配置，提升司法公正效率的需要。当前，严重危害社会治安犯罪案件呈下降趋势，但轻微刑事案件的数量仍在高位徘徊，司法机关"案多人少"矛盾突出。试点方案与《关于推进以审判为中心的刑事诉讼制度改革的意见》在内容和制度上配套衔接，实现认罪认罚案件快速办理，是合理配置司法资源的有效方法和必然要求，有利于在确保司法公正基础上进一步提高司法效率。

"迟到的正义非正义"，公正与效率是自古以来法律所追求的价值和目标。提高司法效率是认罪认罚制度设计的初衷，司法机关依据两高一部《试点工作办法》对认罪认罚案件依法从简、从快、从宽处理，就是在确保公正、准确定罪的情况下追求司法效率的提升，从而推动刑事诉讼程序制度的层次化改造。根据犯罪嫌疑人、被告人认罪与否、案件难易、刑罚轻重等具体情况，探索认罪认罚程序、简易程序、普通程序有序衔接、繁简分流的多层次诉讼制度体系，从而为完善刑事诉讼程序制度提供实践基础。

因此，笔者认为，认罪认罚从宽制度出发点和落脚点都是司法效率的提高，认罪认罚从宽制度中各个环节、程序、规定都应以法的效率为理论指引和价值取向，实现刑事诉讼公正与效率的平衡。

（三）认罪认罚从宽制度的实践基础

近年来轻微刑事案件大量增加，司法机关案多人少矛盾逐渐凸显。我国正处在社会转型时期，急剧的社会变迁造成利益主体多元化，利益关系更趋复杂。[①] 随着社会结构发生深刻变化，刑事犯罪呈现高发态势。《刑法修正案（八）》将扒窃、危险驾驶等违法行为入罪后，轻微刑事犯罪案件数量不断增长，在全部刑事案件中占据比例逐渐上升。根据有关统计和报导，早在 2013 年全国各地法院共审理 105 万件刑事案件，其中判处 3 年以下有期徒刑、拘役、管制、单处罚金的案件约为 57 万件，判处 1 年以下有期徒刑、拘役、管制、单处罚金的案件约占总数 38%，而后受案数逐年增加。这意味着，其实三分之一以上的刑事案件可以进行简化办理，这对于提升司

---

① 李汉林，魏钦恭，张彦.社会变迁过程中的结构紧张[J].中国社会科学，2010(2):121 –143，22.

法办案效率、节约司法资源、化解"案多人少"矛盾具有重要意义。

在施行认罪认罚从宽制度之前，即在2014年6月，全国人大常委会就授权最高法院、最高检察院在北京、上海、重庆、沈阳、大连、南京等18个城市开展刑事案件速裁程序(以下简称"速裁程序")试点工作。为期两年的"速裁程序"试点工作在各试点地区全面推开后取得了显著成效，试点整体运行情况良好，审判效果和诉讼效率明显提升。全国18个试点城市共确定试点法院100余家，适用速裁程序审结刑事案件1.2万余件，当庭宣判率为95%，超过90%的案件立案后10日内审结，被告人上诉率仅为2%，检察机关抗诉率、附带民事诉讼原告人上诉率为0。[①]

因此，笔者发现，在总结刑事司法实践经验和刑事案件"速裁程序"试点经验的基础上，"速裁程序"试点结束之后，两高三部立即推出认罪认罚从宽制度试点工作，这无疑是"速裁程序"升级版，有"速裁程序"试点工作打下坚实的实践基础和经验基础。

二、与认罪认罚从宽制度相关制度的辨析

最高人民检察院党组书记曹建明检察长于2017年7月11日在大检察官研讨班上强调，要深入推进认罪认罚从宽制度试点，推动构建具有中国特色的轻罪诉讼体系。认罪认罚从宽制度，是依据我国法律、立足我国国情所进行的司法制度改革探索，是对原有的刑事司法制度的"升级换代"，因而需要将认罪认罚制度与外国的有关制定和以往的刑事制度进行区分。

（一）不同于美国的辩诉交易制度

认罪认罚制度最容易让人联想到的是美国的辩诉交易制度。辩诉交易制度19世纪初发端于美国，经过近二百年的发展、壮大，已成为确保今天美国刑事司法制度得以正常运转的基础保障，约有90%的刑事案件是依辩诉交易程序而判决。所谓辩诉交易(plea bargaining)是指在法院开庭审理之前，作为控诉方的检察官和代表被告人的辩护律师进行协商，以检察官撤销指控、降格指控或者要求法官从轻判处刑罚为条件，来换取被告人的有罪答辩，进而双方达成均可接受的协议。通俗地说，辩诉交易就是在检察

---

① 袁定波. 最高人民法院召开论证会 评估刑案速裁程序试点中期成果[J]. 中国审判，2017(17)：2.

官与被告人之间进行的一种"认罪讨价还价"的行为。

从概念来看,辩诉交易的本质特征是控辩双方通过互惠的交易行为对自己的实体权利进行处分。一般认为,辩诉交易包括以下五个特征:其一,交易主体,是检察官和被告人,主要是通过辩诉律师进行交易;其二,交易内容,就控方而言包括减轻指控罪、减少指控罪名数以及提出从轻处罚的量刑建议等;就辩方而言,主要是作出有罪答辩,即承认有罪;其三,交易利益,就控方而言是通过被告人作出有罪答辩而免去了审判中的证明责任同时减少了败诉风险,就辩方而言,主要是获得较轻处罚的判决或者减少了犯罪指控;其四,交易形式,表现为控辩双方在自愿基础上经过协商达成协议;其五,交易后果,是案件不进入正式庭审,而由法院对辩诉协议予以确认并直接对被告人定罪处刑①。

辩诉交易的内容包括罪名、罪数和量刑,甚至包括案件事实有争议或者证据有疑问的案件;与美国的辩诉交易不同的是,认罪认罚从宽制度仅针对事实清楚,证据确实、充分的案件,证据证明标准并没有降低。易言之,认罪认罚从宽制度中的案件事实、罪名和罪数是不容"讨价还价"的,不以牺牲案件的公正为代价,从而杜绝冤假错案适用认罪认罚从宽制度。

笔者认为,辩诉交易是公权力与私权利的博弈,是双方在特定情况下的一种妥协和让步,认罪认罚从宽与之最大的区别在于案件实体认定、证据裁判、证据审查不能当作交易、协商的对象,认罪认罚从宽制度是将刑罚方式选择、刑罚适用的协商规范化、法制化,是将公正落到实处的手段。

(二)不同于我国现行的刑事和解制度

2012 年修改通过的《刑事诉讼法》以专章的形式规定了一项特别程序,即当事人和解的公诉案件诉讼程序,使我国的刑事和解制度上升到了立法层面,它的出现在很大程度上弥补了我国刑事和解制度,尤其是公诉案件刑事和解的立法空白。刑事和解从理论来探讨,是指在刑事司法程序中,在刑事司法机关的主持下,通过当事人双方互谅互让来消除犯罪后果的一种结案方式。可以从理论和实践两个方面对其加以解读。

从理论角度来看,刑事和解的内容包括:①存在三方主体,即组织调停

---

① 纪娟.构建中国式辩诉交易制度的思考[EB/OL].[2012 – 10 – 29]. http://www.66law.cn//lawarticle/9188.aspx.

人、被告人和被害人；②在自愿的前提下，被告人和被害人面对面交流、协商；③法律后果包括两方面，即被告人的责任承担和被害人的谅解；④司法机关事后的确认及对量刑的影响。当然也有学者认为，其内容仅限于当事人之间的民事关系，即"加害人通过认罪悔罪向被害人提供心理补偿，以经济赔偿的方式来修复犯罪行为造成的不利后果；被害人以谅解的方式得到了加害人不再侵犯的承诺，并获得了加害人的经济补偿"。

从实践角度来看，刑事和解的内容包括：①适用范围限于存在被害人且轻微的刑事案件；②前提是以加害人的有罪答辩和当事人双方的自愿；③和解内容以加害人的责任承担和被害人的伤害述说为主线，以赔偿协议的达成为目的。

刑事和解在司法的权威性中糅合了更多的当事人自愿原则，使刑事司法活动在较大程度上受到和解内容和结果的影响、约束。刑事和解程序将程序的启动权赋予了当事人双方，协商的开始和过程以及结果完全体现了当事人的自主性。而认罪认罚制度中，双方主体是司法机关和犯罪嫌疑人、被告人，程序启动的主动权掌握在司法机关手中，前提是犯罪嫌疑人、被告人的认罪态度良好，对犯罪事实的如实供述。但是，笔者需要说明的是，刑事和解制度与认罪认罚制度并不是"水火不相容"，在刑事和解制度作为我国现行刑事司法制度中的一项特别程序，其与认罪认罚制度是包含与被包含的关系，认罪认罚制度可以包含刑事和解制度，即是否达成刑事和解是认定是否认罪的重要指标，如果就民事赔偿与被害人达成刑事和解，可以依据认罪认罚的有关规定对犯罪嫌疑人、被告人从宽处罚，甚至扩大从宽的幅度，以鼓励犯罪嫌疑人、被告人既积极、及时赔偿被害人损失，又认罪悔罪，从而最大限度地降低社会矛盾。

（三）不同于此前的"速裁程序"制度

速裁程序试点是立法机关首次就司法改革事项进行授权，是一项新制度、新事物。根据最高人民法院、最高人民检察院、公安部、司法部《关于在部分地区开展刑事案件速裁程序试点工作的办法》（下称"速裁程序"《工作办法》）的规定，速裁程序，是针对犯罪嫌疑人、被告人认罪的轻微刑事案件设计的诉讼程序。对于事实清楚、被告人自愿认罪、接受检察机关量刑建议、依法可能判处一年有期徒刑以下刑罚的危险驾驶、盗窃、诈骗等轻微刑事案件，在简易程序基础上，进一步简化审判程序，法官独任审判，庭前无须讯问被告人，开庭通知无须提前 3 日进行，当庭询问确认被告人自愿认罪、接受量刑建议、同意适用速裁程序的，可不进行法庭调查、法庭辩论，当庭宣判，使用格式裁判文书，办案期限相应缩短。

上述办法对速裁程序适用的案件范围和条件作了明确规定。适用案件分为两大类，一是依法可能单处罚金的案件，没有罪名限制；二是依法可能判处一年以下有期徒刑、拘役、管制的案件，仅限于列举的危险驾驶、交通肇事、盗窃、诈骗等 11 种犯罪。量刑以一年有期徒刑为限，采取有限列举的方式。上述办法还规定，被告人对检察机关量刑建议没有异议，人民法院审查认为量刑建议不当的，不适用速裁程序。另外，被告人与被害人未就赔偿损失、退赃退赔、赔礼道歉等事项达成和解、调解协议的，不适用速裁程序。当时主要考虑的是，被害人有权提起附带民事诉讼，参加法庭调查、法庭辩论，速裁程序简化庭审、当庭宣判，如果附带民事部分没有和解、调解，被害人基本权益无从保障①。

由于可以适用"速裁程序"案件范围狭窄和条件的严格限制，导致真正可以适用"速裁程序"的案件数量并不多，且案件本身就是宣告刑在一年有期徒刑以下的案件，量刑激励功能未能充分发挥，存在程序功能虚化隐患。从域外经验来看，世界各国普遍重视量刑激励功能在促进案件繁简分流、节约司法资源方面的突出作用②。德国、意大利等多个国家也积极发挥量刑激励功能鼓励被告人自愿认罪。以意大利为例，如果被告人认罪并且选择不再接受审判，法官对其量刑时可以减少 1/3 的刑期。从我国试点工作情况来看，目前速裁程序案件整体非监禁刑适用率不高，制约了量刑激励功能发挥。出现这种现象，既有法官、检察官对速裁程序相关刑事政策理解把握不够深刻因素影响，又受到量刑活动整体环境限制③。

笔者梳理"速裁程序"《工作办法》和"认罪认罚"《工作办法》，发现两个制度的关系在于：认罪认罚从宽制度是速裁程序制度的发展、更新换代，速裁程序制度仍然有效、可以继续施行，即"认罪认罚"《工作办法》第二十

---

①　最高人民法院刑一庭课题组，沈亮.关于刑事案件速裁程序试点若干问题的思考[J].法律适用，2016(4)：18 - 22.

②　刘静坤.被告人认罪认罚可探索适用速裁程序[N].人民法院报，2015 - 01 - 21(8).

③　廖大刚，白云飞.刑事案件速裁程序试点运行现状实证分析——以 T 市八家试点法院为研究样本[J].法律适用，2015(12)：23 - 27.

七条规定,原刑事案件速裁程序试点相关规定可以参照执行,本办法另有规定的除外。而两个制度的不同在于:一是可以适用速裁程序的案件范围扩大,即"认罪认罚"《工作办法》第十六条规定,对于基层人民法院管辖的可能判处三年有期徒刑以下刑罚的案件,事实清楚、证据充分,当事人对适用法律没有争议,被告人认罪认罚并同意适用速裁程序的,可以适用速裁程序,由审判员独任审判,送达期限不受刑事诉讼法规定的限制,不进行法庭调查、法庭辩论,当庭宣判,但在判决宣告前应当听取被告人的最后陈述;二是可以适用认罪认罚从宽制度的案件范围原则上没有限定,即除了"认罪认罚"《工作办法》第二条规定的四种例外情况之外(精神状况导致刑事责任能力欠缺、未成年人的法定代理人和辩护人提出异议、犯罪嫌疑人作无罪辩解及其他情况),所有的案件都可以适用认罪认罚从宽制度;三是认罪认罚从宽制度将律师的介入强制化,严格组建"控、辩、审"三方主体,即"认罪认罚"《工作办法》第五条规定,办理认罪认罚案件,应当保障犯罪嫌疑人、被告人获得有效法律帮助,确保其了解认罪认罚的性质和法律后果,自愿认罪认罚,犯罪嫌疑人、被告人没有辩护人的,人民法院、人民检察院、公安机关应当通知值班律师为其提供法律咨询、程序选择、申请变更强制措施等法律帮助。此外,根据上述办法第十条的规定,认罪认罚从宽制度中关键性文书,即具结书的签署只有在辩护人或者值班律师在场的情况下才能签署。

三、检察机关在认罪认罚从宽制度中可大有作为

认罪认罚制度是集各种刑事制度优势于一身的大胆创新,即吸收了刑罚适用制度的激励作用,又吸纳了刑事和解制度、速裁程度制度、简易程序等制度的优势,是诉讼制度的一个大跨步。检察机关在试点认罪认罚制度中可以依据有关规定充分发挥法律监督职能,在该制度的试行中唱主角、扛大旗!

(一)检察机关应当是认罪认罚从宽制度的主角

在四川省成都市召开第十三届国家高级检察官论坛上北京师范大学教授宋英辉提出,认罪认罚是检察机关在就相关事项听取犯罪嫌疑人及其辩护人意见基础上,就案件处理达成的基本共识,由于检察环节已对定罪量刑等实质性问题达成处理意向,法院的功能是审查而非审理,因此,认罪认

罚从宽制度改革带给检察机关更大的责任、更大的权力和更多的权利保障义务。四川大学龙宗智教授在与会时指出，认罪认罚从宽制度建设对检察工作的发展意义重大，是公诉、侦监等检察工作发展的新方向和契机。

再从现有的试点情况来看，福州市的福清市作为试点单位之一，就认罪认罚案件中法律帮助案件参照法律援助对律师实行一案一补，按人次和工作量刑分阶段计，即侦查阶段每件补助 300 元，审查起诉阶段每件补助 800 元，审理阶段每件补助 200 元。而根据"认罪认罚"《工作办法》的有关规定，只有检察机关提出较为明确的量刑建议，才能使犯罪嫌疑人、被告人对案件诉讼结果有较为明确的预期，才能更好地促使其就是否认罪认罚以及程序适用与检察机关进行协商。可见，适用认罪认罚从宽制度的案件，大部分工作是在检察机关完成，检察机关在诉讼过程中起居于核心地位，从该程序的启动到认罪认罚文书的形成，从案件起诉与不起诉的处理结果到具体刑罚如何适用，到检察机关均起着不可或缺的作用。

（二）认罪认罚从宽制度要求检察机关转变办案方式

在以往的办案模式中，无论是侦查监督部门还是公诉，审查案件的重点在于指控犯罪，侧重于案件事实的审查认定和案件定性。而适用认罪认罚从宽制度后，一个转变是，案件办理的重心由出庭支持公诉向与犯罪嫌疑人、被告人进行量刑协商转变，检察机关不再"高高在上"地代表国家指控犯罪，而是要以一个"协商者"的角度与犯罪嫌疑人、被告人进行深入沟通、商讨，认真听取其认罪认罚的意见，仔细回答其关于认罪认罪的法律后果；另一个转变是，办案导向由服务于开庭审理向审前过滤转变，检察机关不再构罪即捕、构罪即诉，而是除了对本身符合不起诉条件案件作出不起诉决定外，还要扩大刑事和解的案件不诉比例，此外，对于有重大立功或者案件涉及国家重大利益的，经最高人民检察院批准，可以作出不起诉决定，即突破了原有不起诉决定的范围，做到构罪案件在审查起诉阶段就"截流"；还有一个转变是，证据要求由精准求罪向精准求刑转变，以往作为法律监督机关，更加注重对证据的合法性审查和证据链完整的审查，把绝大部分精力放在案件事实认定、罪名甄别上，而认为量刑建议只是建议权，建议的内容只是在法定刑的基础上稍作加减，从而显得非常宽泛，而在认罪认罚的具结书签署过程中，检察机关就必须给犯罪嫌疑人、被告人一个"明确的回答"，同时还受到提供法律帮助律师的监督与制约，不确定、精准的量刑，不足以赢取犯罪嫌疑人、被告人认罪认罚的结果。

此外，笔者认为，除了在定罪和量刑方面对检察机关提出要求外，根据该制度提高办案效率的设计初衷，在文书简化方面也对检察机关提出了新的要求。为了既使权利保障到位，又使案件办理高效便捷，一是检察机关可以统一制作"告知书"，将《犯罪嫌疑人权利义务告知书》《认罪认罚告知书》《法律帮助告知书》《审查起诉期限告知书》等"多书"合一，告知时仅需签署一份文书即可；二是在有条件的地方，可以试点将审查逮捕的审查逮捕意见书与审查起诉的审查报告统一为捕诉一体案件审查报告，改变以往结案报告格式，实行"捕诉合一"，成立专门的办案部门或者由一名检察官将一个案件负责到底，从而节约有限的司法资源；三是把常见、多发罪名的案件以制作表格填空式报告模板代替文字叙述性的报告，承办人根据案件仅需填写不同证明对象下的证据列表即可，将节省出来的事务性的办案时间用于案件的审查、把关和与犯罪嫌疑人、被告人协商；四是可以尝试起诉书与量刑建议书两书合一，特别是针对适用速裁程序的案件，把量刑建议添加进起诉书，不再单独制作量刑建议，起诉书简化证据罗列，直接在起诉书尾部提出案件定性适用的法律和明确的量刑建议，从而提高开庭审理效率。

（三）检察机关应着力打造认罪认罚的"三从宽"

第一，积极探索轻缓化、非羁押的强制措施适用。在《人民检察院刑事诉讼规则（试行）》已明确规定无逮捕必要情形外，探索认罪认罚的轻微刑事案件无逮捕必要性的认定，明确犯罪嫌疑人认罪认罚案件逮捕措施的适用标准，将认罪认罚、刑事和解作为无逮捕必要的重要因素考虑，针对犯罪嫌疑人认罪认罚案件原则上不作出批准逮捕，而在逮捕后又自愿认罪认罚的，及时开展羁押必要性审查。此外，充分利用先进的科技手段打造"智慧检务"，既降低犯罪嫌疑人的羁押率又可以确保犯罪嫌疑人及时到案，即给取保候审、监视居住的犯罪嫌疑人带上有定位功能的电子手铐，从而着力提高非监禁刑适用比例，解决羁押率偏高问题，落实轻微案件轻刑化。

第二，主动扩大不起诉的适用比例。不起诉，不仅意味着对犯罪嫌疑人的从宽处罚、案结事了，还提高了办案效率、实现了案件分流和截流，让正义提早实现，检察机关应借认罪认罚从宽制度试点的东风，充分利用检察机关的不起诉裁量权，充分认识不起诉的多重作用、隐性价值，对于犯罪情节轻微的案件，以相对不诉作为"筹码"来换取犯罪嫌疑人的真诚认罪悔罪、积极主动赔偿被害人损失，适度扩大相对不起诉的适用范围的比例，把及时终结诉讼程序作为从宽的方式之一，特别是在犯罪嫌疑人认罪的情况下，有重大立功或者案件涉及国家重大利益的，请示最高人民检察院可以作出不起诉决定，或者对涉嫌数罪中的一项或者多项提起公诉。从而有效、及时化解社会矛盾，彰显人性司法、理性司法的光辉。

第三，聚焦"精准"量刑，努力提升从宽的可预期性。犯罪嫌疑人、被告人对指控的犯罪事实没有异议，同意人民检察院量刑建议并签署具结书，这是适用认罪认罚从宽制度的前提条件。而检察机关的量刑建议是否明确、精准，就关乎犯罪嫌疑人、被告人答不答应、同不同意，如前所述，在认罪认罚协商过程中，相对精确的量刑区间有助于提高被追诉人对从宽处理结果的可预期性，从而提升其认罪认罚的积极性。因此，检察机关在办案认罪案件时，就应当把更多的精力放在量刑证据的审查、判断、认定上，更加积极地运用量刑有关的法律、司法解释和理论依据准确判断和认定责任刑、预防刑。笔者建议，可以建立、完善量刑的"4321"模式，即根据现有的量刑指导有关司法解释性文件的规定，在案发前投案自首并认罪认罚的，可以减少40%的基准刑，在侦查阶段认罪认罚的，可以减少30%的基准刑，在审查起诉阶段认罪认罚的，可以减少20%的基准刑，在审判阶段认罪认罚的，可以减少10%的基准刑。

断裂与弥合：认罪认罚从宽案件证据规则的解构与完善

江义知[*]

一、认罪认罚从宽制度概述

(一)认罪认罚规则的制度基础

认罪认罚从宽制度是指人民法院、人民检察院或者公安机关对于真诚悔罪、自愿接受惩罚并且积极退回赃款赃物的犯罪嫌疑人、被告人依法从宽处罚的制度。认罪认罚从宽处罚制度由来已久。

2003年3月14日最高人民法院、最高人民检察院、司法部发布的《关于适用普通程序审理"被告人认罪案件"的若干问题意见(试行)》和《关于适用简易程序审理公诉案件的若干意见》；2006年12月28日最高人民检察院通过的《关于依法快速办理轻微刑事案件的意见》；2012年10月16日最高人民检察院公布的《人民检察院刑事诉讼规则》，均对"认罪从宽"作出了规定。十八届四中全会通过的《中共中央关于全面推进依法治国若干重大问题的决定》提出："完善刑事诉讼中认罪认罚从宽制度。"2014年6月27日，全国人大常委会表决通过了《关于授权最高人民法院、最高人民检察院在部分地区开展刑事案件速裁程序试点工作的决定》，对部分轻微刑事案件适用刑事速裁程序，就轻罪案件被告人认罪认罚程序的试点工作进行了部

---

[*] 株洲市芦淞区人民检察院干部。

署。① 2014 年 11 月 7 日，中央政法委书记孟建柱在《人民日报》上撰文指出："要加强研究论证，在坚守司法公正的前提下，探索在刑事诉讼中对被告人自愿认罪、自愿接受处罚、积极退赃退赔的，及时简化或终止诉讼的程序制度，落实认罪认罚从宽政策，以节约司法资源，提高司法效率。"2015年 2 月 26 日最高人民法院正式发布了《最高人民法院关于全面深化人民法院改革的意见——人民法院第四个五年改革纲要（2014—2018）》（法发〔2015〕3 号），要求："完善刑事诉讼中认罪认罚从宽制度。明确被告人自愿认罪、自愿接受处罚、积极退赃退赔案件的诉讼程序、处罚标准和处理方式，构建被告人认罪案件和不认罪案件的分流机制，优化配置司法资源。"

（二）认罪认罚从宽制度的研究现状

认罪认罚从宽制度具有简化诉讼程序、适时分流部分刑事案件、提高司法效率的程序价值，学界多从程序法视角进行研究和评价。笔者通过中国知网检测发现，时至 2017 年 7 月，有 265 篇以"认罪认罚从宽制度"为主题的论文，其中 2015 年 6 篇，2016 年 96 篇，2017 年 162 篇，均侧重论证这项制度的程序价值和程序设计。当然，这与认罪认罚从宽制度在我国出现的语境有关，因为，我国对认罪认罚从宽基本上以程序法或者程序法方面的司法解释来规定的。

（三）认罪认罚从宽制度的主要内容

认罪认罚从宽制度核心要义是实体上从宽处理和程序上从简处理。完善刑事诉讼中认罪认罚从宽制度，是我国刑事诉讼制度的进一步创新，其价值和意义主要体现在：第一，它强调"认罪认罚"能够得到实体上的从宽处理，有利于促使犯罪嫌疑人、被告人如实供述犯罪事实，配合司法机关依法处理好案件。第二，它强调"认罪认罚"能够得到程序上的从快处理，减少不必要的羁押和诉讼延迟，有利于节约司法成本，提高司法效率。第三，它强调诉辩双方协商和当事人双方和解，有利于减少社会对抗，修复社会关系。②

① 王瑞君."认罪从宽"实体法视角的解读及司法适用研究[J].政治与法律，2016(05):108 - 117.

② 庄永康，张相军，顾永忠，陈瑞华，刘传稿.检察环节认罪认罚从宽制度的适用与程序完善[J].人民检察，2016(9):41 -48.

二、认罪认罚从宽制度现有证明标准

(一)认罪认罚从宽案件的证据材料认定

随着认罪认罚从宽制度的改革推进,侦查机关办理被追诉人选择认罪的案件仍需负全面收集证据的法定义务,检察机关在审查起诉阶段则应格外注重满足被追诉人认罪、认罚自愿性的证据材料是否达到法定标准。① 针对诉讼中被追诉人反悔、撤回认罪供述的情形,审前程序中办案机关全面、及时收集、固定证据是确保诉讼正常、顺利进行的关键,否则可能产生放纵犯罪、损及国家行使刑罚权正当性等危害。即使被追诉人选择认罪,但是现有证据材料无法达到"事实清楚、证据确实充分"的法定标准时,检察机关也不能仅依据被追诉人认罪口供提起公诉。在刑事速裁程序试点中,法院审判阶段简化法庭调查和法庭辩论环节,法官审查控辩双方协议合法性的方式,除了在庭审期间对控辩双方的讯问(或者询问)之外,更多的是就控辩双方无异议证据材料展开认定,在有限的时间内实现对案件的实质性审查。在此类案件办理过程中,审前活动获得的证据材料对法院审判影响更为直接,如何设计科学、规定的办案机制以保障审前证据满足审判的法定标准成为摆在改革者、立法者面前的一项难题。

(二)事实清楚,证据确实、充分的证明标准

"事实清楚,证据确实、充分"不仅是侦查终结、提起公诉以及进行判决的证明标准,也是认罪认罚从宽程序实施的重要前提。刑事普通程序,无论被告人认罪与否,都要接受法庭的审判,对被告人定罪量刑都要达到"事实清楚,证据确实、充分"的证明标准;而在认罪认罚从宽的三大典型程序,即刑事简易程序、刑事速裁程序以及刑事和解程序中,既要求被告人承认其犯罪事实,也要求案件达到法定的证明标准。在达不到"事实清楚,证据确实、充分"的情况下,究竟是应当进行"疑罪从无"的处理,还是借鉴美国诉辩交易中的"协商后降格"处理,是我国理论界和实务界近年来争议颇多的一个话题。未达到"事实清楚,证据确实、充分"证明标准的案件,即为"事实不清、证据不足"的情况,按照《最高人民法院关于适用〈中华人民共和国刑事诉讼法〉的解释》(以下简称《高法解释》)中关于刑事第一审

---

① 陈卫东.认罪认罚从宽制度研究[J].中国法学,2016(2):48 – 64.

程序的规定，"案件部分事实清楚，证据确实、充分的，应当作出有罪或者无罪的判决；对事实不清、证据不足部分，不予认定"。可以看出，在经历了疑罪从有、疑罪从轻、疑罪从挂到如今的疑罪从无，已经体现出人权司法保障、营造良性司法生态、司法理念不断进步的一种法律文化。

（三）从宽处理的实然意义

严格意义上来说，对被告人认罪认罚后采取从宽的处理，从实体上看，是因为其符合刑法犯罪构成中主观恶性较小的情况；从程序上看，被告人认罪认罚、主动承认犯罪事实，有利于案件事实的查明，可以节约司法资源、提高司法效率。因此，认罪认罚归根到底是被告人的认罪态度的问题，其并不能动摇"案件事实，证据确实、充分"的证明标准。被告人的认罪态度虽然属于犯罪构成要件的主观方面范畴，是比较抽象的概念，但与被告人的主观恶性、能否及时接受改造并回归社会等有着直接的关系。在对被告人进行量刑时予以考虑，有着重要的现实意义。[①]

三、认罪认罚从宽案件证据规则问题剖析

（一）证人出庭率极低

笔者自 2014 年 10 月至 2016 年 6 月在有关法院开展了"庭审实质化与证人出庭作证实证研究"的试点与调研工作，根据调研数据，在试点工作开始以前，各试点单位一审法院有证人证言的案件中证人出庭率最高不超过 2.3%，最低仅为 0.33%；二审法院有证人证言案件中证人出庭率最高也仅有 7.38%，最低仅有 1.38%。实践中证人出庭率低的一个重要根源就在于《刑事诉讼法》条文的规定存在的缺陷。根据我国《刑事诉讼法》第 187 条第 1 款的规定，当事人申请证人出庭需要取得法院的同意。而法院往往拒绝当事人的申请，不通知证人出庭。同时，《刑事诉讼法》第 190 条进一步规定了"对未到庭的证人的证言笔录、鉴定人的鉴定意见、勘验笔录和其他作为证据的文书，应当当庭宣读"，该条为法庭采纳未出庭证人的证言提供了立法依据。两个条文，"双管齐下"，架空了证人出庭作证制度。庭审程序是事关被告人定罪处刑的关键环节，被告人的辩护权理应得到充分、有效的保障。

---

① 樊崇义，李思远.认罪认罚从宽程序中的三个问题[J].人民检察，2016(08)：5-9.

（二）刑事庭审中律师辩护率较低

根据有关的调研数据统计，2015 年全国一审刑事案件中，被告人总数为 954028 人，有辩护人的被告人总数为 202366 人，有律师辩护的被告人总数为 189605 人，辩护率为 21.2%，律师辩护率仅为 19.9%。如 2017 年 1 至 2 月，长沙市两级检察院移送法院的案件指派值班律师提供法律帮助 14 人/次，指派律师提供辩护 5 人/次，占涉案人员总数 17.24%。显然，在大量的刑事案件中，被告人在法庭上没有得到辩护律师的帮助。在盗窃、抢劫、伤害、杀人等普通刑事案件中，也有相当大比例的犯罪嫌疑人、被告人因经济状况而无力负担律师费用。法庭上公诉人对被告人进行强有力的指控，而空荡荡的辩护席上却没有辩护律师与公诉人进行针锋相对的抗争，进而影响到庭审程序公正和实体公正的实现。非法证据排除规则是世界法治国家通行的证据规则。有无非法证据排除规则、制度是否规范、实践是否到位，标志着一个国家刑事司法和程序法治的程度。我国司法实践证明，冤案多错在事实认定上[1]，而刑讯逼供、非法取证是导致冤假错案的主要原因。对非法证据的排除有利于查明事实真相，最大限度防止冤假错案的发生。2010 年《关于办理刑事案件排除非法证据若干问题的规定》和《关于办理死刑案件审查判断证据若干问题的规定》的出台，以及 2012 年《刑事诉讼法》的修改，确立了我国刑事庭审中的非法证据排除规则。但该制度在法律和实施层面均存在缺陷。当前，非法证据排除的实践效果不佳，存在着"启动难""认定难""排除难"等问题。在庭审阶段就表现为法官通常不启动对证据合法性的法庭调查程序，即便已经启动排除程序，法官也不轻易对有关的证据予以排除。导致非法证据排除难最关键的原因就是"重打击、轻保障，重实体、轻程序"司法理念的影响。[2]

（三）全局意识及适用案件数量较低

全局意识有待进一步提升。部分刑事法官对认罪认罚从宽制度试点的司法价值还是缺乏明确认识，全局意识有待进一步提高。认为试点增加了报送、录入、数据汇总等工作，原本分散的案件突然集中，工作强度加大，审限变得更紧，工作压力加大，且数据汇总等工作对当前检察工作没有实

---

① 陈光中，于增尊. 严防冤案若干问题思考[J]. 法学家，2014(1)：56 – 66,176.
② 陈光中，李章仙. 论庭审模式与查明案件事实真相[J]. 法学杂志，2017(6)：1 – 10.

质性帮助。随着试点工作的推进，检察工作人员已经认识到试点工作是全面深化改革的重要组成部分，从发展的角度看，试点成功意味着案件繁简分流机制进一步健全，有限的司法资源进一步合理分配，"案多人少"的历史矛盾有效缓解。试点改革需要进一步激发检察人员的担当意识与责任感。适用案件数量有待进一步增加。认罪认罚从宽制度适用空间广阔，既可以适用于速裁程序，又可以适用于简易程序；既可以适用于可能判处三年有期徒刑以下刑罚的案件，也可以适用于可能判处三年有期徒刑以上刑罚的案件。如 2017 年 1 至 2 月，长沙市两级检察院移交法院审结认罪认罚案件数占审结全部刑事案件数分别为 30.95%、11.06%，占审结三年有期徒刑以下刑罚案件数分别为 30.95%、16.56%，案件总数虽有所增加但所占比重降低且较低。数据表明，三年有期徒刑以下刑罚等轻型案件占刑事案件总数的比重较大，但适用认罪认罚制度审结的案件比重较小，可以以此为突破口进一步释放审判压力，高效调配司法资源。

（四）对证明标准认识的误区

司法实践中，很多人认为证明程序及证明方式的简化等于证明标准的降低，其实相应程序及方式的简化，并不直接涉及证明标准的降低。也有人认为"案件事实清楚，证据充分"不同于"案件事实清楚，证据确实、充分"，其实不然，该两项规定的实质内容是一样的。也有人认为被追诉人供述作为直接证据与其他证据相互印证，来认定案件事实，被追诉人主动做出有罪供述的证明标准相较于非认罪认罚案件更容易达到。

四、认罪认罚从宽案件证据规则完善对策

认罪认罚从宽制度坚持最高的证明标准，主要是基于以下三个方面的考虑，一是无罪推定原则的要求，二是实质真实原则的要求，三是避免冤假错案的考量。法院一旦作出生效的有罪裁决，被定罪者就等于受到权威的否定和谴责，甚至会终生戴上"罪犯"的标签，在政治、社会、经济等各个方面受到歧视性待遇，成为不折不扣的"政治签名"。定罪会给一个人带来如此严厉的制裁性后果，因此法律对法院的定罪裁决要作出严格的控制，其中所设定的证明标准就是这种法律控制的一个重要环节。因为，无论是罪刑法定原则还是罪责刑相适应原则，都决定了控辩双方不可能围绕着指控的罪名数量和罪名本身进行协商和交易。

(一)全面贯彻证据裁判原则

贯彻证据裁判原则是推行"以审判为中心"的诉讼制度改革的基础性要求,它强调"严格依法收集、固定、保存、审查、运用证据,完善证人、鉴定人出庭制度,保障庭审在查明事实、认定证据、保护诉权、公正裁判中发挥决定性作用。"虽然我们通常认为侦查起诉的证据要向庭审标准看齐,但是,"以审判为中心"不意味着刑事诉讼全程统一以审判为标准,否则会带来混淆侦查、审查起诉、审判职能以及有违认识规律等消极后果。① 能够作为裁判依据的证据应当具有关联性、客观性与合法性,为了保证案件庭审实质化,在审前程序中,办案机关开展收集、运用证据等活动坚持面向法官审判的标准和要求。这并非是一刀切式地适用法院审判的证明标准。

贯彻好证据裁判原则,破解卷宗中心主义至关重要。我国刑事诉讼过分倚重案卷笔录材料的惯例背后是侦查中心主义诉讼构造的结果,"卷宗中心主义"的危害主要在审判阶段,但它的成因却是审前活动有违诉讼基本规律。② 而且,在审前环节中,检察机关开展审查逮捕、审查起诉等工作也多依赖侦查机关移送的材料并进行书面化审查,同样受到卷宗中心主义的不当影响。有观点直截了当地指出:"如今要实行审批中心主义,加强庭审的实质性和决定性,要想避开重新审视庭审前的案件依赖现象和法官预断问题是不可能的。"③证据裁判原则适用不仅仅局限在法院审判之中,结合《刑事诉讼法》的规定,侦查人员开展侦查活动应依法全面收集、固定和移送证据材料,摆脱侦查期间对口供的过度依赖,实现侦查办案方式的科学化转变。在审查逮捕、审查起诉工作中检察机关严把证据审查关,转变传统书面审查方式、注重对证据材料审查的亲历性,通过亲自讯问、亲自复核、多方聆听等方式实现对侦查证据的筛选、过滤与把关,重点对可能存在非法取证行为的案卷材料细致审查,尽量使非法证据排除规则不流于审判程序。根据《刑事诉讼法》第54条第2款的规定,非法证据排除规则在侦查阶段、审查起诉阶段和审判阶段均可适用,不同办案机关可依法行使排除非法证据的权力。但是由于立法规范不明、检察监督缺位等诸多原因,法院审判

---

① 陈卫东.以审判为中心:当代中国刑事司法改革的基点[J].法学家,2016(04):1-15,175.
② 汪海燕.论刑事庭审实质化[J].中国社会科学,2015(02):103-122,20.
③ 张建伟.审判中心主义的实质内涵与实现途径[J].中外法学,2015(04):861-878.

阶段排除非法证据的司法实践效果难以尽如人意，而在审前阶段办案机关主动启动排除非法证据的概率更为偏低，由此导致非法证据排除规则适用的"虚化"。① 在侦查机关注重提升侦查水平的同时，"以审判为中心"对审前阶段办案机关发现、审查和排除非法证据的工作提出挑战，逐步建立准确、高效的审前证据审查体系是保证非法证据规定及其效力落到实处的重要环节。

当然，全面贯彻证据裁判原则还应注重综合保障审前阶段律师参与的充分性。办案机关在审前阶段切实保障被追诉人及其辩护律师行使诉讼权利，有利于及时发现办案过程中可能存在的违法不当行为。辩护律师的阅卷、核实证据、调查取证等行为，实则是对控方获取证据材料合法性的"审查"。辩护律师提出可能存在违法取证行为、侵害诉讼主体合法权益的行为，办案机关及时调查、作出处理意见并予以回复，在有效保障被追诉访诉讼权利的同时也进一步夯实证据。同时，审前阶段有效辩护也为审判阶段控辩双方平等对抗做好铺垫。

（二）严格执行非法证据排除规则

尽管 2012 年修改通过的《刑事诉讼法》增加"国家尊重和保障人权"、增设"非法证据排除规则"，然而，从实践来看，办案机关违法取证行为并没有被杜绝，也出现多起非法取证案件触动民众的敏感神经。如何有效实现办案机关违法取证行为合法性的问题，还需从不同机关的监督与制约角度寻求答案。一条可行路径即建立健全驻所检察对取证行为合法性的核查机制。有鉴于刑事案件数量和办案压力，不可能对所有案件权覆盖，仅对重大案件在侦查终结前，检察院驻看守所的检察人员负有向被追诉人询问并核查侦查机关是否有刑讯逼供、非法取证等违法行为的义务，同时明确检察机关核查结果的法定效力。

为实现"正本清源"之目的，我国改革路径应集中解决侦查程序中的刑讯逼供等非法行为。由于公民被羁押后的法定场所只能是看守所，看守所落实《刑事诉讼法》规定，成绩喜人，但实证调研表面看守所内仍然存在讯

---

① 陈卫东，赵恒.刑事证据制度重点问题实施状况调研报告[J].证据科学，2014(06)：645－657.

问程序瑕疵、讯问场所不规范甚至不在讯问室讯问等问题①,直接影响到非法证据排除规则的实践效果,关乎法院最终审判时采信证据的正当性。因此,以看守所为节点建立侦查终结前检察机关对侦查机关侦查行为合法性的核查机制,成为增强检察监督效力与规范侦查行为的创新路劲。

(三)坚持严格的证明标准

在我国刑事诉讼中,检察机关不仅承担指控犯罪的职能还承担法律监督的职能,这就要求检察机关及检察人员在处理犯罪嫌疑人、被告人犯罪案件中能够跳出公诉人的诉讼立场,客观、理性地对待犯罪嫌疑人、被告人的认罪,不仅要充分保障他们认罪的自愿性,而且还要认真审查他们认罪的基础事实是否存在、是否构成犯罪以及是否达到证据确实、充分的法定证明标准。对于缺乏基础事实、或虽有基础事实但依法不构成犯罪或未达到法定证明标准的案件,即使犯罪嫌疑人、被告人自愿认罪也不能简单接受,与其达成定罪量刑协议。对于认罪认罚案件的证明标准,要坚持在定罪证明标准上认真审查把关,不能因为犯罪嫌疑人、被告人是自愿认罪就放弃从证明标准上审查把关。认罪案件和不认罪案件在证明标准的审查把关方式上有所不同。在认罪案件中,既然是犯罪嫌疑人、被告人自愿认罪,他们应该能够如实供述犯罪事实,检察人员审查把关主要表现为可以不需要在庭上充分履行举证责任,而是在庭前或庭下认真审查认罪供述与其他证据,客观评价、理性判断已有证据是否达到法定证明标准。对于证据不足的案件,应该补充相关证据直至达到法定证明标准,然后,视案件的不同情况作出与此相适应的"从宽"处理决定或提出相关建议。而犯罪嫌疑人、被告人不认罪的案件,检察机关如果认为已构成犯罪应当追究刑事责任,那就应当在法庭审理中充分履行举证责任,通过严格证明并经受辩方的充分质证而指控证据达到法定证明标准。②

(四)建立科学的从宽评判机制

"事实清楚,证据确实、充分"是不可动摇的证明标准,但要建立科学的从宽评判机制。认罪认罚从宽的功能之一,在于通过"从宽"这种激励机

---

① 陈卫东,程雷.看守所实施新刑事诉讼法实证研究报告[J].政法论坛,2014(4):3-12.
② 庄永康,张相军,顾永忠,等.检察环节认罪认罚从宽制度的适用与程序完善[J].人民检察,2016(9):41-48.

制，来鼓励被告人承认犯罪事实、主动交代犯罪线索，从而使得侦查机关、检察机关能够按图索骥不需要采用大范围摸排、拼命查找相关线索等破案方法，而是直截了当就能查明案件事实，固定案件证据，大大提升了办案效率。在证明标准不降的前提下，认罪认罚从宽处理的案件，可适用自由证明的证明模式或方法，以提高诉讼效率、推动诉讼改革。这是因为，认罪认罚从宽制度的适用前提是被告人"认罪"和"认罚"，因而控辩双方在"定罪"问题上的矛盾已经消除，"有争议必有证明"已经失去了"争议"的前提，如果一味坚持严格证明，将会造成诉累的形成和诉讼效率的低下。但是，在自由证明适用的过程中，应当注意两个方面，一个是自由证明之自由是相对自由，而并非完全自由，对该证明模式的运用也应当在我国现有的法律规定和诉讼制度范围内进行，在提高诉讼效率的同时一定要注意被告人应有权利的保障，不能使公正与效率的天平失衡；二是出现被告人不适用认罪认罚从宽情形的，包括被告人认罪认罚后后悔，以及出现其他非因被告人主观因素所产生的不适用认罪认罚处理的，应当在定罪问题上适用严格证明，对于犯罪行为的时间、地点、方式、过程、原因、结果等各个环节应当严格把握。①

认罪认罚从宽制度的推行，使得检察官与被告方可以就量刑幅度进行必要的协商和交易，检察官可以降低量刑的幅度，这一幅度甚至可以达到30%左右。在特定量刑情节的认定和解释上，检察官确实享有一定程度的自由裁量权，而不必要严格遵循法律所设定的标准和幅度。因此，为吸引更多的被告人选择认罪认罚，同意适用简易审判程序，检察官对量刑事实的证明不需要达到法定的最高证明标准。即便是对那些不利于被告人的量刑情节，如主犯、累犯、重犯、教唆犯等，检察官也不需要证明到排除合理怀疑的程度。这种对量刑事实证明标准的降低，既不会破坏无罪推定和实质真实原则，也不会造成冤假错案，而只会使案件得到快速审理，诉讼效率得到提高，司法资源得到合理配置。当然，即便在犯罪事实的证明上继续适用最高的证明标准，那种在刑事速裁程序中适用的证明程序也可以采取相对简易快捷的方式。对于认罪认罚案件的证明标准与证明程序，应当加

---

① 樊崇义，李思远.认罪认罚从宽制度的理论反思与改革前瞻[J].华东政法大学学报，2017(4)：6-12.

以适当的区分。即便是在认定犯罪事实上维持同样的证明标准，不同的案件照样可以采取不同的证明程序和证明方式。①

　　结语：认罪认罚从宽制度坚持案件事实清楚，证据确实、充分的证明标准。这是因为我国刑事诉讼坚持客观真实与法律真实的辩证统一，无论在何诉讼阶段，公安司法机关都必须对基本事实进行"实质审查"，坚持案件事实清楚，证据确实、充分的证明标准，不能因为其程序从简而降低其证明标准，严防在认罪认罚从宽制度实施过程中出现冤假错案。因而，无论是普通程序、简易程序、刑事和解程序，还是认罪认罚从宽制度都应当坚持最严证明标准的同一性。其实就对认罪认罚从宽该项制度的直觉来讲，其重点词语在于"从宽"，其根本意思也就是行为人认罪认罚后是否可以从宽，行为人关心的是"从宽"，其自愿认罪认罚想获得的也是"从宽"，裁判者审核的是行为人是否符合认罪认罚情形，是否符合从宽情形，从宽到什么程度的问题。波斯纳指出："直觉是我们的一套基本的确信，它埋藏得很深，我们甚至不知如何质疑它，它无法令我们不相信，因此，它也为我们的推理提供了前提。"②不但是直觉可以告诉我们，认罪认罚从宽制度提高办案效率、节约司法成本精髓在于"简易"二字，那么该制度如何简易呢？无论是直觉还是法理以及现行法律规定，都可以告诉我们，认罪认罚从宽制度可以简化的应当是证据规则，如庭审质证适当简化，如果控辩双方对与定罪量刑有关的事实、证据没有异议的，法庭审理可以直接围绕罪名确定和量刑问题进行。当然，对可能判处无期徒刑、死刑的案件，在适当从简的同时，法院应当注意对关键性证据的质证、核实。

---

① 陈瑞华.认罪认罚从宽制度的若干争议问题[J].中国法学，2017(1)：35－52.
② 理查德·波斯纳.法理学问题[M].苏力，译.北京：中国政法大学出版社，2002：93.

完善认罪认罚从宽制度研究

邓 昂*

为了合理配置司法资源，破除案多人少的司法困境，建立宽容和缓、繁简分流的刑事司法制度，推动刑事司法领域的深度变革，党的十八届四中全会通过了《中共中央关于全面推进依法治国若干重大问题的决定》（以下简称《决定》）。《决定》明确提出："完善刑事诉讼中认罪认罚从宽制度。"为贯彻党的十八届四中全会的上述精神，最高人民法院公布了《最高人民法院关于全面深化人民法院改革的意见——人民法院第四个五年改革纲要（2014—2018）》（以下简称《意见》），该《意见》提出："完善刑事诉讼中认罪认罚从宽制度。明确被告人自愿认罪、自愿接受处罚、积极退赃退赔案件的诉讼程序、处罚标准和处理方式，构建被告人认罪案件和不认罪案件的分流机制，优化配置司法资源。"②上述两个文件对认罪认罚从宽制度的明确提出，引起了理论界及实务界的高度关注及认可。但目前为止，对认罪认罚从宽制度的研究，理论界及实务界多停留在程序法层面。而认罪认罚从宽制度是兼具程序法和实体法双重属性的制度，有必要从刑事一体化及实体法所追求价值的视角，对实体法中涉及认罪认罚从宽制度的规定进行梳理。在此基础上，对认罪认罚从宽制度中涉及认罪的真实性、从宽的条件及从宽的幅度等问题提出完善建议。

---

* 长沙县人民检察院侦查监督科科长。

② 理查德·波斯纳. 法理学问题[M]. 苏力，译. 北京：中国政法大学出版社，2002：93.

一、我国刑法中关于认罪认罚从宽制度的规定

近年来随着我国立法的不断完善、法治的不断进步，刑法中关于认罪认罚从宽制度的相关规定也就不断地被充实，刑法总则中既有相关的规定，刑法分则中也有具体的体现，且行刑阶段也被囊括其中。具体可从以下几个方面进行概括：

（一）认罪认罚从宽制度在刑法总则中的体现

首先，刑法总则中对犯罪进行的但书规定。《刑法》第十三条规定："但是情节显著轻微、危害不大的，不认为是犯罪。"这里的危害不大就主要是从行为人的人身危险性和社会危害性的角度进行考量，既对行为人的主观恶性及客观的危害进行考量。若行为人认识到其行为的恶劣性及客观危害性并予以认罪，就说明其主观恶性较小。与此相对应，如果行为人未认识到自身行为的恶劣性及客观危害性拒不认罪，就说明其主观恶性较大。因此，对于认罪者在不具备较大的人身危险性及社会危害性的情形下，对其在刑法评价方面就采取从宽的政策。

其次，关于违法性认识的规定。我国刑法中并未明确规定违法性认识，但在故意犯罪与过失犯罪的概念中有所体现。在故意犯罪时，行为人明知自己的行为会产生危害社会的结果，积极追求或放任危害结果的发生；对于过失犯罪，行为人并不明确知晓自己行为会产生怎样的危害结果，且不希望甚至反对危害结果的发生。故，对于故意犯罪的行为人来讲，其存在许多主动认罪的机会，但其最终放弃认罪的机会时，就体现了更大的主观恶性、人身危险性和社会危害性。因此，刑法在评价故意犯罪与过失犯罪的过程中往往进行了区别，一般情况下故意犯罪需承担相应的刑事责任，而过失犯罪刑事责任的承担需结合一些客观因素及刑法的具体性规定。

最后，总则中关于坦白、自首、立功、中止犯的规定中都蕴含着认罪认罚从宽处的内容。如，如实供述自己罪行的，可以从轻或减轻处罚；自动投案，如实供述自己罪行的，可以从轻或减轻处罚，犯罪较轻的，可以免除处罚；一般立功可以从轻或减轻处罚、重大立功可以减轻或免除处罚；中止犯没造成损害的可以免除处罚、造成损害的应当减轻处罚。

（二）认罪认罚从宽制度在分则中的体现

刑法分则中对具体罪名的相关规定中也体现了认罪认罚从宽处罚的内

容。如，关于非法种植毒品原植物罪的规定：在收获前自动铲除的，可以免除处罚。关于行贿罪的规定：行为人在被追诉前，主动交代行贿行为或介绍贿赂行为的，可以减轻或者免除处罚。关于贪污犯罪，最新的《刑法修正案（九）》中一规定：在提起公诉前如实供述自己罪行、真诚悔罪、积极退赃，避免、减少损害结果的发生的，可以从轻、减轻或者免除处罚。上述规定均从行为人已经认识到自身行为的危害性及主动交代弥补过错的角度处罚，既从认罪认罚的角度出发给予了刑法和缓性的评价，符合认罪认罚从宽制度的设定理念。

（三）行刑阶段中认罪认罚从宽制度的体现

行刑阶段中认罪认罚从宽制度主要从缓刑、减刑、假释等制度中体现出来。就缓刑而言，主要适用于被判处三年以下有期徒刑的，有明显的悔罪、认罪表现的犯罪人员。就减刑而言，主要指在服刑期间的罪犯能够遵守监规，认真接受教育，积极学习，完成任务并具有立功表现等情形的可对其采取减刑的措施。就假释而言，主要适用于那些严格遵守监规，积极进行自我改造，假释后不会对社会产生危害的犯罪分子。

二、认罪认罚从宽制度存在的问题分析

（一）现行的认罪认罚从宽制度未成体系

我国现有的认罪认罚从宽制度，无论是上面所述的中止犯、还是坦白、自首、立功等缺乏相互间的关联，大多表现为各自为政的状态。虽然上述认罪认罚从宽制度中对认罪的动机、时间、方式、态度等均有不同的要求，且表现出较多的差异，但本质上还是有共同之处的，即均在于犯罪行为人的认罪。因此，在完善认罪认罚从宽处罚制度时就要分析犯罪行为表现的不同社会现象，从中探寻其存在的共性。然而，我国现行的刑法理论使得我们从认知上将认罪认罚从宽处罚的各种制度隔离，阻碍了对各制度间共性的认识，妨碍了整体的制度建构。

（二）现行各制度亦未对认罪的判断设定普适标准

我国现行的各种认罪认罚从宽处罚的制度中均概括性地规定或蕴含了认罪的条件，但对于如何确定犯罪行为人认罪却没有明确的衡量标准。特别是对于一些模棱两可的认罪及在认罪的认定上存在两难时应如何认定缺乏明确的判断标准。如，犯罪行为人表示认罪，但对其行为是否构成犯罪

提出异议；或虽表示认罪，但却屡犯不改；或虽表示认罪，但在陈述犯罪事实时避重就轻或进行不符合事实的辩解；或主观上抗拒认罪，但出于畏惧心理仍表示愿意认罪；或以认罪与公检法讨价还价，或认罪但不认罚。对于上述行为是否应认定行为人具有认罪认罚的情节，进而对其适用从宽处罚的制度，现有的刑法并未给予明确的判断标准。

(三) 缺乏统一的从宽评价标准

从认罪认罚从宽处罚制度所揭示的本质认罪可享受刑法和缓性的评价来看，要求在认罪认罚从宽处罚制度中体现从宽制度的内容。尤其对于认罪形式、认罪时间及认罪程度不同的，需在刑罚评价方面进行类型化的统一评价。我国现行的刑法中，并没有从统一的视角对认罪认罚从宽问题进行审视。现行刑法中的从宽处罚，大多表现为可以从轻、减轻处罚或免除处罚。虽然这种授权型的量刑情节赋予了法官较大的自由裁量权，便于司法实践针对不同的现象进行具体的适用。但，刑法中的大多数量刑制度是作为整体的分支存在的，并未站在同一基点对不同形式的犯罪现象进行认识，就更不可能对其进行统一的评价。因此，在犯罪行为人存在多个从宽评价的情节时，认罪程度如何分辨、认罪认罚如何从宽、从宽幅度如何把握就难以考量了，具体的从宽措施也就难以真正落实。

三、认罪认罚从宽制度的完善

(一) 认罪认罚从宽制度应遵循的原则

完善认罪认罚从宽制度应秉持以下的具体原则：首先，对于中止型的认罪，即在犯罪过程中能够及时认清自己的犯罪行为并放弃犯罪的行为人，应认为其认罪程度相较犯罪行为实施完毕后的认罪程度明显，再次犯罪的概率也比既遂犯小，社会的危害性也相对较小，在对该类型的认罪进行评价时应给予更为缓和的评价。其次，不同阶段的认罪也应给予不同程度的和缓评价。如，在侦查及审查起诉等程序尚未启动前就予以认罪的，相较于被诉讼后才予以认罪的体现出更高程度的认罪和悔罪态度，也说明其主观恶性及再犯危险性同时降低，在给予其刑罚评价时应更为从宽。再次，认罪的自愿程度也应作为评价的依据。对于未受外界因素影响就认识到自身行为的危害性并主动认罪认罚的，相比于受外界影响尤其是被动认罪的情形，对于主动认罪的就应给予更加优惠的评价。最后，认罪的程度亦应作为评价的依据。对于彻底悔悟与认罪的犯罪行为人，相较于那些仅通过口头形式表达认罪，以获取刑罚从宽处罚的犯罪行为人，表现出了更高程度的认罪悔罪，对其进行刑罚评价时亦应给予更加优越的评价。

（二）完善认罪认罚从宽制度的具体路径

（1）对认罪的真实性进行审查判断。作为实体法上从宽评价条件的认罪必须是真实的认罪，也就是实质上的认罪。因为犯罪行为人真实的认罪才能表明其人身危险性的降低，对其从宽评价，不仅与鼓励犯罪行为人认罪悔改、降低社会危害、节约司法资源、提高司法效率等功利性目的相一致，亦符合刑法的特殊预防目的。因此，真实性的认罪才可以作为从宽处罚的依据。对真实性的判断，主要包括两个方面，一方面需审查是否为犯罪行为人真实的认罪意思表达，此方面比较容易判断，可以直接讯问犯罪行为人，也可以通过审查讯问笔录及犯罪行为人提交的书面供述及辩解意见进行判断。另一方面需审查犯罪行为人内心是否真实认罪，也就是对犯罪行为人心理进行判断，此方面的判断比较困难。可从以下两点进行判断：第一，需要观察犯罪行为人犯罪后的表现，判断其心理及其真实想法；第二，需要直接与犯罪行为人接触，通过直观感受对其心理作出判断。如果犯罪行为人能够如实供述自己的犯罪事实，主动交代作案过程及作案的方式，主动交代与其作案相关的人员和事物，并积极的退赃退赔，弥补对被害人的伤害，赔偿被害人的损失的，可以认定犯罪行为人具有真实的认罪，可以考虑对其从宽处罚。对于行为人对其行为的性质、法律事实的适用、指控罪名的异议，不应作为否定其真实认罪的依据。相反，如果行为人仅是口头表示认罪，但却避重就轻并隐瞒主要犯罪事实的，就不应认为其内心具有真实的认罪想法，就不应对其从宽处罚。

（2）确定认罪认罚从宽处罚的统一条件。第一，需符合法律规定之条件。不符合法律规定的认罪是无法作为量刑的依据的，因此符合法律规定条件的认罪是从宽处罚的前提条件。其次，对认罪认罚从宽的内容进行确定。如明确行为人认罪认罚后可以享受何种类型的刑罚优惠，是减少对金钱的剥夺，还是减轻对自由的限制。最后，需对认罪认罚从宽的幅度进行细化。坚持刚性从宽与柔性从宽相结合，并根据认罪的时间、方式、程度的差异给予不同的刑法评价。

（3）确定统一的从宽评价标准。首先，对于应当从轻、减轻处罚的适用情形进行相应的扩充,使应当型从宽与可以型从宽相互协调,保障犯罪行为人对认罪认罚从宽评价的期待。即如果犯罪行为人认罪认罚,符合应当从轻或减轻处罚的适用情形时,法官就必须对其从轻或减轻处罚。对于符合可以从轻或减轻处罚的适用情形,仍保留了对犯罪行为人从轻或减轻处罚的可能,为其留有合理的期待,进而促使其尽早认罪伏法。其次,明确认罪认罚的从宽幅度。目前对从宽的幅度规定比较模糊,应在最高人民法院《人民法院量刑指导意见》等司法解释的基础上,细化不同幅度的具体标准和适用情形,从域外法来看,大多数国家从宽的幅度都限定在30%—40%之间,我国在制定具体规定的时候也可以作为参考。同时,如果存在有数个从宽量刑情节的,则应当结合案件中可适用从宽规定的各类情形,坚持"同向相加、逆向相减"的方法,以确定从宽的幅度。

　　认罪认罚从宽制度不仅推动了我国刑事制度的重大进步,而且也对我国整个刑事司法体系的发展产生了不可估量的影响。但认罪认罚从宽制度的完善是一项涉及面极广的系统工程,必须分析其在我国现行刑法中的体现及存在的缺陷,进而予以弥补,才能使该制度发挥应有的作用,实现制定该制度的目的,进而推动我国社会法治的进步。

认罪认罚从宽案件证据证明标准研究

蔡 毅[*] 周 欢^{**}

一、问题的提出

2016 年 11 月，经全国人大常委会授权，最高人民法院、最高人民检察院会同公安部、国家安全部、司法部发布了《关于在部分地区开展刑事案件认罪认罚从宽制度试点工作的办法》，选择在案件基数大、类型多的十八个城市进行认罪认罚从宽制度的工作试点。试点工作的开展，使得该类案件的证据证明标准问题成为改革试点工作中亟待厘清的关键问题。

厘清这类问题对认罪认罚从宽制度改革具有重要意义。因为，证据证明标准的设置直接关系到司法实务部门工作量的多与少。若证明标准能够降低，则必然可以很好地契合认罪认罚从宽制度改革在缓解办案压力、提高诉讼效率方面的初衷。但不容忽视的是，我国刑事司法传统历来又将"案件事实清楚、证据确实充分"奉为圭臬，若证据证明标准一旦降低，则无疑会对传统做法造成不小的冲击。

或许正是由于上述两难境地的存在，使得当前学界对于认罪认罚案件的证据证明标准设置问题众说纷纭。但在认罪认罚从宽制度试点工作正式启动之后，这个关键问题又必须尽快做出回答。这个问题若能妥善解答，不仅有助于认罪认罚从宽制度改革的良性发展，而且有助于我国刑事案件证据证明标准理论体系进一步深化完善。

---

* 祁东县人民检察院检察长。
** 祁东县人民检察院公诉科科长。

要想解决这个问题，首先必须分析认罪认罚案件的基本特征，以此为出发点，寻找最适合我国国情的刑事案件证据证明标准。

二、认罪认罚案件的基本特征

从证据证明标准的视角，结合全国人大常委会《关于授权最高人民法院、最高人民检察院在部分地区开展刑事案件认罪认罚从宽制度试点工作的决定》（以下简称《试点决定》）以及"两高三部"《关于在部分地区开展刑事案件认罪认罚从宽制度试点工作的办法》（以下简称《试点办法》），认罪认罚案件具有以下四个基本特征。

（一）认罪前提——客观有罪、自愿认罪、真实认罪

《试点决定》《试点办法》强调要确保无罪的人不受刑事追究，强调犯罪嫌疑人、被告人自愿如实供述自己的罪行，简言之就是客观有罪、自愿认罪、真实认罪。客观有罪，是指犯罪嫌疑人、被告人事实上有罪，不存在无罪情况。客观有罪，避免简单的程序规则，追求案件的实体公正，不允许让无辜的人受到刑事追究；自愿认罪，是指犯罪嫌疑人、被告人的认罪认罚，是基于本人正常的辨认、控制能力而自愿作出的行为，强调认罪认罚是犯罪嫌疑人、被告人真实的意思表示；真实认罪，是指犯罪嫌疑人、被告人的认罪认罚是基于良好的动机和目的，对自己罪行的全面供述。真实认罪，是避免把认罪作为交易手段，阻止行为人避重就轻规避处罚。应该说，犯罪嫌疑人、被告人客观有罪、自愿如实认罪，有效"防止发生无辜者被迫认罪和权权交易、权钱交易等问题"[①]，是我国认罪认罚从宽处罚制度与美国辩诉交易制度最根本的区别。因此，认定犯罪嫌疑人、被告人有罪并自愿如实认罪，是诉讼证明必须重点关注的对象。

（二）价值追求——提高诉讼效率

《试点决定》指出，认罪认罚从宽处罚制度试点的目的是"为进一步落实宽严相济刑事政策，完善刑事诉讼程序，合理配置司法资源，提高办理刑事案件的质量与效率，确保无罪的人不受刑事追究，有罪的人受到公正惩罚，维护当事人的合法权益，促进司法公正"。因此，试点工作除了追求公

---

① 孟建柱.今年司法改革七大看点将试点认罪认罚从宽制度[EB/OL].[2016 – 01 – 23]. http://china. com. cn/legal/2016 – 01/23/content_376452/. htm.

正与资源优化等价值目标之外，诉讼效率是其最为重要的价值追求。这为实践中结合案件具体情况优化证明标准提高诉讼效率，提供了制度依据。

（三）良性互动——以供促证、以证稳供

与其他证据形式相比，口供证据对案件事实的证明往往更具真实性与全面性。作为犯罪行为的实施者，犯罪嫌疑人、被告人的口供能完整反映案件发生发展的全过程，是厘清案件事实最有力的直接证据；同时，口供能最直观反映出案件发生过程中涉及的人和物，帮助司法人员高效直接发现其他的证据形式，实现以供促证，以证稳供的局面。认罪认罚案件中，口供与其他证据的互相印证，为全案证据确实、充分提供了有力的支持。

（四）预防与修复——广泛的社会关系

对认罪认罚的犯罪嫌疑人、被告人从宽处罚，是贯彻宽严相济刑事政策的具体体现。但是，对于认罪认罚行为人的处理如果简单草率，没有结合具体情况合理适用刑罚，没有对侵害方的适当抚慰，就容易出现受到从宽处罚的犯罪分子再犯罪，或者犯罪从宽处罚但被害方诉访不断的尴尬局面，使得认罪认罚制度的效应大打折扣。所以，认罪认罚《试点办法》重视特别预防与社会关系的修复，把犯罪嫌疑人、被告人社会危险性的考察，是否与被害人达成和解协议或者赔偿被害人损失，取得被害人谅解，作为量刑的重要考虑因素。因此，在重视定罪事实的证明之外，还要重视对犯罪嫌疑人、被告人社会危险性和社会关系修复行为等量刑证明的衡量。

据此，认罪认罚案件必须要保证犯罪嫌疑人、被告人认罪的犯罪事实客观存在，认罪的态度自愿真实，并在此基础上强调公平与效率的兼顾以及对社会关系的修复。那么，何种证据证明标准的配置可以契合认罪认罚案件的上述基本特征呢？笔者将结合各类学说展开分析与解读。

三、证据证明标准学说的概述与分析

认罪认罚从宽案件的证据证明标准"是否能够降低、如何降低"已然成为学界热议的话题。

（一）证据证明标准学说概述

具体而言，理论界存在以下几种学说：

1. 坚持证明标准说

坚持证明标准说认为不能降低证明标准，认为即使犯罪嫌疑人、被告

人认罪认罚,也应当完善证据的采集工作,在收集定罪证据的同时,还要重视无罪、罪轻证据以及量刑证据。①

2. 证明标准降低说

该说认为,包括简易程序在内,只要犯罪嫌疑人、被告人认罪,证据证明标准就应当降低。对被告人定罪事实证明所要达到的"确信"程度可"适当低于"普通程序所要求的"排除一切合理怀疑"。这里"适当低于"的判断标准,并非要求依据现有的证据材料对被告人有罪的事实不存在任何合理怀疑,而是根据生活经验、常识、常理相信存在基本犯罪事实、相信该事实是被告人所为即可。被告人及其辩护律师基于其阅卷权,在查阅现有证据材料的基础上,无法对现有证据材料予以有效反驳而使被告人自愿选择认罪,以实现其最佳利益。②

3. 证明标准区别说

该说主张:认罪认罚案件的证明标准可以区别情况予以降低。定罪事实证明要求事实清楚,证据确实、充分,排除合理怀疑,对量刑事实的证明则可以降低标准,即便是对那些不利于被告人的量刑情节,如主犯、累犯、重犯、教唆犯等,也不需要证明到排除合理怀疑的程度。③

4. 证明责任减轻说

有学者主张,在犯罪嫌疑人、被告人主动认罪认罚的案件中,我国刑事司法仍须坚持"案件事实清楚、证据确实充分"的证明标准,与之同时,控方在证明被告人应受刑事制裁的过程中证明责任发生相应的变化。这一变化体现在减轻控方审查起诉、准备公诉活动、参与庭审举证、质证等方面的负担,但不意味着降低证明标准或者取消庭审程序。④ 此种学说的关注点在于控方证明责任的减轻,因此,可以称之为"证明责任减轻说"。

5. 证据调查简化说

该说并未从整体上就认罪认罚案件之证明标准是否可以降低给出明确的答案,但针对当下热议的协商程序之证明标准问题提出了自己的看法。"协商程序中证明标准没有降低,只不过对被告人有罪的证明从严格证明转

---

① 张建国,陈添.对认罪认罚从宽制度的检视与完善[N].检查日报,2016-07-25(003).
② 谢登科.论刑事简易程序中的证明标准[J].当代法学,2015(3):135-143.
③ 陈瑞华.认罪认罚从宽处罚制度若干争议问题[J].中国法学.2017(1):35-52.
④ 陈卫东.认罪认罚从宽制度研究[J].中国法学,2016.(2):48-64.

变为自由证明，不再恪守普通程序中的程序规则，尤其是直接言词原则，法庭在讯问被告人的基础上，结合案卷、其他证据做出判决。"①由于该说的精要在于协商案件中在证明标准维持不变的前提之下，采用比不认罪案件更为简化的证据调查程序，因此称其为"证据调查简化"说。

（二）各学说之分析

上述学说都有其精髓，但也存在明显的弊端：

第一种坚持证明标准说把认罪认罚案件的证明标准等同于一般案件的证明标准，实际上是对认罪认罚案件追求诉讼效率、有条件简化证明标准的认识不足。

第二种证明标准降低说的弊端在于，区分"基本事实（基本证据）"与"所有事实（所有证据）"概念的标准模糊，不具有可操作性。司法人员在认定认罪认罚案件中所要求的"事实清楚，证据确实、充分"是否涵盖于"基本事实"中这一点很难界定与把握。

第三种证明标准区别说仅仅以定罪事实、量刑事实作为区分的范畴过于笼统。实践中，有些定罪事实可以简化证明，而有些量刑事实却又需要重点证明，并且，涉及犯罪嫌疑人、被告人认罪是否确实自愿等程序事实更是重中之重需要重点证明的。因此，简单以定罪量刑证明标准区别对待为划分方法实有不妥。

第四种证明责任减轻说将证明标准等同于证明责任解除之标准，其实质就是降低对证明责任承担者的举证责任。这有违于《刑事诉讼法》第49条规定的"公诉案件中被告人有罪的举证责任由人民检察院承担"的法条制定初衷。若控方证明责任减轻，是否还能做到还原案件"事实清楚，证据确实、充分"的标准呢？答案显然是不能。

第五种证据调查简化说的弊端在于调查程序与证明标准两者是何种关系不明确，且认罪认罚从宽不能完全等同于协商程序。

四、证据证明标准体系的解读

不难看出，前述学说的论证依据要么来自西方国家的立法与学说，要

---

① 魏晓娜. 完善认罪认罚从宽制度：中国语境下的关键词展开［J］. 法学研究，2016（4）：79－98.

么来自学者本人在应然层面的理性判断,但都缺乏对我国现行法律的应然关注。须知,任何规则的正当存在都必须以法律为基石,如果缺乏现行法的有力支撑,认罪认罚案件中对证据证明标准的任何改变都可能面临存在合理性的困扰。重新界定我国证明标准体系,对于讨论认罪认罚案件证明标准问题,有重要的指导意义。

(一)应然层面之解读——立法定性、司法释明、个案裁量的有机统一

英美法系国家刑事证明标准是多元化的。控方的证明需要达到排除合理怀疑的程度,辩方的证明标准相对较低,对抗辩事由的证明达到"更为可能"的程度即可,即优势证据标准;大陆法系国家因不存在专门意义的证据法典,因此实行的是自由心证制度,法官在听取并审查了案件证据后,必须在内心形成一种确信的程度才能认定事实判决案件,否则判决事实主张一方承担不利后果,即"内心确信标准"。

笔者认为,我国的刑事证明标准应当是《刑事诉讼法》规定的"案件事实清楚,证据确实、充分"。这个证明标准又是一个"立法定性、司法释明、个案裁量"的体系性标准,"案件事实清楚,证据确实、充分"仅仅是该证明标准体系的一部分。其逻辑如表1所示。

表1

断案的前提与基础	手段	衡量准则
案件事实	司法人员借助证据,通过主观判断构造案件事实(证明)	证明标准

具体而言:①立法定性。通过程序法明确规定证明标准的原则性、指导性要求,即"案件事实清楚,证据确实充分"。立法定性明确了证明标准始终围绕案件事实与案件证据这两大基础性要素,引导司法办案始终关注案件事实是否清楚、在案证据是否确实充分,这与西方国家强调关注司法人员感觉和判断力的标准大为不同。②司法释明。立法标准概括抽象,需要通过司法解释细化明确"案件事实清楚,证据确实充分"的内涵和外延,强化立法标准的明确性和操作性。以高检《人民检察院刑事诉讼规则(试行)》第390条为例:只要具备"属于单一罪行的案件,查清的事实足以定罪量刑或者与定罪量刑有关的事实已经查清,不影响定罪量刑的事实无法查

清的""属于数个罪行的案件，部分罪行已经查清并符合起诉条件，其他罪行无法查清的""无法查清作案工具、赃物去向，但有其他证据足以对被告人定罪量刑的""证人证言、犯罪嫌疑人供述和辩解、被害人陈述的内容中主要情节一致，只有个别情节不一致且不影响定罪的"等四种情形之一的，就可以确认"犯罪事实已经查清"，因此，司法解释可以充分对原则的内涵外延进行强化解释。③个案裁量。再周密细致的文字规范，也不能完全涵盖所有情况。个案裁量，是司法人员在立法、司法规范的指引下，结合案件具体情况，利用经验与逻辑规则，对案件事实是否清楚、证据是否确实充分作出主观判断。

从应然层面而言，证明标准体系中的立法定性、司法释明、个案裁量之间有机统一。立法规定指明刑事证明的方向，司法释明给证明提供了操作指南，个案裁量则是在规范指引下语境性的、能动性的具体证明活动，三者缺一不可，共同构成我国刑事证明标准体系；与此同时，立法规定是原则是方向，司法释明与个案裁量都必须以立法规定为前提，都必须围绕"案件事实清楚，证据确实、充分"这一立法规定展开。

（二）实然层面之解读——保证规范与突出重点相结合

如上所述，我国的证明标准应该是一个"立法定性、司法释明、个案裁量"的体系性标准。这个体系中，规范标准与实践标准能够有机统一，既确保诉讼证明重客观、重事实、重证据的原则方向，又有利于充分发挥司法人员的主观能动性，实现规范与具体案情的最有效结合。在认罪认罚案件中，由于犯罪嫌疑人、被告人认罪认罚，由于有口供与其他证据互相印证，因而，相较于不认罪案件，有条件在实际操作中简化相对应的证明标准，在突出重点、简化证明的情况下，实现对案件事实与证据的确认和固化，保证诉讼效率与实体公正的统一。具体而言，认罪认罚案件证明标准的调整，应该从规范层面和操作层面两方面着手。

（1）规范层面。案件事实清楚，证据确实、充分，以及最高法、最高检的释明规范，仍然是认罪认罚案件的证明标准。这个原则能够约束我们司法判断的方向始终是以事实的认定与证据的采信为基础，避免出现司法人员动辄以"交易手段"给自己的证明惰性提供方便，避免在事实不清、证据不明的情况下凭感觉凭经验所形成的"内心确信"下去判断。

（2）操作层面。在实践中，在认罪认罚个案裁量中，可以将"重点事实清楚，关键证据确实充分"视为"案件事实清楚、证据确实充分"，将证明的重心集中在重点事实、关键证据的收集查证工作上。矛盾有主次之分，诉讼中的案件事实与证据同样存在主次差别，个案中重点事实、关键证据是客观存在的。认罪认罚案件中，犯罪嫌疑人、被告人认罪并愿意接受处罚，为实施区别证明提供了可能性，这种情况下再追求全部证据的收集和事无巨细的查明，实无必要，也使得认罪认罚从宽处罚制度"节约司法资源、优化资源配置、促进司法公正和效率"的价值追求大打折扣。值得注意的是，理解认罪认罚个案裁量标准，需要明确以下几点。

首先，认罪认罚个案裁量标准与规范标准并不矛盾冲突。规范标准是我国诉讼证明标准的原则和方向，要求事实清楚、证据确实充分。认罪认罚案件集中查明重点事实和关键证据，是规范标准在特殊案件中符合实际的具体适用，是矛盾普遍性与特殊性的对立统一。个案裁量标准不简单等同于自由裁量，它是在规范标准的基础上的裁量。提出围绕重点事实、关键证据进行个案裁量，就是在认罪认罚案件证明标准问题上打破"依不依法"、"降与不降"的桎梏限制，推动该类案件有序的证明简化，实现公正与效率的统一。

其次，认罪认罚案件围绕重点事实、关键证据开展证明活动，是"可以"而不是"必须"，不影响针对重罪行案件、敏感案件等特殊认罪案件基于审慎原则全面查清事实、全面收集证据。

最后，认罪认罚案件中的重点事实、关键证据，不完全等同于通常所说的基本事实、基本证据。基本事实是指构成要件事实（定罪事实）和重大量刑情节事实，基本证据则是与基本事实相对应、用于证明基本事实的证据。认罪认罚案件中的重点事实，不仅限于基本事实，还包括自愿认罪、真实认罪的程序性事实以及人身危险性、社会关系修复性等综合事实。关键证据与重点事实也并非一一对应，而是特指对确认固化重点事实的证据中，那些最主要的证据。

五、实践中应注意的几个问题

认罪认罚从宽处罚制度是应实现宽严相济和司法资源优化配置的呼声而产生的一种新的制度，它能确保诉讼公正与诉讼效率的有机统一。认罪认罚案件，在坚持"事实清楚、证据确实、充分"标准的原则基础上，司法实践中围绕重点事实、关键证据展开证明活动，是认罪认罚从宽处罚制度系统中的创新点。实践中，认罪认罚案件证明标准的探索创新，司法人员应当注意以下几点。

（一）明确认罪认罚从宽处罚制度与西方辩诉交易制度的区别

强化对客观有罪、自愿认罪的证明辩诉交易制度发源于美国。其产生的背景是在 19 世纪美国社会刑事案件的成倍上升导致案件积压严重，刑事审判体系存在崩溃局面。为了提高诉讼效率，基于"检察官灵魂的原始本能"而创设的诉讼制度，是检察官与被告之间互相让步的交易，包括罪名、罪数和刑罚多方面的交易。该制度尽管换来了诉讼的高效率，但由于"控辩双方的妥协，让真相与虚幻、正义与邪恶的界限变得模糊"，从而使刑事诉讼背离了正义的目标，导致美国每年存在 1 万件左右的刑事冤案，达到所有刑事案件比例的 1% ~ 5%。①

而我国的认罪认罚从宽处罚制度，强调实体与程序、公正与效率、公益保护与人权保障、从宽处罚与社会修复并重，强调客观有罪、自愿如实认罪，严防无辜的人被迫认罪和有罪的人避重就轻。因此，在借鉴辩诉交易制度合理内核的同时，不能以该制度否定我国认罪认罚案件强调"事实清楚，证据确实充分"的法定证明标准，实践中更是要将客观有罪、自愿如实认罪作为重点内容予以证明。

（二）克服认罪认罚证明标准探索中的各种不良倾向

第一，克服消极主义，要将认罪认罚案件与不认罪案件相区别，要围绕重点事实、关键证据推进认罪认罚案件证明标准的简化调整，探索符合国情的合理可复制的证明标准。

第二，克服极端主义，避免形成认罪认罚案件证明标准的从简就是简单。要结合案件具体情形决定是否简化证明，简化证明的程度。对于认罪认罚的死刑案件、非死刑的重罪行案件、有重大影响的敏感案件，即使犯罪嫌疑人、被告人认罪认罚，也要审慎简化证明，尤其是要注意充分利用犯罪嫌疑人、被告人的口供契机，以供促证，收集固定关键证据，查明案件重点事实。

---

① 高检院国际合作局.美国辩诉交易制度简介[J].检察国际交流合作工作情况，2016，185（17）.

第三，克服将证据收集止于口供的证明惰性。由于口供易虚善变的特性，使得口供即可能是契机也可能是危机。在获取口供之后，克服口供危机的理性做法，就是要做好口供的固定，利用口供提供的有益信息，强化关联证据、印证证据、补强证据的收集，实现"以供促证、以证稳供"的证据格局。尤其是以言词证据为主的认罪认罚案件，比如煽动案件、教唆案件和贿赂案件，更要加强证据的固定、印证和补强工作。能否有效识别重点事实、关键证据，是认罪认罚案件简化证明的关键，识别不准会导致方向偏离。

结合《试点办法》，一般而言，认罪认罚的重点事实应当包括：①足以排除非法取证、足以证明保障诉讼权利等程序合法性事实，确保"以看得见的方式实现正义"；②要能辨认控制能力、认罪动机和认罪稳定性等为内容的自愿认罪事实，避免被迫认罪、引诱认罪；③以犯罪行为、犯罪结果、因果关系及主观罪过为内容的重大构成要件事实，以及自首、立功、坦白、退赃等足以影响刑罚升降格的重大量刑事实；④注意前科材料、成长经历、心理状态等为内容的人身危险性事实，以及赔偿、和解为内容的社会关系修复性事实。认罪认罚的关键证据，是针对上述重点事实，具有显著证明价值的证据。

六、结论

认罪认罚从宽处罚制度，是我国刑事诉讼借鉴西方辩诉交易的合理内核，在确保公正的基础上提高诉讼效率、强化挽救转化和社会关系修复等诉讼功能，在制度上的升级创新。在证明问题上，不能因为被告人认罪态度好而产生证明惰性，也不能忽视被告人认罪认罚的有利条件而搞无谓的全面证明。要在"事实清楚，证据确实、充分"这一证明原则指引下，紧紧围绕"重点事实、关键证据"开展证明工作，实现公正和效率、惩罚与修复的有机统一。

公益诉讼中检察机关调查权研究

余湘文* 杨 仲**

一、问题的提出

近年来，生态环境和资源保护、食品药品安全、国有财产保护、国有土地使用权出让等领域问题频现，严重损害了国家利益和社会公共利益。然而，我国长期以来缺乏一个代表公共利益的机关来维护公共利益，常常导致公共利益受损后救济不畅。2017 年 6 月 27 日，十二届全国人大常委会第 28 次会议通过了《全国人大常委会关于修改〈中华人民共和国民事诉讼法〉和〈中华人民共和国行政诉讼法〉的决定》，明确了检察机关有权提起公益诉讼。虽然立法赋予了检察机关提起公益诉讼的权力，但是由于立法的规定过于粗疏，导致检察机关在开展公益诉讼过程中存在诸多问题。本文仅就检察机关在办理公益诉讼案件过程中能否行使调查权、如何行使调查权等相关问题进行探讨。

二、公益诉讼中检察机关调查权的内涵及外延

（一）公益诉讼中检察机关调查权的内涵

调查权（investigative power）又称调查取证权，是指依照法律规定收集和评价证据的所有活动。检察机关在公益诉讼中的调查权，源于法定的监督权以及提起公益诉讼所需而衍生的权力，是指检察机关参与公益诉讼时，

---

* 常德市人民检察院检察长。

** 常德市人民检察院民事行政检察科科长。

按照法定的程序查明案件事实以及收集证据的权能。两年来，检察机关公益诉讼试点工作实践证明，检察机关提起公益诉讼的成败很大程度上取决于其掌握的证据材料是否充分，而其证据材料的取得依赖于调查权的充分行使。因此，调查权是检察机关提起公益诉讼的前提和基础。

(二)公益诉讼中检察机关调查权的外延

在公益诉讼中，赋予检察机关的调查权的范围、方式和手段既要达到保护公益之目的，又要受民事、行政诉讼活动的基本原则限制。

(1)调查范围的广泛性。公益的普遍性和诉讼活动的举证规则，决定了承当公益保护之责的检察机关调查权的广泛性。在以往民事行政检察监督活动中，证据主要由当事人提供，大量的证据在法院原有的诉讼卷宗中均有体现，检察机关需依职权调查的情形较少。在公益诉讼中，检察机关是诉讼主体，承担了与其诉讼主张相对应的举证责任，其调查取证的范围显然宽于诉讼活动监督调查取证的范围。

(2)调查方式的多样性和调查手段的适度强制性。公益受到侵害的广度、深度及其隐蔽性，决定了承担保护公益职责的检察机关调查方式的多样性和调查手段的适度强制性。在公益诉讼中，检察机关为了达到保护公益之目的需全面搜集相关证据，其调查方式应包括查询、调取、复制相关证据材料、询问违法行为人和相关证人、咨询专业人员、相关部门或者行业协会等对专门问题的意见、勘验物证、现场、委托鉴定、评估、审计等。同时，在急需情形时，也应采取限制人身自由和查封、扣押、冻结财产等适度强制性措施。

三、公益诉讼中检察机关调查权的正当性分析

无论从法理层面还是从公益诉讼实践层面分析，赋予检察机关在公益诉讼中适当的调查权，完全具有正当的价值基础。

(一)公益诉讼中检察机关调查权的法理分析

(1)从理论层面上来看。首先，检察机关在公益诉讼中行使的调查权的权源是检察机关的法律监督权。检察机关已经被公认为是公共利益的代表，不能等同于一般当事人为了维护私益而进行的诉讼。检察机关为了查清公益受损的程度并证明自己的诉讼主张，需要对案件的过程及事实进行全面了解，对相关证据材料予以收集。没有调查权，检察机关就难以发挥

其监督职能，更无法充分地维护公共利益。其次，双方当事人诉讼地位平等是民事诉讼的基本原则之一，公益诉讼作为特殊的诉讼理应遵循这个原则。根据 2012 年修改后的民事诉讼法和环境保护法的规定，可以提起民事公益诉讼的主体包括检察机关和"有关组织"。但作为不具备公权力的社会团体，"有关组织"搜集证据极为不易，而由具备公权力的检察机关来调查搜集证据正好弥补这一缺陷，更好地维护公益。此外，"谁主张，谁举证"是民事诉讼举证责任分配的基本原则。在公益诉讼中，检察机关以公益诉讼人的身份充当了侵权纠纷中的一方当事人，根据举证责任的分配原则也应该享有对据以证明自己主张的证据材料的调查收集权。唯有通过行使调查权才能使检察机关掌握充分有效的证据，从而保障公益诉讼的顺利进行。

（2）从国内的立法来看。目前，我国多部法律赋予了公益保护主体在执法过程中适度的强制调查措施。如《中华人民共和国环境保护法》第二十四条规定"县级以上人民政府环境保护主管部门及其委托的环境监察机构和其他负有环境保护监督管理职责的部门，有权对排放污染物的企业事业单位和其他生产经营者进行现场检查。被检查者应当如实反映情况，提供必要的资料"，第二十五条规定"企业事业单位和其他生产经营者违反法律法规规定排放污染物，造成或者可能造成严重污染的，县级以上人民政府环境保护主管部门和其他负有环境保护监督管理职责的部门，可以查封、扣押造成污染物排放的设施、设备"；《中华人民共和国食品安全法》第一百一十条规定"县级以上人民政府食品药品监督管理、质量监督部门履行各自食品安全监督管理职责，有权采取下列措施，对生产经营者遵守本法的情况进行监督检查：（一）进入生产经营场所实施现场检查；（二）对生产经营的食品、食品添加剂、食品相关产品进行抽样检验；（三）查阅、复制有关合同、票据、账簿以及其他有关资料；（四）查封、扣押有证据证明不符合食品安全标准或者有证据证明存在安全隐患以及用于违法生产经营的食品、食品添加剂、食品相关产品；（五）查封违法从事生产经营活动的场所"；《中华人民共和国行政强制法》第二条规定"行政机关在行政管理过程中，为制止违法行为、防止证据损毁、避免危害发生、控制危险扩大等情形，依法对公民的人身自由实施暂时性限制，或者对公民、法人或者其他组织的财物实施暂时性控制"。检察机关作为公益保护主体，中亦应借鉴上述立法规定对行政违法机关和违法行为人享有适度的强制性调查取证措施，否则，在紧急情况下无法完成调查取证的任务从而达到公益保护之目的。

（3）从国外立法经验来看。检察机关提起公益诉讼已经成为许多国家采用的一项行之有效的诉讼制度。同时，为保障检察机关充分有效展开公益诉讼活动，均明确其享有证据调查权。美国1914年颁布的《美国联邦贸易委员会法》、1962年颁布的《反托拉斯民事诉讼法》、1976年颁布的《哈特—司格特—鲁迪南反托拉斯改进法》均对检察官的调查取证权有所规定。如《反托拉斯民事诉讼法》赋予了检察官一项特殊的权力，即民事调查令，使其在诉讼程序之前，可通过发布民事调查令的方式，要求任何"人"（任何公司、团体、合伙或者其他不是自然人的法律实体）提供有关民事反托拉斯调查的一切书面材料。① 第一个社会主义国家——苏联，以及其后继者俄罗斯，对检察机关公益诉讼中的调查取证权均有涉及。如1964年《俄罗斯苏维埃联邦社会主义共和国民事诉讼法典》第41条的规定："参加案件的检察长可以查阅案件材料、申请回避、提出证据、参加对证据的审查、提出申请、就审理案件时发生的问题就整个案件的实质提出意见，以及实施法律规定的其他诉设行为。"② 又如俄罗斯现行《民事诉讼法典》仍保留了修改以前的1964年《苏俄民事诉讼法典》中有关检察长参加民事诉讼的规定，检察长在民事诉讼中享有原告几乎全部的诉讼权利、承担原告的诉讼义务，其可以查阅案件材料、申请回避、举证、质证等，但是无权和解。法国《新民事诉讼法典》第421条规定："检察院得作为主当事人进行诉讼，或者作为从当事人参加诉讼。于法律规定之情形，检察院代表社会。"③ 换言之，检察院不论是作为主当事人提起诉讼抑或是作为从当事人参加诉讼，基于民事诉讼的特性，其当然享有证据调查权。德国1960年《法院法》规定联邦最高检察官作为联邦公益代表人，州高等检察官和地方检察官分别作为州和地方的公益代表人，介入民事公益诉讼，检察官在民事诉讼中主要享有调查取证权、起诉权、上诉权、抗诉权，以及对裁决执行的监督权。④ 日本受德国影响，规定了民事检察诉讼制度，对于证据调查权也有相应规定。如根

---

① 潘申明. 比较法视野下的民事公益诉松[M]. 北京：法律出版社，2011：236.
② 《苏联和各加盛共和国民事诉讼法纲要》第29条第1款，参见：中国人民大学苏联东欧研究会. 苏联各化盟共和国立法纲要汇编[M]. 北京：法律出版社，1982.
③ 罗结珍. 法国新民事诉讼法典[M]. 罗结珍，译. 北京：中国法制出版社，1999：85.
④ 方立新. 西方五国司法通论[M]. 北京：人民法院出版社，2000：328.

据《日本人事诉讼法》第 6 条规定，为了维持婚姻，检察官即使不作为当事人也可以提出事实和证据方法；第 395 条规定，检察官得对亲子关系事件的辩论或审问期日到场陈述意见，得提起其所调查之事实及证据方法。① 巴西检察机关在民事诉讼领域，特别是公益诉讼中扮演着极为重要的角色。1988 年巴西《宪法》第 129 条第 3 款规定了专属于检察机关的民事调查权。并对民事调查的阶段、调查结果的处理做了相关的规定。检察机关在调查时，有权要求有关私人或公共机构提供相关信息资料和文件，被调查人和机构不得拒绝。如果被调查对象拒绝提供相关资料或不配合检察机关的调查，情节严重时会面临刑事制裁。巴西《民事公益诉讼法》规定，在民事调查过程中，检察机构可以刑事制裁为后盾要求任何个人和机构在规定的时间内提供信息，拒绝、延迟或者未能提供检察机构要求的为提起公益诉讼所需的技术信息的，可以被处以 3 年上监禁及罚金。②

从各国立法来看，不论是大陆法系还是英美法系，不论是资本主义国家还是苏联送样的社会主义国家，都规定了检察机关可以维护国家利益、社会公共利益而提起民事领域的诉讼，并且为保障此项职能的切实履行，赋予检察机关在民事诉讼中的证据调查权。有的国家为了规范调查权的行使进行了较为细致的程序性规定，这些都为建立和完善我国公益诉讼中检察机关调查权提供了法理上的支持。

（二）公益诉讼中检察机关调查权的实证分析

在实务方面，1997 年河南省方城县检察院是第一个针对国有资产流失提出公益诉讼的国家机关，随后有部分检察院效仿方城县检察院的做法，对破坏环境的行为提起公益诉讼或督促有关行政机关提起诉讼。在提起诉讼前，各承办检单位都十分重视对证据的调查收集，在公益诉讼中获得了良好的收效。在全国人大常委会授权部分省市检察机关开展公益诉讼试点过程中，不少试点地方检察机关在办理公益诉讼案件时也积极开展探索调查权行使的新内容。2015 年 2 月 24 日至 25 日，徐州市鸿顺造纸有限公司临时设置直径 20 厘米铁质排放管，将未经处理的生产废水经该公司污水处理厂南侧排入苏北堤河，排放量 2000 余吨，污染了周边环境。公益诉讼人

---

① ③日本新民事诉讼法［M］．白绿铉，译．北京：中国法制出版社，2000：147.
② 李挚萍．环境公益保护视野下的巴西检察机构之环境司法［J］．法学评论，2010（3）：105.

徐州市人民检察院发现上述企业环境违法行为后,采用走访、询问、调取环保局处罚卷宗、拍摄违法现场照片、咨询专家等方式进行了调查取证,获取的证明该公司污染环境事实的证据得到了法院的确认。① 2015 年 9 月 18 日,江苏省常州市检察机关在履行职责中发现许健惠、许玉仙在未申领工商营业执照和危险废弃物经营许可证的情况下,擅自制造、加工废树脂桶和废油桶,造成严重环境污染,对该案进行立案审查后,检察机关为了掌握充足的证据,采用了现场勘验、询问、委托鉴定等调查措施。经委托常州环境科技有限公司鉴定评估,污染修复费用达 356.2 万元。常州市人民检察院向常州市中级人民法院提起民事公益诉讼,2016 年 4 月 14 日,法院当庭判决支持了检察机关的诉讼请求。② 2017 年 2 月份吉林市检察院充分行使调查权,采用询问、实地勘察等方式查明吉林市双嘉环保能源利用有限公司为节省运费擅自将 45913.46 吨飞灰螯合物填埋在该公司东北角对环境造成污染的事实③,后提起民事公益诉讼并获得胜诉,有效地维护了公共利益。从公益诉讼的试点情况来看,各试点地区办理的民事公益诉讼案件中,很多当事人不愿意积极主动地承担其举证责任,但检察机关参与公益诉讼则可以利用自身优势,展开证据调查,继而承担举证责任,实现维护公益之目的。因此,只有赋予检察机关在民事公益诉讼中特定的调查权,检察机关才能查清违法主体的违法情况,公益受损的事实,促进民事公益诉讼目的的实现④,更好地维护社会公平正义。

四、检察机关行使公益诉讼调查权存在的困境与不足

经过两年的试点,检察机关在公益诉讼调查取证方面积累了丰富的经验,但由于我国确立公益诉讼制度时间不长,实践经验不足,检察机关行使

---

① 最高人民检察院民事行政检察厅.检察机关提起公益诉讼实践与探索[M].北京:中国检察出版社,2017:268-281.
② 最高人民检察院民事行政检察厅.检察机关提起公益诉讼实践与探索[M].北京:中国检察出版社,2017:232.这是全国人大常委会授权后检察机关以公益诉讼人身份提起的首例民事公益诉讼案件。
③ 吉林省吉林市人民检察院与吉林市双嘉环保能源利用有限公司、吉林市洪都运输有限公司固体废弃物污染责任纠纷一审民事判决书,2017 年 7 月 18 日发布。
④ 马浩青,姜伟民,郭林将.检察机关提起、参与民事公益诉讼的具体程序设计[J].陕西理工学院学报,2016(1):35-39.

公益诉讼调查权的操作规范还不成熟,与此同时,因为公益诉讼的专业性、复杂性,造成其与其他诉讼制度相比在收集证据方面存在一定的差异。检察机关在公益诉讼中行使调查权面临着理论和实践的双重困境。

(一)理论层面的困境

(1)检察机关在公益诉讼中的角色定位不明,调查权的行使放不开。就理论层面来说,学界对检察机关在公益诉讼中的角色定位主要体现为五种学说,具体包括当事人说、双重身份说、公益代表人说、国家公诉人说、法律监督者说。如果按照当事人说,即在检察机关作为诉讼主体提起公益诉讼后,与原告处于相同的法律地位,与被告处于平等的诉讼地位,在诉讼中的享有权利义务及处分权与一般原告相差无几,也不额外享有与其他当事人不同的权利,此种情况下检察机关拥有的调查权就会大打折扣,不能采取优于当事人取证的方式来收集证据。而采用公益代表人说,这与2015年最高人民检察院《检察机关提起公益诉讼试点方案》对检察机关定位为公益诉讼人的观点相吻合,检察机关进行公益诉讼的最大作用和价值是保障和维护国家和社会的公共利益,不是为了自己的独立的利益,而是因维护社会公众的合法权益和国家公共利益才提起诉讼并参与其中的,是社会公益的代表人,即应该拥有较为全面的和带有适当强制性的调查取证权。理论层面对检察机关角色定位的争议给检察机关行使调查权带来一定困扰,限制了调查取证的思路。

(2)对举证责任的分配存在争议,造成调查权的行使方向存在偏差。对民事公益诉讼的举证责任并无异议,检察机关受"谁主张,谁举证"的举证责任影响,调查权行使就需要更全面、更有力度。而行政公益诉讼中检察机关的举证责任,有学者建议,按照权责相对应原则,规定检察机关承担更多的举证责任。对于检察机关在行政公益诉讼中应当承担什么样的举证责任,理论研究中存在着不同的观点。有的学者认为,虽然检察机关在调查取证方面比普通原告拥有更多的手段和经验,但不能就因此免除被告证明自己行为合法性的举证责任。[①] 也与学者认为,检察机关不是行政行为的相对人,很难掌握行政机关违法行使职权或不作为的全部情况,让检察机关承担过重的举证责任就会因加重负担而打消其提起公益诉讼的积极性,可

---

① 季美君.检察机关提起行政公益诉讼的路径[J].中国法律评论,2015(3).

以仅让检察机关提出初步证据的举证责任,即证明被告的行为损害国家利益和社会公共利益的事实,行政机关仍应对自己的行政行为合法性承担举证责任。① 受举证责任分配的影响,检察机关进行调查取证的方向就会偏向于行政机关的行政行为对国家利益和社会公共利益造成的损害等一些初步证据。

(3)关于公益诉讼中检察机关能否拥有适当的强制性调查权存在一定争议。赋予检察机关在公益诉讼案件中行使调查权十分必要,而且也不应存在争议,至于应否赋予公益诉讼中检察机关适当的强制性调查权,对妨碍调查的个人或单位可否采取强制措施,在学术界和实践过程中一直存在不同的意见。有学者认为,公益诉讼中检察机关的调查权受到监督权和监督目的所制约,保持适当的谦抑性,而不能将强制性调查权赋予检察机关。② 但也有些学者认为鉴于公益诉讼案件案情的复杂性、证据固定的困难程度,法律应赋予检察机关适当的强制性调查权,这里的"适当"指的是要比刑事侦查措施要弱③,不能逾越"公益诉讼人"的身份定位。笔者认为,在监察体制改革完成后,"两反"转隶,检察机关在调查时缺乏强有力的后盾,调查对象有可能会不配合甚至会出现阻挠调查的情形,而适当的强制性调查权就显得十分必要。如果检察机关可以针对公益诉讼中拒不配合的被调查对象采取适当的强制措施,就会简化申请法院调取证据的程序,节省大量时间和精力,节约司法资源,同时也减轻法院的工作压力与负担。

(二)现实层面的困境

(1)相关法律缺位。目前我国现行有效的法律法规中,没有任何法律法规对检察机关在公益诉讼中的调查权的作出规定。

(2)检察机关缺乏某些专业领域的技术人才,增加了调查难度。公共利益的不特定性决定了公益诉讼涉及领域的广泛性、普遍性和不特定性,检察机关无法做到精通各个领域,作为诉讼主体进行公益诉讼证据调查就无专业优势可言。

---

① 黄学贤.行政公益诉讼若干问题探讨[J].法学,2005(10).
② 许晓娟.民事检察调查权的范围界定[J].河南社会科学,2014(9):52.
③ 杨雄.刑事强制措施的正当性基础[M].北京:中国人民公安大学出版社,2009:28-29.

五、公益诉讼中检察机关调查权具体构想和实现路径

当前，公益诉讼的实践和制度建设正在如火如荼地进行，但由于立法缺乏具体制度支撑，检察机关在公益诉讼的调查权难以充分发挥其功能。因此，笔者认为应从宏观层面的基本原则、微观层面的具体构想以及实现路径进行分析，以促进该制度的完善。

（一）公益诉讼中调查权运行的基本原则

检察机关在公益诉讼不可毫无边界地恣意行使调查权，应符合公益诉讼的特征和调查权运行规则。

1. 维护公益原则

既然检察机关在公益诉讼中的身份定位是公益诉讼人，那么检察机关行使调查权当然要遵循维护公益的原则[①]。具体来说，就是要求检察机关在行使调查权时必须出于保护国家利益和社会公共利益免于或减轻损害之目的。

2. 合法独立原则

该原则要求检察机关在公益诉讼中必须合法和独立地行使调查权。一方面，检察机关在调查取证时必须在法律的框架下行使或者在法律授权的范围内行使；另一方面，检察机关独立行使调查权，不受其他机关、团体和个人的干涉。

3. 审慎谦抑原则

审慎谦抑原则要求在公益诉讼案件中检察机关行使调查权必须做到谨慎、适度。根据每个案件的客观情况不同，调查方式、调查的手段等都要把握一个度，不能过于软弱，也不能过于强硬。尽管笔者赞成赋予检察机关在公益诉讼中适当的强制性调查权，但基于检察权的谦抑性，这种强制也要把握好度，笔者认为只有在紧急情形下才可以采取强制性措施，当紧急情形消除时，应及时解除强制性措施；同时，不可采取拘留、逮捕等严重限制人身自由的强制性措施。

4. 规范行使，接受监督原则

检察机关作为公权力机关，在行使公益诉讼调查权时要规范，同时也

---

① 刘万丽.再论检察官的角色定位[J].河南师范大学学报，2014(5)：56.

接受其他当事人和社会各界的监督。

（二）公益诉讼调查权的具体内容构想

1. 明确调查的范围

根据修改后的民事诉讼法和行政诉讼法以及 2015 年最高检发布的《检察机关提起公益诉讼改革试点方案》来看，公益诉讼中检察机关行使调查权的范围可以归纳如下：

民事公益诉讼调查权，范围是检察机关在履行职责中发现的破坏生态环境和资源保护、食品药品安全领域侵害众多消费者合法权益等损害社会公共利益的案件。行政公益诉讼调查权，范围是检察机关在履行职责中发现生态环境和资源保护、食品药品安全、国有财产保护、国有土地使用权出让等领域负有监督管理职责的行政机关违法行使职权或者不作为，致使国家利益和社会公共利益受到侵害或者有重大侵害危险的案件①。每件案件的具体调查范围，要根据举证责任分配来确定。

2. 明确一般性的调查措施

一般性的调查措施主要包括：①询问当事人和相关证人。②调取、复制相关证据材料。检察机关有权向有关单位和个人调取书证、物证等证据，无正当理由有关单位和个人不得拒绝。③鉴定。检察机关在公益诉讼调查中对专业性问题（如针对环境污染等专业性较强的公益诉讼案件）应当委托具备鉴定资质的鉴定机构及具备专业技能的人员来鉴定。④勘验。检察机关在调查过程中为了防止证据灭失和保护现场，采用观察、测量、拍照等勘验方法。检察机关在调查时应当及时进行勘验并按照相关规定制作勘验笔录。⑤查询相关人员和单位的信息资料。

3. 明确采取强制性调查措施的条件和方式

关于采取强制性调查措施的条件，笔者认为，只有在紧急情形下才可以采取强制性调查措施，紧急情形主要包括：一是转移、隐匿财产，如不采取强制性措施就可能导致国家利益和社会公共严重受到损害；二是销毁主要证据，如不采取强制性措施就可能导致诉讼活动无法进行；三是拒绝配合调查，严重妨碍调查取证；四是其他严重妨碍诉讼活动开展的情形。

---

① 薛应军.最高检：将开展为期两年的公益诉讼试点[N].民主与法制时报，2015 - 07 - 04 (01).

关于适当的强制性调查权的范围，笔者认为应包括以两个方面：一是对侵权行为人或违法行为人采取一定期间内的限制人身自由；二是对侵权行为人或违法行为人的财产、场所、物证等进行查封、扣押或冻结。

4.明确调查的程序

任何一种权力的行使都必须遵循一定的程序，检察机关在公益诉讼中行使调查权也必须严格依照法定程序进行。调查程序可参照《人民检察院民事诉讼监督规则(试行)》和《人民检察院行政诉讼监督规则(试行)》有关规定。

(三)应赋予被调查对象异议权

强制性调查取证措施，因限制了被调查对象的人身和财产权利，因此应给予其申辩和提出异议的权利。被调查对象对检察机关的调查手段、措施、内容等有异议的，可以向决定机关申请异议。检察机关经核实认为其调查措施不当的应及时撤销或解除；认为调查措施适当的应及时给予书面答复。

(四)公益诉讼调查权的现实路径

(1)建议对《人民检察院组织法》进行修改，赋予检察机关提起公益诉讼职权及相关调查取证的权力。

(2)建议对《中华人民共和国民事诉讼法》和《中华人民共和国行政诉讼法》进行修改，赋予检察机关提起公益诉讼调查取证的职权，明确检察机关调查取证的原则、范围和程序。

(3)在立法目前不成熟的情况下，建议高检院以司法解释的形式出台公益诉讼的相关规定，对检察机关公益诉讼中调查取证的相关内容作出详细的规定。

六、结论

调查权作为检察机关参与公益诉讼的前提和基础，关乎检察职能的发挥和维护公益的效果，必须尽快建立和完善。从多年司法实践来看，检察机关作为公益诉讼的代表，需要拥有一定的调查权才能更好地查清违法主体的违法情况、公共利益受损害的事实，进而提起公益诉讼。实践表明，赋予检察机关适当的强制性调查权可以减轻取证的难度，确保检察机关顺利取证，最终取得良好的维权效果。我们期待立法修改时能够进一步细化关于公益诉讼调查权的规定，以便更好地维护公平正义。

检视与完善：检察机关提起环境行政
公益诉讼的制度构建

陈 忠* 王立兵**

2017 年 7 月 1 日新修订的《民事诉讼法》和《行政诉讼法》确立了检察机关提起公益诉讼制度。最高检和最高法将研究制定相关司法解释，提升公益案件办理的规范化程度。在《检察机关提起公益诉讼试点方案》(以下简称试点方案)仅对检察机关提起环境行政公益诉讼作了尝试性、原则性的规定，部分规定仍显粗糙。比如，针对检察机关在环境行政公益诉讼中的角色与定位，仅规定检察机关是"公益诉讼人"，但对如何避免其诉权与行政权摩擦碰撞、如何与其他环境公益诉讼原告主体实现区分等未予明确，特别是规定参照原告诉讼权利义务，忽视了检察机关在公益诉讼中行使权利和履行义务在很多方面不同于一般诉讼中的原告。因此，笔者认为，检察机关提起环境行政公益诉讼的具体制度设计仍存在进一步探讨的空间。本文分析检察机关在环境公益诉讼中角色与定位的基础上，对如何完善检察机关提起环境行政公益诉讼制度提出具体建议。

一、破冰之举：检察机关提起环境行政公益诉讼实证探索

2015 年贵州省金沙县全国首例环境行政公益诉讼案的开庭审理，被媒体视为"法治建设中的一个可喜的信号"①。但检察机关提起环境行政公益

---

* 湖南省人民检察院民事行政检察处处长。

** 怀化市人民检察院民事行政检察科助理检察员。

① 贾阳.检察院为何把环保局告上法庭——全国首例由检察机关提起的环境行政公益诉讼案追踪[N].检察日报，2015 – 01 – 12(07).

诉讼在角色定位、制度构建、专司力量诉讼能力等方面的探索不足，必定使检察机关如履薄冰，畏难情绪重重，甚至会裹足不前。截至 2017 年 6 月底，各试点检察院共向人民法院提起公益诉讼 1150 件。其中，从诉讼类型看，民事公益诉讼 94 件，占 8.17%；行政公益诉讼 1029 件，占 84.9%；行政公益附带民事公益诉讼 2 件，占 0.18%；刑事附带民事公益诉讼 25 件，占 2.17%。从案件领域看，生态环境和资源保护领域 783 件，占 68.09%。①从以上数据可以明显看出，检察机关在生态环境和资源保护领域提起的公益诉讼案件占公益诉讼案件比例高达 68.09%。因此，探讨完善检察机关提起环境行政公益诉讼制度构建就显得尤为重要。笔者选取试点地区检察机关提起环境行政公益诉讼的 5 个典型案例（见表 1）进行剥茧抽丝的分析，试图挖掘其可以借鉴的成功经验以便本文从角色定位、制度构建、专司力量诉讼能力等方面探寻出更好的优化策略路径。

表 1 检察机关提起环境公益诉讼典型案例

案名	原告	被告	诉前程序	诉讼请求	案件管辖	举证责任	诉讼费用	判决结果
贵州省金沙县全国首例环境公益诉讼案	金沙县检察院	金沙县环保局	检察建议督促环保局依法履行职责	要求被告履行职责处罚当地污染企业	怀仁市法院	检察机关提交公共利益受损的事实；行政机关承担证明自己行为合法的责任	免交	撤诉了结
贵州锦屏县环境诉讼案	锦屏县检察院	锦屏县环保局	检察建议督促环保局依法履行职责	要求确认被告怠于履行职责并履行监管职责	贵州福泉市法院	检察机关提交公共利益受损的事实；行政机关承担证明自己行为合法的责任	免交	当庭支持检察机关诉讼请求

---

① 以上数据来源于 2017 年 7 月 13 日最高人民检察院民事行政检察厅发布的《检察机关公益诉讼试点工作情况通报》。

续表1

案名	原告	被告	诉前程序	诉讼请求	案件管辖	举证责任	诉讼费用	判决结果
山东庆云县环境公益诉讼案	庆云县检察院	庆云县环保局	检察建议督促环保局依法履行职责	要求被告履行监管职责	庆云县法院	检察机关提交公共利益受损的事实；行政机关承担证明自己行为合法的责任	免交	支持检察机关诉讼请求
福建省清流县环境公益诉讼案	清流县检察院	清流县环保局	检察建议督促环保局依法履行职责	要求被告履行监管职责	明溪县法院	检察机关提交公共利益受损的事实；行政机关承担证明自己行为合法的责任	免交	支持检察机关诉讼请求
甘肃庆阳市环境公益诉讼案	庆阳市检察院	庆阳市环保局	检察建议督促环保局依法履行职责	要求被告履行监管职责	庆阳林区基层法院	检察机关提交公共利益受损的事实；行政机关承担证明自己行为合法的责任	免交	当庭支持检察机关诉讼请求

从上述试点地区检察机关提起环境行政公益诉讼的 5 个典型案例可以明显看出，尽管试点地区检察机关提起环境行政公益诉讼案件从案件线索来源、案件范围、管辖法院等方面还有所不同，但都呈现相对一致的内在运行轨迹。

（一）案件被告的确定与管辖法院的选择

上述的 5 个检察机关提起环境行政公益诉讼的案例分别发生在贵州、山东、湖北、甘肃四省，原告均是基层检察院，被告只限于环保局。这和最高人民检察院颁布的《检察机关提起公益诉讼试点方案》中的"试点期间，重点是对生态环境和资源保护领域的案件提起行政公益诉讼"是完全吻合的。

关于管辖法院的选择，不同的省采取不同的管辖策略，贵州省是采取跨区域起诉。如金沙县人民检察院将该县环保局起诉到遵义市怀仁市人民法院，锦屏县人民检察院将该县环保局起诉到福泉市人民法院 。其余三例均由行政机关所在地的基层人民法院管辖，如庆阳市检察院对该区环保局提起环境公益诉讼的管辖法院是庆阳林区基层法院。

（二）前置程序的适用和诉讼请求的选定

上述 5 个案例人民检察院均通过诉前检察建议方式要求环保局依法履行职责，有的甚至是二次或者多次督促环保局依法履职。只有在督促履职的检察建议限定的一个月或更长期限内没有进行依法履职或拒不执行，社会公益仍处于受侵害状态的时候才提起环境行政公益诉讼。

在一般行政诉讼中，诉讼请求主要是变更、撤销具体行政行为等几种，但上述的 5 个案例中，检察机关无一例外的要求被告环保局在一定期限内依法履行法定职责，即要求环保局对其违法行政行为进行纠正，并依法履行监管职责。

（三）举证责任的分配及判决结果的一致性

检察机关提起环境行政公益诉讼后由谁承担举证责任，是实现民事诉讼上"谁主张、谁举证"抑或是行政诉讼意义上的"举证责任倒置"，是学界一直争论不休、举棋不定的难题。但上述的 5 个案例中原告检察机关和被告行政机关均负有一定的举证责任。即检察机关提交公共利益受损的事实且该损害系由该行政机关具体行政行为所为的初步证明证据；作为被告的行政机关则需要向法院提交证据，证明行政机关做出的具体行政行为的合法性或证明损害结果与具体行政行为之间没有因果关系或存在法定的免责事由等。

从判决结果来看，呈现多样化的趋势：有撤诉了结的，如贵州省金沙县全国首例环境行政公益诉讼案；有当庭支持检察机关诉讼请求的，如贵州锦屏县环境行政公益诉讼案、福建省清流县环境行政公益诉讼案。

（四）诉讼费用的负担和基层检察院的中流砥柱作用

我国《行政诉讼法》规定诉讼费用主要由败诉方承担。但由于环境行政公益诉讼的特殊性，关于诉讼费用承担问题，学者们也是莫衷一是，各执一词。但上述 5 个环境行政公益诉讼案例中，人民检察院提起环境行政公益诉讼时,均免交了诉讼费用。

上述 5 个环境行政公益诉讼案例,均具有涉地面积广、受害人群多、在当地均具有一定的轰动性,但无一例外的由基层检察院提起,可见,在积极稳妥、有序推进环境行政公益诉讼过程中,重心应放在市、县两级检察院,市、县两级检察院将发挥中流砥柱的作用。

二、掣肘之故:检察机关提起环境行政公益诉讼现实困境

(一)基础掣肘——角色定位不准

2017 年 7 月 1 日起,新修订的民事诉讼法和行政诉讼法开始实施,正式确立了检察机关提起公益诉讼制度。在全国范围内全面铺开环境行政公益诉讼,检察机关面临的首要问题就是检察机关在环境行政公益诉讼中的角色与定位问题。《检察机关提起公益诉讼试点方案》(以下简称试点方案)仅规定检察机关是"公益诉讼人",对检察机关作为公益诉讼人与一般诉讼原告的区别等未予明确,特别是规定参照原告诉讼权利义务,忽视了检察机关在公益诉讼中行使权利和履行义务在很多方面不同于一般诉讼中的原告。因此,检察机关在环境行政公益诉讼中的角色定位尚存在进一步探讨的空间。笔者认为,"公益诉讼人"尚不能涵盖检察机关在提起公益诉讼中的特殊地位,将检察机关角色定位为"国家公诉人"更一语中的,恰如其分。

(二)现实阻碍——制度建构未完全确立

检察机关提起环境行政公益诉讼将在全国范围内推行,制度供给不足的缺陷,将束缚、阻碍着环境行政公益诉讼进程的积极稳妥、健康有序推进。笔者认为,检察机关提起环境行政公益诉讼制度建构必须把握好实体标准和程序构建这两个基本维度。其一,检察机关提起环境行政公益诉讼的实体标准。实体标准是检察机关提起环境行政公益诉讼制度的导向性、根本性问题,它不仅解决检察机关提起环境行政公益诉讼的条件和维度,比如,客观损害标准的确定,且决定着检察机关提起环境行政公益诉讼的基本立场。其二,检察机关提起环境行政公益诉讼的程序构建。检察机关提起环境行政公益诉讼的案件范围、诉前程序前置、举证责任分配、诉讼费用的缴纳等。但遗憾的是,在理论界和司法实践中对检察机关提起环境行政公益诉讼的实体标准和程序构建这两个基本维度尚未确立统一的标准和较为成熟的操作模式。

（三）诉讼能力——专司力量未充分配置

近几年来，环境行政公益诉讼问题研究是如火如荼、炙手可热，研究成果是连篇累牍、汗牛充栋。但绝大多数学者讨论的是从环境行政公益诉讼的制度建构、原告资格问题或主体问题、提起环境环行政公益诉讼的必要性和可行性问题以及检察机关提起环境行政公益诉讼的理论依据和现实依据等宏大而宽泛的问题着手，极少从人的角度去考量，即使有也是轻描淡写，一笔带过。笔者长期在基层检察院工作，对民行检察官人员配置、诉讼能力、业务素质等有充分了解和较深的感悟，甚至使笔者有个时常纠结甚至偏执的想法：检察机关提起环境行政公益诉讼最大的障碍也许在于民行检察官。结合试点地区司法实践来看，肩负提起环境行政公益诉讼重任的民行检察部门承担生效民事行政裁判监督、执行监督、诉讼和违法行为监督等工作，本身案多人少矛盾突出，息访压力大。长期受"重刑轻民""重刑轻行"错误和传统思想的影响，对民行工作的不重视导致民行部门检察官配备严重不足。以笔者所在的 H 省 J 市检察机关来分析，13 个基层县院民行科除开 A、C、M 县院为三人科室外，其余县院均为二人科室，其中两个县院还存在民行科与控申科合署办公的情形。

提起环境行政公益诉讼的民行检察官，应具备较强的行政法以及行政诉讼法的专业素养，以便游刃有余的应对以审判为中心的诉讼制度改革。但遗憾的是，民行部门严重缺乏或者尚未有行政法专业的检察官。H 省 J 市检察机关 13 个基层县院加上市院，无一人是行政法或行政诉讼法专业科班出身。普遍存在年龄结构不合理问题，要么是没经过正规系统培训的办案经验丰富的老民行检察官，要么是初出茅庐、办案总量少、办案经验欠缺的年轻检察官；甚至在有的基层县院，把没有过司法考试的人员配置在民行科，一旦过了司法考试，马上安排在公诉、反贪等领导看中、容易出成绩的部门。以笔者所在的某个民行各项工作都名列前茅的基层院民行科为例，此民行部门有两个人编制，在五年内，除了主任不动，剩余一个编制每年换一人，且所换的人都没过司法考试，一旦过了司法考试，立马离开了民行部门。行政检察队伍配备严重不足，专业素养差、流动性大无疑会直接严重影响检察机关提起环境行政公益诉讼的积极性、主动性。

三、跋涉之路：完善检察机关提起环境行政公益诉讼制度的基本设想

(一)检察机关角色定位为"国家公诉人"

笔者认为，试点地区提起环境行政公益诉讼将检察院定位为"公益诉讼人"，不能与其他环境公行政益诉讼原告主体实现区分，应将检察机关角色定位为国家公诉人更为妥当。①国家公诉人角色定位能与一般原告显著区分。检察机关在提起环境行政公益诉讼过程中显然不同于一般原告，是一种特殊主体。将检察机关角色定位为"国家公诉人"，与一般诉讼法上的原告能够很好地界清与区分。从本质上，检察机关提起公益诉讼和刑事诉讼具有同源性，可以视为同一类型的事物。都是基于公权力，是公共的，包含了对国家利益、社会公共利益的追诉和监督之意，代表国家行使诉权。从主体上，提起公益诉讼可以是其他国家机关、相关的社会组织。如何将检察机关在揭起公益诉讼的地位与法律规定的其他国家机关、相关的社会组织区分开来，也应该是公益诉讼制度设计中着重考虑的命题。将检察机关角色定位为"国家公诉人"，能有效、贴切的体现检察机关在提起公益诉讼过程中代表国家行使诉权。②国家公诉人角色定位是诉权理论的升华。在我国，长期以来，公诉权被偏执型的认为是专指刑事公诉权，国家公诉人是刑事诉讼的专用名词。在这固化理念与思维的束缚下，公诉权很难被介入到民事、行政诉讼中，客观上阻却了公诉权的生存和合理延伸空间。正因如此，人们对公诉权和国家公诉人的研究基本上局限于刑事诉讼法领域。伴随现代法治理念的鼎新，特别是公诉权理论的升华，秉承诉权一般品质的公诉权已经被赋予了新的意义，它不再局限于刑事诉讼的领域，已呈现出功能扩大化的趋势。适当的引入公诉权和国家公诉人称谓介入公益诉讼领域，毋庸置疑对弘扬公诉权的本性及解决公益诉讼人并未能界定和厘清检察机关与一般原告的显著区别的问题大有裨益。③国家公诉人角色定位是双重角色的合理延伸。检察机关提起公益诉讼，扮演着诉讼主体与法律监督双重角色。检察机关在公益诉讼中角色定位应该要体现国家的名义。其主要原因有二：一是检察机关提起公益诉讼过程中，其重要职责是保护国家、社会公共公益不受侵害，其所提起的诉讼是代表国家、社会公共利益，其派员出席法庭、参加法庭调查、进行法庭辩论，证实民事、行政违法

行为损害国家和社会公共公益。在整个提起公益诉讼过程中，始终代表着国家。二是检察机关是国家法律监督机关，在公益诉讼中还具有对审判活动是否合法实行法律监督，本身就在行使公诉权。

（二）催生和探索环境行政公益诉讼的制度建构，注重"程序性"

就正式制度建构而言，检察机关提起环境行政公益诉讼的一般程序设置尤为重要，也是未来我国增设环境行政公益诉讼的重要内容。

（1）环境行政公益诉讼的提起主体。由谁来提起环境行政公益诉讼，必须注重便利性、实效性。环境行政公益诉讼针对的是行政机关的违法、不作为、乱作为行为，具有涉及范围广、专业知识要求高、诉讼时间长等特点，公民、法人或其他组织作为环境行政公益诉讼主体，会面临资金难、取证难和胜诉难等问题而显得力不从心、身心俱疲。如果检察机关作为提起环境行政公益诉讼唯一主体，其调查取证、专业知识、资金支撑等方面与被诉行政机关能够更好地抗衡，在诉讼经验、诉讼手段等方面更能娴熟运用、更得心应手，能够更好地发挥司法权对行政权的制约，从而建立司法权制约行政权的"功能秩序"。因此，检察机关应该作为提起环境行政公益诉讼的唯一主体。

（2）环境行政公益诉讼的审查起诉设计。有学者认为："检察机关只能被动地提起环境行政公益诉讼，即公民和其他组织如果认为行政行为侵害或者将会侵害公共利益时，必须先向检察机关举报，检察机关经过初步审查后认为有提起诉讼的必要则提起诉讼。"[①]检察机关作为提起环境行政公益诉讼的唯一主体，但司法实践中，一般民众、法人或其他组织检举和揭发也会启动环境行政公益诉讼程序。是否符合提起环境行政公益诉讼的条件，则需要检察机关在接收检举材料和主动调查取证后，进行必要的审查起诉，以决定是否提起环境行政公益诉讼。审查起诉环节具体可以设计为："人民检察院在接收到公民、法人或其他组织申请人民检察院提起环境行政公益诉讼的案件，应当在15天内给出是否受理的书面答复；人民检察院自受理后，应当进行必要的调查取证，并在60日决定是否提起环境行政公益诉讼。对于人民检察院不予受理的案件或者决定不提起环境行政公益诉讼

---

① 孙长春，唐子石.环境行政公益诉讼为何由行政机关提起[N].人民日报，2015-04-02(007).

的，公民、法人、或其他组织可以向做出该决定的上级人民检察院申请复议一次。"

（3）管辖法院的选择。试点地区不同的省采取不同的管辖策略，贵州省是采取跨区域起诉，湖北省和山东省都是选取由行政机关所在地的基层人民法院管辖。检察机关提起的环境行政公益诉讼一般标的数额大、受害群众多、社会影响广、利益错综复杂，难以避免当地党政机关的不当干预。笔者认为检察机关提起环境行政公益诉讼采取跨区域起诉较好，即由有管辖权的中级人民法院指定不是被诉行政机关所在地的基层人民法院管辖，重大、疑难、复杂环境行政公益诉讼案件应由市州级人民检察院向同级的中级人民法院提起。

（4）环境行政公益诉讼的前置程序。基于司法资源的有限性和司法克制的立场，无论是环境行政公益诉讼理论抑或司法实践，就环境行政公益诉讼的前置程序基本上达成了共识即把书面检察建议作为提起环境行政公益诉讼的前置程序。因此，此法条可以设置为："人民检察院经审查后认为行政机关的行政行为侵害公共利益的，应当向做出该行政行为的行政机关发出要求纠正的书面检察建议。收到检察建议的行政机关应当在30日内做出处理，并将处理情况书面回复发出检察建议的人民检察院。行政机关在30日内没有纠正的，人民检察院可以向被告行政机关的上级机关或者监察、人事机关提出要求纠正的检察建议，也可以向人民法院提起诉讼。"

（5）环境行政公益诉讼的举证责任。检察机关提起环境行政公益诉讼后由谁承担举证责任，是实现民事诉讼上"谁主张、谁举证"还是行政诉讼意义上的"举证责任倒置"，是学界一直争论不休、拿捏不定的难题。笔者认为，环境行政公益诉讼仍然属于行政诉讼的范畴，只是因为其关涉公共利益而被命名为环境行政公益诉讼，其实质仍然是特定主体针对行政机关的不作为或乱作为而进行的一种司法救济和法律监督，即当行政机关违反法律规定渎职时，允许特定主体借助于司法权维护公共利益，并监督行政机关依法行政。因此，环境行政公益诉讼应当实行行政诉讼法意义上的举证责任倒置制度，即检察机关提交公共利益受损的事实且该损害系由该行政机关具体行政行为所为的初步证明证据；作为被告的行政机关则需要向法院提交证据，证明行政机关做出的具体行政行为的合法性或证明损害结果与具体行政行为之间没有因果关系，或存在法定的免责事由等；否则，行政机关则可能会面临败诉的风险。

（6）环境行政公益诉讼费用的分担。我国《行政诉讼法》规定诉讼费用由败诉方承担。但环境行政公益诉讼的特殊性，对由检察机关提起的公益诉讼的诉讼费用问题，学者们持不同的观点，笔者把它归纳为三种：一是由被起诉行政机关来承担，无论结果是胜诉还是败诉；二是应由国家来承担诉讼费；三是根据《行政诉讼法》的相关规定，由败诉方承担费用。事实上，环境行政公益诉讼的一个显著特点是公益性。笔者认为有关环境行政公益诉讼费用应参照检察机关提起刑事公益诉讼的有关规定，无须缴纳诉讼费，在本文提到的上述的 5 个环境行政公益诉讼案例中，均免交了诉讼费用。但环境行政公益诉讼涉及较多的专业领域，如财务审计、专家论证、鉴定评估等，应该建立行政公益专项管理资金，以此来防止检察机关提起环境行政公益诉讼因为费用的顾虑而放弃诉诸法院。具体可以设计为：人民检察院应该建立环境行政公益诉讼专项管理资金，主要用途包括支付鉴定评估费、专家论证费用、调查取证费等环境行政公益诉讼必要费用；必要时可设立专项资金管理办公室，由人大、人民法院、人民检察院等组成办公人员，规范专项资金的申请和拨付程序、批准和审批程序、监督程序。

（三）锻炼和提升环境行政公益诉讼专司力量的诉讼能力，注重"精准性"

检察机关提起环境行政公益诉讼制度是否顺利建立并有序推行，虽然制度设计最为根本，但执行制度的人员举足轻重、至关重要。因此，需要集中力量锻炼和提升环境行政公益诉讼专司力量的诉讼能力，可以从以下几方面着手：

（1）提升人员配置专业化水平。要通过招录或遴选的方式加大吸收、引进环境行政公益诉讼专门人才的力度。选择一批具有深厚法学背景，业务能力、水平较高，实践经验较为丰富的检察官配备到行政检察部门，保持行政检察队伍的稳定性、专业性以及队伍内部年龄、知识等因素的梯次结构，使行政检察队伍能够保持较为合理优化的结构水平，以此逐步充实环境行政公益诉讼方面的人才。

（2）加强业务能力建设。民行检察官要着力加强环境行政公益诉讼的理论和业务学习，不断提高环境行政公益诉讼能力和水平。着力加强岗位练兵、以赛代训等方式方法不断加强检查人员环境行政公益诉讼业务能力建设。可以通过公开招聘有志于从事环境行政公益诉讼的检察官进行短期的、高强度的集中培训，普及业务知识，提升其业务水平。组织相应的研究团队对环境行政公益诉讼问题进行全面的、深入的实证研究，让理论研究人员与业务人才紧密结合，共同探索这一制度，使理论与实践互相促进、共同进步。

（3）构建一体化办案模式。基层检察院提起环境行政公益诉讼，面对一些法律关系复杂、涉及人员过多、牵涉面过广的环境行政公益诉讼案件时，应及时向上级检察机关汇报，为确保案件办理的权威性和实效性，上级检察院可直接受理。并可借鉴自侦部门侦查一体化的模式，调动辖区内其他基层院民行部门的骨干力量组成办案组，形成一体化的办案模式。检察机关的民事行政部门可以调用其他部门的调查资源，如林检、公诉部门等，联合这些部门中富有侦查经验的工作人员对案件进行全方位调查。在搞清案件基本事实后，再由民行检察官根据情况是否提起环境行政公益诉讼。

检察机关在公益诉讼中行使调查权的思考

吴秋菊* 陈武刚**

一、问题的提出

对于检察机关提起公益诉讼调查权，目前学界并没有明确定义。但对于民事检察调查核实权，有学者认为是指人民检察院在民事诉讼法律监督活动中，就人民法院生效的民事判决、裁定、调解书是否具备法定抗诉事由，人民法院及其工作人员在诉讼活动中是否存在其他违法行为，采取询问、查询、调取相关证据材料、查阅案卷材料、勘验、鉴定等非强制性措施予以调查核实的权力。① 该定义主要强调民事检察调查核实权具有如下特性：一是主体的特定性，即为检察机关；二是行为的目的性，即为抗诉或调查法院及工作人员是否存在违法行为之所需；三是手段的非强制性，即不得对人身及财产采取强制措施；四是取证的客观性，即对证据进行客观收集。那么对于检察机关提起公益诉讼调查权是否具有正当性，内容及特性应如何，下文将予以论述。

二、检察机关提起公益诉讼调查权的正当性

（一）理论基础

检察机关提起公益诉讼调查权理论层面的正当性，主要是指检察机关

---

* 永州市人民检察院检察长。
** 永州市人民检察院民行处干部。

① 甄贞，温军.检察机关在民事诉讼中的职权配置研究[J].法学家，2010（3）：21-28.

调查权应具有的法理、价值基础。笔者认为检察机关提起公益诉讼调查权理论基础应基于两个方面：

（1）基于检察机关法律监督者的定位。检察机关调查权来源于公益诉讼权，而公益诉讼权来源于检察机关法律监督权。调查权是法律监督权行使的具体体现。检察机关作为法律监督机关，其具有维护法律统一、良好、正当实施的职责，其中就包括对违反法律秩序造成国家利益、社会公共利益损害予以纠正的职责。那么对于法律秩序是否遭受破坏，国家利益、社会公共利益是否遭受损失，检察机关应有必要予以去调查、核实，赋予一定公权属性，此应为检察机关履行其法律监督职责之所必须，否则监督形同虚设。

（2）基于公益诉讼之本质属性要求。所谓诉讼是指人民或检察官请求司法官本着司法权作裁判的行为。"诉讼"一词是由"诉"和"讼"两字组成的。"诉"为叙说、告诉、告发、控告之意，"讼"为争辩是非、曲直之意。而广义上的公益诉讼，是指包括国家机关在内的任何组织或者个人，认为包括行政机关及其他国家机关或者公益性机构乃至一般组织或者个人的作为或者不作为违法，对国家利益、社会公共利益或者他人利益造成侵害或者可能造成侵害的，皆可以根据法律的规定向人民法院提起的诉讼。① 由此，公益诉讼仍属诉讼范畴，需要"诉"即提出控告、诉请，"讼"即辨别是非。检察机关提起公益诉讼虽有前置程序，但其在法院诉讼阶段仍扮演"诉"之角色，仍有作为"讼"以争辩是非之必要，那么作为诉讼一方，应有收集证据，核实证据之权责。因此，检察机关提起公益诉讼调查权既具有履行法律监督职责需要之公权属性，又具有作为诉讼主体一方所应享有收集、提供证据之权责，具有理论上的正当性。

（二）现实需求

检察机关提起公益诉讼调查权强烈的现实需求性，主要体现在如下三个方面：

（1）启动办案程序的需要。一方面检察机关办理公益诉讼案件根据现有民诉法及行政诉讼法规定，其案件线索来源于办案中发现，对于案件线索的移送，需进行线索评估，对相关事实进行调查核实以决定是否立案启动公益诉讼程序。另一方面，公益诉讼提起前尚有诉前程序，对于诉前程

---

① 杨建顺.行政诉讼法的修改与行政公益诉讼[J].法律适用,2012(11).

序的启动也需进行调查核实，以明确国家及社会公共利益受损事实。

（2）实现诉讼平衡的需要。在公益诉讼案件中，检察机关作为案外人，与相关行政机关、侵权人存在信息上的不对称，信息上处于弱势，而公益诉讼案件又往往具有案情复杂、专业性强等特点，赋予检察机关特定的调查取证权，有利于更好地厘清案件事实，符合社会主义公平正义理念，能更好地实现诉讼平衡。

（3）确保办案效果的需要。试点期间，检察机关提起公益诉讼相关诉请均获得了法院支持，未出现败诉情况，取得了良好的办案效果，这主要得益于检察机关自觉承担了举证责任，做了大量的调查核实工作。正如有学者所言，由于环境侵权案件中，因果关系要件举证证明责任倒置，因此，通常认为原告举证较为容易。但为了取得良好的诉讼效果，检察机关承担了较重的举证责任。① 因此，检察机关积极主动进行调查核实确保了公益诉讼办案效果。

三、检察机关提起公益诉讼调查权的困境

对于检察机关提起公益诉讼调查权从现有制度设计及司法实践来看面临如下困境。

（一）法律规定阙如

2017 年 6 月 27 日，第十二届全国人民代表大会常务委员会第二十八次会议表决通过关于修改民事诉讼法和行政诉讼法的决定，检察机关提起公益诉讼自此有了明确法律依据。但对于检察机关提起公益诉讼是否享有调查权，目前并无法律明文规定。虽然现有民诉法第二百一十条规定："人民检察院因履行法律监督职责提出检察建议或者抗诉的需要，可以向当事人或者案外人调查核实有关情况。"但该规定主要限于检察机关在实施诉讼监督时且为提出检察建议或抗诉的需要而赋予的调查核实权，修法时并未同步明确检察机关提起公益诉讼时具有调查权。试点期间，最高检出台的《人民检察院提起公益诉讼试点工作实施办法》规定了检察机关在民事公益诉讼，行政公益诉讼中可进行调查核实。但该办法附则里明确提到，本办法

---

① 刘辉，姜昕.检察机关提起民事公益诉讼试点情况实证研究[J].国家检察官学院学报，2017（2）：59－71.

仅适用于15个试点地区。目前,公益诉讼已在全国铺开,检察机关制订的公益诉讼试点实施办法并不具普遍适用性。故目前并无普遍适用的法律层面的规范性文件对检察机关提起公益诉讼调查权予以明确规定。

(二)调查范围不明

最高检出台的《人民检察院提起公益诉讼试点工作实施办法》第六条第一款规定:人民检察院可以采取以下方式调查核实污染环境、侵害众多消费者合法权益等违法行为、损害后果涉及的相关证据及有关情况。第三十三条第一款规定:人民检察院可以采取以下方式调查核实有关行政机关违法行使职权或者不作为的相关证据及有关情况。从该办法来看,检察机关调查核实的范围无论在民事还是行政公益诉讼并不包括因果关系的证明,但应包括损害后果。而最高法施行的《人民法院审理人民检察院提起公益诉讼案件试点工作实施办法》则规定,检察机关在提起行政公益诉讼时应提交行政机关的行为造成国家利益和社会公共利益受损的证据,即应证明被告的行为与损害后果间具有因果关系的证据;起诉时也仅需提供损害后果的初步证明。由此将面临对于因果关系的证明材料检察机关是否有调查权,对于明确具体的损害后果由谁来进行调查等调查权范围适用不明的问题。

(三)调查手段不足

当前对于检察机关提起公益诉讼调查手段主要包括调阅、复制有关行政执法卷宗材料,询问违法行为人、证人等,收集书证、物证、视听资料等证据,咨询专业人员、相关部门或者行业协会等对专门问题的意见,委托鉴定、评估、审计,勘验物证、现场等手段,看似手段较多,范围较广,但检察机关在调查核实时不得采取限制人身自由以及查封、扣押、冻结财产等强制性措施。当然检察机关在调查核实时不得采取限制人身自由的强制措施应属合理,符合法治精神。但检察机关调查核实时不得采取查封、扣押、冻结等财产性强制措施,将严重影响检察机关提起公益诉讼时对证据材料的收集与固定。如:检察机关对环境污染案中对致污设施设备不能采取查封措施,对损害众多消费者合法权益的食品、药品不能采取扣押措施等,将必然会导致证据不能及时收集与固定,甚至导致证据隐匿与流失。

(四)保障措施缺乏

检察机关提起公益诉讼往往涉及与当事人间的利益博弈,具有一定的对抗性,被诉主体对检察机关的调查核实出于自身利益考虑往往心存戒备,不支持、不配合，甚至毁损、隐匿相关证据。虽然试点方案中规定了检察机关调查核实有关情况，行政机关及其他有关单位和个人应当配合。但对于行政机关及其他有关单位和个人不配合时，并未有关措施予以制约。从检察机关提起公益诉讼实践来看，对民事公益诉讼证据材料的调取往往需借助于公安机关刑事侦查手段，而刑事程序通常时间较长，影响检察机关对公益诉讼的及时提起。而对于行政公益诉讼执法卷宗材料的调取，过多的是依赖于检察机关与行政机关之间的协调，有损检察机关提起公益诉讼自身权威。缺乏保障措施的调查权极大地损害了检察机关收集、调取相关证据的实效，不利于公益诉讼的有效开展。

四、检察机关提起公益诉讼调查权的建议

（一）制订法律性依据

检察机关开展为期两年的公益诉讼试点工作，有效地保护了国家利益和社会公共利益，取得了试点的应有成效。通过民诉法、行政诉讼法的修改，检察机关在全国范围内开展公益诉讼已于法有据，但对检察机关提起公益诉讼的调查权问题应尽快立法加以明确，制订法律性依据。笔者主要基于如下几点考虑：一是具有正当性，正如前文所述，检察机关提起公益诉讼调查权具有正当性，有理论基础，有现实需求。二是弥补制度阙如，检察机关提起公益诉讼调查权在现行民诉法及行政诉讼法中未有明确规定，试点文件中所规定之调查权又不具有普遍适用效力，将导致调查制度的阙如。三是规范调查权行为，检察机关提起公益诉讼调查权具有一定的公权属性，应加以规范适用。

同时，对于检察机关公益诉讼调查权立法规范可采用如下方式。一是制订司法解释。目前最高法与最高检就公益诉讼的开展正在酝酿会签文件，两高会签文件属司法解释性质，具有一定的普遍适用性，应在会签文件中对检察机关公益诉讼调查权加以明确规定，包括调查权范围、手段、方式程序及保障性措施。二是立法修改。待下次民诉法、行政诉讼法修改时，将检察机关提起公益诉讼调查权明确入法。

（二）明确调查权范围

虽然试点期间最高法、最高检都制订了公益诉讼试点工作实施办法，一定程度上明确了提起公益诉讼的受案条件，检察机关取证范围。但两高

分别制订的办法具有相互间的不协调性，如因果关系证明问题，同时也具有一定程度上的脱离实际性。那么对于检察机关提起公益诉讼调查权范围，笔者认为应立足于如下几点：

（1）立足于举证责任。举证责任是指原告、被告等当事人之间发生争议的事实，在没有证据或证据不足以证明的情况下，由谁承担败诉责任，即后果责任，承担这个责任的当事人首先负有提供证据的责任。① 举证责任具有一定的导向作用，明确了举证方有责任跟义务去收集、提供证据，否则便承担举证不能的不利后果。检察机关提起公益诉讼举证责任一定程度上明确了调查取证方向与范围。

（2）立足于诉讼要件。笔者认为对检察机关提起公益诉讼的诉讼要件应包括两个方面，一个是程序要件，即检察机关提起公益诉讼所应具备的起诉条件，主要是指履行了相应诉前程序的事实。另一个是实体要件，主要是指围绕诉请所应具备的责任构成要件。如：在环境污染公益诉讼案中，检察机关应围绕环境侵权责任构成要件调查取证，主要包括主体、行为、后果等构成要件方面的证据。立足于诉讼要件以主要明确检察机关从起诉条件及诉请获得支持方面去调查取证。

（3）立足于司法实践。从检察机关提起公益诉讼试点情况来看，检察机关为确保公益诉讼效果，对证据的调查核实都是全方位的，包括从损害后果，到行为，到因果关系认定等，自觉或不自觉的按检察机关提起公诉的证据标准和要求去调查核实证据。当然，检察机关调查权范围的广泛性，提升了诉前检察建议质量，保障了检察机关提起公益诉讼的效果，降低了败诉风险，有现实必要性。

因此，基于上述考量，检察机关提起公益诉讼调查权范围一方面要基于举证责任及诉讼要件予以明确，另一方面要基于司法实践应适当扩大。但调查权范围的扩大并不意味着检察机关要承担更重的举证责任，不宜打破原应有举证责任倒置的相关规则。

（三）增设强制性手段

检察机关提起公益诉讼试点期间，赋予了检察机关较为广泛的调查核实措施，但并没有赋予强制性的调查措施。笔者认为，对于检察机关提起

---

① 刘善春.行政诉讼举证责任分配规则论纲[J].中国法学，2003（3）.

公益诉讼调查措施应增设对财产的强制性措施,可对财产采取查封、扣押、冻结等措施。主要理由如下:

(1)基于检察机关调查权公权属性。检察机关提起公益诉讼主要实现两大功能,一是维护国家利益及社会公共利益;二是促进依法行政,通过检察权的行使对违法行政行为进行监督。检察机关提起公益诉讼具有一定的公权性质,其调查权必然具有公权属性,要使公权得以实现、得以彰显,必然应赋予公权的强制性措施,刚性手段。同时,从现在能提起公益诉讼的主体来看,除检察机关外,还有其他机关和社会组织。对于其他机关提起公益诉讼,因其他机关主要是指行政机关,行政机关具有行政调查权,可采取行政强制措施。我国《行政强制法》中规定的行政强制措施的方式包括限制公民人身自由、扣押财物、查封场所、设施或财物、冻结存款、汇款、强行进入住宅等。① 故其他机关提起公益诉讼时不需特别规定其调查权的强制性措施。对于社会组织提起公益诉讼,因其不具有公权属性,故不能赋予其调查权的强制性措施。

(2)基于检察权的规范运行与约束。检察机关权力运行具有严格的规范性与约束性,随着司法体制改革的深入,司法责任制的铺开,检察人员检察权的运行受权力清单约束,另也受办案责任规制,对所办案件实行终身负责制。那么检察人员对权力的行使均会采取谨慎、负责态度,不会造成权力的任性、滥用。检察人员在提起公益诉讼行使调查权时,特别是对财产采取强制性措施时,基于案件终身负责制也会自觉地规范与约束自己的行为。同时,对于检察人员采取强制措施错误,给当事人造成损害的,当事人可申请国家赔偿。因此赋予检察机关调查权强制措施,一方面不用担心权力任性,造成权力滥用,另一方面不用担心错误执法受损后无法得到赔偿,受损方可申请国家赔偿。

(3)基于检察机关诉前程序特性。检察机关提起公益诉讼较其他机关或社会团体提起公益诉讼具有较大的差异性,其中一个最重要的差异性是需履行诉前程序。检察机关在提起行政公益诉讼之前,需先行向行政机关提出检察建议,督促其纠正行为或者依法履行职责;提起民事公益诉讼之前,应依法督促法律规定的机关提起民事公益诉讼。截至 2017 年 3 月,各

---

① 田凯,高琳.析行政公诉制度中检察机关的调查权[J].中国检察官,2011(6).

试点地区检察机关共办理诉前程序案件 5218 件。其中，行政公益诉讼诉前程序案件 5074 件，除未到一个月回复期的 709 件外，行政机关纠正违法或履行职责 3370 件，占 77.27%；民事公益诉讼诉前程序案件 144 件，相关社会组织依法提起诉讼 29 件，检察机关支持起诉 20 件。① 从以上数据来看，检察机关诉前程序督促行政机关纠正违法或履行职责的检察建议回复率较高，既促进了依法行政，又节约了司法资源，具有合理必要性。但检察机关诉前程序并非实质性的诉讼程序，同时，经诉前程序，大部分怠于履职或违法行为都得以纠正并未进入诉讼程序，导致检察机关不能像其他机关或社会团体提起公益诉讼时可申请法院采取证据保全措施。另一方面，根据《人民检察院检察建议工作规定（试行）》第四条规定：提出检察建议应当有事实依据，并且符合法律、法规及其他有关规定，检察建议的内容应当具体明确，切实可行。因此，检察机关向行政机关发出检察建议时，应将有关事实予以查明核实，确保检察建议效果与质量。这就要求检察机关在诉前检察建议阶段就应将证据予以收集、固定。基于检察机关诉前程序对证据收集的高要求性，同时现实中又不能有效地向法院申请诉前证据保全，借助于法院的保全措施，对证据加以固定，有必要赋予检察机关调查措施的强制性，以确保证据及时收集与固定。

（四）确立保障性措施

虽然试点期间，相关规范性文件规定，人民检察院调查核实有关情况，行政机关及其他有关单位和个人应当配合；但对于拒不配合的，未有相关规定授权检察机关可以采取相应的惩罚措施，以保障调查权的刚性与落实。因此，法律或相关规范性文件应规定，检察机关行使调查权时，相应的义务人有配合调查取证的义务，不履行该义务将会带来法定的惩罚性措施，如罚款、拘留。理由如下：

（1）从规范构成来看。法律规范的构成包括假定条件、行为模式、法律后果。赋予检察机关提起公益诉讼调查权，那么就必然为一方设定了义务，而义务与责任也是相对应的，因为责任是履行义务的保障，否则如果只规定义务而无须承担责任，义务就会因为缺乏强制力的保障而流于形式。同样，如果仅宣示了权力，而无一方义务，那么权力将形同虚设，达不到应有的

---

① 最高人民检察院民事行政检察厅编.检察机关提起公益诉讼实践与探索，第 61 期.

规范效果。

（2）从权力制约来看。检察机关提起公益诉讼，特别是提起行政益诉讼，涉及权力制约，是检察权对行政权的一种监督制约，面对强大的行政权，就必须赋予作为监督方的刚性保障措施。正如有学者所言，应适当增加有效开展调查取证工作的刚性保障措施，规定检察机关调查取证的相关法律责任。因为公益诉讼的核心就是强化对公权力的监督，这是刚性监督，这就要求要有刚性的手段及刚性的规则。① 从而，以实现权力有效制约，发挥公益诉讼应有促进依法行政的功效。

（3）从现实需求来看。检察机关提起公益诉讼调查取证涉及面广，专业性强，阻力多，干扰大，利益复杂，调查取证难度大，没有保障措施的调查权势必难以发挥应有取证效果。特别是随着监察体制改革的全面铺开，自侦部门的转隶，检察机关最具刚性的职务犯罪侦查权被剥离，缺乏原有刚性的保障措施，相关当事人对公益诉讼调查权的配合度必将会进一步降低，确立调查权保障性措施应势在必行。

五、结论

检察机关提起公益诉讼调查权直接影响公益诉讼的有效开展，影响公益诉讼制度价值的有效发挥，从理论基础到现实需求都有存在的正当性，因此，立法对调查权制度应予以明确规定。同时，对于调查规范、有序、有效开展，应在调查权范围内赋予检察机关相应的强制性手段及必要的保障性措施。因此，对于检察机关公益诉讼调查权笔者认为应具有如下属性：一是主体专属性，该调查权应仅限于检察机关，而不能及于社会组织或其他机关；二是取证的功能性，即从维护国家利益及社会公共利益出发，围绕检察机关提起公益诉讼程序及实体要件进行调查取证，对证据加以收集与审查，以决定是否提起公益诉讼；三是手段的一定强制性，赋予检察机关调查取证时对财产方面具有一定强制性措施；四是措施的保障性，即被调查对象对检察机关的调查核实应予配合，否则可采取一定措施对被调查对象带来不利后果。

---

① 王玎.检察机关提起行政公益诉讼的举证责任[J].上海政法学院学报（法治论丛），2017（4）.

试析检察机关在生态保护中的职能作用

——基于东江湖生态司法保护的思考

何江龙*　谭香萍**　唐昌纯***

党的十八大把生态文明建设纳入中国特色社会主义事业"五位一体"的总布局，彰显了加强生态文明建设的重要性和紧迫性。检察机关作为国家的法律监督机关，依法打击生态环境犯罪、促进有关行政机关依法履职、服务和保障生态文明建设是其义不容辞的责任和义务。东江湖是郴州市120万人口的饮用水源地，集国家5A景区、湿地公园等6块国字号招牌于一身，是国家重点生态环境保护湖泊，对于建设生态郴州具有重要的战略意义。本文拟以东江湖流域生态司法保护为切入点，探讨如何充分发挥检察职能作用，加强生态环境司法保护。

一、东江湖流域水环境现状

(一)东江湖流域概况

东江湖流域是湘江、珠江、赣江三江之源，每年为湘江、赣江、珠江三水系分别供水约97.45亿立方米、23.95亿立方米、6.48亿立方米；流域规划区涉及资兴、汝城、桂东、宜章1市3县，总面积4719平方千米，涉及乡镇52个；水面面积160平方千米，总库容97.4亿立方米，正常蓄水81.2亿立方米，居全国淡水湖泊前10位，相当于半个洞庭湖，是湘粤赣三省重

---

　*　郴州市人民检察院副检察长。
　**　郴州市人民检察院研究室主任。
***　资兴市人民检察院干部。

要的战略水源地和湖南防洪抗旱的调蓄池,长江经济带、珠三角经济区的重要生态屏障,华南和中南地区的重要森林、湿地生物基因库,生态地位显著。

(二)东江湖流域经济分类及价值

东江湖流域有丰富的动植物资源、水资源和矿产资源,对带动地方经济发展、优化生态环境起了至关重要的作用。其在产业布局上以农业、林业、果业、渔业、旅游业为主,另有采矿、加工、航运、畜牧业、小水电等产业经济。东江湖流域森林覆盖率68%,渔业资源54个品种,年产900万千克,水库网箱养殖3000口9.79万平方米,畜禽养殖99.85万头当量猪(所有养殖动物都折算成猪)。东江湖旅游规模965.2万人次,农家游232家,船只总载重1万余吨(其中客船310艘、货船60艘、农民自用船2400艘)。矿产资源探明储量的有金、钨、锡、铁等36种矿产资源,总经济价值达463.5亿元。其中桂东—汝城钨锡多金属成矿带,已知钨锡矿点57个,铁矿点4个,铅、锌、铜矿点12个;圳口—瑶岗仙钨锡成矿带,长约55千米,宽10~25千米,以钨锡为主。白钨矿储量亚洲第一、世界第二,滁口钨矿储量世界第三。据2009年统计,流域内工矿采选企业,汝城浙水流域43家,桂东沤江流域12家,宜章滁水流域1家,即湖南瑶岗仙矿业有限公司。据2016年度统计,东江湖资兴境内共有涉水排放企业9家。东江湖流域产业结构虽不断改善,但流域商品率偏低,加之流域乡镇发展不平衡,人均GDP不高,目前是一个经济欠发达的区域。4个市县都是革命老区和少数民族聚居区,其中2个国扶县、1个省扶县。资兴市经济相对发达,其城区及工业布局均在东江湖水库下游。根据东江湖流域水环境保护规划(2011—2020),流域发展布局分为三类主体功能区:禁止开发区、限制开发区和引导开发区,存在有树不能砍、有土不能垦、有矿不能开、有湖不能渔,发展转型艰难等生态保护和经济社会发展的矛盾,详见表1。

表1 东江湖流域发展布局一览表

禁止开发区	面积788平方千米	占流域面积18.8%	范围:一级保护区
限制开发区	面积1233平方千米	占流域面积29.5%	范围:二级保护区
引导开发区	面积2698平方千米	占流域面积51.7%	其他区域

(三)东江湖生态系统价值分析

据 2010 年专家测算,东江湖生态系统服务功能价值为 416 亿元/年,其中水资源服务功能价值为 196 亿元/年,森林生态系统服务功能间接使用价值为 130 亿元/年,非使用价值为 90 亿元/年。东江湖是郴州市 120 万人口优质稳定的集中式饮用水源地,也是湘江沿线城市群 2000 万群众饮用水安全的储备水源,往南还可往韶关、广州、深圳、香港等珠三角供水。按深圳水价 5 元/立方米计算,东江湖的"水矿"固定库容值 400 亿。东江湖的建成,使湘江流域城市群和京广线、107 国道、京珠高速以及厦蓉高速、京珠高速复线等防洪标准提高到 100 年一遇。东江湖在华中电网调峰和湘江流域防汛抗旱、重大水体污染事故处置、城市供水等方面发挥了重要作用。1990 年以来,湘江流域发生 12 次大洪水,东江湖成功拦截 10 多亿立方米洪水,有效保障了湘江汛期安全。2003 年、2008 年、2009 年、2010 年、2011 年这些干旱年份,东江湖向湘江大量补水,保证了下游城市生产、生活用水。其中 2011 年东江湖补水使湘江长沙段水位在原有基础上抬升近 1 米,水质在其原Ⅲ～Ⅳ类基础上直接提升为Ⅱ～Ⅲ类。省防指资深专家指出,若没有东江湖生态补水作保障,湘江流域城市群在枯水期每年将损失百亿以上。东江湖区位于我国南岭生态敏感地区,是我省生物多样性最为丰富的地区,现有鱼类资源 78 种,鸟类 87 种,野生动物 244 种,种子植物 146 科,541 属,1246 种。在国际贸易公约规定的保护物种名录中,东江湖有 14 种,其中鸟类有 10 种,列入中国濒危动物红皮书濒临灭绝的物种有 4 种。有国家重点保护野生植物 17 种,其中一级 5 种、二级 12 种;有国家重点保护的野生动物 34 种,其中一级 7 种、二级 27 种。东江湖的大部分物种都是湖南省重点保护对象,其数量占全省总数的 80%。

(四)党委政府对东江湖的保护情况

近年来,省、市、县三级党委、政府高度重视东江湖环境资源保护工作,在立法保护、完善制度、生态建设和环境整治、政策争取等方面做了大量工作。2002 年,湖南省人大颁布实施了《湖南省东江湖水环境保护条例》,使东江湖保护实现了有法可依。省委将东江湖流域 4 县市纳入全省首批生态红线制度建设改革试点。流域内资兴市、汝城县、桂东县、宜章县"一市三县"共同编制了《东江湖流域水环境保护规划》《东江湖生态环境保护总体方案》,并通过加快建立环东江湖自然生态保护区,开展了退耕还林、封山育林、退矿还绿、退塘还湿，实施村镇生活污染综合整治、船舶污染综合整治、库区重金属污染治理，沿湖周边生猪退养，湖区网箱退水上岸工程等，进一步强化对东江湖生态环境的保护。

二、目前东江湖流域各类生态环境要素的危害状况和趋势分析

近年来，随着经济社会发展和资源的开发利用，东江湖面临的各类污染因素日益增多，保护东江湖日益紧迫。

（一）从污染源结构分析

东江湖流域污染源主要包括工业污染源、农业污染源、生活污染源、库区渔业污染源、旅游和水上交通污染源等。经计算，东江湖流域 COD、总磷、氨氮、石油类、砷、镉和铅等主要污染物年排放量分别为：36437.15 t、3247.55 t、5378.83 t、50.26 t、1.00 t、0.17 t 和 0.11 t。农业污染源、水上交通污染源、渔业污染源、生活污染源、工业污染源和旅游污染源的标污染负荷分别占总负荷的 78.31%、8.73%、7.01%、5.06%、0.82% 和 0.07%。氨氮、总磷、COD、石油类和重金属（砷、镉和铅），分别占总负荷的46.74%、28.22%、15.83%、8.73% 和 0.48%，详见表2。总的来说，主要污染物为氨氮、总磷、COD，三者占流域总污染物的 90.79%。东江湖流域上游及周边的工业污染虽然排放规模较小，但重金属污染对东江湖水环境威胁破坏最大、最直接。

表2 东江湖流域主要污染物等标负荷汇总表

污染物名称	各类污染源等标负荷（10^6 m^3/a）						等标污染负荷（10^6 m^3/a）	占比（%）
	农业污染源	水上交通污染源	渔业污染源	生活污染源	工业污染源	旅游污染源		
氨氮	4803.45	—	298.62	268.74	4.60	3.42	5378.83	46.74
总磷	2930.15	—	181.35	134.35	—	1.70	3247.55	28.22
COD	1278.95	—	326.43	179.16	34.58	2.74	1821.86	15.83
石油类	—	1005.2	—	—	—	—	1005.20	8.73
重金属 砷	—	—	—	—	19.90	—	19.90	0.17
镉	—	—	—	—	33.60	—	33.60	0.29
铅	—	—	—	—	2.16	—	2.16	0.02

续表2

污染物名称	各类污染源等标负荷(10^6 m³/a)						等标污染负荷(10^6 m³/a)	占比(%)
	农业污染源	水上交通污染源	渔业污染源	生活污染源	工业污染源	旅游污染源		
总负荷	9012.55	1005.2	806.40	582.25	94.84	7.86	11509.1	—
占比(%)	78.31	8.73	7.01	5.06	0.82	0.07	—	—
排序	1	2	3	4	5	6	—	—

(二)从污染源区域分布分析

东江湖流域内污染源主要集中在汝城、资兴，桂东、宜章次之，比重分别为42.43%、33.83%、19.18%和4.56%。其中COD、总磷、氨氮等标负荷最大的为汝城，资兴次之，桂东、宜章分居第三、第四位。重金属污染主要集中在宜章规划区的瑶岗仙钨矿。

(三)从污染危害趋势分析

东江湖流域生态保护当前面临的问题严重。一是自然灾害多发。开发建设过程中忽视生态保护的现象仍然存在，造成水土流失较为严重，水土流失面积已超过1087平方千米，湖区土地石漠化面积达17.8万亩。水土流失区由于降水不能及时入渗而形成地表径流，侵蚀地表土壤，携带大量泥沙沿河川进入水库、山塘，淤积塘库，降低了塘库等水利工程的蓄水功能，导致一些水库、河坝有效灌溉面积不断萎缩，严重的还引发泥石流等地质灾害。据统计，汝城县2009年调查的地质灾害点达139处，而资兴市据普查有地质灾害隐患的达634处，认定需治理的地质灾害点达253处，东江湖区已经成为流域内地质灾害的高度密集区。同时，因为东江湖流域地处湘江、赣江、珠江三大水系的结合部，"U"形的地形中间，南面有南岭的阻挡，降暴雨时水往"U"形底部涌，中间的水无法排出，加重了洪涝灾害的程度。二是水生态环境受到严重威胁。东江湖流域有较多的热液型矿床，地环化学表生作用强烈，显示了潜在的污染危险的地球化学特征。根据湖南省物探大队的化探资料，东江湖控制流域处于砷、铅、氟的地球化学高背景区。湖泊淹没区涉及小部分汞、锌、砷、铅等地球化学元素异常区。上游有色金属矿自20世纪50年代陆续开采所遗留下来的大量尾砂、废石、废渣未得到妥善处理，重金属通过尾砂库的排水、土壤渗漏等渠道扩散到周围土壤，威胁区域水生态环境安全。城镇生活污染对水环境影响加剧，由于城镇垃圾、污水处理能力不足，大量生活垃圾、生活污水均未经处理直接排入水体，对水质的影响较大。农业面源污染范围和程度日趋加重，成为引起水质富营养化的严重隐患。小水电对流域的生态破坏较严重。小水电开发利用是流域各县市的重要经济来源，其中汝城县小水电站200多座、桂东县100多座、资兴市100多座，小水电的过度开发对地表植被造成破坏，加剧了区域水土流失，对野生动植物的繁育形成不利影响。三是局部区域水质呈恶化趋势。目前全湖总体水质优于Ⅱ类，一级保护区水质保持Ⅰ类、入湖河流水质稳定达到Ⅲ类状态，但主要入库河流局部河段水环境污染有上升趋势、水质有下降趋势，局部水域富营养化趋势明显。尽管近年来各监测断面的水质类别和水质状况等级不变，但部分断面相关指标有所下降，表明这些区域水质正呈下滑趋势。据专家分析，由于东江湖基本上是一个静水湖泊，一旦水质水体受到严重污染，那将是一场重大的生态灾难，要恢复到现在状态，至少要几十年时间。

（四）全市检察机关开展东江湖司法保护工作情况

市、县两级检察机关围绕服务地方经济发展大局，以保护东江湖为切入点，充分发挥惩治、预防、监督、教育、保护等检察职能，推行"专业化法律监督＋恢复性司法实践＋社会化综合治理"生态环境检察模式，积极服务和保障生态环境建设，为蓝天常在、青山常在、绿水常在，推进"五个郴州"建设提供有力的法治保障。

（1）建立生态检察工作机制。郴州市检察院制定了《关于充分发挥检察职能服务和保障生态郴州建设的九条措施》，要求加大对东江湖等重点生态功能区、生态环境敏感区和生态脆弱区域的司法保护。资兴市检察院制定出台了加强生态司法保护、服务生态文明建设的意见，为促进东江湖流域司法保护夯实制度保障。"一市三县"检察院探索完善生态司法机构设置、两法衔接、公益诉讼、生态检察配合等机制，为东江湖生态司法保护营造良好氛围。资兴市检察院成立生态环境资源检察局和东江湖生态保护检察局，开展集中统一办理破坏东江湖流域生态环境资源案件。

（2）严厉打击破坏东江湖流域生态环境违法犯罪。近三年，流域内"一市三县"办理行政执法案件数2234件，其中涉林行政执法案件2115件，占流域内行政执法案件总数的 94.67%。深入开展破坏环境资源犯罪专项立案监督活动，依法打击破坏环境资源犯罪，办理流域内各类破坏生态环境资源刑事案件 183 件。其中盗伐滥伐林木、非法狩猎、非法占用农用地等涉林案件 167 件，占 91.3%；污染环境、非法采矿、非法捕捞水产品等新类型案件 16 件占 8.7%；查办东江湖境内水环境、矿产及水电、森林资源等生态领域职务犯罪 6 人，切实保护东江湖流域生态环境资源安全。

（3）深入推进东江湖流域生态综合治理。资兴市检察院会同相关单位在天鹅山国家森林公园设立森林生态修复基地、在东江湖设立水生态修复基地。采取"巡回办案＋以案释法"形式，在案件当事人所在乡镇开展巡回公诉。完善补植复绿诉讼机制，办理补植复绿案件 35 件。今年牵头召集资兴市环保、公安、法院、国土、林业、畜牧水产等相关部门召开座谈会，就贯彻落实最高人民检察院、环保部、公安部出台的《环境保护行政执法与刑事司法衔接工作办法》以及开展东江湖司法保护工作形成了规范性意见。积极参与生态环境专项治理，全面调查分析东江湖流域生态环境领域犯罪发案特点和规律，查找生态环境保护制度机制的漏洞和风险点，撰写了《关于东江湖流域生态环境司法保护的调研报告》，积极向党委政府建言献策，被省检察院游劝荣检察长和市委政法委书记刘志伟批示。

三、目前东江湖流域司法保护工作存在的主要问题

开展东江湖司法保护，尽管取得了一些成效，但受多种因素影响，仍然存在三大问题。

（一）集中保护乏力

一是统一行政监管执法跟不上。生态资源环境保护涉及山、水、林、湖、田、气等多个方面，具有综合性或者跨法域、地域的特点。一方面，东江湖流域涉"一市三县"，人口多，面积广，湖岸线长，上下游合作较难，跨行政区水资源管理和水污染防治效率不高、难度大。有的对生态环境脆弱性、环境保护紧迫性和艰巨性的认识尚不到位，认为东江湖环境容量大，环境不会出问题。有的地方发展方式及企业生产方式较为粗放，忽视生态的情况仍然存在。如出现了郴州市东江饮水工程 Ⅱ 标段废水排入小东江的环境违法行为。另一方面，东江湖集库区、林区、旅游区、移民区于一体，流域内相关行政管理部门职能交叉。从行政管理体系看，东江湖水资源由湖

南省水利厅根据发电和防洪的要求统一调度；水质的保护由郴州市及"一市三县"的环保、水利、旅游、林业、国土、渔政、交通、移民开发等部门在其各自职责范围内分管相应工作。对于一次破坏环境行为，可能各部门都有管辖权，出现执法交叉的情况，或职责不清，每一个部门都不管，出现执法空白的情况，难以形成工作合力。仅资兴市就有东江湖水环境保护局、东江水库管理局(市移民开发局)、东江湖风景名胜区管理处、天鹅山国家森林公园管理处等 4 个副处级单位，4 个单位各自具有东江湖保护管理职责，同时拥有政策制定权、执法权、监督权，难以协调，难以保证法律法规的效力。2003 年 5 月，郴州市政府根据《东江湖水环境保护条例》精神，成立东江湖水环境保护局(副处级)，全面负责东江湖流域"一市三县"保护工作的监督管理，但是与资兴市环保局合署办公(两块牌子、一套人马)，行政上由资兴市代管，业务上由郴州市环保局授权管理，没有上升到省一级管理的层次，甚至市一级管理都大打了折扣，导致仅能在资兴市境内执法。如东江湖源头的汝城县境内出现了污染源，东江湖水环境保护局根本无法行使执法权。监管上的不统一，在很大程度上影响了对整个东江湖流域的统一执法管理。二是法律监督跟不上。东江湖跨多县市，东江湖生态环境违法犯罪多发，特别是环境污染类新型犯罪、共同犯罪呈现增多趋势，生态环境保护领域一些执法人员贪污贿赂、失职渎职等职务犯罪屡禁不止，不同县市执法司法标准差异明显，不利于促进解决东江湖流域生态司法保护突出问题。同时，执法机关与司法机关沟通协作机制不健全，尤其未实行跨县市管辖导致司法机关与其他县市的行政执法部门的协作不够通畅。检察机关在主动寻求与行政执法机关的配合上有欠缺，检察机关的职能作用发挥不够充分。近 3 年来，流域内涉及国土、环保等生态环境领域的行政处罚案件 2000 多件，其中是否有已经达到刑事立案标准的情况，掌握得并不全面。生态环境资源领域行政检察监督近 3 年仅桂东县检察院办理了 1 件，资兴、汝城、宜章均为空白。

(二)专业办理有欠缺

东江湖生态保护案件较其他类别的案件而言具有很强的专业性、规律性和复杂敏感性，涉及生态污染损害成因、损害认定、污染防治等专业问题，需要熟悉掌握对环境违法犯罪的复杂情况和规律。据统计，生态环境治理方面的法律 11 件，法规有 20 多件，规章有 900 多个，各种标准有 2500

多个。根据 2015 年 2 月省政府下发的《湖南省环境保护责任规定（试行）》，参与环境污染治理的政府职能部门达 30 多个，是一个内容庞大复杂、专业性强的司法执法领域。面对专业性问题，检察机关以前很少涉及从空气、水、土壤、食品安全等角度去开展生态检察工作，执法经验少，检力有限。探索建立生态检察专门机构对东江湖跨界污染在内的生态案件实行专业化办理，集中统一履行对东江湖生态保护法律监督职能，显得尤为必要和紧迫。同时，现行法律立法缺失或规定较为笼统，刑罚作用难以发挥，存在立案难、取证难、鉴定难以及认定渎职犯罪行为与水环境犯罪的因果关系难等因素，破坏生态环境资源案件调查取证不及时、不规范、不全面现象突出，造成对生态环境犯罪打击力度不够。东江湖流域水、土、林、气、矿等领域都不同程度存在影响生态的问题，而当前办理的生态领域案件主要集中在林业、非法电鱼、非法采矿方面，对水、土、气等领域存在的问题法律监督力度不够。

（三）创新实践有瓶颈

随着市场经济的发展，大气污染、污水排放、植被破坏等有关国家利益、社会公共利益纠纷逐渐增多。破坏环境的行为往往没有特定受害者，环境公益诉讼的意义尤为重大。从目前环境公益诉讼立法层面和实践来看，环境公益诉讼的原告可以分为社会组织、检察机关两大类。2013 年新修改的《民事诉讼法》第五十五条规定，对污染环境、侵害众多消费者合法权益等损害社会公共利益的行为，法律规定的机关和有关组织可以向人民法院提起诉讼。全国人大常委会授权检察机关从 2015 年 7 月开始在试点地区探索环境公益诉讼的实践。检察机关开展公益诉讼试点的地区包括北京、内蒙古、吉林、甘肃等十三个省、自治区、直辖市。东江湖流域辖区基层检察院没有纳入公益诉讼试点。从基层检察视角来看，检察机关参与环境公益诉讼具体程序性规范缺失，具体操作过程中亦缺乏成熟的规范。如存在法律授权不明、原告资格受限，司法执法联动、证据衔接不畅，证据保存困难、鉴定资质缺失，起诉对象强劲、利益牵扯复杂，赔偿方式不明确等问题与困境。此外，"史上最严"的新《环境保护法》实施后，让公众参与其中，强化第三方监督是一种预防环境污染很好的方式。在严重的环境现状下，环保民间组织可以运用环境公益诉讼制度发挥更积极作用，对行政执法形成补充。但从实践看，开展环境公益诉讼，存在环保民间组织准备不足、资金保障等现实问题，要走的路还很长。新修订的《环境保护法》明确提起环境公益诉讼的社会组织须符合4个条件：在设区的市级以上的民政部门注册登记，专门从事环境保护公益事业，已设立5年以上，近5年内无违法记录。据有关统计，目前各级民政部门登记的环境保护相关社会组织有6000多个，其中在国务院民政部门登记的有36个，在省级民政部门登记的有300多个，在设区的市级民政部门登记的有700多个。据此，全国应该有1000余个社会组织具备法律和相关解释规定的起诉资格。但目前郴州市尚未有满足这一条件的社会组织。2016年12月，第十二届全国人大常委会第二十五次会议，水污染防治法修正案草案首次提请审议，建议对《环境保护法》规定的社会组织降低环境公益诉讼门槛。同时，环保民间组织还面临着专业能力以及环境生态评估和鉴定、资金支持等方面的困难。开展环境公益诉讼，需要付出巨大的人力、财力，很多环保民间组织难以承受。诉讼肯定会有败诉的，很多环保民间组织靠项目支撑，如果没有资金支持，一个败诉可能就把一个环保组织打没了。目前在各地从事环境保护相关公益活动的民间环保组织中，有意愿提起环境公益诉讼的组织很少。

四、进一步加强东江湖生态环境司法保护工作的对策和建议

（一）提高思想认识，切实增强服务和保护东江湖的主动性和责任感

生态环境没有替代品，用之不觉，失之难存。云南省滇池、贵州省红枫湖等"水之殇"事件是一面镜子，也是一记警钟，映射出破坏生态必将自食苦果的教训，也警示我们，东江湖生态保护不能重蹈"先污染、后治理"的覆辙。东江湖不仅是郴州，也是整个湖南的生命之水。保护好东江湖，是加快建设"生态郴州"、打造美丽宜居的"新增长极"的切入点和着力点，也是落实省第十一次党代会提出的"创建国家生态文明试验区"战略部署的有效措施。检察机关要切实担当起服务和保障生态郴州建设的职责使命，牢固树立和贯彻落实"实力、创新、开放、生态、人本"五大发展理念，立足检察职能，更主动、更直接、更有效服务和保护好东江湖生态，切实保障公众健康，推进"生态郴州"建设，在擦亮东江湖"生态名片"的同时，打造生态检察工作品牌。

（二）改革完善机构，积极探索创新东江湖生态环境司法保护工作机制

以检察改革为契机，建议设立专门的生态保护检察机构，即东江湖生

态保护检察局。这既是落实中央、省市委和上级检察机关关于生态文明建设决策部署的必然要求，也是检察机关适应环境领域执法复杂、专业性强，更好履行相关生态文明体制中的责任、促进环境治理体制机制不断完善的客观需要。党的十八大及历次重要会议关于"五位一体"总体布局、"四个全面"战略布局、"五化"、"五大理念"等对生态文明建设的战略定位，习近平总书记"只有实行最严格的制度、最严密的法治，才能为生态文明建设提供可靠保障"等一系列关于生态文明建设的重要讲话，中共中央、国务院印发的《生态文明体制改革总体方案》等一系列中央文件中关于强化执法保护、统一执法、可结合实际先行先试等精神和规定要求，为设立专门的生态保护检察机构提供了依据。同时湖南省人大颁布实施了《湖南省东江湖水环境保护条例》，使东江湖保护实现了有法可依。高检院强调要强化生态环境司法保护，省检察院落实中央、省委关于生态文明体制改革的要求，已将林业检察处更名为生态环境资源检察处。在加强东江湖生态环境司法保护方面，郴州和资兴两级法院正在探索，已成立环境资源审判庭，拟归口审理环东江湖流域"一市三县"涉及生态环境保护有关的刑事案件、行政诉讼案件和公益诉讼案件。成立东江湖生态保护检察局，集中履行分散在侦监、公诉、反贪、反渎、林检等机构的生态环境资源检察职能，对环东江湖流域"一市三县"涉及生态环境保护有关的刑事案件集中审查逮捕、审查起诉，行政诉讼案件和公益诉讼案件集中办理，有利于统一执法标准，加大打击力度和形成治理合力，既对于形成完备的法律规范体系、高效的法治实施体系、严密的法治监督体系，从而规范、引领生态郴州和生态文明建设，非常重要，又对于完善检察职能开拓服务东江湖、满足人民群众对良好生态环境新期待、促推生态郴州建设、打造美丽宜居"新增长极"，具有深远的意义。综上，成立东江湖生态保护检察办案组织机构，按照"三检（民事、行政和刑事）合一""五项（查办、批捕、起诉、监督、预防）融合"的指导思想，对涉及东江湖生态环境类案件实现"三个集中"——线索集中、信息集中、案件办理集中。坚持污染到哪里，环保工作开展到哪里，检察监督就到哪里，实现重要战略水源地东江湖流域山更秀、水更清、天更蓝、土更净。同时，以"两法衔接"工作平台为重要载体，探索常态化的跨区划、跨部门协作机制，形成生态保护合力。建立东江湖流域环境资源保护"两法衔接"跨区划联席会议制度，由东江湖河长制委员会办公室、东江湖水环境保护局和东江湖生态保护检察局牵头抓好统筹协调、统一执法、集中管辖、日常联系、个案督办、问题调研等工作。东江湖流域"一市三县"检察院分别在各自行政区的环保、水利、国土、林业等部门设立生态环境资源检察联络室，联络室业务对口东江湖生态保护检察局，主要负责各自辖区的案件受理、线索调查、信息研判、情况通报，协调各自辖区各行政执法部门的相互协作和线索、办理违法犯罪案件过程中存在的问题，研究探讨并协商解决生态环境资源保护执法中遇到的疑难问题，制定预防和查处生态环境资源违法犯罪的办法和措施等工作。加快推进东江湖流域生态环境资源"两法衔接"信息平台建设，依托资兴市国家级生态绿色环保大数据示范产业园优势，与东江湖水环境保护局、森林公安局、林业局、国土局等共同创建大数据，为生态环境执法提供技术保障，运用大数据思维和方法为生态环境提供专业司法保护。

（三）立足检察职能，加大东江湖生态环境司法保护力度

紧紧抓住"治水、护林、净气、保土、控违、强管"六个重点环节，提请郴州市委、市政府牵头，根据东江湖流域生态环境资源保护状况，整合环保、国土、林业、农业、水利等职能部门的执法资源，组织开展专项打击整治活动，着力解决区域内突出环境资源问题。充分发挥惩治、预防、监督、教育、保护等检察职能，坚持把执法办案作为服务和保障东江湖生态环境建设的基本途径和主要手段，严厉惩治破坏生态环境资源的刑事犯罪。对重大环境污染，造成生态环境严重损害，或致使公私财产遭受重大损失或者严重危害人体健康的案件，实行挂牌督办，第一时间介入侦查，引导侦查机关全面收集固定证据，确保办案效率和效果。对造成国家、集体财产重大损失的破坏生态环境的犯罪案件，依法提起刑事附带民事诉讼。加强侦查预防工作，坚持全程跟踪、及时介入生态环境工程建设的资金拨付、招投标等关键环节，坚决查处造林育林、生态环境综合治理以及城镇村庄布局调整、土地流转、节能减排、生态保护和修复、环境污染防治、环保设施改造等生态重点项目工程中的贪污受贿犯罪。建立健全重大环境污染事件同步介入机制，深挖破坏环境资源犯罪背后的职务犯罪。深入开展查办危害能源资源和生态环境渎职犯罪专项工作，严肃查办生态环境监管执法领域的失职渎职犯罪，维护能源资源和生态环境秩序，为经济社会永续发展和生态文明建设创造良好的法治环境。结合执法办案，全面调查分析环东江湖流域职务犯罪发案特点和规律，查找生态环境保护制度机制的漏洞和风险点，综合运用预防调查、案件分析、检察建议、年度报告、专项报告等方式，及时向党委政府建言献策，协助发案单位及其主管部门建章立制，从源头上减少和预防环东江湖流域涉及生态环境的职务犯罪。强化诉讼监督，加强对破坏东江湖生态环境资源刑事犯罪的立案监督、侦查活动监督、刑事审判监督、执行监督以及对东江湖生态环境违法行为的民事行政诉讼监督，形成多元化的生态环境资源司法保护格局，彰显党委、政府对东江湖生态保护决心和信心。积极通过抗诉、提出检察建议、违法行为调查等方式，加强对林权登记、环境污染责任和水土、矿产、资源利用等纠纷案件以及民事调解、执行活动的监督，依法平等保护各方合法权益，促进有关职能部门正确履行生态环境保护和管理职责。今年6月22日至28日，第十二届全国人民代表大会常务委员会第二十八次会议表决通过了《关于修改〈中华人民共和国民事诉讼法〉和〈中华人民共和国行政诉讼法〉的决定》，以立法形式明确了检察机关的公益诉讼职能。要以此为契机，依法全面推开公益诉讼工作，对破坏生态环境和资源保护等损害社会公共利益的行为，依法支持、督促对生态环境负有监管职责的有关机关或组织提起民事公益诉讼，在没有机关和组织或者机关和组织不提起诉讼的情况下，依法向人民法院提起诉讼。对生态环境和资源保护等领域负有监管职责的行政机关违法行使职权或者不作为，致使国家利益或者社会公共利益受到侵害的，依法向行政机关提出检察建议，督促其依法履行职责；行政机关不依法履行职责的，依法向人民法院提起诉讼。

（四）延伸检察服务，探索恢复性司法实践，确保东江湖生态保护取得实效

坚持把恢复性司法理念引入生态环境检察工作，深入运用林业检察案件"补植复绿"工作的成功经验，逐步探索将生态修复机制从涉林案件向水、土、气、矿等领域拓展，对破坏生态环境犯罪的犯罪嫌疑人或被告人，要求采取退耕还林、退渔还湖、退矿复垦、补植复绿或缴纳生态环境损害金等方式对受损生态进行修复，将犯罪行为对东江湖环境资源造成的破坏降到最低。探索东江湖生态环境损害修复资金制度，通过政府拨付、社会捐赠、致害人缴纳等渠道募集资金，用于东江湖环境资源损害修复、生态系统一般性养护、生态教育警示基地建设等，促进东江湖生态体系良性运转。

建立公益诉讼受理启动机制,为社会团体、群众关于生态资源侵权的投诉、申诉开通"绿色通道"。加强涵盖林业、环保、水利、国土等生态领域专家人才库建设,建立专家咨询和专家辅助人协助办案制度。

(五)积极参与对东江湖生态环境的综合治理,形成保护东江湖的合力

积极推动生态环境地方立法工作,参与制定符合东江湖流域特点的生态环境法规规章,提请省人大常委会开展立法调研,适时修改《湖南省东江湖水环境保护条例》及制定实施细则。着力解决环境资源法律法规与刑事司法实务衔接问题,有针对性地解决破坏生态环境刑事案件取证难、鉴定难、认定难、法律适用难等问题,消除司法办案盲区。根据执法办案中出现的争议焦点,研究探讨解决方案,通过联合发文、会议纪要等形式,统一执法标准,提升执法公信力。落实河长制的要求,推动完善东江湖流域生态环境资源保护工作行政执法问题清单和责任清单,包括流域县(市)政府、流域乡镇人民政府(街道办事处)、郴州市直有关部门、流域县(市)政府有关部门工作问题清单和责任清单。探索"问题清单 + 责任清单"生态环境资源行政执法监督机制,督促行政执法机关依法履职,坚决监督纠正生态环境保护领域不作为、乱作为的问题,实现东江湖流域生态保护与治理责任的全覆盖。积极参与东江湖工业水污染、排污口规范化、农业面源污染、渔政管理、大气环境等综合整治,加强对东江湖流域水、土、林、气、矿等生态环境资源的巡回检察,全面掌握流域内生态环境资源的开发、利用、管理现状及存在的问题。着力建设群防群治的环境资源监管系统,加强环境保护宣传教育,充分发挥环保组织、协会、社团作用,引导公众提高参与生态文明建设积极性,营造良好社会氛围,从源头上预防和遏制破坏环境资源犯罪的发生。

比较视野下的检察机关生态环境公益诉讼制度研究

陈 敏[*]

"生态文明建设事关实现'两个一百年'奋斗目标,事关中华民族的永续发展。"[①]生态系统不仅向社会提供着经济利益,还具有生态服务的功能[②]。但长期以来,基于生态环境的外部性,其生态服务功能常常因社会个体过分追逐经济利益而受到持续而严重的侵害。此外,行政机关的不正当履行或不履行法定职责的行为因缺乏有效的监督,导致生态环境的保护乏力,反过来促使破坏环境的行为愈演愈烈。检察机关作为我国的法律监督机关,理应在生态环境司法保护方面发挥更大的作用。近年来,随着中央的一系列重要文件的颁布,以及高检院整体部署,检察机关生态环境司法保护工作不断被赋予了新的内涵。新修订的环境保护法第五十八条规定:对污染环境、破坏生态,损害社会公共利益的行为,符合条件的社会组织可以向人民法院提起诉讼。2017年6月27日,第十二届全国人大常委会第二十八次会议通过《全国人民代表大会常务委员会关于修改〈中华人民共和国民事诉讼法〉和〈中华人民共和国行政诉讼法〉的决定》,正式确立检察机关提起公益诉讼制度。

---

[*] 泸溪县人民检察院检务保障局局长。

[①] 中共中央 国务院关于加快推进生态文明建设的意见[R/OL]. (2015–04–25)[2015–06–02]. http://www.scio.gov.cn/xwbfbh/yg/2/Document/14362869/143286.htm.

[②] 参见:黄忠顺.环境公益诉讼制度扩张解释论"[J].中国人民大学学报,2016(2):32.

一、检察机关提起环境公益诉讼的价值功能

(一)我国公民环境权利保障和司法救济的时代要求

环境危机在我国已不仅严重影响到人民的生活甚至生命安全,也成为我国整体经济发展进步的桎梏。现实中发生的很多损害公众环境权益的案件都是由于环境行政机关不当行为造成的。而在我国现行的行政法、环境法的制度框架内,大量的政府行为,如行政机关实施的颁布环境法规、规章的抽象行政行为、政府兴修大型水利、铁路、公路工程的行为、政府拆迁古建筑的行为等,都属于不可诉的行为。但事实上,这些政府行为都有可能对社会公益、生态环境产生重要的影响。在这一背景下,环境权利的司法救济问题日益成为法治建设中的重要内容,而诉权乃是开启诉讼程序、发动司法权的运行并贯穿整个诉讼过程的一种权能。当事人的环境权益诉求正是通过其行使诉权而得以理性地表达,其权利请求在诉讼的空间之中得以充分地展现,最终为其权利救济与保障提供强有力的司法支持。"没有诉权,其他一切权利都可能成为泡影。"①因此,环境公益诉讼为公民环境权利的司法救济之实现提供有力的保障。

(二)环境管理行政机关的管理行为的规范需要

"现在众多的政府行为对广大范围内的生态环境产生重大的影响,甚至影响到子孙后代的利益。因为这类环境方面的影响由全社会来承担而并不直接影响任何单个公民的利益,按照传统的行政诉讼理论,便没有人有资格对这类影响环境行为提起诉讼。这样对政府来说便没有根本的监督途径。"②由于行政权具有天然的自我膨胀的性质,所以行政权在当代的不断扩张需要对行政权进行适当的控制。虽然权利对权力的制约作用不可小视,但"从事物的性质来说,要防止滥用权力,就必须以权力约束权力"。就此层面而言,环境公益诉讼就是一种对环境行政权进行监督和制约的国家权力。

(三)与国际环境保护接轨需要

环境问题不仅仅只是一个国家内部的问题,也是一个国际性的问颢,

---

① 马岭.宪法中的人权与公民权"[J].金陵法律评论,2006(3):20.
② 汪劲,田秦.绿色正义——环境的法律保护[M].广州:广州出版社,2000.

是事关整个人类前途的重大问题。西方发达市场经济国家一些成熟的环境行政起诉权制度因为具有明显的公益性和共同性被纳入 WTO 的环境保护规则及与环境保护相关的投资、贸易与知识产权规则之中，我们作为 WTO 成员，必须与之接轨。我国作为一个人口众多且环境问题较为严重的发展中国家，理应承担国际环境保护义务和积极参与国际环境合作。欧盟签署的《关于环境事务方面获得信息、公众参与决策和提起诉讼的 UN/ECE 公约》中有一个提起司法诉讼的专门条款：向法院或者有法律设立的其他独立的和中立的机构起诉公共当局的决议(行政的和司法的复审的权利)，要求充分和有效的救济，包括禁止令，对私人和公共当局违反环境法的行为或不作为提起诉讼。美国的环境公民诉讼及其诉权理论制度、德国的团体诉讼及其诉权理论制度以及日本的环境保护诉讼及其诉权理论制度，作为两大法系比较有代表性的环境公益诉权保障制度，为我国的环境公益诉讼及公益诉权理论建设提供了很好的借鉴。

(四)为"美丽中国"保驾护航的法制需要

习近平总书记在主持中央政治局会议时指出，在一定时期和一些地区，生态恶化的范围在扩大，程度在加剧，危害在加重；生态环境建设中边治理边破坏、点上治理面上破坏、治理赶不上破坏的问题很突出；生态环境整体功能在下降，抵御各种自然灾害的能力在减弱。同时指出，只有实行最严格的制度、最严密的法治，才能为生态文明建设提供可靠保障。目前我国的生态保护法律体系还很不完善，体系散乱、层次较低、理念滞后，在生态文明建设中无法发挥其应有的积极作用。健全我国环境权利救济机制是构建"美丽中国"法律机制的重要内容。公民环境权利救济机制是环境法律体制整体中不可或缺的组成部分。面对环境权利受到行政侵害的情形，如果没有健全的权利救济机制及时有效地运行，就很难达到环境优美的局面。相对于其他的纠纷解决方式而言，诉讼更具有权威性。而且环境诉讼通过对环境损害纠纷的解决，隐含着对各种与环境公益有关的社会关系进行调整，为全社会确立环境公益的行为指南。

二、检察机关环境公益诉讼的域外经验

(一)美国检察官具有政府"辩护人"身份

私人总检察长理论虽然起源于英国，但是制度是在美国本土产生、发

展和完善，美国可以说是现行行政公益诉讼制度最为完善的国家。美国是实行三权分立制，检察机关虽属于司法部，但是司法部是政府的重要组成部分，所以，检察机关本身具有行政化的色彩，代表政府履行对社会公共利益的保护义务，具有政府"辩护人"的身份，能够代表公共利益提起环境公益诉讼。在美国的许多法律，例如从 1957 年《环境保护法》的颁布开始，1969 年《国家环境政策法》到后来修订的《清洁空气法》《清洁水法》《固体废弃物防治法》《防止空气污染条例》《防止水污染条例》《噪声控制条例》等环境法规均规定了环境公益诉讼中检察机关的原告资格或者检察机关通过支持其他主体提起环境公益诉讼。其中 1970 年的《密歇根环境保护法》最具代表性，该法案明确"首席检察官或是其余的能够对任何人基于对空气、水和其他自然资源的保护及使这些资源免受污染和损坏的公众委托而提起申诉或衡平救济的诉讼"①。

（二）英国的检察官系公益诉讼的唯一代表

英国法律在公益的司法救济方面相对保守，但总体上英国行政法关于救济手段的发展趋势是向统一和宽大的起诉资格方向前进。1977 年司法改革之前，当事人须有权利才能申请救济手段。1977 年后，申请人是否具有起诉资格，不像过去那样当事人须具有权利才能申请救济手段，只取决于对申请事项是否有足够的利益。为了保护环境公共利益的需要，英国的法律规定，公民可以借助检举人诉讼制度寻求对环境等社会公益的司法救济。与美国直接将原告资格赋予公民个人不同的是，在英国，只有检察官才能作为公益诉讼的代表提起诉讼，他可以依法律赋予的职权或依当事人的申请阻止公共性不正当行为，提起环境行政公益诉讼。② 但是，如果该公共性不正当行为能够引起检察总长的注意，而其拒绝行使其职权，个人就可以请求检察总长由自己去督促诉讼。如果检察总长允许，就可以由他提起诉讼，起诉的目的并非为自身，而是为一般公众的利益。在英国，为公民用来寻求环境等公益司法救济的检举人诉讼制度可以认为是公益诉讼的一种过渡形态。

（三）德国检察官建立公益代表人机制

大陆法系的德国，区别于英美法系的检察总长制度，最大的特色是检

---

① 李俊.检察机关提起环境公益诉讼相关法律问题研究[D].西安:西安建筑科技大学,2014.
② 黄学贤,王太高.行政公益诉讼研究[M].北京:中国政法大学出版社,2008:160.

察官公益代表人机制。德国以明确的法律形式确定检察官代表公共利益，参与行政公益诉讼。① 在德国的法学家看来，维护私人利益和保护公共利益不是同一个领域的问题。公共利益是需要国家的力量来保护，所以行政公益的主体资格应该属于国家机关中的各级检察机关。另一方面还以立法的形式，规定了某些公益团体也具有提出公益诉讼的资格，也间接地保护了公共利益。

（四）法国检察院代表社会维护公益

1806 年《法国民事诉讼法》明确了检察官的受案范围，即"关于国之安宁之诉讼；关于官府之诉讼；关于属于官之土地、邑并公社之诉讼；关于贫人不公赠与之诉讼"②，可见，在国家利益和社会公共利益受到侵害时检察机关的原告资格得到了认定，同时该法还具体规定了检察官起诉的程序以及在诉讼过程中所享有的权利和应承担的责任。1976 年法国《新民事诉讼法》的颁布，进一步明确了检察机关的法律地位和参与环境公益诉讼的方式。新的法律在第十二编第四百二十一条规定："以检察院为主当事人的诉讼，或作为从当事人参加诉讼。于法律规定之情形，检察院代表社会。"由此可见，法国的检察机关参与公益诉讼的身份为主当事人或者从当事人，也就是检察机关可以直接提起诉讼或者以其他方式参与其他当事人的诉讼。

三、检察机关提起环境公益诉讼制度设计

（一）规范检察机关提起环境公益诉讼的方式

在实践中，检察机关提起环境公益诉讼的起诉方式还不够规范，这直接影响了环境公益诉讼案件的实效。可以通过修改《民事诉讼法》《行政诉讼法》及其司法解释，明确直接起诉、支持起诉、督促起诉的案件范围，对环境公益案件中检察机关的起诉方式予以规范。

1.直接起诉

直接起诉是检察机关提起环境公益诉讼最直接、最有效的方式。但是检察机关直接起诉的方式不能滥用，一般在没有适格主体提起环境公益诉

---

① 胡建淼.比较行政法：20 国行政法评述［M］.北京：法律出版社,1998：306.
② 魏武.法德检察制度［M］.北京：中国检察出版社, 2008 ：101 .

讼或者经过催告、适格主体仍然不起诉的情况下才能适用。

2. 支持起诉

最高人民法院在《关于审理环境民事公益诉讼案件适用法律若干问题的解释》(2014)第11条中明确指出,检察机关可以依据《民事诉讼法》第15条的规定,通过提供法律咨询、协助调查取证、提交书面意见等途径支持社会组织提起环境公益诉讼。① 目前我国的相关法律已经赋予了社会组织提起环境公益诉讼的资格,但是社会组织相比检察机关而言,社会组织并不是国家公权力的代表,在起诉经验、法律知识、调查取证等方面都不如检察机关专业。因此,检察机关可以为社会组织提供法律咨询、协助调查取证等方面的支持。

3. 督促起诉

督促起诉体现了检察机关具有的法律监督职权,是指当有权提起环境公益诉讼的起诉主体怠于行使起诉权时,检察机关可以在合理期限内督促其起诉。如果起诉主体在合理期限内仍然不起诉,也没有提供不起诉的书面理由,检察机关即可以自己的名义直接提起环境公益诉讼。

(二)统一和规范诉前检察建议内容

诉前检察建议以存在公共利益受侵害为前提,检察机关提起公益诉讼是保障公共利益的最后手段②,要高度重视行政公益诉讼诉前程序工作,做好检察建议与行政公益诉讼请求的衔接,对诉前检察建议内容进行统一规范和明确,实现建议的可接受性及得到有效的落实。

(1)应载有公共利益受损的基本情况。公共利益受损是检察机关行使职权的基础,应在建议中表明受损情况,诉前检察建议与提起公益诉讼不同,诉讼要查明公共利益受损的具体程度,提出明确的诉讼请求,而诉前检察建议只要能够证实存在公共利益受损及受损大致范围即可,后续工作可由建议对象依法予以完成。

(2)应有明确的处理标准及步骤。准确把握案件的核心,防止出现检察建议内容空泛、没有督促履职内容或检察建议与诉讼请求不一致而无法提

① 彭本利.检察机关参与环境公益诉讼的合理性及制度构建[J].吉首大学学报(社会科学版),2015(5).

② 孔德雨.检察机关提起公益诉讼如何适用诉前检察建议[N].广西法治日报,2016 - 05 - 24:(B03).

起公益诉讼的情况,还应说明采纳建议所应达到的具体标准,避免公共利益保护出现反复或拖延情形,检察机关应根据案情的难易程度和缓急情况,合理设定回复期限内所能达到的预期效果。

（3）应提醒相应的法律后果。诉前检察建议本身缺少强制力,为了提高建议对象的重视程度,检察机关应提醒,对不采纳建议的可以提起公益诉讼,对不履行法定职责的可以提出改进工作的检察建议,发现涉嫌犯罪的将移送职务犯罪侦查部门。

（三）检察机关提起环境公益诉讼的程序

1. 案件受理

根据有关检察机关的试点经验和国外的立法例,检察机关办理民事公益诉讼案件的来源,主要有：①群众举报控告。对于环境公害的案件,人民群众一般多会及时向有关机关反映。特别是随着检务公开的进一步深入,人民群众对检察机关的职能职权有了更多的了解,因此当其切身利益受侵害而又得不到解决时,他们多会选择向检察机关进行控告申诉的渠道。②有关机关协作移送。目前,检察机关与环保、国土、民政、卫生等行政执法机关普遍建立了案件协作机制,这样对于一些重要的案件线索,能够通过协作机制及时移送检察机关处理。③人大、党委和上级检察院交办、转交或督办。④检察机关自行发现。如在办理刑事案件、自侦案件中发现涉及国家利益和社会公共利益受损的案件线索。

2. 立案

笔者主张由检察机关民事行政检察部门组成专案组办理此类案件,主要是基于其长期从事民事行政检察工作,其办案人员具有较深的民商事法律功底和较丰富的民事行政案件办理经验,由他们具体承担,能确保此项工作的顺利开展,案件质量也能得到有效保证。在立案标准上,应从如下方面把握：①明确造成公益受损的被告。②存在公益受损的事实或证据。③经督促后,受害当事人不能、不愿或不敢行使诉权。④案件经初查确为重大且有必要由检察机关提起。⑤合理确定诉讼请求。在环境行政诉讼当中,行政机关和相对人恶意串通,损害国家和社会公共利益的,诉讼请求应是请求人民法院判决撤销这一具体行政行为;对于损害不特定的公共利益的,诉讼请求应是请求法院判决行为人赔偿受害人,或者责令行为人将赔偿金集中起来作为基金,并与同级法院联系沟通,用该基金为这类受害人服务。

3. 调查取证

检察机关在公益诉讼过程中行使调查核实权时可以参照民事诉讼法、行政诉讼法的相关规定。检察机关在公益诉讼中应围绕起诉、违法行为、损害后果、因果关系涉及的相关证据和案情进行调查核实。同时，要建立相关的工作机制。一是加强检察机关一体化办案机制建设。一方面要加强与上级检察院的沟通协调，在公益诉讼过程中调查取证遇到困难时，积极寻求上级检察院的支持和指导，实现调查资源的上下联动。另一方面，要牢固树立全院"一盘棋"意识，加强检察机关内部侦监、公诉、控申检察、民行检察、反贪、反渎等部门间的沟通协调，结合各自职能定位，发挥各个部门的职能优势，形成一支复合型的调查队伍。二是与环保部门建立外部协作机制。负有环境监管职责的环保等部门在专业技术、设备等方面具有优势，是保护环境公共利益的主要力量。检察机关可以重点完善与环保部门的协作配合机制，以联席会议、会签文件、案件双向咨询、协助调查等方式加强沟通协调，建立健全信息共享、案情通报、案件移送制度。三是建立检察机关调查核实的救济制度。在公益诉讼中，检察机关虽然是公益诉讼人，但实质上还是代表国家行使法律监督权的司法机关，对于不配合检察院调查核实的单位和个人，有权向相关单位提出检察建议要求其配合；涉及违法犯罪的，将案件线索移送相关单位对相关责任人员追究法律责任。

4. 举证责任分配

在传统的行政诉讼中，实行举证责任倒置的原则，即原告不要求承担举证责任[①]，由被告承担。在公益诉讼中，不能因为原告变成同为国家机关的检察院就不承担举证责任。笔者认为，环境公益诉讼中应根据检察机关提起诉讼类型的不同来确定举证责任的具体承担者：第一，检察机关提起环境行政公益诉讼时的举证责任相对要简单，按照行政诉讼法的规定，大部分的举证责任由作为被告的相关行政机关承担，检察机关只需对因行政机关不作为或者违法行使职权导致环境公益受到损害的事实或具有受到损害的现实危险承担责任。行政机关无法在合理期限内举证要承受不利后

---

① 《中华人民共和国行政诉讼法》第37条规定："原告可以提供证明行政行为违法的证据，原告提供的证据不成立的，不免除被告的举证责任。"

果。第二，相对于环境行政公益诉讼，举证责任问题在环境民事诉讼中相对复杂些。检察机关作为原告提起诉讼应该遵循民事诉讼中"谁主张，谁举证"的原则，检察机关承担环境公益受到损害的事实或者污染环境行为使环境公益具有遭受损害的危险的举证责任；可以引用环境侵权责任在《民事诉讼法》中的规定，作为被告人的举证责任，即免责事由和其作为与环境公益遭到侵害的后果不存在因果关系由被告担当举证责任。从证据距离的角度而言，环境公益诉讼中被告比检察机关与证据相隔更近，更便于收集证据，被告能够掌握一些重要的证据，这就造成原被告之间举证能力不平等，因此由被告承担大部分举证责任，有利于保护处于弱势地位的原告，也避免被告对原告的证据收集活动进行阻碍。

生态环境公益诉讼不仅是一个法律问题，更是一个社会问题；不仅是一个理论问题，也是一个实践问题。随着中国社会主义市场经济的发展，经济交往日益频繁，各种公益危机不断涌现。对于这些侵犯社会公共利益的新型问题，法律应该提供一个解决的渠道和办法，公益诉讼的目的就是"保护公益"。我国，检察机关提起公益诉讼从无到有，有效弥补了实践中一些损害公共利益案件无人提起诉讼的问题。公益诉讼，正在成为检察机关作为公共利益的维护者开展法律监督工作的新领域，是检察机关充分发挥职能作用，推进建设法治政府、法治社会的重要途径。尽管目前，检察机关提起公益诉讼方面还存在一些困境，只有在正视这些困境的基础上，在全面推进依法治国的总目标下，积极有效地探索回应困境的新模式，才能真正坚定不移推进司法体制改革，让人民群众感受到改革成效。

检察生态环境公益诉讼实践探索若干思考

黄　萍*

2017 年 7 月 1 日，新修订的民事诉讼法和行政诉讼法开始实施。检察机关提起公益诉讼制度终于"踏平坎坷成大道，修成正果佑苍生"，得以正式确立。检察机关成为公益诉讼"主心骨"，势必改变过去公益诉讼主体缺位、专业性不强、刚性约束缺失的困境，从此迈入挺直腰杆全面出击的发展新阶段。这是党的十八大以来全面依法治国、法治政府建设的一大成就。"公益诉讼"这个满载全社会共同利益的新型列车，在尴尬处境中缓慢前行多年后终于换装"检字号发动机"，驶入快车道一路呼啸，加速前进！

一、现实的呼唤："公益诉讼"应运而生

改革开放以来，尽管我国生态环境立法几乎年年都有法律通过，并且早在 1992 年联合国环境与发展大会上，我国就已经十分自豪地向世界宣布：中国已经形成了具有特色的环境法体系。但颇具讽刺意味的是，我国环境污染及自然资源破坏却日趋严重，生态环境"九大怪象"前所未有地受到国人普遍关注。①水土流失严重。我国水土流失面积为 179.4 万平方千米，占国土面积的 18.7%。②沙漠化迅速发展。北方地区沙漠、戈壁、沙漠化土地已超过 149 万平方千米，约占国土面积的 15.5%。③草原退化加剧。全国草原退化达 10 亿亩，目前仍以每年 2000 多万亩退化速度在扩大。④森林资源锐减。⑤生物物种加速灭绝。我国有 15%～20% 的生物物种处于濒危灭绝状态，仅高等植物中的濒危植物就有 4000～5000 种。⑥地下水

---

*　湘潭市岳塘区人民检察院检委会专职委员。

位下降。我国湖泊减少了 500 多个，面积缩小 26.3%，蓄水量减少 513 亿立方米。⑦水体污染加剧。42% 的城市饮用水水源受污染严重，全国约有 1.7 亿人饮用受有机物污染的水。⑧大气污染严重。⑨环境污染向农村蔓延。①

冰冻三尺，非一日之寒。"九大怪象"之所以发生，一是许多地区不顾资源环境承载能力肆意开发，极大地伤害了自然，削弱了可持续发展能力；二是不少地区官员热衷于政绩，杀鸡取卵、竭泽而渔，长期采取"先污染后治理"的不可持续的经济发展方式；三是一些行政机关违法行使职权乱作为或不作为，造成了国家和社会公共利益受到不法侵害；四是司法保障制度体系尚未健全，生态环境屡遭破坏等公共利益受损事件，长时期处于"不告不理"、"告也不理"或"告还难理"的纠结状况。

面对生态环境日益恶化的严峻形势，习近平代表党中央庄严宣告"我们绝不能以牺牲生态环境为代价换取经济的一时发展"。他郑重提出"绿水青山"理念，清晰地阐明了我国生态文明建设的目标；强调"我们追求人与自然的和谐、经济与社会的和谐"，"既要绿水青山，也要金山银山，而且绿水青山就是金山银山"。针对经济发展和环境保护这一对"两难"矛盾，习主席又 60 多次论述生态文明建设。在 2013—2017 年全国"两会"期间，他参加苏、贵、赣、青、新代表团审议时，连续五年都反复强调"生态文明建设事关中华民族永续发展和两个一百年奋斗目标的实现"、"要像保护眼睛一样保护生态环境，像对待生命一样对待生态环境"。

2017 年政府工作报告也专门围绕生态文明建设提出了一系列新要求，回应了人民群众当下最为关心和关注的空气质量这一生态环境问题，同时推出了一系列新举措。如对地方党政负责人提出环境污染问题终期考核，实施质量改善绩效"一票否决"。今年 4 月起，中央环保督察组又将分两批次对湖南、安徽等 15 个以上的省（区市）进行督查。作为世界第二大经济体，中国追求"绿水青山"，也是在践行一个大国应有的责任与承诺。去年 4 月，中美同时签署《巴黎协定》，并于 9 月向联合国交存批准文书。今年，中国将启动全国碳排放权交易市场。所有这些举措，既体现了习近平和党中央对生态文明建设的重视和生态环境保护的决心始终如一，更彰显了"经济

---

① 陈填婕.中国当代生态环境现状及生态文明的建设[J].商情，2012(6).

要上台阶，生态文明也要上台阶，实现我们对人民承诺"①的勇气。

尽管生态文明建设呼声越来越高，然而在生态环境和自然资源等受到不法侵害且严重受损时，只因没有适格主体提起诉讼，仍然处于不告不理或告也难理状态，"九大怪象"积重难返且呈愈演愈烈之势，致使违法行政行为缺乏有效司法监督。众所周知，法治的基本原则必须是行政作为与法律的一致，没有这一原则，就等于什么也没有。

2014年9月党的十八届四中全会作出"探索建立检察机关提起公益诉讼制度"的英明决策。全国人大于2015年7月1日授权高检院在北京等十三个省区市的部分市级与基层检察院，开展为期两年公益诉讼的试点工作。在此期间，检察机关共办理公益诉讼案件9053件，其中诉前程序案件7903件，提起诉讼案件1150件。通过公益诉讼挽回直接经济损失89亿余元。②

两年试点实践有力地证明公益诉讼制度在当下具有本土成长条件和现实需求，它是全社会公共利益必不可少不可或缺的"保护伞"。检察机关提起生态环境公益诉讼，加大了对环境违法行为的威慑力度，提升了行政执法机构依法行政、严格执法的意识和水平，有效保护了生态环境和自然资源，改变了一些地方环境污染长期维持的局面，解决了一批长期困扰人民群众的生态环境问题，为生态环境保护和生态文明建设提供了坚强有力的法制保障。检察机关提起公益诉讼制度已经成为我们国情的不二选择，检察机关作为"国家力量"登上了公益诉讼的舞台，这标志着我国公益诉讼已进入了一个崭新的发展阶段。

二、历史的反思："公益诉讼"缓慢前行

公益诉讼保护国家和社会公共利益，但它的产生和发展却步履艰难，长期处于"犹抱琵琶半遮面，千呼万唤出不来"的尴尬困窘中。因为我国公共利益法治保护机制匮乏，专业人才不济、诉讼成本高、行政乱作为或不作为，有的官员因政绩采取地方保护主义等诸多原因，导致公益诉讼案例偏少、且大都是出现在民事公益诉讼方面。行政公益诉讼主体严重缺位，相对于广大的社会公益需求无疑是杯水车薪，公益诉讼长期处于"不愿诉、不

---

① 习近平治国理政关键词[N].人民日报海外版，2017-03-31(01).
② 最高检新闻发布[N].检察日报，2017-07-1(02).

敢诉、不能诉"的尴尬境地。但尽管如此,检察机关却敢于铁肩担道义,早在 20 世纪 90 年代初就担负起"公益守护人"的角色,开始了公益诉讼的司法实践。

(一)以原告身份提起民事诉讼

1993 年党中央提出"转换国有企业经营机制,建立现代企业制度"(俗称"抓大放小、国退民进")的经济体制改革总体方针。[①] 此后非公经济在我国经济中的产出、就业和纳税比重快速增长。与此同时,企业改制中也出现了国有资产被廉价变卖导致国家利益受损的诸多问题。如河南方城县独树镇工商所就将价值六万余元的门面房以两万元的价格卖给私人;检察院接举报后调查发现,该贱卖行为虽不构成犯罪,但却造成了国有资产流失,为此检察机关以原告身份提起民事诉讼,要求法院认定转让的民事行为无效;法院经过审查作出认定合同无效的判决[②]。这一尝试产生了良好的社会效果之后,河南省即将方城县检察院的经验予以推广,在全省共提起了 500 多起类似案件,有效防止了 2.7 亿余元的国资流失。[③] 当时这类诉讼都是由基层检察院直接以原告身份提起的民事诉讼,其目的是监督行政机关依法行使职权,防止国有资产流失。

(二)督促责任主体提起诉讼

"方城经验"本已逐渐在全国检察系统推广,但最高人民法院却在 2004 年叫停了检察机关以原告身份提起民事诉讼的尝试。事因湖北恩施张苏文租赁石油公司加油站,侵占一百多万元国有资产而起。当恩施市检察院多次督促该石油公司提起诉讼主张权利未果时,便以原告身份起诉张苏文。湖北省高法遂就检察机关是否有原告资格问题请示最高法。最高法复函指出"检察院以保护国有资产和公共利益为由,以原告身份代表国家提起民事诉讼,没有法律依据。此案不应受理,如已受理,裁定驳回起诉"。[④] 于是,最高检随即发出《关于严格依法履行法律监督职责推进检察改革若干问题的通知》,强调"一些地方检察机关试行提起民事行政诉讼的做法没有法律

---

① 中共中央关于建立社会主义市场经济体制若干问题的决定.

② 杨立新.新中国民事行政检察发展前瞻[J].河南省政法干部管理学院学报,1999(2).

③ 李涛.浅析河南省检察机关提起公益诉讼的范围和程序[J].检察实践,2005(6).

④ 最高人民法院关于恩施市检察院诉求张苏文返还国有资产一案的复函[EB/OL].(2004 - 06 - 17)[2004 - 06 - 17].http://china.findlaw.cn/fagui/p - 11/70935.html.

依据，今后未经最高人民检察院批准，不得再行试点"，并明确规定"检察机关不得对民事行政纠纷案件提起诉讼"。①然而，检察机关在履职中仍然不断发现破坏生态环境、流失国有资产、损害公共利益的案情线索。为解决实际问题，检察机关"曲线救国、负重前行"，转而通过刑事附带民事诉讼的方式保护国家利益和社会公共利益（如河南省2008年以来就有104件是刑事附带民事诉讼案件），同时探索建立督促责任主体起诉制度。所谓民事督促起诉是指针对被破坏的生态环境或正在流失的国有资产，监管部门不行使或怠于行使自己的监管职责，检察机关以监督者的身份，督促有关监管部门履行其职责，依法提起民事诉讼，保护国家和社会公共利益的一种机制。②

从现在的视角反观之，督促起诉不过是民事公诉制度缺失之际的权宜之计。法学界对民事督促起诉制度在监督行为的属性、监督对象的认定、监督客体的性质以及监督方式的认知上均存有争论。因为民事督促起诉的对象是对国家利益和社会公共利益负有保护职责的行政机关或者国有单位（包括国有公司、国有企业事业单位和公共团体）。这些主体签订的合同多为公法合同，比如国有资产产权出让、国有土地出让、土地征收补偿协议等。即使在民事合同中这些公法主体也应受行政法规范的调整。所谓的"民事"督促起诉制度只是在宪法监督缺位，公法规范与原则尚未确立时期，简单地将法律监督行为归为民事法律行为，因而易将国家利益和社会公共利益的司法保护机制引偏方向。③

（三）探索检察机关提起公益诉讼

近四十年来我国生态环境自然资源破坏严重，国家和社会公共利益屡受侵害事件频发，令人痛心。现实亟须法治建设和司法改革，特别是反思与构建我国检察公益诉讼保护机制显得尤为紧迫和必要。所幸的是实务部门不畏艰难险阻负重前行，对于检察权的法律监督属性、监督对象、监督客体以及监督手段等逐渐有了较为明确、清醒而深刻的认知。

（1）检察机关排除干扰、主动出击。在2004年"两高"明确叫停检察机

---

① 最高检发〔2004〕14号.

② 傅国云.论民事督促起诉——对国家利益、公共利益监管权的监督[J].浙江大学学报（人文社会科学版），2008（1）.

③ 张步洪.构建民事督促起诉制度的基本问题[J].人民检察，2010（14）.

关以原告身份提起民事诉讼之后不久,当生态环境、自然资源被破坏或社会公共利益受到侵害却没有适格主体提起诉讼时,一些地方检察机关就又开始了公益诉讼的"破冰之旅"。2008年湖南望城检察院以原告的身份向法院提起了环境污染侵权公益诉讼。经法院调解,望城县检察院和该污染企业达成和解协议:该企业对49户村民,包括因灰尘、振动、噪声污染带来的环境问题,予以每年补偿62538元。这是湖南首例以检察机关为原告的公益诉讼案。

(2)法院关注重视、给力支持。针对保护生态环境乏力的困境,最高法着手推动环境资源专门审判机关建设。2007年9月,时任最高法副院长万鄂湘到贵阳视察,目睹红枫湖水受污染状况,当即指示在贵阳试点成立生态法庭,治理水污染。2007年11月10日,贵州清镇市法院设立了专门管辖环境案件的环保法庭。① 试点一年时间,清镇市法院环保法庭受理各类环保案件90件,审结85件。② 其间贵阳市检察院首次以原告身份对熊金志、雷章、陈廷雨在水资源保护区内违章修建建筑物提起环境民事公益诉讼。该案后以调解结案。③

3.公益诉讼缓慢前行。据有关统计资料,我国2000年至2013年环境公益诉讼案件总计60件,其中近1/3是由检察机关和行政机关作为原告提起的诉讼。④ 党的十八届四中全会决定公布之后,贵州先后提起了3件行政公益诉讼案件,分别是金沙县、黔西县和清镇市检察院诉县环保局、县林业局和城管局案。其中环境行政公益诉讼案(金沙案)虽以撤诉告终,但受理和裁定检察机关提起的公益诉讼案件充分展示了检察机关和审判机关在保护公益方面的积极性⑤。2014年9月,十八届四中全会作出"探索建立检察机关提起公益诉讼制度"的决定,恰逢《行政诉讼法》的修改。当时行政法学界与两高都主张在新《行政诉讼法》中建立行政公益诉讼制度⑥,但终因

---

① 黄晓云.清镇:污染"逼"出来的环保法庭[J].中国审判,2013(6).
② 刘超.反思环保庭的制度逻辑[J].法学评论,2010(1).
③ 周以明,钱筑民.贵州检察机关首次提起环境公益诉讼[EB/OL].(2008 - 12 - 03)[2008 - 12 - 03].http://www.spp.gov.cn/site2006/2008 - 12 - 03
④ 杨伟伟,谢菊.新环保法视角下环保NGO公益诉讼分析[J].城市观察,2015(2).
⑤ (2014)仁环保行初字第1号行政裁定书、(2015)仁环保行初字第1号行政判决书。(2015)清环保行初字第4号行政判决书。
⑥ 行政法学会、北大版、人大版的《行政诉讼法》修正案专家建议稿。

种种阻力与分歧，这些主张又未能获得立法机关支持。直到中央深改小组审议检察机关提起公益诉讼试点方案获得通过后，全国人大常委会才于2015 年 7 月 1 日授权最高检在部分地区进行公益诉讼试点。这次的改革试点坚持以实际问题为导向，以政策驱动为原动力，在全面吸收检察机关长期司法实践探索经验的基础上，对检察公益诉讼制度进行了一次全面的建构。试点工作的开展把检察公益诉讼制度的探索推向了一个新阶段。整整两年的检察公益诉讼试点实践，不仅如前所述取得了良好的政治、经济、社会和法律效果，而且积累了不少经验，探索出司法保护公益的一些规律，为进一步修改完善刑事、民事和行政诉讼等基础性法律提供了实证素材。终于促使新的民、行两法敲定公益诉讼发展提速的"快进键"。

三、未来的考量："公益诉讼"任重道远

随着公益诉讼制度的确立，检察机关提起公益诉讼已成为履行法律监督职能的一种新型工作方式。在我国现行体制与制度框架下，检察机关肯定也应该比其他公益诉讼主体发挥更大的作用。展望检察公益诉讼愿景，可谓道远任重，"潮平岸阔催人进，风正扬帆当有为"，检察机关都必须切实增强使命感和紧迫感，开好局起好步。

(一)当务之急，强化培训和突出办案

(1)必须抓紧对民事行政检察人员特别是入额检察官的强化培训。学习相关法律，学习最高检发布的有关规范性文件和指导性案例，认真借鉴试点地区经验教训，了解试点中的困难和问题，通过专题研讨、案件实训、庭审观摩等方式有针对性地开展系统培训，提升办理公益诉讼案件的能力和水平，避免少走或不走弯路。为适应公益诉讼全面开展，适当增加民事行政检察部门编制，招录理论水平高、业务精通、经验丰富的专业人才，充实公益诉讼一线办案力量，以切实保证人员配备、能力素质与职能拓展和业务增长相适应。

(2)集中主要精力多办案、小好案。检察机关要参照最高检发布的办案指南，以生态环境资源保护等领域作为开展公益诉讼的重点，逐步深入摸排案件线索，借以充分彰显公益诉讼制度价值，特别是要继续突出办理生态环境和资源保护领域的公益诉讼案件，推动解决生态环境突出问题。

(二)创新机制,构建生态检察平台

法律的生命在于融入公民的生活。只有在每个公民都能感受到法律的存在与他们的日常生活息息相关时,法律才能走进百姓的生活,真正成为社会公共利益的有力保障。

(1)切实加强生态检察机构建设。地市州一级检察机关可尝试设置专门独立的生态检察机构,一则可避免基层检察院案源不足或资源闲置,二则也可统一案件适用标准。其中的办案组织和检察官岗位设置、权力配置、评价体系等体制机制,应符合立足法律监督职责、保护生态环境的现实需要。

(2)完善生态检察工作机制。一是强化生态检察工作内部协作配合机制;二是完善生态检察工作外部协调配合机制。建立健全与生态保护行政执法机关的信息共享、案情通报、案件移送等制度,汇聚生态保护行政执法司法合力;三是建立生态检察跨区域协作机制。生态环境污染跨区域化特征明显,司法协作机制可化解实践中存在的各种难题。

(3)强化生态环境法律监督。加强生态环境司法保护的成效最终要体现在查办案件和法律监督上。要充分运用批捕起诉、查办职务犯罪、诉讼监督等多种履职方式,综合发挥打击、预防、监督、教育、保护作用,在一段时期内集中精力、集中时间、集中资源开展专项工作,形成生态检察公益诉讼的规模效应和整体优势。

(三)创新模式,确立"二元化"公益诉讼

(1)明确检察机关在公益诉讼中的原告主体身份。检察机关是法律监督机关,是社会公共利益的代表,这不仅是基于其公共利益代表的法律定位,更是因为检察机关是国家公权力,相对于其他主体而言,拥有更加有效地提起并参与公益诉讼的资源和能力。

(2)建立以检察机关提起公诉和私人组织或个人提起私诉并重的"二元化"公益诉讼制度。公益诉讼是诉权多元化的一个必然结果,生态环境和自然资源被破坏的大量事实告诉我们,现实中公益诉讼私诉制度同样具有广泛的社会基础和潜在的强大生命力,它也必将对公共利益起到积极的维护作用。只要违法者的违法行为侵害了国家利益或社会公共利益,对国家或不特定的人的合法权益构成损害或具有损害的潜在可能,任何组织和个人就都有权利起诉违法者,以保护国家和社会公共利益。这也就是俗话所说

的"两个积极性总比只有一个积极性"要好。

（四）创新思维，规范诉前检察程序

从检察机关公益诉讼两年试点情况看，诉前程序作用巨大。它不仅体现了司法权对行政权的尊重和自身的谦抑，而且有助于发挥行政机关自我纠错、主动履职的能动性，节约司法资源。过去立法和司法机关常将目光聚焦在案件进入诉讼以后的审判规则制定和实施上，而对于诉前程序的关注较少。检察机关要想生态环境公益诉讼收到最佳效果，就必须科学设计、明确规范诉前程序。

（1）建立诉前通知举报制度。诉前通知的对象为生态环境破坏行为人、举报的对象为行政机关；通知举报的内容针对破坏生态环境的行为和环境被破坏的状态。在民事、行政公益诉讼启动之前，通知企业、行政机关自行纠正违法，只有在其拒不纠正等情形下，才可提起诉讼。

（2）建立诉前鉴定制度。鉴于生态环境公益诉讼起诉主体的特殊性，可将诉前鉴定的时间范围予以扩大，从环境生态被破坏之日起到案件进入司法审判之前的时间段之内，相关人员均可以进行诉前鉴定。诉前鉴定作为证据保全的特殊形式，对环境公益诉讼证据的固定有着不可替代的作用。

（3）确立支持起诉优先规则。检察机关要优先鼓励个人及社会组织积极主动提起民事、行政公益诉讼。只有当涉及重大利益，以及个人或组织不愿、不敢、无力起诉时，检察机关才应及时诉讼。如长株潭城市群中，某市地处城区的钢厂和发电厂，百米高的烟囱每天都是"烟尘滚滚遮日月，天人共怨奈若何"，由于该现象没有直接损害第三方的人身与财产权益，此状况一直维持多年，公众不能通过诉讼途径对此进行救济，但该市人民群众都期盼着有朝一日会出现首钢迁出北京的奇迹。

（4）规范诉前检察建议程序和内容，跟踪监督落实。行政公益诉讼的诉前检察建议要注意与诉讼请求相衔接。民事公益诉讼宜用公告方式履行诉前程序，督促适格主体提起诉讼，必要时可以支持起诉。对经过诉前程序，有关行政机关没有切实整改、有关社会组织没有提起公益诉讼的，该起诉的要坚决起诉。要突出办理人民群众反映强烈的案件。省级院要规范起诉案件审批程序和标准，严格撤诉条件，确保案件质量和"三个效果"的有机统一。

检察机关提起公益诉讼制度终于在全国正式施行了，然而这只是万里长征走完了第一步，公益诉讼之路仍然任重而道远。但我们坚信，检察机关把握好公益诉讼这柄利剑，一定会让那些为了一己之私或小团体利益而置国家和社会公共利益于不顾、破坏生态环境和自然资源的宵小之徒闻风丧胆，让中华大地永葆山川秀美、碧水蓝天！

检察机关提起行政公益诉讼的
职能定位与制度构建

宁金金[*]

2015 年 7 月全国人大常委会授权高检院在北京、吉林、内蒙古等 13 个省、自治区、直辖市开展提起公益诉讼的试点。两年的实践说明，公益诉讼为保护受侵害的国家利益和社会公共利益、监督和纠正行政违法行为提供了一条切实可行的途径，获得了社会各界的好评。2017 年 6 月 27 日，十二届全国人大常委会第二十八次会议通过了《全国人民代表大会常务委员会关于修改〈中华人民共和国民事诉讼法〉和〈中华人民共和国行政诉讼法〉的决定》，修改后的《民事诉讼法》和《行政诉讼法》以立法的形式确立了检察机关提起公益诉讼的制度。本文试就检察机关提起行政公益诉讼的相关问题进行探讨。

一、检察机关提起行政公益诉讼的渊源及价值

检察机关对行政机关的法律监督制度，源起于 1979 年《人民检察院组织法》和 1982 年颁布的《宪法》，形成于 1989 年《行政诉讼法》和 2014 年《行政诉讼法》，发展于 2017 年新修的《行政诉讼法》。

1979 年颁布的《人民检察院组织法》规定，检察机关对于国家机关和国家工作人员的监督，只限于违反刑法，需要追究刑事责任的案件。据此，检察机关可以通过办理刑事案件监督行政机关及其工作人员。检察机关对行政机关的法律监督在 1982 年宪法产生过程中得以明朗化。当时，高层曾就

---

* 洞口县人民检察院干部。

是否保留检察机关发生激烈争论。后来以检察机关要监督行政机关及其工作人员的违法和渎职行为，对行政机关及其工作人员的违法、渎职行为进行侦察起诉为由保留了检察机关。从检察权视角看，这种监督体现为检察机关的职务犯罪侦查权和公诉权。当然，在1979年《人民检察院组织法》和1982年《宪法》框架下，检察机关对行政机关的法律监督，实质上是通过针对行政机关及其工作人员的犯罪行为办理刑事案件而实现的。

1989年颁布的《行政诉讼法》明确规定，人民检察院有权对行政诉讼实行法律监督。对已经发生法律效力的判决、裁定，发现违反法律、法规规定的，有权提出抗诉。检察机关对生效行政判决、裁定的抗诉权，在一定程度上体现了检察机关对行政机关的法律监督。

2014年颁布的《行政诉讼法》细化了检察机关对行政诉讼的法律监督。一是最高人民检察院对各级人民法院已经发生法律效力的判决、裁定，上级人民检察院对下级人民法院已经发生法律效力的判决、裁定，发现存在再审法定情形的，应当提出抗诉。二是地方各级人民检察院对同级人民法院已经发生法律效力的判决、裁定，发现存在再审法定情形的，可以向同级人民法院提出检察建议，并报上级人民检察院备案；也可以提请上级人民检察院向同级人民法院提出抗诉。当然，在前两部行政诉讼法的框架下，检察机关对行政机关的法律监督，实质上是通过直接监督人民法院的生效判决、裁定而间接实现的。

对于现在所确立的行政公益诉讼制度，可以从以下几个方面予以考察。第一，行政公益诉讼制度本质上体现了中国宪法和法律自1979年以来所坚持的检察机关监督行政机关的一贯理念。第二，行政公益诉讼制度赋予了检察机关有关公益诉讼案件的公诉权。这完善了公诉权体系，与检察机关在监察体制改革后依然享有的职务犯罪公诉权一并构成了检察机关监督行政机关的有力保障。第三，行政公益诉讼制度赋予了检察机关直接监督行政机关的权力。如果说针对行政机关及其工作人员的职务犯罪公诉主要体现了检察机关对作为个体的行政机关工作人员的监督，对生效行政判决、裁定的审判监督体现了检察机关对行政机关的间接监督，那么行政公益诉讼制度则体现了检察机关对作为整体的行政机关的直接监督。

二、检察机关提起公益诉讼应以行政公益诉讼为重点

公益诉讼是相对于私益诉讼而言的一个概念，它主要是保护国家和社会公共利益。[①] 依据被诉对象的不同，公益诉讼可以分为民事公益诉讼和行政公益诉讼。[②] 自 2015 年 7 月至 2016 年 9 月，各试点地区检察机关积极摸排案件线索，共在履行职责中发现公益案件线索 2982 件，其中行政公益案件线索 2355 件，占 78.97%，民事公益诉讼案件线索 627 件，占 21.03%；各试点地区检察机关除办理的 1668 件公益诉讼诉前程序案件外，共提起 42 件公益诉讼案件，其中行政公益诉讼 28 件，占 66.67%，民事公益诉讼 13 件，占 30.95%，行政公益附带民事公益诉讼 1 件，占 2.38%。[③] 由此可见，行政公益诉讼的任务更重，责任更大，检察机关提起公益诉讼应以行政公益诉讼为重点。

（一）行政公益诉讼是保障行政机关依法行政、严格执法的必然要求

行政权力是对国家利益和社会公共利益影响最关键、最直接的一种权力，也是最容易对国家利益和社会公共利益造成损害的一种权力。[④] 对行政机关及其工作人员的行为进行监督是必要，并且是必须的。对行政机关的有效监督是检察机关充分发挥法律监督职能的本质要求，也是我国目前对行政行为较为健全的监督体系中不可或缺的一部分，是保障行政机关依法行政、严格执法的必然要求。检察机关对行政行为的监督如何落于实处，除了一般的督促履职的检察建议外，立足于诉讼这一刚性的平台和载体，增加了行政机关违法或是不作为的法律成本，更能加强监督力度，保障依法行政。

（二）部分民事公益诉讼里隐藏着的行政公益诉讼线索

行政机关作为我国的公共权力机关，它负有维护社会公共利益的职能，它本身对于社会组织或是个人行为存在指导和监督，以及对其危害社会公

---

① 吴丽娜.专家解读"检察机关提起公益诉讼改革"[EB/OL].(2015 - 07 - 03)[2015 - 07 - 03]. http://news.xinhuanet.com/legal/2015 - 07/03/c_127980995.htm.

② 贺恒扬.提起公益诉讼是法律监督应有之义[N].检察日报，2014 - 12 - 05(03).

③ 王治国，徐盈雁，戴佳，史兆琨.检察机关提起公益诉讼制度的优越性逐步显现[N].检察日报，2016 - 11 - 07(4).

④ 贺恒扬.提起公益诉讼是法律监督应有之义[N].检察日报，2014 - 12 - 05(03).

共利益的行为存在一定的打击职责。如果某个公共权力部门疏于管理或是管理不力，对某个社会组织或是个人危害国家利益或是社会公共利益的行为不积极制止或是变相放纵，最终导致国家利益或是社会公共利益受到侵害。从表面上看起来，这个侵害后果的法律责任应该由该社会组织或是个人承担，但对于负有监管责任的行政机关不可避免的也应承担相应法律责任。也即从某个角度讲，这个侵害后果也是公共权力部门造成的。举个例子，如电池回收利用污染环境案，若相关职能部门能加强监管，督促相关人员依法依规进行电池回收利用，对不按规定进行的企业依法进行关停，那或许就不会造成环境污染的严重后果。因此，在某些民事公益诉讼里可能隐藏着行政公益诉讼的线索。我们要把行政公益诉讼的嗅觉延伸到民事公益诉讼案件里，不放过任何一条行政公益诉讼线索，把对行政机关的监督网织密。

（三）检察机关提起民事公益诉讼和行政公益诉讼的主体资格性质不同

按《民事诉讼法》第五十五条第二款的规定，检察机关提起民事公益诉讼的一个前提是"没有法律规定的机关和组织或者法律规定的机关和组织不提起诉讼"。在"没有法律规定的机关或组织"时，检察机关提起民事公益诉讼可以理解为对起诉主体的一个补充，它的侧重点是起诉主体的全面。"法律规定的机关和组织不提起诉讼"时，检察机关提起民事公益诉讼是对这些机关和组织不依法履职时的补充性保障救济，它的侧重点是救济方式的全面。由此可见，在民事公益诉讼里还是应该以法律规定的机关或组织提起诉讼为主，检察机关提起民事公益诉讼只是法律规定不全面或是有职责的机关、组织怠于行使职权时的补充，它的主体资格具有补充性，不能"喧宾夺主"。

相反，目前我国法律只明确规定了检察机关有权提起行政公益诉讼，并没有确定公民或是组织提起诉讼的主体资格。而且笔者认为，从公权力的权威性及避免滥诉的角度来考虑，也不宜将提起行政公益诉讼的主体资格扩张到公民及民间组织。因此，作为法律监督机关的检察机关是提起行政公益诉讼的唯一主体，它的主体资格具有唯一性。

另外，如果行政公益诉讼的作用得到充分发挥，也能增强行政机关提起民事公益诉讼的积极性和主动性，那"法律规定的机关不提起诉讼"的情况也会减少。

因此,行政公益诉讼对检察机关的要求更高,需要的精力更多。

(四)行政公益诉讼同民事公益诉讼的侧重点不同

行政公益诉讼侧重于对行政行为的监督,督促其依法行政,避免危害国家利益和社会公共利益,具有早期抑制。民事公益诉讼侧重于国家利益或社会公共利益受到侵害后,由民事责任人进行事后救济,具有事后性。由于生态环境和资源保护、食品药品领域所造成的损害大多数具有不可逆性、不可恢复性,特别是食品药品安全领域,民事责任人对已发生的损害采取赔偿损失、赔礼道歉等方式解决不了根本问题。可见,行政公益诉讼对国家利益和社会公共利益的保护更直接、更根本。所以,我们应该更积极地发挥行政公益诉讼的作用,督促行政机关依法履职、积极作为,将国家利益和社会公共利益置于"保护罩"内。行政机关依法行政的同时也有利于加强对生态环境和资源保护、食品药品等相关领域的监管,避免个人或组织对国家利益或社会公共利益造成侵害。

三、检察机关提起行政公益诉讼应以诉前程序为前提

《行政诉讼法》第二十五条第四款规定检察机关提起行政公益诉讼必须经过一个诉前程序,即向行政机关提出检察建议,督促其依法履行职责或纠正违法行为。截至2017年6月,各试点地区检察机关共办理公益诉讼案件9053件,其中诉前程序案件7903件,其中行政公益诉讼诉前程序案件7676件,除未到一个月回复期的984件外,行政机关纠正违法或履行职责5162件,占77.14%。① 由此可见,诉前程序在行政公益诉中占据重要位置,它很大程度上实现了行政公益诉讼制度的价值,我们应严格落实诉前程序,把其放到与提起行政公益诉讼同等重要的位置,最大限度地争取通过诉前程序达到保护公益、督促行政机关履职纠错的目的。

(一)诉前程序的必要性

(1)诉前程序有利于节约成本。行政公益诉讼的最终目的是让行政机关依法履职、纠正违法行为。要办好一件行政公益诉讼案件,要做好调查、取证、审理等很多环节工作,里面投入的精力和花费的金钱不少。如果,一

---

① 公益诉讼试点两年 检察机关共办理案件9053件[EB/OL]. (2017 – 06 – 30)[2017 – 06 – 30]. http://news. xinhuanet. com/legal/2017 – 06/30/c_129644605. htm.

个案件通过发出检察建议就能达到行政公益诉讼的目的,那何乐而不为呢?诉前程序将大大节约行政公益诉讼里的成本,有利于将更多的精力和财力投入到其他案件中,防止检察机关滥用行政诉权。[①]

(2)诉前程序体现了司法权的谦抑性。[②] 如果能够通过诉前程序解决,就不必进入司法程序。这体现了"司法最终裁决"。也即司法是社会的最后一道防线,当穷尽了其他方式仍未能得到救济时才采取的最后一种救济方式。正如叶俊荣教授曾说过:"环境行政公益诉讼的目的在于督促执法而非执意与主管机关竞赛或令污染者难堪"。[③] 公益诉讼的最终目的不是法律制裁,它只是保障国家利益和社会公共利益的一种方式。所以在公益诉讼审理过程,行政机关纠正违法行为或依法履行职责而使人民检察院的诉讼请求全部实现的,检察机关可以撤回起诉。我们在实践中,也应尽可能地通过诉前程序的方式终结行政公益诉讼案子,达到目的。

(3)诉前程序体现了对行政权的尊重,同时可增强行政机关的能动性。设置诉前程序给了行政权一定的自主性,司法权没有过早地介入行政权,充分尊重了行政权,同时也给行政机关一个自我纠错的机会,增加行政机关在依法行政中的能动性,提高检察机关监督效率。正如古语云"人非圣贤,孰能无过。过而能改,善莫大焉"。行政机关及其工作人员在知错后能立即改正,这比通过行政公益诉讼判决其纠错更可贵,更有意义,同时也维护了行政机关的形象。

(二)一般督促履职与诉前程序的区别

行政公益诉讼的诉前程序虽然也是检察建议的形式,但其与一般督促履职案中的检察建议存在区别。

(1)两者适用的范围不同。一般督促履职案中,对于行政机关没有特别的规定,只要是存在不依法履职的行为,都可能成为检察建议的对象。但是诉前程序是行政公益诉讼的前置程序,所以它只适用于法律明确规定的行政公益诉讼的范围,即"生态环境和资源保护、食品药品安全、国有财产保护、国有土地使用权出让等领域"。

---

① 石娟.检察机关提起行政公益诉讼的范围和程序规范[J].中国检察官,2015(5):37–40.

② 胡卫列,迟晓燕.从试点情况看行政公益诉讼诉前程序[J].国家检察官学院学报,2017(2).

③ 叶俊荣.环境政策与法律[M].北京:中国政法人学出版社,2001:249.

（2）两者刚柔性不同。相对于比较柔性的督促履职的检察建议而言，行政公益诉讼的诉前程序更具有刚性色彩。如果行政机关在诉前程序中未及时、有效地纠正自己的行为，就面临着被提起行政公益诉讼的问题。这更利于发挥检察机关的法律监督职能，促进行政机关依法行政、严格执法，体现了对国家利益和社会公共利益的特别保护。

四、检察机关提起行政公益诉讼的制度完善

（一）明确行政公益诉讼的受案范围

目前，我国《行政诉讼法》明确把行政公益诉讼受案范围限制在生态环境和资源保护、食品药品安全、国有财产保护、国有土地使用权出让等领域。这是我国行政公益诉讼刚起步，在摸索中前进的必然。但是，一个"等"字也表明行政公益诉讼不只是局限在这几个领域。如果在其他领域，行政机关违法行使职权或者不作为，致使国家利益或社会公共利益受到侵害，也是可以通过"司法解释"列为案件范围的。因此，随着实践增多，经验的积累，检察机关办理同类案件能力的提高，以及法院审判能力的提高受案范围将会不断完善。

我们要认识到保护"公益"始终是检察机关提起公益诉讼的衡量标准和最终目标，我们要牢牢抓住"公益"这个核心，但同时，我们也应该明白，现阶段行政公益诉讼中"公益"的定位不能过分扩张。一是行政公益诉讼刚起步，一些程序设计有待进一步完善，所涉及领域不宜过大；二是在目前阶段下我们要先集中力量办理一些对公共利益危害较大，社会影响较大的案件，增强行政公益诉讼的法律效力和社会效力，全面推进公益诉讼制度；三是如果行政公益诉讼监督涉及各个领域，可能最终会影响行政机关的工作效率，这在某种意义上，也是对国家利益和社会公共利益的一种损害。① 因此，我们在办理行政公益诉讼案件时应该审慎，不能自我扩权，要于法有据，确保在法治轨道上推进行政公益诉讼。

---

① 刘志月.检察机关提起行政公益诉讼遇难题：调查取证难度大［EB/OL］.（2015 - 06 - 15）［2015 - 06 - 15］. http：//society. people. com. cn/n/2015/0615/c136657 - 27155128. html，原载法制日报。

(二)拓展行政公益诉讼案件的来源①

(1)群众举报。群众举报应该是行政公益诉讼案件来源的主要途径。因为受到侵害的国家利益或社会公共利益可能影响到群众的生产生活,这些群众恰恰对于行政机关的违法行使职权或不作为等信息更容易知晓,但其却又不是法律规定的诉讼当中的直接利害关系人,不能提起行政诉讼。这样,他们可以向检察机关举报,在符合法律规定的情形下由检察机关提起行政公益诉讼,进行救济。有鉴于此,检察机关应该加大宣传力度,让群众知晓行政公益诉讼这一维护国家利益及社会公共利益的法律救济途径,引导群众向检察机关举报行政公益诉讼案件线索。

(2)有关机关交办或转办。党委、人大、监察院、上级检察机关或其他部门发现行政机关存在违法行使职权或不作为时,应交给有管辖权的检察机关办理。但需要明白的是,这里的"有关机关"并不包括直接具有行政管理职能的政府机关,因为他们自己具有处理的职责,无须交办或转交给检察机关。因此,要加强请示报告,积极争取地方党委、人大的领导,取得他们的支持;要加强与上级检察机关的联系,凝聚行政公益诉讼工作的共识与合力。

(3)检察机关自行发现。检察机关的各部门在自己的履职过程中发现行政公益诉讼案件线索的,应及时移交给民行部门。通过群众举报、有关机关交办或转办的行政公益线索,由控申部门统一受理,再移交给民行部门办理。因此,全体检察机关干警都要牢固树立行政公益诉讼的意识,加强行政执法和刑事执法"两法衔接",在办案中积极摸排行政公益诉讼的线索,同时要优化检察机关的内部衔接机制,健全和完善民行部门与侦监、公诉、控申等部门的信息共享,保证行政公益诉讼案件线索的正常移送。

(三)提升检察机关在行政公益诉讼中的法律地位

对于检察机关在行政公益诉讼中的法律地位,法学界一直存在"原告说""法律监督者说""公益代表人说""双重身份说""公诉人说"等讨论。②高检院出台的《人民检察院提起公益诉诉讼试点工作实施办法》中明确规定

---

① 李旻.检察机关提起行政公益诉讼的案件来源发现[J].中国检察官,2016(3):67–69.

② 湛中乐.推进行政公益诉讼 维护社会公共利益[N].检察日报,2017–03–26(03).马明生.检察机关提起行政公益诉讼制度研究[J].中国政法大学学报,2010(6).

"人民检察院以公益诉讼人身份提起行政公益诉讼",将其界定为"公益诉讼人"。笔者认为,这有点类似于刑事诉讼中的公诉人,可视为检察机关在刑事诉讼中公诉人身份的一种自然延伸。① 检察机关历来就是作为国家及社会公共利益的代表者而存在的。从广义上讲,检察机关代表国家对于危害国家、公共利益以及私人合法权益的犯罪行为提起公诉本身就属于维护公共利益的范畴,其公诉行为可以在最广泛意义上认同为公益诉讼的一部分。② 在行政公益诉讼里,检察机关与行政诉讼公益案件没有直接利害关系,它不是行政诉讼法里行政机关和行政机关工作人员的具体行政行为侵犯其合法权益而提起诉讼的原告,而是作为国家利益或是社会公共利益的维护者提起诉讼。另外检察机关如对法院一审判决、裁定不服,应当提起"抗诉",而非一般当事人提起的"上诉"。这也有别于原告。所以实质上,检察机关是国家利益或是社会公共利益的诉讼代表人。同时,在行政公益诉讼过程中,检察机关又是诉讼中的法律监督者,如果发现庭审活动违法的,在休庭或庭审结束后,以人民检察院的名义提出检察建议。这与刑事诉讼中的"公诉人"身份相似。

(四)行政公益诉讼中检察机关举证责任分配

目前,我国《行政诉讼法》采用的是举证责任倒置和事实推定。检察机关提起的行政公益诉讼严格意义上属于行政诉讼范畴,也应遵循举证责任倒置和事实推定,即由被告行政机关对其所作出的行政行为的合法性承担证明和说明责任。如果其不提供或无正当理由逾期未提供证据的,视为没有相应证据证明其行为合法性。因为,第一,行政机关在作出某个行政行为时,必须持有允分的事实依据及相应的法律法规依据,即合法行政依据,否则将被认定为非法行政;第二,行政行为的合法性证明一般都由行政机关自己掌握,其他人难以获得,特别是一些具有保密性的案子,外部对于证据的获得很难;第二,对于行政机关不作为的案子,直接由行政机关提供自己有所作为的证据或是该事项不属于其职权范围的证据更符合实际,这也是"谁主张谁举证"的一种表现形式;第二,行政行为的违法性可能有很多

---

① 贺恒扬.提起公益诉讼是法律监督应有之义[N].检察日报,2014-12-05(03). 石娟.检察机关提起行政公益诉讼的范围和程序规范[J].中国检察官,2015(5).

② 马明生.检察机关提起行政公益诉讼制度研究[J].中国政法大学学报,2010(6).

种表现方式,检察机关可能难以一一进行准确把握,适用举证责任倒置和事实推定,可以节省司法成本;第四,目前检察机关的公益诉讼刚起步,人力配备尚不充足,存在案多人少的情况,如果由检察机关负有举证责任,势必增加办案压力,可能影响案件质量;但是,检察机关提起行政公益诉讼实行举证责任倒置也并不代表,检察机关可以随随便便提起行政公益诉讼。出于行政机关的权威性,避免检察机关任意干涉行政机关行为考虑,检察机关在提起行政公益诉讼时必须承担初步证明责任,提供证据证明公共利益受到侵害或存在侵害危险且其与被告行政机关的行政行为或是不作为存在因果关系。同时检察机关还要提供诉前程序的证据,证明其已向行政机关发出了检察建议,但行政机关并未依法履行职责或纠正违法行为。

(五)保障检察机关的调查核实权

《人民检察院提起公益诉讼试点工作实施办法》第三十三条明确规定了检察机关在行政公益诉讼中调查核实有关行政机关违法行使职权或者不作为的相关证据及有关情况的多种调查方式。除此之外,对于检察机关行政公益诉讼案件的调查核实权尚无其他法律法规规定。加之该实施办法第三十三条规定"调查核实不得采取限制人身自由以及查封、扣押、冻结财产等强制性措施",使得检察机关的调查核实权缺乏有力、有效保障。

检察机关在行政公益诉讼案件办理过程中,为了弄清楚案件的事实及确定相关责任行政机关,也即检察机关在履行其初步证明责任时,必须向相关机关、职能部门或是行政相对人等进行调查取证,或是需要行政机关给予技术帮助和支持进行鉴定(如环境污染鉴定等)等。出于自我保护或其他原因,个别机关、部门或是行政相对人等可能存在不配合的情况,但这些资料往往又都掌握在行政机关自己手中,检察机关无法通过其他途径取得。此时,若无有效措施加以保障,检察机关即使拥有调查核实权也如同虚设,难以正常开展调查核实工作,不利于行政公益诉案件的办理。因此,笔者建议,应通过立法的形式,特别是在《行政诉讼法》中明确规定检察机关在行政公益诉讼中的调查核实权,以及被调查人不予以配合时可采取的保障措施,甚至是必要的强制性措施,以保障检察机关的调查核实权落于实处,充分发挥其有效作用。

(六)赋予检察机关查封、扣押、冻结财产的相应权力

《人民检察院提起公益诉讼试点工作实施办法》第三十三条第二款规定

"人民检察院……不得采取查封、扣押、冻结财产等强制性措施"。但为了避免行政相对人恶意转移资金，逃避义务，保证行政机关有效追缴，保障行政公益诉讼的目的得以实现，笔者认为如果碰到行政机关怠于履行职责，对行政相对人欠缴费用未进行有效追缴，给国家利益或是社会公共利益造成重大损害的，如房地产发生商欠缴人防地下室易地建设费等，检察机关可以适当采取查封、扣押、冻结行政相对人财产的强制性措施。但为保障行政相对人的合法权益，笔者认为查封、扣押、冻结财产应遵循几个原则：一是不影响行政相对人正常运营；二是应以行政相对人负有的缴款义务范围为限，不能超过其义务范围；三是应以银行存款为先，没有银行存款或是银行存款不足时再考虑其他固定财产。

检察机关提起生态环境公益诉讼的制度构建

胡永庆* 杨小文**

2015 年中央全面深化改革领导小组第十二次会议审议通过了《检察机关提起公益诉讼改革试点方案》。继而全国人大常委会作出《关于授权最高人民检察院在部分地区开展公益诉讼试点工作的决定》。年 6 月 27 日,十二届全国人大常委会第二十八次会议表决通过了关于水污染防治法、关于修改民事诉讼法和行政诉讼法的决定,并将检察机关提起公益诉讼写入民诉法和行诉法。这标志生态环境公益诉讼制又向前发展了一步。笔者结合工作实际,从生态环境公益诉讼的概述入手,总结我国相关实践经验,对我国检察机关提起生态环境公益诉讼制度的构建提出了粗浅的建议。

一、生态环境公益诉讼概述

(一)生态环境公益诉讼的含义

公益诉讼是与私益诉讼相对的一种诉讼模式,主旨是维护国家利益和社会公共利益。公益诉讼制度发轫于古罗马法,后作为保护公共利益的有效法律手段被引入到西方国家,并于 20 世纪六七十年代获得空前发展。[①]20 世纪 90 年代中后期其被移植到中国,后因轰动一时的"北大师生诉中石油公司污染松花江案"为公众所关注。显然,环境公益诉讼是公益诉讼的下位概念。公益诉讼的含义存在广义和狭义之分。无论广义或是狭义,公益

---

　* 郴州市苏仙区人民检察院检察长。
** 郴州市苏仙区人民检察院检察官。
　① 周枏. 罗马法原论·上册[M]. 北京:商务印书馆,2014:99。

诉讼案件都必须与公共利益有关或者涉及某类公共因素，而狭义上公益诉讼要求原告必须与案件没有直接的利害关系。① 梁慧星教授主张采用狭义公益诉讼的概念，强调公益诉讼有别于私益诉讼，应针对各类主体实施的对社会公共利益造成损害但"不直接损害"原告利益的行为，将与原告有直接利害关系的诉讼案件排除在公益诉讼范畴之外②；众所周知，公共利益的损害最终会影响每个个体的私益，故在界定公益诉讼时，我们需要特别注意对"不直接损害"的理解，这是界定狭义公益诉讼的前提条件。梁教授的观点与林莉红教授概况的三种公益诉讼类型中的第一种尤为相似，即公益诉讼不仅本质上要具有诉讼公益性特征，还要满足原告与诉讼案件之间没有直接利害关系的要求。本人认为，为了节约司法资源和维护法秩序的一致性，若某些公共利益能在原有私益诉讼的保护框架内得到较好的维护，则大可不必另起炉灶，重构公益诉讼制度。基于此，对于公益诉讼含义的界定，本文采纳梁教授狭义公益诉讼的概念。

公益诉讼与私益诉讼中当事人的法律利害关系是存在差异的，这些差异集中体现在环境公益诉讼中，就让其具备区别于他诉的明显特征。一方面，私益诉讼通常以维护个人利益为主旨，恰巧相反，环境公益之诉鲜为对个别私人利益进行救济，其构建目标是维护环境公共利益。另一方面，生态环境作为一种性质特殊的资源，不但稀缺且很难复制重塑，一旦受到破坏，其修复或再造工程往往异常困难，不但需要耗费大量人力、财力和物力，且由于自然条件的限制通常需要较长的修复周期。因此，在环境公益之诉中，原告的诉讼请求不再局限于简单地要求金钱赔偿或恢复原状，采取有效防范措施以避免损害的继续扩大也是十分必要的，在符合条件的特殊情况下，禁止令状和宣告性判决也可以运用与环境公益之诉中。

（二）生态环境公益诉讼的分类

从域外各立法经验以及环境公益之诉本来具备的价值功能来看，环境公益之诉是不能与传统三大诉讼平行，成为一类新的、独立的诉讼类型。构建环境公益诉讼制度的目的在于解决原有诉讼制度在保护环境公共利益

---

① 陈亮.环境公益诉讼研究[M].北京：法律出版社，2015：9。

② 梁慧星，等.关于公益诉讼制度的对话[M]//吴汉东.私法研究：第一卷.北京：中国政法大学出版社，2002：354.

方面存在的制度"瓶颈"问题，故其应扮演对现有诉讼类型完善和补充的角色。并且，环境公益之诉又可以被细分为不同的类型，学者通常依照被起诉对象的不同将其划分为环境行政公益诉讼和环境民事公益诉讼。环境行政公益诉讼是针对行政机关侵害环境公益的行为，主要指环境监管职责的行政机关不当履行或不履行行政监管职责，致使环境公共利益遭受或可能遭受不当侵害的行为，此外还包括行政机关损害环境公共利益的抽象行政行为。环境民事公益之诉的起诉对象是各类民事主体对环境公共利益造成或可能造成损害的行为，此类案件中个人、社会组织以及检察机关都可以是适格当事人。检察机关作为国家法律监督机关，在传统私益之诉中，检察监督通常集中于民事诉讼阶段，而在环境公益之诉中，人民检察院需要对民事实体活动展开全面的监督。环境民事公益之诉旨在通过检察机关代表国家对环境公共利益实施有效保护，维护个体私人利益并非其关注重点。从理论研究和司法实践的视角来观察，不难发现由检察机关提起的环境公益之诉包括民事诉讼和行政诉讼两类。从学理角度来分析，为了维护生态环境，人民检察院可以对行政机关的不当行为提起环境行政公益之诉，但相对于环境民事公益之诉而言，笔者认为环境行政公益之诉的现实意义较小。因为有关行政机关或者其他公权力机关负有保护环境的义务，针对这些机构检察院可以通过查办渎职犯罪、刑事立案等多种方式进行法律监督，促使其尽快履行环境监督职责。相反，若通过提起环境行政公益诉讼的方式去督促有关机构履行环境监管职责，不但无法达到预设的效果，还会不当占用司法资源，致使有限的司法资源更加紧张。故本文暂不讨论环境行政公益之诉，而仅在环境民事公益之诉的范畴内探讨我国检察机关提起环境公益诉讼制度的构建。

（三）生态环境公益诉讼的价值

当今世界，环境公益诉讼制度已然成为保护环境公益不可或缺的重要法律手段。环境公共利益包括社会公众对环境所享有的各类权益，其内涵和外延在不断扩张，除了经济利益，健康、审美和环保等利益也是其重要内容，但在传统私益民事诉讼活动中，这些非经济利益是无法获得法律保护的，其只能在环境公益之诉中寻求保护。改革开放后，经济增长率成为各级政府追逐和接受考核的主要标准，某些地方政府在考虑经济利益的情形下，在制定地方性法规、地方性规章或出台各种政策的过程中，会无意甚至故意地忽视对生态环境的保护。于是，某些侵害环境公共利益的行为披上了合法合规的面纱，不仅很难被发觉，也会因此缺乏有力的治理途径。因此，从环境公益之诉的特殊性出发，参考国内外有关环境公益诉讼的讨论，可以得出结论：无论是检察机关，法人及其他社会团体还是公民个人，都是有权利代表环境公益的，当然应当同等获得直接参与环境公益诉讼的主体资格，这不仅符合现代法治社会发展的趋势，还可以最大限度的实现对环境公共利益的保护。① 此外，作为现代型诉讼的典型代表，环境公益之诉还具有节约司法资源的作用。环境公益之诉不仅可以避免或消除对环境公益的损害，且由于环境公益与个体私益存在相互影响关系，从整体来看，环境公益之诉制度的有效运行，可以减少由环境公益之诉可能引起的对环境私益造成侵权的诉讼请求。与此同时，救济环境公共利益的各类措施也可以从整体上给私益受害者提供救济，建立环境公益之诉制度是完全符合诉讼经济原则的。

二、我国检察机关提起生态环境公益诉讼司法实践经验

新中国成立初期，我国便已构建了检察机关提起公益诉讼的法律制度，然而文化大革命之后，反对设立公益诉讼制度的观点成了主流观点，受该观点影响，之后便很少有检察院以原告身份参与公益诉讼的案件发生。这种状态一直持续到 1997 年，河南省方城县法院受理了该县检察院以原告身份提起的保护国家利益的案件，才再次打开检察机关提起的民事公益诉讼的局面。该案例大大激发了检察院的积极性，此后由检察机关提起的环境公益诉讼案件在全国层出不穷。如，2002 年福建省泉州市检察机关支持起诉民事案件十一件，合计挽回了集体以及国家的经济损失 630 万余元。② 2004 年四川省人民检察院首次大胆提出建立公益诉讼人制度。③ 2008 年，云南省检察机关办理了众多破坏矿产资源、破坏森林、破坏水资源的案件，通过支持起诉、督促起诉的方式办理对水源造成污染的环境公益民事诉讼案件，也采用刑事附带民事诉讼的方式加强环境资源保护力度。2009 年 7

---

① 徐祥民. 环境与资源保护法学[M]. 2 版. 北京：科学出版社，2013：63.
② 张仁平. 福建：着力倡行公益诉讼[N]. 检察日报，2003 - 03 - 15(02).
③ 李忠芳，王开洞. 民事检察学[M]. 北京：中国检察出版社，1996：92.

月，重庆市南川区检察院针对该区某磷铵厂违法排放污染物的行为向法院提起诉讼，最终达成南川区某磷铵厂六个月内收集处理渣场渗滤液的调解协议。显而易见，检察机关在司法实践中的积极探索，对于我国环境公益诉讼制度的建立作出了巨大的努力。此外，我国不少地区法院已经成立了专门的环境公益诉讼法庭，例如，2007年清镇市法院设立了专门的环境保护审判庭，这同时也是全国第一个环保法庭。2014年最高人民法院成立环境资源审判庭专门负责审理环境公益诉讼案件等。一系列有关环境公益诉讼的司法实践经验，为日后提起环境公益诉讼提供了有利支持。然而，2001年9月最高人民法院所发布的406号通知则要求各级人民法院暂不受理公益诉讼相关案件①，在司法实践中不让继续进行有关公益诉讼的探索。在大家的期盼中，2013年新修正的《民事诉讼法》出台，但第55条有关公益诉讼的规定让好不容易向检察机关开启的公益诉讼之门，突然又关上一半。在修正过程中立法者采用了公益诉讼案件范围和提起主体均不宜过宽的策略，民事诉讼法修正后，扈纪华指出法律无明文规定即无原告资格，我国目前尚无法律明文规定检察机关有权提起民事公益诉讼，所以，检察机关不是环境公益诉讼中法律直接授权的起诉主体，不能以原告的身份直接起诉。基于此，某些法院开始对检察机关以原告身份提起的环境公益之诉实行暂缓受理，这让积极推动探索的检察机关陷入了迷惘，不知何去何从。进行改革试点后，试点地区成效显著，自检察机关开展公益诉讼试点工作以来，试点地区人民检察院以"保护公益"为核心，积极推进试点工作的有序进行。例如，2015年12月22日，常州市检察院对许建惠等污染环境案向常州市中级法院提起民事公益诉讼，该案件具有标志性意义，是我国人民检察院开展提起公益诉讼试点工作以来，全国首例由检察院直接以原告身份参与民事公益诉讼的案例。有关调查显示，直至2016年2月，各试点地区人民检察院已向法院提起公益诉讼12件，试点地区检察院共在履行职责中发现公益诉讼案件线索703件。其中，生态环境和资源保护领域450件，占到全部线索的64%。另外，最高检公布了检察机关提起公益诉讼试

---

① 江伟，廖永安.我国民事诉讼主管之概念检讨与理念批判[J].中国法学，2004(04)：86.

点工作的 5 起典型案例，其中 2 起环境民事公益诉讼案件。① 上述案件的查处，切实维护了国家以及社会公共利益。

三、检察机关提起生态环境公益诉讼的制度构建

(一)检察机关提起生态环境公益诉讼制度的缺陷

(1)起诉方式不规范。就当前我国司法实践的诉讼模式来看，支持起诉、监督起诉以及直接起诉是检察机关参与诉讼活动的主要方式。从诉讼理论的视角来看，这三类起诉方式所适用的范围各不相同。然而，由于当前我国法律还未对检察机关提起环境公益诉讼作出明确的规定，其选择起诉方式也缺乏适用的标准，所以在实践探索中，不同地区检察机关对各类起诉方式适用条件的规定各不相同，并且在选择的过程中也存在较大的随意性，导致不同的检察机关面对相同或类似的案件可能会适用不同的起诉模式，最后可能产生完全不同的结果。某项针对检察系统内部人员的调研数据显示，愿意通过支持起诉、督促起诉、直接起诉的方式参与环境公益诉讼的比例分别为 70.97%、45.16%、49.46%。由此可见，即便是检察系统内部也未对提起诉讼的方式形成一致意见，这不符合法制的统一性要求，因此我国亟须制定相关法律法规来规范检察机关提起环境公益诉讼的方式。

(2)与行政执法衔接不畅。我国已经陆续颁布法律，对行政机关向人民检察院移送刑事案件的有关活动进行了规范，行政机关在行政执法活动中发现行为主体的刑事违法行为，就可以直接移送给当地检察院进行处理。可见，在刑事领域行政执法活动与检察院的司法活动已经得到了良好的对接。除此之外，检察机关与环保部门之间相互配合也对我国环境公益诉讼产生积极的作用。环保部门对环境的监管需要接受人民检察院的监督；环境保护机关作为环境监测管理机关，也为检察机关提起环境公益之诉提供了线索和证据材料。有数据表明，检察机关从"环保执法机关移送渠道获得的环境公益诉讼证据所占比例为 86.02%"。显而易见，环境保护部门提供的证据依然是检察机关提起公益诉讼最为主要的证据渠道。除此之外，该

---

① 徐日丹.检察机关提起公益诉讼试点工作稳步推进——试点地区检察院已提起公益诉讼 12 件[N].检察日报，2016-03-02(02).

制度也对环境公益诉讼的案件线索有很大影响，当前"环境公益诉讼案件线索主要来自环保机关移送，所比重高达 67.74%，但是检察机关主动获取的案件线索比例仅为 23.66%，"这也再次说明了环境保护机构的行政执法对于检察院提起环境公益诉讼具有极其重要的作用。然而，由于环保执法机构自身条件的限制，许多地区的环境保护机构不能与当地的检察机关做到及时有效的沟通、协调，使得实践中行政执法证据的转换以及案件的移送都还存在很多不足。例如，由于环保执法机构采集和保存证据的特殊性，再加上受时间变化的影响，一些在执法过程中获得的环境公益诉讼的证据材料在提起诉讼中无法得到有效利用，这给检察机关提起环境公益诉讼带来了严重的阻碍。

（3）具体诉讼规则缺失。程序公正是司法公正的重要组成部分，程序公正具体体现在完备的诉讼程序当中。只有整个诉讼程序中每个小的程序都实现公正，整个诉讼程序的公正价值才会体现出来①。可见，程序的完备完善对司法公正的实现是至关重要的。但目前我国司法实践的过程中还存在环境公益诉讼起诉程序不规范的现象，例如管辖，大部分环境公益诉讼案件是由基层人民检察院向基层人民法院提起诉讼，然而却仍有个别地市人民检察院向中级人民法院提起诉讼的现象；在审理程序上，多数案件通常适用了一审普通程序，然而却仍有少数案件适用简易程序。此种程序上的不统一和随意性破坏了环境公益诉讼所具有的严肃性。总而言之，环境公益诉讼的具体程序在我国还处于探索阶段，一套完备的诉讼机制并未形成。此外，由于环境公益诉讼具有自身的特点，故其不能完全套用现有民事诉讼程序规则，就检察机关提起环境公益诉讼而言，还需要完善包括管辖、证据规则等等具体诉讼程序。

（二）完善检察机关提起生态环境公益诉讼制度的对策建议

（1）引入登记备案制度。为了使环境公益获得合理、公正且及时的司法救济，任何由公民个人、组织主动提起的环境公益诉讼案件，都应当在检察机关进行登记备案；各行政机关在执法活动或其他活动中发现有关侵害环境公共利益的线索，应当立即告知检察院，以便检察院全面了解环境公共

---

① 邹川宁.民事诉讼程序的价值作用[EB/OL].（2002 - 06 - 08）[2002 - 06 - 08].http：//www.chinacourt.org/article/detail/2002/06.

利益受到不法侵害的信息。检察机关进行登记备案，要重点关注案件是否侵害了环境公共利益，并且审查起诉主体是否依法拥有环境公益之诉的当事人资格。

（2）设计诉前程序。设置诉前程序对环境公益诉讼制度具有非常重大的意义。首先，给侵权行为人改正自身错误的一次机会，提醒环境侵权行为人该行为已经给公共利益造成损害，检察机关在其职权范围内告知侵权行为人其已造成的损失，以及正在持续的危险状态将会承担哪些具体的法律责任，赋予侵权行为人自主选择的机会，行为人在进行利益考量之后可以做出自己的选择。其次，对于环保机构，恰当的诉前程序可以提醒其按时履行环境监管职责，对不当监管行为尽快改正或补救，督促其对环境公益侵权行为人的违法行为按照法律的规定及时查处。最后，有利于侵权纠纷的及时解决，从现实情况来讲，检察机关是国家机关，故环境主管部门通常会对检察建议引起足够重视，通过诉前程序会促进环境主管部门及时有效地对相关问题进行查处，同时环境主管部门的介入也促进环境公共利益侵害者对问题的严重性予以重视并及时加以解决，从而在诉前程序的过程中就可以解决大部分矛盾，节省大量的司法资源。

（3）建立健全环境执法司法衔接机制。2017 年 2 月，最高人民检察院与环境保护部、公安部联合出台了《环境保护行政执法与刑事司法衔接工作办法》，进一步健全环境保护行政执法与刑事司法衔接工作机制。第一，建立健全执法司法衔接机制。加强与环保部门、公安机关的协作配合，统一法律适用。建立线索通报、案件移送、资源共享和信息发布等工作机制，并依法监督环保部门移送环境污染犯罪案件的活动和公安机关对移送案件的立案活动，深入环保执法一线现场监督，重点监督该移送不移送或不及时立案的情形。第二，督促开展整治行动。围绕人民群众反映强烈或在履职过程中发现的突出环境问题，督促有关部门开展专项执法整治活动，整合各方执法力量，消除不作为、滥作为、慢作为，开启环境执法由"单打独斗"向"联手出击"的转变，推动生态环保工作向纵深开展。

（4）完善检察机关提起环境公益诉讼相关程序。一方面举证责任制度是民事诉讼领域的重要证据规则之一，设计目的重点在于解决当案件事实无法查清的情况下由谁来承担不利诉讼后果责任的问题，因此举证责任的划分很大程度上可以决定当事人的胜诉问题。在刑事诉讼中，与被告的诉讼实力比较而言,检察机关在调查取证、举证的能力与法律实务经验等方面具有明显的优势。但是,在环境公益诉讼案件中对环境侵权行为的证明检察院并不占有优势,在证据调查与搜集方面其与普通的民事主体是一样的。因此,在此类案件中完善举证责任分配原则对于维护国家利益和社会公共利益以及查清诉讼案件的法律事实都具有非常重要的意义。另一方面,由于检察院参与环境公益诉讼案件与普通的民事案件有所不同,因此需要特别关注该类案件的诉讼管辖问题。检察机关作为环境公共利益的代表,要依据案件中具体受损环境功能所影响到的区域范围来确定由哪个检察院来行使公益诉权、提起环境公益之诉。① 至于其级别管辖问题,需要考虑该类案件的复杂程度以及所涉及侵权的范围等因素,根据我国相关法律的规定,一审环境公益诉讼案件通常由中级人民法院审理。所以,为了更好地保护生态环境,本人建议对于检察院直接提起的一审环境公益诉讼案件由市级人民检察院作为原告,而由基层人民检察院作为对此类案件督促起诉和支持起诉的原告。除此之外,对于损害社会公益的同一侵权行为,如若人民检察院向两个以上具有管辖权的人民法院提起公益之诉,则后立案的人民法院有义务将案件移送到先立案的人民法院。② 在司法检察系统内部,对于环境公益诉讼业务事宜由民事行政检察科来具体负责,并与检察院内部其他部门建立联动制度,检察院内部其他部门在办理案件的过程中,应及时将涉及损害环境公共利益的案件线索移送给民事行政检察部门。

(5)严厉打击环境污染犯罪案件。充分发挥审查逮捕、审查起诉职能,对环境污染犯罪案件及时启动快速反应机制,抽派精干力量,优先办理,依法快捕快诉,彰显从严打击力度。坚持重大案件提前介入。与环保、水利、治水办等部门建立环境污染案件线索移送制度,加强与公安、环保等部门的协作配合,指定专人同步掌握环境保护部门调查案件情况,对重大案件提前介入调查、侦查,引导取证。

同时,充分运用检察建议,加大对环境行政主管部门的不作为、乱作为的监督,督促环保部门正确履职。结合办理环境污染犯罪案件情况,充分

---

① 秘明杰.环境民事公益诉讼之检察机关主导模式研究[J].成都理工大学学报(社会科学版),2012(06):25.

② 高民智.贯彻实施新民事诉讼法(二)——关于民事公益诉讼的理解与适用关于民事公益诉讼的理解与适用[N].人民法院报,2012 - 12 - 07(04).

发挥预防环境问题的先期屏障作用，促进环境保护的重点从事后治理向事前保护转变，强化从源头上扭转环境恶化趋势。积极参与环境教育宣传。深入基层和企业宣传破坏环境犯罪相关问题，加大公众环保意识、环保责任和环保法治理念教育，提高社会公众对环境资源类法律制度的知晓度，积极落实环境保护措施。

从法律监督权属性谈检察机关提起公益诉讼

滕　婷[*]

一、问题的提出

1996 年河南方城县工商局将价值 6 万元的门面房，以两万元的价格卖给私人，为维护国有资产安全，1997 年河南方城县检察院以民事诉讼原告身份将方城县工商局起诉至法院，最终方城县检察院胜诉，法院判决方城县检察院依法进行法律监督，维护国有资产不受侵犯的起诉行为是正确的，方城县工商局与第三人买卖合同无效，最终挽回了国有资产，开启了我国检察机关民事公益诉讼之旅。

随着社会经济快速发展，地球生态环境、社会经济秩序、公民日常生活等与人类息息相关的领域受到工业生产破坏的现象越来越多，具体表现为环境污染、侵害消费者经济人身权益、垄断经营等。同时，随着公民文化水平提高，法治意识增强，法制不断健全，公民、社会组织、国家机关等相继提起诉讼以维护个人、社会或不特定多数人的利益并取得了一定成绩。但囿于法律规定，在这些案件中因主体不明而没有人提起诉讼或者提起诉讼后法院不予受理等情况也比比皆是。

一方面是对公平正义的渴求，另一方面是法律规定的滞后，迫切需要制定完整法律制度来打破这种僵局，以促进社会公平有序发展。2014 年 10 月党的十八届四中全会提出"加强宪法实施""探索建立检察机关提起公益诉讼制度"等意见，是对"公益诉讼"诉讼难的回应，也是对检察机关提起公

＊　张家界市人民检察院民事行政检察科干部。

益诉讼理论及实践的新期待。检察机关作为法律监督机关，具有对法律实施进行全面监督的权力和义务，由其代表国家或者多数人利益将涉及公益的民事、行政案件推向司法程序，是检察机关的法定职责，也是依法治国理念的延伸。

二、公益诉讼的概念及问题

（一）公益诉讼的概念

公益诉讼源起于古罗马，罗马法规定公益诉讼是指为保护公益为目的诉讼，除法律另有规定，凡市民皆可提起的诉讼。[①] 公益诉讼又被称为罚金诉讼、民众诉讼，不论刑事还是民事，只要是损害了公共的利益，罗马市民皆可提起。古罗马法中的公益诉讼的实质是原告代表社会集体利益而非个人利益而起诉。[②] 现代公益诉讼与古罗马时代的公益诉讼有一定区别，罗马法规定的公益诉讼是古代法诸法合一、民刑不分的法律思想的结果，同时也是古罗马民主高度发达的体现。

自工业革命后，社会经济、政治、文化、科技等飞速发展，极大地丰富了人类的物质文化生活，但同时工业化进程也给社会带来了诸多问题。社会快速发展，也加剧了社会分化，国家间、地区间、群体间以及个人间利益分布不均匀是常态，利益分布的不均造就了"强势群体"和"弱势群体"。强势群体可以凭借资本、权力或者教育等因素获得更多的利益，而弱势群体却可能丧失更多的权利、机会、财富甚至健康。现代社会公益诉讼正是起源于对弱势群体的保护，一般是指为了公共利益、国家利益或者不特定他人的利益而向法院提起诉讼，由法院依法追究相关责任人法律责任的诉讼活动。现代公益诉讼的出现正如一位学者所说是因为"我们时代的主要问题实际上已不再仅是涉及基本上为个人主义的，静态的'私法'及其个体权利的问题，而映射出一个工业化、动态的、多元化社会的问题——包括那些因劳资冲突、社会保障、环境污染、消费者保护和跨国公司而引发的问题"[③]。

---

① 周枏，吴文瀚，谢邦宇.罗马法[M].北京：群众出版社，1983：350.
② 张艳蕊.民事公益诉讼制度研究[M].北京：北京大学出版社，2007：32.
③ 徐卉.解读公益诉讼制度[N].中国社会科学报，201 – 12 – 20(010).

（二）我国公益诉讼制度中存在的问题

公益诉讼制度的构建涉及诸多问题，比如案件范围、原告资格、受理标准、案件管辖、诉讼程序、诉讼费用等。2012 新修改《民事诉讼法》第 55 条设立了公益诉讼条款，2017 年 7 月 1 日新修改的《民事诉讼法》和《行政对诉讼法》明确了检察机关提起公益诉讼的资格，以及公益诉讼的范围，但以上规定仍过于原则，需进一步明确。

自 2011 年开始，"中国十大公益诉讼"案件评选悄然进入大众的视线，截至 2015 年 3 月，已评选出四届共计 40 件年度"十大公益诉讼案件"。笔者对以上 40 件案件以及部分入围的案件进行分析，发现在目前公益诉讼司法实践中，公民和社会组织在公益诉讼中发挥着巨大作用，案件范围涉及包括环境、消费者权益在内的十余个领域，而从案件审理结果上来看，胜诉的少，法院以不受理、驳回起诉等结案的占很大比例。

在 40 件被评为"十大公益诉讼案件"中，原告是个人的有 28 个、相关保护组织的有 9 个、原告为检察机关及相关政府机关的有 3 个，检察机关参与的案件均为环境污染案件。在公民提起的部分诉讼中，公民个人受到的损失很小，但是参与诉讼后，不仅耗费了公民个人大量的时间和金钱，也往往没有能够取得良好的法律效果。就算是法院支持了公民个人的诉讼请求，也只能获得自身受侵害权利范围内的赔偿，而对于因该行为同样受到侵害的公民来说，对于已存在的损害无法得到救济。而且公民个人的力量是有限的，在证据的获取，法律的支持上都有很大难度，诉讼中原被告双方力量悬殊较大，因此胜诉的比例很小。检察机关作为法律监督机关，所发挥的作用和关注的领域有限。

以上这些被评为"十大公益诉讼"多数败诉的案件，反映了我国法制不健全、社会规则不合理、行政部门执法不力以及司法机关消极不作为等弊病，也反映了由于我国公益诉讼制度的缺失，许多应当被保护的利益得不到有效保护的尴尬局面。在这些案例中，公民个人或者组织在诉讼中付出巨大代价却往往没有结果，这些案件的最大价值是打破了目前社会中存在的越来越多的权利不平衡的局面，更唤起了大众对公平正义的追求，一些不合理的制度也因为诉讼而引起的社会关注和强大的社会舆论而改变。但是法治国家的建设必须要有完整的法律制度，公益诉讼制度的缺失无疑是我国法制建设的缺陷。因此，建立完整公益诉讼制度，通过司法途径消除社会矛盾,是经济转型下的中国维护弱势群体权益、促进民主与法治进步的有效途径。

三、检察机关提起公益诉讼制度的理论基础

(一)西方国家公益诉讼制度

在西方国家的立法或司法实践中,检察机关广泛参与到公益诉讼中。

法国是检察机关提起公益诉讼最早的国家,早在 1806 年《法国民事诉讼法典》中就规定了检察机关代表公共利益参与民事诉讼制度。法国现行《民事诉讼法》规定检察机关在法律特别规定情形时可依职权进行诉讼,或者除法律有特别规定外,在妨害公共秩序的事件发生时,检察院为维护公共秩序进行诉讼。同时该法详细规定了检察机关提起公益诉讼的范围,其中包括个人法律地位的诉讼、与个人身份相关的案件等 13 种类型。①

美国现代公益诉讼制度较发达,19 世纪末颁布的《谢尔曼法》就确立了检察机关提起民事公益诉讼的资格,该法规定:"对于违反该法案的公司,检察官依司法部长的指示,可提起民事诉讼"。从美国联邦到地区检察机关对涉及公益的民事诉讼享有广泛的诉权。如美国联邦地区法院《民事诉讼规则》第 17 条就规定:"在制定法另有规定的情况下,对于保护他人利益的案件,可以以美国政府的名义提起诉讼。"在美国检察机关属于行政机关,可以据此提起为保护他人利益的诉讼。在行政诉讼上,"在涉及联邦利益时,美国联邦总检察长有权决定并参加他认为应该参加的任何行政诉讼案件,在涉及社会公共利益时,检察官有权决定并参与他认为应该参加的任何行政诉讼案件"②。

与我国同属大陆法系的巴西近年来在公益诉讼制度改革上取得了很大的成效,自 20 世纪 80 年代以来,巴西通过修改宪法,相继出台了一系列法律,增加了检察机关在民事诉讼领域的诉讼职能,使检察机关在涉及公共利益的诉讼中发挥着重要作用。巴西《宪法》第 129 条第 3 款明确规定了提起公益诉讼属于检察机关的职权范围。宪法的直接授权使其能够提起公益诉讼,并保障公共利益。检察机关在巴西有很大的威信,被誉为国家的"第

---

① 张艳蕊.民事公益诉讼制度研究[M].北京:北京大学出版社,2007:32.
② 张艳蕊.民事公益诉讼制度研究[M].北京:北京大学出版社,2007:32.

四权"。在公益诉讼制度上，检察机关不是唯一具有诉讼资格的主体，其他政府部门和社会组织依据相关法律也可以提起公益诉讼。但是其他组织和个体提起公益诉讼要在检察机关备案，检察机关可以作为监督者参与到已提起的公益诉讼中。

不论大陆法系还是英美法系，检察机关在公益诉讼中都发挥着重要作用。在我国公益诉讼发展的近二十年里，也随处可见检察机关的身影。但检察机关公益诉讼制度仍未建立，司法实践及法学理论对检察机关在公益诉讼的地位和作用的认识仍然模糊。

（二）我国检察机关提起公益诉讼的立法规定

2012 年修改的《民事诉讼法》第五十五条规定："对污染环境、侵害众多消费者合法权益等损害社会公共利益的行为，法律规定的机关和有关组织可以向人民法院提起诉讼。"该条系对提起公益诉讼原告的原则性规定。2017 年 7 月 1 日，新修改施行的《民事诉讼法》第五十五条第二款规定："人民检察院在履行职责中发现破坏生态环境和资源保护、食品药品安全领域侵害众多消费者合法权益等损害社会公共利益的行为，在没有前款规定的机关和组织或者前款规定的机关和组织不提起诉讼的情况下，可以向人民法院提起诉讼。前款规定的机关或者组织提起诉讼的，人民检察院可以支持起诉。"

《行政诉讼法》第二十五条第四款规定："人民检察院在履行职责中发现生态环境和资源保护、食品药品安全、国有财产保护、国有土地使用权出让等领域负有监管职责的行政机关违法行使职权或者不作为，致使国家利益或者社会公共利益受到侵害的，应当向行政机关提出检察建议，督促其依法履行职责。行政机关不依法履行职责的，人民检察院依法向人民法院提起诉讼。"目前，检察机关在民事和行政领域的公益诉讼权得到了法律确认。

（三）检察机关提起公益诉讼应注意的几个问题

检察机关提起民行公益诉讼是否破坏传统民事行政诉讼结构。笔者认为，从检察机关刑事诉讼来看，检察机关一方面代表国家对侵害国家管理秩序的被告提起诉讼，另一方面监督刑事诉讼活动是否合法，在诉讼结构中既是监督人又是控诉人，监督的是法院审判程序，控诉的是被告的违法犯罪行为，并没有凌驾法庭之上也没有损害被告人权益。因此在民事、行政领域出现侵害社会公共利益和秩序的行为时，检察机关完全可以以原告身份提起民事、行政诉讼，并以国家监督机关的身份监督法院审判，同时要求被告对因侵害行为受到损害的国家、公共或者不特定多数人给予赔偿、补偿等。

是否所有涉及公益的案件都由检察机关提起公益诉讼。笔者认为，检察机关对民事行政公益案件，应当有选择的提起公益诉讼，可以借鉴刑事诉讼法中"公诉"和"自诉"理论，在民行公益诉讼中设置审查程序，将部分可由相关组织或者直接利害关系人起诉的案件排除在检察机关民行公益诉讼范围之外。"刑事公诉"是指对于案情重大的由检察机关代表国家提起诉讼，"刑事自诉"是指对于特别的几类案件如虐待、侵害等案件由公民自己提起诉讼。在民行公益诉讼案件中，检察机关可以根据案件的影响或性质来决定是否提起民事或行政公益诉讼，对于危害性较小的侵害国家利益或社会公共利益的行为可以通过检察建议或者督促履职的方式督促相关行政机关进行行政处罚或者对相关单位进行整改等，或者在法律允许的范围内支持公民个人或者组织提起公益诉讼。如果侵害已达到相当严重的程度，其他社会手段不能阻止损害行为，检察机关就有必要对其提起公益诉讼。由此一方面可以避免所有民行公益案件涌入检察院，造成检察机关无法应对的情况，另一方面也避免公权力对市场经济和市民生活的过分介入，影响私权自治与国家干预的平衡。

检察机关在民行公益诉讼的权力及限制。检察机关在民行公益诉讼中享有当事人权利，同时又应受到限制。检察机关以原告身份提起公益诉讼，与被告人的诉讼地位平等，因此，检察机关也应享有申请回避、变更诉讼请求等权利。同时，因为检察机关是代表国家或者公共利益提起诉讼，其诉讼结果由国家或社会公众来承担，因此检察机关在诉讼中不能随意放弃或变更诉权、与对方当事人和解等，以免损害公共利益及检察机关的权威。因此在民行检察公益诉讼中，应加强上级检察院对下级检察院的领导。建立下级检察机关提起的民行公益诉讼案件，向上级检察机关备案的制度，加强监管，防止权力滥用。

四、检察机关提起公益诉讼的范围

检察机关作为法律监督机关，应对所有侵害国家或者社会公共利益的案件都有提起公益诉讼的权力。关于公益诉讼中的"公益",相对于法律中有明确概念的各种权利或者法律关系,"公益"的内涵及外延都十分模糊,但即使如此,学者们也归纳出"公益"的一般共性:"第一,在主体上是整体的而不是局部的利益,其受益对象具有不确定性,以不确定多数人作为公共的概念。第二,在内容上是普遍的而不是特殊的利益,并随着时代的发展而处于动态变化中,具有相对的不确定性。第三,公共利益不等同于国家利益和政府利益,但三者有时可能存在重合。"①由此可见损害了"具有的公共性、广泛性、不确定性"利益而进行的诉讼均可以被称为"公益诉讼"。目前,新修改的民事诉讼法将民事诉讼诉讼范围限定在"破坏生态环境和资源保护、食品药品安全领域侵害众多消费者合法权益"两个领域,新修改的行政诉讼法将行政公益诉讼范围限定在"生态环境和资源保护、食品药品安全、国有财产保护、国有土地使用权出让"四个领域,对其他领域公益受损的情况未予授权,笔者认为将来检察机关提起公益诉讼的范围还有待扩大。

第一,从国外司法实践以及国内实践情况来看,对破坏社会秩序的行为,譬如垄断和不正当竞争也可以被纳入公益诉讼的范畴。目前我国很多公共事业都由政府或者企业单位垄断经营,比如通信、铁路、石油等。在垄断存在的情况下,不仅影响着市场经营主体的利益,也损害着消费者的权益,对于社会经济长久发展来看,由于缺少竞争,也阻碍着技术发展和社会进步。因此,检察机关对此类损害社会经济秩序的案件,也可以提起诉讼,在市场失灵的情况下,检察机关作为国家代表发挥作用。

第二,在社会生活中确实处于弱势,需要特殊保护的利益,如老年人、儿童、妇女、残疾人的利益。实际上我国立法对这些权益的保护已有所倾斜,比如相继制定了《妇女权益保障法》《未成年人权益保护法》等,但这些实体性法律缺乏实际操作性。近年来,越来越多的关于妇女儿童等弱势群体的权益保护案件走入司法程序,比如2013年福建仙游某村村民林某长期虐待不满十岁的亲生儿子,并经多次批评教育拒不悔改,2014年该村村委会向法院请求撤销林某监护人资格并得到法院支持。2014年12月由两高及公安部、民政部下发的《关于依法处理监护人侵害未成年人权益行为若干

① 张艳蕊.民事公益诉讼制度研究——兼论民事诉讼技能的扩大[M].北京:北京大学出版社,2007:8.

问题的意见》详细规定了法院可以判决撤销监护人资格的情形，同时规定，在其他组织或者机构不予起诉的情况下，由检察机关起诉。关于妇女、儿童等权益保护是公共利益的特殊存在形式，是社会均衡、可持续发展必须加以特殊保护的利益，而这些群体本来就处于弱势地位，要求其提起诉讼以维护自身利益虽有理论依据，但缺乏实际操作可能性。因此赋予其他相关组织或检察机关提起此类诉讼具有必要性。

五、结论

我国公益诉讼的出现及发展都有检察机关参与其中，检察监督权的内涵也在实践中越来越明晰，检察监督权既保护对法律全面监督也包括代表国家提起刑事、民事、行政公诉。在民事、行政法律实施中，检察机关的监督权不仅仅体现在对法院的诉讼监督，还有权在国家利益、社会公共利益受到侵害时作为国家公诉人提起民事、行政公益诉讼。关于检察机关提起公益诉讼的范围，因各个领域中的公益诉讼实体范围存在很大差异，很难用一部法律就能概括，因此仍需加强其他相关各部门的立法，同时也很难在短期内完成统一的公益诉讼程序和制度的建构，仍需不断加强理论研究和司法实践。

检察机关提起行政公益诉讼若干问题的思考

王朝阳* 童星宇**

2017 年 7 月 1 日，随着检察机关提起行政公益诉讼正式写入《行政诉讼法》，检察机关作为提起诉讼的主体有了正式法律依据。然而，如何建立完善的行政公益诉讼制度，在实践中充分发挥检察机关保护国家利益和社会公共利益的作用，仍是当前需重点研究的课题。本文将从检察机关提起公益诉讼的背景展开，重点剖析检察机关参与行政诉讼过程中所产生的若干问题，并提出相应建议。

一、检察机关提起公益诉讼的背景与优势

(一)检察机关提起公益诉讼的背景

近年来，食品药品安全、生态环境、资源保护、国有财产保护、国有土地使用权出让等问题受到党中央的高度重视与人民群众的热切关注，这些领域中侵害国家利益和社会公共利益的事件时有发生，其中包括众多行政机关违法行使职权或者不作为造成国家利益和社会公共利益受到侵害的案件。由于"公益"是一种整体利益，与公民、法人和其他组织没有直接利害关系，使得国家利益和社会公共利益受到损害时，存在公益诉讼主体模糊、缺位的问题，无法使国家利益和社会公共利益获得有效保护。因此，社会各界对于检察机关通过提起公益诉讼等方式维护国家利益和社会公共利益的要求日益强烈。

---

* 津市人民检察院检察长。
** 津市人民检察院干部。

2014 年 10 月,《中共中央关于全面推进依法治国若干重大问题的决定》正式提出探索建立检察机关提起公益诉讼制度。此后,最高人民检察院与最高人民法院分别通过了《人民检察院提起公益诉讼试点工作实施办法》与《人民法院审理人民检察院提起公益诉讼案件试点工作实施办法》,为检察机关提起公益诉讼及法院审理公益诉讼提供了规范性指引。而在两年试点期满之际,十二届全国人大常委会第二十八次会议通过了全国人民代表大会常务委员会《关于修改〈中华人民共和国民事诉讼法〉和〈中华人民共和国行政诉讼法〉的决定》,以立法形式明确了检察机关的公益诉讼职能,正式确立检察机关提起公益诉讼制度。

(二)检察机关提起公益诉讼的优势

公益诉讼对公共利益保护具有重要的作用,我国国情和基本制度决定了检察机关在公共利益保护中的特殊地位。在提起公益诉讼方面,检察机关与其他诉讼主体相比具有独特的优势:一是没有地方利益和部门利益的牵涉,适合代表国家提起诉讼;二是拥有法定的调查权,能够很好地解决调查取证和举证困难问题;三是能够审慎地行使公益诉权,避免对行政秩序和效率造成冲击;四是具有专业法律监督队伍,能够高效、准确地配合人民法院进行诉讼,可以大幅度降低司法成本等。

建立检察机关提起公益诉讼制度,实际上也是从我国国情出发,走出一条公益保护的新路。检察机关提起公益诉讼的法律基础是其法律监督职能,如果作为公共利益代表的行政机关,没有履行好维护公益的职能,检察机关通过行使法律监督权,督促行政机关纠正违法行为,在通过检察建议等监督方式难以产生效果的情况下,通过向法院提起行政公益诉讼的方式,监督作为公共利益代表的行政机关正确依法履行监管职责,实现好、发展好、维护好公共利益。检察机关法律监督职能的充分发挥,不仅有助于形成"严密的法治监督体系",而且能够提升行政权力的运行效能,促使行政机关依法行政、严格执法,加强对国家利益和社会公共利益的保护。

二、检察机关提起行政公益诉讼的渊源与现状

(一)检察机关提起行政公益诉讼的渊源

公益诉讼根据被诉主体不同,分为民事公益诉讼和行政公益诉讼。民事公益诉讼主要针对生态环境和侵犯消费者合法权益的行为。而行政公益

诉讼是对于行政机关违法行使职权或者不作为使得国家利益或者社会公共利益遭受侵害而提起的诉讼，它的出现晚于民事公益诉讼，2014年《行政诉讼法》修订时都没有规定行政公益诉讼的内容。最早明确规定行政公益诉讼应见于最高人民检察院于2015年公布的《检察机关提起公益诉讼试点方案》(以下简称《试点方案》)。

(二)行政公益诉讼与行政执法检察监督的关系

行政公益诉讼是指人民检察院对于生态环境和资源保护、国有财产保护、国有土地使用权出让、食品药品安全等领域负有监督管理职责的行政机关违法行使职权或不作为，造成国家或者社会公共利益受到侵害，而向人民法院提起的诉讼。行政执法检察监督即履职监督，是指人民检察院对行政机关、法律、法规授权的组织以及行政机关委托的组织的行政执法活动所实施的法律监督，在监督过程中，如发现行政机关具有违法行使职权或不作为的情形，检察机关以发出检察建议的方式督促其纠正违法行为或依法履行职责。这两者的实质都是对行政权力的监督，提起行政公益诉讼是检察机关履行检察监督职能的一种方式。

(三)检察机关提起行政公益诉讼的实践探索与现状

2015年5月5日，中央全面深化改革领导小组第十二次会议审议通过了《检察机关提起公益诉讼试点方案》，此后，全国人大常委会于2015年7月1日发布《关于授权最高人民检察院在部分地区开展公益诉讼试点工作的决定》(以下简称《授权决定》)，《授权决定》和《试点方案》初步打造起检察机关提起行政公益诉讼的基本框架。而在此之前，实务界已经对公共利益保护进行了长时间探索。例如，早在2014年，贵州省就开启了行政公益诉讼第一案。检察院将环保局起诉至人民法院，请求判令环保局依法履行职责，环保局在接到法院的法律文书后，立即进行整改，采取措施予以补救。在督促行政机关履行职责的目的达到后，检察院撤回了起诉。虽然该案是以检察院撤诉结案，但通过提起行政公益诉讼，达到了维护国家利益和社会公共利益的效果。通过两年试点探索，检察机关提起公益诉讼取得了一系列可喜成果。13个省区市检察机关在生态环境和资源保护等领域共办理公益诉讼案件9053件，正式提起诉讼1150件。其中，行政公益诉讼占了绝大多数，共1029件。法院判决437件，已判决案件全部支持检察机关诉讼请求，胜诉率高达100%。

三、检察机关提起行政公益诉讼中的问题与对策

（一）检察机关的特殊身份容易干扰法院的独立审判

不管是在民事公益诉讼还是行政公益诉讼中，检察机关作为提起诉讼的主体，都是一个特殊的原告，它既是国家的法律监督机关、司法机关，又是公益诉讼代表人。其以公益诉讼人的身份提起行政公益诉讼，不同于普通诉讼当事人。检察机关与诉讼并无直接的利害关系，而是代表公共利益。但在实践中并不是检察机关提起的任何诉讼都是符合保护公益的要求的，某些情况下，检察机关为了胜诉会借助公益诉讼人的身份，以行使法律监督机关的职责为由对法院审判造成影响，《试点方案》中"建立与人民法院的协调配合机制"的规定更是增加了检察机关参与审判、妨碍法院独立审判的风险。要避免上述问题，必须明确检察机关在诉讼中的角色与定位。虽然检察机关具有公益诉讼人和法律监督机关的双重身份，但在提起公益诉讼时，其公益诉讼人的身份是第一性的，法律监督机关是补充的第二性的。从案件起诉到执行，都必须明确检察机关公益诉讼人的定位，以公益诉讼人的身份参与诉讼。检察机关的法律监督权是隐形的普遍的职能，主要用于监督审判工作中审判人员的违法行为和执行活动中的违法情形，不能随意对公益诉讼程序施加影响。法律监督机关的身份只是享有诉讼权能的前提，并不是以法律监督机关的身份提起诉讼。因此，检察机关应摆正定位，暂时忘记法律监督机关的身份，正确履行保护公益职责，实现法律监督职能。

（二）法院认定行政行为是否合法存在困难

实际操作中，面对一些简单的案件，法院只需核对检方所提供的证据，即可判定行政行为是否合法。但遇到复杂案件时，法院认定是否合法往往存在一定困难。行政机关往往会就行政行为的类型性质、处罚程度、修复时间等问题和检察机关有不同的意见，从而提出抗辩。而没有科技能力的辅助和专业机构的鉴定，法院的认定工作常常很难开展。例如，在某检察院诉某林业局不履行行政监管职责一案中，林业局认为其已对非法开垦林地的行为做出了行政处罚决定，林业局也对此进行了生态修复工作，但全部修复至少要到 2017 年才能完成。检察院认为林业局虽然部分履行了职责，但生态资源仍然没有完全恢复，部分林地的造林率不足 40%，属怠于

行使职权。法院最终支持了检察院的观点，判决林业局依法履行监管职责，于三个月内确保林业存活率符合国家标准。在这一案件中，法院或者检察院并没有委托专业机构技术人员就森林修复问题进行鉴定或者出具方案，判决书中认定 3 个月的期限也没有任何科学依据，故判决的科学性跟客观性其实是并不充分的。而在实践中，也存在大量判决文书出现"要求相关行政机关依法履行职责"这种笼统化的内容，这反映出法院在没有经过专业评估或者鉴定的情况下，不敢做出一个科学具体的判定。这可能会导致司法程序无法对行政机关后续的履职行为进行有效监督，从而违背了保护公共利益的初衷。因此，应当鼓励法院引入第三方机构，以便对行政行为的合法性进行更科学的判断。在行政公益诉讼中，行政机关本身受到法院的审查，其提供的资料是证明自己已依法履行职权的抗辩证据，此时法院唯有借助具备专业技能的第三方机构的力量，才能对抗诉内容进行实质性的判断。因此行政公益诉讼中的事实审查需要获得重视，在一些案情复杂的案件中，应当鼓励人民法院依职权委托第三方机构站在专业的角度对公共利益受到损害的程度进行审查，这不是司法权对于行政权职权范围的侵入，亦不是对同一事实重复调查、浪费司法资源，而是法院摆脱对行政机关依赖的一个机会。只有充分而深入的了解公共利益受到侵害的实际情况，法院才能对行政机关进行公正有效的监督。

（三）检察机关提起公益诉讼胜诉率过高

从已判决案件可以看到，检察机关提起公益诉讼全部获得胜诉，还有部分案件基于行政机关已经采取措施补救或者更正，达到了保护公益的目的，从而以撤诉结案。这说明检察机关提起公益诉讼制度对于保护国家和公共利益起到了很好的效果。然而，检察机关提起行政公益诉讼就一定会胜诉，不用承担败诉风险吗？答案当然是否定的，任何诉讼都存在败诉的可能性，检察机关参与公益诉讼也不例外。提起诉讼、赢得诉讼，都必须有充足的证据证明行政机关的行为侵犯了公共利益，否则就应当承担败诉风险。但目前看来，正在实施的行政公益诉讼各项规定，都没有说明检察机关败诉的后果，这并不符合诉权的平等性和完整性要求。《实施办法》第 19 条虽然规定检察机关对行政公益判决可以提起抗诉，但没有明确表明此时检察机关一定处于败诉状态，也可能认为判决、裁定确有错误，没有达到检察机关的预期而提出抗诉。

检察机关提起行政公益诉讼胜率过高的这一现象，容易增加检察机关提起诉讼的随意性从而导致滥诉。从另一层面来说，过高的胜诉率也会使法院审判压力加大，使法院在做出对检察机关不利判决时慎之又慎，从而陷入胜诉率越高，法院越不敢轻易否定诉求，导致胜诉率更高的恶性循环。面对这种情况，要想防范公益诉讼常规化之后出现滥诉的可能，检察机关必须严格按照法律法规的要求，在符合条件并掌握初步证据的情形下，谨慎提起行政公益诉讼。第一，检察机关是国家公权力机关，不同于普通的诉讼当事人，其参与诉讼承担的任务更为艰巨，社会关注度与敏感度更高。普通诉讼当事人只要认为自身权利受到侵害，就可以通过诉讼解决，不必顾虑太多，甚至在胜诉可能性极小的情况下，也会抱着"重在参与"的心态提起诉讼。基于检察机关的特殊身份，《试点方案》明确要求检察机关提起公益诉讼需要首先提供初步证据，故检察机关在提起诉讼时须审慎思考、严格把关。第二，从防止检察权力过分膨胀的角度，检察机关也不适合过多提起诉讼。权力本来就具有扩张性，行政权力是如此，检察权力亦然。检察机关必须明确自身定位，防止在公益诉讼中肆无忌惮的扩张检察权，不正当的利用自身职权，频繁提起诉讼，干涉审判机关的公正审判，影响行政机关依法行政。检察机关任何一次诉讼的提起，都是对行政机关作为或者不作为的否定，必然会对行政机关的行政行为产生影响。行政公益诉讼太过频繁，会使得行政机关做出行政行为时因为过多的顾虑跟犹豫而怠于决策，从而干扰正常的行政行为体系，影响行政效率。因此，检察机关必须在掌握了确实充分证据的前提下，省慎提起行政公益诉讼，保证公益诉讼的公平正义。

近年来，行政公益诉讼从无到有，从理论到实践，取得了迅速发展。一项新的制度应运而生，必然会存在不成熟与不完善的地方，需要在实践中不断发现问题、解决问题。目前行政公益诉讼制度虽日渐成熟，但在具体实施过程中仍然存在一些争议，需要理论界和实务界深入研究与探讨，以逐步完善这一制度。

检察机关提起民事公益诉讼
诉讼请求的实证分析

高 琴[*]

诉讼请求是诉讼目的的表达和实现途径，更是主导民事诉讼全部工作的主线。具体到民事公益诉讼，如何科学合理的确定诉讼请求，最终影响检察机关提起民事公益诉讼功能的实现效果以及对受损社会公共利益的救济程度。从《民事诉讼法》的修改，创建了民事公益诉讼制度，到《最高人民法院关于审理环境民事公益诉讼案件适用法律若干问题的解释》、《最高人民法院关于审理消费民事公益诉讼案件适用法律若干问题的解释》等司法解释的发布，我国的民事公益诉讼制度从纸面上看已颇为齐备，其中也对民事公益诉讼的诉讼请求作出了相应规定。然而，现行法律法规对民事公益诉讼诉讼请求的规定是否合理，能否实现保护社会公共利益的目的，以及检察机关提起民事公益诉讼能够提出的诉讼请求与有关组织提起民事公益诉讼能够提出的诉讼请求是否有差别等问题皆需要更多基于现实的回答。为此，本文在搜罗检察机关以及有关组织提起的民事公益诉讼实例案件的基础上，对民事公益诉讼诉讼请求从实务、法律等两个层面展开分析研究，归纳其中的问题，再回归到理论层面进行探讨，以期为检察机关提起公益诉讼制度的完善提供参考。

---

[*] 长沙市人民检察院民事行政检察处检察官助理。

一、实务层面的民事公益诉讼诉讼请求概况

（一）检察机关提起民事公益诉讼诉讼请求实例分析

截至 2017 年 3 月，全国各试点检察院共向人民法院提起公益诉讼 653 件，其中民事公益诉讼 71 件，行政公益诉讼附带民事公益诉讼 1 件，刑事附带民事公益诉讼 1 件。① 在检察机关提起公益诉讼试点阶段，民事公益诉讼案件数量较少，且对案件信息公开不多，笔者从最高人民检察院民事行政检察厅编撰的《公益诉讼试点工作专刊》以及网络上搜罗了 7 个案件，案件的基本情况如表 1 所示。

表 1　检察机关提起民事公益诉讼案件情况

序号	案件名称	起诉机关	诉讼请求	是否被追究刑事责任	类型
1	许建惠、许玉仙污染环境案	江苏省常州市人民检察院	处置遗留危险废物，消除危险；修复被污染土壤，恢复原状；赔偿场地排污对环境影响的修复费用	是有罚金	生态环境公益诉讼
2	徐州市鸿顺造纸有限公司污染环境案	江苏省徐州市人民检察院	恢复原状；赔偿服务功能损失；如无法恢复原状则以咨询意见所确定的损害修复费用为基准的 3 至 5 倍承担赔偿责任	—	生态环境公益诉讼
3	吉林省白山市人民检察院诉白山市江源区卫生和计划生育局、白山市江源区中医院行政行为违法附带民事公益诉讼案	吉林省白山市人民检察院	停止违法排放医疗污水	—	生态环境公益诉讼

---

① 最高人民检察院民事行政检察厅.检察机关提起公益诉讼实践与探索[M].北京：中国检察出版社，2017.

续表 1

序号	案件名称	起诉机关	诉讼请求	是否被追究刑事责任	类型
4	利川市五洲牧业有限责任公司污染环境案	湖北省人民检察院汉江分院	停止对环境的侵害;赔偿其违法排放养殖废水对环境造成的损失,并赔偿生态环境受到损害停止之前的服务功能损失;承担评估费用	—	生态环境公益诉讼
5	曲树勇等4人污染环境案	山东省临沂市人民检察院	对龙王河受污染的生态环境恢复原状;如不能恢复,赔偿因治污费的损失	是有罚金	生态环境公益诉讼
6	李先越非法捕捞水产品刑事附带民事公益诉讼案	合肥市包河区人民检察院	投放鱼种,或承担环境修复费用,同时承担损害和修复的评估费用	是无罚金	生态环境公益诉讼
7	周克召销售不符合安全标准食品	湖北省十堰市人民检察院	消除危险,收回由其销售的尚未被食用的假冒碘盐并依法处置;赔礼道歉	是有罚金	消费公益诉讼

结合表 1 所列举的 7 个案件,可以看出检察机关提起的民事公益诉讼中生态环境民事公益诉讼占绝大多数,而消费民事公益诉讼(仅限于食品药品安全领域)①占少数。归纳其中的诉讼请求,包括停止侵害类 4 项,占比 57%;恢复原状类 4 项,占比 57%;赔偿损失类 5 项,占比 71%;赔礼道歉的有 1 项,占比 14%。另外,要求被告承担诉讼相关费用的有 2 项。可见,

---

① 根据《民事诉讼法》的规定,检察机关只能就食品药品安全领域侵害众多消费者合法权益的行为提起民事公益诉讼。因此,本文研究的"消费民事公益诉讼"仅限于食品药品安全领域案件。

实务中的民事公益诉讼案件诉讼请求是围绕停止侵害(含消除危险)、恢复原状、赔偿损失、赔礼道歉等四类形式展开,再加上承担诉讼相关费用,基本覆盖了民事责任所能作用的主要环节。再具体到生态环境民事公益诉讼与消费民事公益诉讼诉讼请求的差异上,生态环境民事公益诉讼的诉讼请求是以生态环境救济为中心,环境修复赔偿是主要责任形式,如在表 1 的 6 起生态环境民事公益诉讼案件中有 4 起要求恢复、修复生态或承担生态修复费用,有 2 起要求承担服务功能损失费用,而停止侵害请求中很多情形下也是以支付"污染处置费"来实现。消费民事公益诉讼的诉讼请求以停止侵害行为等不作为诉讼请求为主,如周克召销售不符合安全标准食品一案中,检察机关的主要诉讼请求是要求周克召收回由其销售的尚未被食用的假冒碘盐并依法处置。

（二）有关组织提起民事公益诉讼的诉讼请求实例分析

《消费者权益保障法》、《环境保护法》赋予了中国消费者协会、从事环境保护公益活动的社会组织对消费领域、生态环境领域损害社会公共利益的行为提起公益诉讼的权利。近几年来,有关组织也提起了一批民事公益诉讼案件,笔者从中选取了几件检察机关支持起诉的案件进行分析研究。（见表 2）

表 2　有关组织提起的民事公益诉讼案件情况

序号	案件名称	支持起诉单位	诉讼请求	是否被追究刑事责任	类型
1	中国绿发会诉河北大光明实业集团嘉晶玻璃有限公司环境侵权责任纠纷案	河北省邢台市人民检察院	停止超标排放污染物；赔礼道歉；采取直接措施或者采取替代措施修复被污染损害的环境；承担相应的赔偿金	—	生态环境公益诉讼

续表 2

序号	案件名称	支持起诉单位	诉讼请求	是否被追究刑事责任	类型
2	中国生物多样性保护与绿色发展基金会诉卜宪果、卜宪全、卜宣传环境污染公益诉讼案	江苏省徐州市人民检察院	停止侵害、消除危险；将受损环境恢复原状或承担生态环境修复费用；赔礼道歉；承担因诉讼支出的合理费用	是有罚金	生态环境公益诉讼
3	镇江市生态环境公益保护协会诉江苏尊龙光学有限公司、江苏优立光学眼镜有限公司环境污染公益诉讼案	江苏省丹阳市人民检察院	采取措施消除环境污染，承担固体废物暂存、前期清理等费用以及后期处置、修复费用	—	生态环境公益诉讼
4	广东省消委会诉李某文等 20 人销售问题猪肉公益诉讼案	深圳市人民检察院	承担赔偿金，公开赔礼道歉，承担诉讼相关费用	是有罚金	消费公益诉讼

从表 2 中 3 件生态环境民事公益诉讼的诉讼请求来看，也是集中于停止侵害（含消除危险）、恢复原状、赔偿损失、赔礼道歉等四类形式，与检察机关提起的民事公益诉讼案诉讼请求并无不同。但在广东省消费者委员会诉李某文等 20 人销售问题猪肉公益诉讼一案，出现了"承担赔偿金"的赔偿性请求，消费民事公益诉讼的诉讼请求不再局限于不作为请求。该案也是全国第一起"消费公益赔偿之诉"。①

二、法律层面的民事公益诉讼诉讼请求规定

我国立法上对于民事公益诉讼的规定散见于《民事诉讼法》、《环境保

---

① 中国消费网《广东打响全国第一起消费公益诉讼赔偿案》。李某文、周某光、周某星等 20 人销售病猪、死猪，并对售卖的猪肉喷洒有毒有害液体，严重侵害消费者权益。2017 年 3 月 8 日，广东省消委会代表消费者向深圳市提起民事公益诉讼，请求法院判令 20 名被告承担赔偿金 1006.2 万元，在省级以上新闻媒体公开赔礼道歉。

护法》、《最高人民法院关于审理环境民事公益诉讼案件适用法律若干问题的解释》、《最高人民法院关于审理消费民事公益诉讼案件适用法律若干问题的解释》等各部法律法规。下文将以各部法律的颁布时间为轴点，对于立法所规定的民事公益诉讼诉讼请求进行梳理。

2012 年 8 月《民事诉讼法》修改，在诉讼参加人一章中用一个条款增设了公益诉讼制度，该条立法比较简单，只是作出了原则性的规定。2014 年 4 月，新的《环境保护法》审议通过，在法律责任方面，该法明确因污染环境和破坏生态造成损害的，应当依照《侵权责任法》的有关规定承担侵权责任。民事责任承担方式对应诉讼请求，其限定于侵权责任，也是对生态环境民事公益诉讼诉讼请求范围的一个限定。2015 年 1 月，《最高人民法院关于审理环境民事公益诉讼案件适用法律若干问题的解释》公布，其中第十八条明确了原告可以请求被告承担停止侵害、排除妨碍、消除危险、恢复原状、赔偿损失、赔礼道歉等民事责任。同时，该司法解释还规定了预防、处置费、生态环境修复费、服务功能损失费、专家咨询鉴定费等具体诉求。2015 年 7 月，最高人民检察院公布《人民检察院提起公益诉讼试点工作实施办法》，规定检察机关向人民法院提起民事公益诉讼，可以提出要求被告停止侵害、排除妨碍、消除危险、恢复原状、赔偿损失、赔礼道歉等诉讼请求。为配合检察机关提起公益诉讼试点工作，2016 年 2 月，最高人民法院公布了《人民法院审理人民检察院提起公益诉讼案件试点工作实施办法》的通知，同样规定人民检察院提起民事公益诉讼，可以提出要求被告停止侵害、排除妨碍、消除危险、恢复原状、赔偿损失、赔礼道歉等诉讼请求，但对于六类诉讼请求适用的民事公益诉讼案件类型、适用条件等并未作出规定。2016 年 5 月，《最高人民法院关于审理消费民事公益诉讼案件适用法律若干问题的解释》施行，其中第十三条规定，原告在消费民事公益诉讼案件中，请求被告承担停止侵害、排除妨碍、消除危险、赔礼道歉等民事责任的，人民法院可予支持。

三、理论层面的民事公益诉讼诉讼请求相关问题探究

从实务中民事公益诉讼诉讼请求的适用，结合立法上有关民事公益诉讼诉讼请求的规定，可见我国的民事公益诉讼诉讼请求体系完备，既有行为性请求（停止侵害、排除妨碍、消除危险、恢复原状），又有赔偿性请求

（赔偿损失），同时还有抚慰性请求（赔礼道歉）。同时，笔者也发现了以下两个问题：一是在能否提出损害赔偿诉讼请求方面，消费民事公益诉讼与生态环境公益诉讼有所不同。二是对于检察机关提起民事公益诉讼可以提出的诉讼请求与有关组织提起民事公益诉讼可以提出的诉讼请求具有同一性。

（一）关于消费民事公益诉讼诉讼请求与生态环境民事公益诉讼诉讼请求的差异性消费民事公益诉讼的诉讼请求核心是不作为请求权，以期通过诉讼制止经营者的不法行为，防止社会公共利益和消费者的合法权益遭受进一步的损害。对于合法权益已遭受损害的个体，可以通过单独诉讼或是代表人诉讼等私益诉讼形式来解决赔偿问题。而生态环境民事公益诉讼不仅包括"对人的损害"更多的是"对生态环境的损害"，这类损害的承受者是整个社会，只能由法律授权的机关或组织要求破坏生态环境者承担作为恢复原状的生态环境修复费用和作为补偿性损害赔偿的生态环境修复期间服务功能损失，以达到对"生态环境的损害"予以救济的公益诉讼目的。①

（二）关于检察机关提起民事公益诉讼诉讼请求与有关组织提起民事公益诉讼诉讼请求的同一性

检察机关提起民事公益诉讼，不是对于检察机关权力的创设，而是一种职责义务，是对有关组织提起民事公益诉讼的补充和协助。最高人民检察院副检察长张雪樵称："检察机关提起民事公益诉讼的主体定位是补充性的，只有当国家和社会缺乏提起民事公益诉讼的社会组织时，才需要检察机关充当公益诉讼的主体；而一旦社会组织提起诉讼，就应当依法退之。"②因此，对于检察机关或是有关组织提起民事公益诉讼的诉讼请求不应存在差别。上文中提到的问题猪肉公益诉讼案于 2017 年 9 月 20 日在深圳市中级人民法院开庭审理，广东省消费者委员会要求李某文等 20 人按销售金额的十倍标准承担赔偿金 1006.2 万元。这个"赔偿金"并不是直接的损害赔偿，而是惩罚性赔偿，该诉讼请求并不能表明检察机关提起民事公益诉讼可以提出的诉讼请求与有关组织提起民事公益诉讼可以提出的诉讼请求存在差异。然而民事公益诉讼的惩罚性赔偿请求缺乏明确的法律条文支撑，

---

① 柯阳友.民事公益诉讼重要疑难问题研究[M].北京：法律出版社,2017.
② 张雪樵在 2017 年 9 月国家检察官联合会年会上的发言。

广东省消费者委员会的诉求能否得到人民法院的支持还有待检验。至于在消费民事公益诉讼中能够适用惩罚性赔偿请求以及如何适用，笔者将在下文着重论述。

（三）关于民事公益诉讼的惩罚性赔偿请求

惩罚性损害赔偿（punitive damages），也称示范性赔偿（exemplary damages）或报复性的赔偿（vindictive damages），是指由法庭作出的赔偿数额超出实际的损害数额的赔偿。国外早有民事公益诉讼惩罚性赔偿请求的立法。德国在2004年《反不正当竞争法》修改时创设了"不法收益收缴之诉"，公益团体可诉请经营者将不法收益上交联邦财政。法国的消费公益赔偿诉讼中，消费者团体请求赔偿的额度并非以消费者遭受的实际损失为基础计算赔偿数额，而是对经营者形成有效威慑为限制。

1. 我国民事公益诉讼引入惩罚性赔偿请求的必要性

民事损害赔偿的基本原理是填补原则，即损害多少赔偿多少。然而公益诉讼制度本身就是对"无利益即无诉权"理论的突破，为实现公益诉讼目的即维护社会公共利益，民事公益诉讼的损害赔偿不应限定于直接损害。就生态环境公益诉讼案件而言，侵权行为人有较为严重的主观过错，其通过侵害行为换取经济利益，侵害了全社会对生态环境资源的享有权，破坏了经济社会的可持续发展。生态环境损害发生时无法评估其后果的严重性，而且修复成本随时间发生变化，因此直接损害赔偿实际上难以完成生态环境的完全修复，也不能平复社会公众对生态环境破坏行为的愤怒和不满情绪。就消费民事公益诉讼案件而言，特别是本文研究的食品药品安全领域的消费民事公益诉讼，经营者的行为直接对消费者的身体健康造成损害。但该不法行为形成的侵害是小额的、分散性的，消费者由于对诉讼成本的顾虑，不会通过私益诉讼寻求权益救济。大量消费者的权益得不到救济，客观上也造成了对公共利益的损害。同时经营者保留了其不法利益，没有得到应有的制裁，法律也无法形成有效的威慑，以遏制其他同类不法经营行为。比如我院近期立案审查的蒋某等人销售假盐民事公益诉讼案，被告蒋某曾因销售假盐被判处有期徒刑并处罚金。时隔两年后，蒋某又因销售假盐触犯刑法被判刑。可见，在有高额利益的诱导下，刑事处罚无法有效制止经营者继续从事不法经营行为。从经济分析法学角度来看，法律行为始终是成本与效益之间的比较，当作出某种行为所需要的成本大于其所预期的收益时,这种行为将受到抑制。① 因此,我国民事公益诉讼极有必要引入惩罚性赔偿请求,对生态环境破坏者、食品、药品的不法经营者给予惩罚,并警示其他潜在的环境破坏者、食品、药品的不法经营者不要实施类似行为,从而使法律权威及社会公共利益得到有效的维护。

2. 我国民事公益诉讼引入惩罚性赔偿请求的可行性

我国立法上有对惩罚性赔偿的规定,如《侵权责任法》第 47 条、《消费者权益保护法》第 55 条第 2 款、《食品安全法》第 148 条第 2 款。问题猪肉公益诉讼案中,广东省消费者委员会提出的 1006.2 万赔偿金诉讼请求就是依据《食品安全法》所规定的"价款十倍"计算的。惩罚性赔偿不需要统计生态环境侵权行为受害者或受害消费者所遭受的损害,赔偿金计算难度小,也不需要分配给受损个体,不会产生公益和私益混淆的问题。② 生态环境民事公益诉讼的惩罚性赔偿可以生态环境修复费为计算标准,而消费民事公益诉讼则以经营者获取的不法收入为计算标准,操作性和可行性强。对于胜诉后获得的公益性赔偿金,可以成立专项公益诉讼赔偿管理基金进行赔偿费用管理,设立监管组织,统一管理使用。

3. 惩罚性赔偿与罚金是否同时适用?

在上文表 1、表 2 所列举的 11 个民事公益诉讼案件中,有 5 个案件的被告因侵害生态环境行为或不法经营行为触犯刑法,被判处了罚金刑。在行为人侵害生态环境或不法经营的行为既侵害了社会公共利益,又违反了刑法的情况下,惩罚性赔偿请求与罚金刑能否同时适用? 惩罚性赔偿、罚金刑的作用都是对加害人予以经济上的惩戒,同时课以惩罚性赔偿与刑法罚金有过度惩罚加害人之嫌。因此,笔者认为,检察机关在履行审查起诉职责时发现行为人的行为同时符合刑事责任与民事公益诉讼案件民事责任的构成要件时,应直接提起刑事附带民事公益诉讼,以减少诉讼成本。而对于刑罚部分已判处了罚金的,可以在民事公益诉讼部分减少其惩罚性赔偿的数额。如果刑事案件已判决,在后提起的民事公益诉讼案件中,被告可以已判处了罚金刑为由进行抗辩,要求减少惩罚性赔偿数额。

---

① 张艳蕊.民事公益诉讼制度研究——兼论民事诉讼机能的扩大[M].北京:北京大学出版社,2007.

② 柯阳友.民事公益诉讼重要疑难问题研究[M].北京:法律出版社,2017.

行政公益诉讼举证责任分配探析

黄艳霞* 肖 娟**

　　随着行政诉讼法的修改，检察机关被全国人大授权成为唯一法定的行政公益诉讼人，当行政机关的违法行为或者不作为侵害了公共利益或者有侵害危险时，为了保护公益，由检察机关依法向人民法院提起行政公益诉讼。行政公益诉讼的启动主体只能是检察机关，自然人、法人、社会组织等社会主体不能启动行政公益诉讼。既然检察机关是行政公益诉讼的唯一启动主体，那么在诉讼中，检察机关为了切实维护社会公益，必然要充分利用调查核实权大量收集证据来支撑其诉讼主张，至于检察机关要对哪些证明事项承担举证责任，仅有《人民检察院提起公益诉讼试点工作实施办法》（以下简称《公益诉讼试点办法》）第45条系统性的规定了三种情况下检察机关承担举证责任。从行政公益诉讼试点情况来看，相对于行政机关而言，检察机关担负了绝大部分的举证任务，已经突破了《公益诉讼试点办法》第四十五条所规定的承担初步的举证责任。本文通过对行政公益诉讼举证责任理论探讨，以试点地区办理的相关行政公益诉讼案为例，讨论行政公益诉讼举证责任分配的相关问题，为完善行政公益诉讼举证责任提出合适建议。

一、行政公益诉讼举证责任配置理论

（一）行政公益诉讼举证责任的相关概念

　　从字面上看，行政公益诉讼与行政诉讼的区别在于多了"公益"两个

＊ 汉寿县人民检察院检察长。
＊＊ 汉寿县人民检察院民行科检察官。

字，由此可见，行政公益诉讼是一类保护社会公益的行政诉讼，在性质上隶属于行政诉讼范畴。目前还没有相关法律法规对行政公益诉讼概念进行界定，有学者提出行政公益诉讼的概念为："行政公益诉讼是指法律规定的有权提起行政公益诉讼的主体认为行政机关违法作为或者不作为的行政行为对国家和社会公共利益产生损害，或者有产生损害的危险时，依据法律的规定向法院提起的请求审查被诉行政行为的合法性的一种行政诉讼。"①

在民事、刑事、行政三大诉讼程序中，举证与质证都是庭审过程的关键环节，被理论界称为"诉讼的脊梁"，当事人能否提出确实充分的证据来证明自己的主张，关系到胜诉还是败诉的诉讼结果。举证责任是一个证据法概念，对其理解，有通说认为，举证责任并不自始至终停留在某一方当事人，当事人只在案件事实的某些方面承担证明责任，举证责任在双方当事人之间可以转移。

（二）我国行政公益诉讼举证责任的相关规定

我国的《行政诉讼法》、最高人民法院《关于〈中华人民共和国行政诉讼法〉若干问题的解释》（以下简称《诉讼法解释》）、《最高人民法院关于行政诉讼证据若干问题的规定》对行政诉讼的举证责任有原则性的规定。《行政诉讼法第》三十四条规定，被告对作出的行政行为负有举证责任，应当提供作出该行政行为的证据和所依据的规范性文件。被告不提供或者无正当理由逾期提供证据，视为没有相应证据。但是，被诉行政行为涉及第三人合法权益，第三人提供证据的除外。第三十七条规定，原告可以提供证明行政行为违法的证据。原告提供的证据不成立的，不免除被告的举证责任。从这两条规定来看，都没有规定行政诉讼原告对何种事项承担举证责任。

再看《公益诉讼试点办法》，该办法第四十四条明确规定，检察机关提起行政公益诉讼应当提交的材料包括行政公益诉讼起诉书，以及国家和社会公共利益受到侵害的初步证明材料。该办法第 45 条规定了检察机关提起行政公益诉讼对三类事项承担举证责任，一是证明起诉符合法定条件；二是人民检察院履行诉前程序提出检察建议且行政机关拒不纠正违法行为或者不履行法定职责的事实；三是其他应当由人民检察院承担举证责任的事项。从性质上看，该条规定的前两类事项，即证明起诉符合法定条件和证

---

① 周敏．行政公益诉讼中检察机关举证责任问题研究[J]．法制与社会，2016(6)．

明履行诉前程序后行政机关不纠正或者不履行，都是要求检察机关对程序性事项承担举证责任，至于由谁对实体性事项，包括国家和社会公共利益是否受到侵害、受侵害的程度、行政机关的违法行为或者不作为与公共利益受侵害之间的因果关系等承担举证责任，该条仅用一个兜底条款来模糊规定"其他应当由人民检察院承担举证责任的事项"，这显然是不足以充分指导行政公益诉讼司法实践的。

（三）行政公益诉讼举证责任的观点介绍

由于上述条文对行政公益诉讼举证责任的模糊规定与司法实践的严重不符，引发了理论界对行政公益诉讼举证责任的探讨，对于究竟该如何配置举证责任，还没有定论。主要有三种观点：一是认为应该遵循《行政诉讼法》确定的"举证责任倒置"，由行政机关对其行政行为合法性承担举证责任，检察机关对主要事实承担初步证明责任。因为尽管检察机关具有较强的调查取证能力，对于行政行为违法性和行为危害后果的调查能力相较于公民、法人或者其他组织有明显优势。但毕竟检察机关不是行政相对人，难以及时、全面的掌握行政机关违法行使职权或不作为的证据。二是认为可以按照《民事诉讼法》中"谁主张，谁举证"的举证原则来确定行政公益诉讼的举证责任。因为检察机关在人、财、物、技术手段等方面与行政机关不相上下，在收集证据能力方面与行政机关相当，故在责任分担上没必要再适用举证责任倒置的原则。三是认为应当合理分配检察机关与行政机关的举证责任。如果要求检察机关承担过重的举证责任，势必会打消检察机关提起诉讼的积极性，不利于对国家和社会公共利益的保护，所以应当是检察机关承担提出初步证据的证明责任，证明被告的行为损害国家利益和社会公共利益的事实，行政机关仍应当承担证明自己的行政行为合法性的举证责任。[①] 第三种观点得到了普遍认可，笔者也同意第三种观点。因为从诉讼结构上来说，诉讼是建立在法律地位平等主体之间，为了维持诉讼平衡，应当根据行政公益诉讼的法律特性对公益诉讼人即检察机关和被告即行政机关科学配置举证责任，而不是单一、盲目的适用"举证责任倒置"和"谁主张、谁举证"。

---

① 张平龙.论检察机关提起行政公益诉讼，正义网。

二、行政公益诉讼试点中的举证责任分配现状

自行政公益诉讼试点以来,13 个省市试点地区办理了大量的行政公益诉讼案件,仅北京一地就办理了行政公益诉讼诉前程序案件 64 件,提起行政公益诉讼 11 件。从《检察机关提起公益诉讼实践与探索》一书(最高人民检察院民事行政检察厅编)中选登的 13 件行政公益诉讼案件来看,检察机关都承担了大量的举证责任。举证责任作为诉讼的脊梁,一定程度上影响着检察机关提起行政公益诉讼制度的关键。

(一)行政公益诉讼试点中检察机关承担的举证责任

从试点情况来看,13 个试点地区的检察机关均承担了大部分的举证责任,远远超出了《公益诉讼试点办法》规定的 3 点范围。例如,全国首例行政公益诉讼案山东省庆云县人民检察院诉庆云县环境保护局案中(以下简称"庆云县环境保护局案")①,庆云县人民检察院在前期调查核实阶段做了大量工作,多层面调取证据,在公益诉讼庭审中出示了 7 组 66 份证据,分别证明以下事项:第一组证明庆云县人民检察院作为公益诉讼人主体资格合法;第二组证明被告庆云县环境保护局对庆云县环境保护负有监管职责;第三组证明案件来源系公益诉讼人履职中发现、庆顺公司长期违法生产;第四组证明公益诉讼人向被告发出检察建议及被告回复的情况;第五组证明被告在收到检察建议后,仍然怠于履职,社会公共利益持续受到危害的情况;第六组证明被告批准庆顺公司试生产的行政行为违法;第七组证明被告批准庆顺公司试生产延期的行政行为违法。从以上证据分组情况来看,结合《公益诉讼试点办法》的规定,第一、二组证据证明了《公益诉讼试点办法》第 45 条第 1 项规定的"起诉符合法定条件",第四、五组证据证明了《公益诉讼试点办法》第 45 条第 2 项规定的"人民检察院已在诉前程序提出检察建议且行政机关不履行法定职责的事实",第三、六、七组证据证明了《公益诉讼试点办法》第 45 条第 3 项规定的"其他应当由人民检察院承担责任的事项"。

由此可见,在行政公益诉讼试点实践中,检察机关的举证责任不仅对程序性事项如起诉主体适格承担举证责任,还对实体性事项如国家和社会

---

① 〔2015〕庆行初字第 54 号.

公共利益受到侵害等事项承担举证责任；不仅对检察机关自身履行了诉前程序承担举证责任，还对行政机关行政行为合法性承担举证责任；不仅对行政机关的行政作为违法且拒不纠正承担举证责任，还对行政机关不履行法定职责的行政不作为承担举证责任；不仅对国家和社会公共利益受到侵害的状态承担举证责任，还对行政机关的违法行为与国家和社会公共利益受到侵害的事实之间具有因果关系以及国家和社会公共利益受到侵害的程度承担举证责任。检察机关赋予自身如此沉重的举证责任，彰显了其通过公益诉讼守卫公益的决心，同时给检察机关带来了空前的工作压力。

（二）行政公益诉讼试点中行政机关承担的举证责任

无论是《公益诉讼试点办法》还是《人民法院审理人民检察院提起公益诉讼案件试点工作试点办法》，都没有对行政机关的举证责任进行规定。从以上两个文件的性质上来说，都不是司法机关与行政机关共同出台，而是司法机关对各自某项工作的规定，自然不能规定行政机关的权责；都是工作实施办法，不及法律、法规、司法解释等具有普遍约束力，所以两高的试点办法都没有对行政机关的举证责任进行规定便不足为怪。

再看庆云县环境保护局案，被告庆云县环境保护局在法定举证期限内向人民法院提交了4组共15份证据，分别是：第一组证明庆云县检察院提起公益诉讼后，被告采取了一系列措施及时制止庆顺公司的违法生产行为；第二组证明庆云县检察院提起公益诉讼后，被告认识到未履职到位，对庆顺公司下达《罚款(加处罚款)催缴通知书》；第三组证明被告认识到庆顺公司长期达不到验收条件的情况下，疏于审查，作出批复其试生产的行政行为明显不当，不符合相关法律规定；第四组证明被告直接收取庆顺公司罚款后交付县财政。从上述分组证明事项来看，作为被告的行政机关仅对公益受到损害后作出的补救措施提出证据，以证明行政机关履行了相应的职责。

尽管行政机关在公益诉讼庭审中也提出了证据，但却不是依据举证责任来举证，而是为了提出证据对抗检察机关的诉讼主张。所以，在行政公益诉讼的试点期间，部分案件的行政机关是不承担举证责任的，尽管诉讼结果是行政机关败诉，但却不是因为行政机关举证不能，而是行政机关的行政违法行为或者不作为损害了社会公益。这一点，与刑事公诉案件类似，众所周知，检察机关承担公诉案件举证责任，被告人不承担举证责任，但被告人可以提出无罪或者罪轻的证据,当公诉方指控被告犯罪达到事实清楚、证据确实、充分的标准,审判机关会判决认定公诉机关的指控,对被告人宣布有罪承担不利诉讼后果,相当于公诉机关胜诉被告人败诉。被告人败诉承担不利后果却不是因为其举证不能而是基于被告人违法犯罪。

三、完善行政公益诉讼举证责任分配的建议

行政公益诉讼已经从试点走向全国,检察机关提起行政公益诉讼的主体资格已经从人大部分授权走向法律授权,《公益诉讼试点办法》所规定的举证责任分配已经无法适应公益诉讼如火如荼蓬勃发展的现实需要,亟须顶层设计从立法层面出台具有普遍约束力的法律、法规或者司法解释来规定公益诉讼的举证责任制度。

(一)明确行政公益诉讼双方举证责任范围

合理的举证责任应当"有利于减少和抑制行政纠纷的产生,特别是对无理缠讼的行为也有一定的平抑功能。从这个意义上讲,举证责任包含了息诉止争的功能"①。检察机关作为法律监督机关,由检察机关提起行政公益诉讼,一方面是监督行政机关依法行政,一方面增强了行政检察监督的威慑力,在诉讼价值层面,都是为了维护"公益"。合理分配行政公益诉讼双方的举证责任,应当由检察机关承担被告的行为损害公益或即将损害公益的事实的举证责任,被告仍应当承担证明自己的行政行为合法性的举证责任。

1.检察机关的举证责任

对国家和社会公共利益受到侵害的事实承担举证责任。如果没有公益受损,那么就没有提起公益诉讼的前提条件。有学者认为,公益诉讼人对公益受损的证明程度只要达到公益诉讼程序启动的标准即可。② 笔者不予认同,有证据证明公益受到了损害只能启动公益诉讼程序,因为公益受损是一个模糊的概念,具体公益受损到了什么程度,产生了哪些不利后果等等都需要确实充分的证据予以证明,否则可能有败诉风险。

---

① 江必新.完善行政诉讼的若干思考[J].中国法学,2013(1).
② 钱国泉,俞广林,付继博.检察机关提起行政公益诉讼的举证责任分配[J].人民检察,2016(22).

对履行诉前程序提出检察建议且行政机关拒不纠正违法行为或者不履行法定职责的事实承担举证责任。诉前程序作为行政公益诉讼的前置程序，检察机关在提起行政公益诉讼之前要向相关行政机关提出检察建议，督促其纠正违法行政行为或者依法履行职责。行政机关应当在收到检察建议书后一个月内依法办理，并将办理情况及时书面回复检察机关。如果行政机关拒不纠正违法行为或者拒绝履行法定职责，那么检察机关就可以提起公益诉讼了。所以，检察机关需要对诉前程序的相关事项承担举证责任。

对行政机关的法定职责承担举证责任。检察机关提起行政公益诉讼要求被告主体适格，比如在某一行政公益诉讼案件中，可能多个行政机关对公益具有监督管理职责，或者在监管职责上有交叉的地方，选择哪个行政机关作为被告尤为重要，关键看所起诉的行政机关是否具有法定职责。从试点情况来看，甄别哪个行政机关主体适格，除了有法律明确规定外，还可以从政府部门的权力清单中寻找。

2. 行政机关的举证责任

依法行政原则是我国行政诉讼法的基本原则，要求行政机关及其行政公务人员必须依法行使行政权。"依法行政是行政诉讼举证责任分配的根本原则"[①]，要求行政机关要严格履行法律赋予的行政职权，不超越法律授权。由于检察机关提起的行政公益诉讼属于行政诉讼范畴，所以在行政公益诉讼中也应适用依法行政原则，依法行政原则要求行政机关在公益诉讼中应当就其履行法定职责及其合法性承担举证责任。

从行政程序层面来说，行政机关作出行政行为是一个先取证后裁决的过程，意思就是行政主体在作出行政行为之前应当履行实体法所规定的调查义务，达到实体法所规定的证据充分、事实清楚的基础上适用法律，作出正确的行政行为。[②] 因此，在行政公益诉讼中，行政机关也应当遵循"先取证、后裁决"的规则，对其行政行为的合法性承担举证责任。

行政机关对行政行为合法性承担举证责任可以分为两个方面，一是对作出的行政行为是否合法承担举证责任，需要行政机关提供当时作出行政行为的证据和所依据的规范性文件，被告不提供或者无正当理由逾期提供

---

① 刘善春. 行政诉讼举证责任分配规则论纲[J]. 中国法学，2003(3).
② 朱名扬，刘露，任俊琴. 论我国行政诉讼举证责任的分配[J]. 鄂州大学学报，2016，23(4).

证据,视为没有相应证据;二是对行政不作为是否合法承担举证责任,行政机关应当提供证据证明被诉行政事项是否属于行政机关的职权范围。

(二)检察机关应不再对起诉主体适格承担举证责任

随着《行政诉讼法》修改,检察机关被法律授权为唯一的提起行政公益诉讼的起诉主体,既然已经有法律的明确规定,那么检察机关就不再需要就有权提起行政公益诉讼这一问题承担举证责任。因为已有法律明确授权,检察机关的行政公益诉讼起诉主体适格就是不需要提出证据证明的事项。

在行政公益诉讼试点阶段,行政公益诉讼人都向法院提交了大量证据以证明检察院机关作为公益诉讼人主体资格合法。比如前文提到的庆云县环保局案,庆云县检察院就提交了6份证据来证实主体资格合法,包括庆云县人民检察院组织机构代码证、《全国人民代表大会常务委员会关于授权最高人民检察院在部分地区开展公益诉讼试点工作的决定》、《检察机关提起公益诉讼试点方案》、《山东省检察机关提起公益诉讼试点实施方案》、最高人民检察院关于《关于提请批准庆云县人民检察院拟对庆云县环保局提起行政公益诉讼案件的请示》的批复。现在试点已经结束,检察机关已被法律授权提起行政公益诉讼,所以已没有必要再就主体资格问题举证,否则会造成诉讼资源浪费。

类比公诉案件,《刑事诉讼法》规定检察机关是刑事案件公诉机关,检察机关将刑事案件向法院提起公诉,在法庭调查阶段举证质证时,公诉机关不需要就起诉主体适格这一法定事项举证。综上所述,检察机关不再需要对提起行政公益诉讼主体适格承担举证责任。

(三)区分作为类与不作为类行政公益诉讼举证责任

检察机关提起行政公益诉讼,其诉讼对象包括行政机关违法行使职权与不履行法定职责两个方面,因此对作为类与不作为类行政公益诉讼的举证责任进行区别规定。有学者提出:"在作为类的行政公益诉讼中,由被告承担举证责任,应当提供作出该行政行为的证据和所依据的规范性文件;在不作为类行政公益诉讼中,原告应当提供其向被告提出申请的证据,但被告应当依职权主动履行法定职责的,以及原告因正当理由不能提供证据的除外。"①

作为类行政公益诉讼的举证责任分配。从试点情况来看，很少出现检察机关针对行政机关违法行使职权而提起的行政公益诉讼，大部分是针对行政机关的不作为。行政机关违法行使职权的作为类的行政公益诉讼中，应当实行举证责任倒置，由行政机关对其行政行为的合法性承担主要的举证责任，检察机关仅需要证明其履行诉前程序发出了检察建议，以及国家和社会公共利益处于受侵害状态即可。因为依据依法行政原则，行政机关应当提供作出行政行为的依据。除此之外，行政机关对行政行为的依据最了解，这部分证据也直接掌握在行政机关手中，其提供证据更方便。② 因此，在这类行政公益诉讼中，应当由行政机关承担主要举证责任。

不作为类行政公益诉讼举证责任分配。在不作为类行政公益诉讼案件中，应当由检察机关就行政机关不履行法定职责，以及国家和社会公共利益受到侵害承担举证责任。俗话说证有容易证无难，从逻辑上来讲，要求行政机关证明自己没有履行某些职责不具有现实可行性，行政机关也不可能积极提供证据证明自己的不作为对公益造成侵害，检察机关则能够通过证明国家和社会公益受损、行政机关对公益守护具有法定职责这两项内容反证行政机关不作为或者不完全作为。因此，对于实践中大量存在的不作为或者不完全作为的行政公益诉讼案件，检察机关应当就以下内容承担举证责任：第一，行政机关已履行的行政职责未能有效维护社会公益；第二，行政机关应当履行但未履行、维护社会公共利益的其他法定职责；第三，国家和社会公共利益受到的侵害程度。③ 以上三点内容既是整个行政公益诉讼案件中最重要的部分，也是检察机关查办行政公益诉讼案件收集证据的重点，是检察机关向法院提起行政公益诉讼之前必须厘清的问题。

---

① 杨解君，李俊宏.公益诉讼试点的若干重大实践问题探讨[J].行政法学研究，2016(4).

② 孔祥稳，王玎，余积明.检察机关提起行政公益诉讼试点工作调研报告[J].行政法学研究，2017(5).

③ 王玎.检察机关提起行政公益诉讼的举证责任[J].上海政法学院学报（法治论丛），2017(4).

第二编　检察实务专题

第二章 概率论基础

谦抑性原则何以丈量法定犯的"边界"
——对"玉米案"等典型案件的再思考

钟　晋* 周　瑾**

刑法理论上将犯罪分为自然犯与法定犯，自然犯是指在侵害或者威胁法益的同时明显违反伦理道德的传统型犯罪①，如刘邦"约法三章"所提及的故意杀人、故意伤害、盗窃等罪行，普通民众根据伦理道德常识就能认识其社会危害性及刑事违法性。法定犯（又称"行政犯"）是指侵害或者威胁法益但是没有明显违反伦理道德的现代性犯罪②，如非法经营罪、销售假药罪、逃税罪、非法吸收公众存款罪、危险驾驶罪等，此类犯罪系国家为维护社会整体利益而将原本并不违背基本伦理道德标准的行为纳入刑法调整范围，普通民众仅凭常识难以判断其行为性质，特别是难以预见其触犯刑律。随着法定犯的增设，加剧了不断扩张的公权力与受到更多限制的公民自由之间的"紧张"关系，也导致对此类犯罪的司法认定以及社会认知存在诸多争议，而"谦抑性"原则便成为刑事司法过程中调和及化解此类冲突的当然选择。所谓谦抑性原则（又称必要性原则），是指司法机关只有在刑法适用确属必要且无其他适当方法予以替代的前提下，才能将某种违反法律秩序的行为认定为犯罪。它不仅是一项立法原则，同时也是一项司法原则。中国古代先贤就提出过"明德慎刑""法令滋彰而盗贼多有"等主张，可见中国法制史上一直传承着注重刑法谦抑性的人文"血脉"。至近代，谦抑性原则

　＊　湖南省湘潭市人民检察院副检察长。
＊＊　湖南省湘潭市雨湖区人民检察院干部。

①　张明楷.刑法学：第四版[M].北京：法律出版社，2011：95.
②　张明楷.刑法学：第四版[M].北京：法律出版社，2011：95.

由西方思想家深刻阐释并逐渐被奉为立法、司法之准则，也诞生了许多论证刑法"谦抑性"原则法哲学基础的著名论断，如德国法学家耶林警言："刑罚如两刃之剑，用之不当，则国家与个人两受其害"、英国法理学家边沁强调"温和的法律能使一个民族的生活方式具有人性；政府的精神会在公民中间得到尊重"等。诚然，刑法是较其他法律更为"锋利之剑"，法定犯处罚范围的扩张也必然要有所克制。而谦抑性原则，正好具备平衡"刑法规制"与"公民自由"之间矛盾冲突的"先天优势"，其在法定犯司法裁断过程中的作用和意义尤为重大。

笔者试以近年来广受关注的内蒙古王力军非法经营玉米案（以下简称"玉米案"）、天津赵春华非法持有枪支案（以下简称"汽枪案"）、黑龙江鲍凤山等人非法运输珍稀野生动物案（以下简称"猕猴案"）、湖南陆勇销售假药案（以下简称"假药案"）例，浅议如何以"谦抑性"原则来准确丈量法定犯"罪与非罪"的"边界"。

一、谦抑性原则介入法定犯"罪与非罪"冲突的特定缘由

单从刑法理论上分析，法定犯的认定仅需要根据法律来判定其违法性即可，看似比自然犯的认定更为简单，但法定犯原本是在公民伦理道德常识之外另行设定"刑法规范"与"公民自由"的分界线，由于法定犯法律条文的抽象性、对公民自由规制的超道德性、社会关系的复杂性等因素，便给法定犯的裁断留下来诸多的"边界纠纷"。法定犯的认定并非想象中那么简单根据法条"照本宣科""对号入座"即可，不仅经常会遇到法与道德的冲突，也会常有对法条自身理解的分歧，而在一些处罚对象特殊、行为性质特殊的案件中表现得尤为突出，这也为"谦抑性"原则的介入开辟了广阔空间。上述四起特殊案例，便会使司法人员在裁断案件自然而然的考虑到谦抑性原则的适用。

（一）特殊的案件主体

"玉米案"中的王某军是农闲时从粮农手中收购粮食卖到粮库、赚取约每斤 3 分钱差价的普通农民。"汽枪案"中的赵春华是为生计奔忙，摆个小摊赚些小钱的"邻家"大妈。"猕猴案"中的鲍凤山等人是世世代代以耍猴为生的河南新野民间艺人，农闲时按照传统习惯带着自家驯养的猕猴外出讨生活。"假药案"中的陆勇虽是一名私营企业主，但因身患白血病而不堪药

价重负,只好从境外购买廉价药"续命"并为众多白血病友代购此类药品。这四起案件的处理,不仅影响到个案当事人的罪与非罪,更与其所属社会群体的命运息息相关——赚点"辛苦钱"的粮贩子们还能不能继续养家糊口的生意?从小就印象深刻的街边"汽枪打靶"摊贩是否将被整体取缔?民间祖传的新野猴戏是否会因触碰刑律而逐渐消失?不堪高价药重负的白血病患者们是否能在"生存"与"违法"之间做出"最好的选择"?

面对这些"一不小心"游走在犯罪边缘的普通百姓,以及他们身后同样面临犯罪风险的"弱势"群体,谁都能意识到应该慎用这把"双刃之剑"。

(二)特殊的行为性质

这四起案件如以犯罪论处,虽执法效果"不甚理想",但其刑事违法性却都"有据可查":

(1)"玉米案"中,无证照收购粮食在案发地较为常见,既能增加农民收入又能有益于粮食市场运行。但国家粮食局《粮食收购资格审核管理暂行办法》(国粮政〔2004〕121号)第8条规定"凡常年收购粮食并以营利为目的,或年收购量达到50吨以上的个体工商户,必须取得粮食收购资格";国务院《粮食流通管理条例》(2013年5月31日国务院第10次常务会议通过,自公布之日起施行)第41条第1款规定"未经粮食行政管理部门许可或者未在工商行政管理部门登记擅自从事粮食收购活动的,由工商行政管理部门没收非法收购的粮食;情节严重的,并处非法收购粮食价值1倍以上5倍以下的罚款;构成犯罪的,依法追究刑事责任";最高人民法院《关于准确理解和适用刑法中"国家规定"的有关问题的通知》第1条规定"……以国务院办公厅名义制发的文件,符合以下条件的,亦应视为刑法中的'国家规定':①有明确的法律依据或者同相关行政法规不相抵触;②经国务院常务会议讨论通过或者经国务院批准;③在国务院公报上公开发布"。王力军收购玉米的经营数额达21万余元,也已超过5万元的立案标准。在上述依据中,有人对国家粮食局的规定是否属于"国家规定"提出质疑,但国务院的规定也明确粮食收购需要有相应资格,当时一审判决认定王力军的行为属于"其他严重扰乱市场秩序的非法经营行为"确有根据。后来《粮食收购资格审核管理暂行办法》于2016年9月14日被废止,国家粮食局2016年11月新出台的《粮食收购资格审核管理办法》规定,农民、粮食经纪人、农贸市场粮食交易者等从事粮食收购活动,无须办理粮食收购资格。但是这已是王力军案一审判决生效之后，2016年4月15日巴彦淖尔市临河区人民法院认定王力军犯非法经营罪，判处有期徒刑一年、缓刑二年，并处罚金两万元。因是缓刑判决，王力军没有提出上诉。

（2）"汽枪案"中，因生活窘迫而摆设小摊的赵春华，很难想象她有持枪违法乱纪的"恶意"，但其明知所持枪形物具备一定杀伤力且不能通过正常途径购置，经天津市公安局物证鉴定中心鉴定，涉案9支枪形物中的6支为能正常发射、以压缩气体为动力的枪支。尽管有人质疑枪支鉴定标准的科学性、合理性，而这已经超出司法人员的个案裁断范畴。

（3）"猕猴案"中，在河南新野传承千年的民间猴戏已被列入国家非物质文化遗产，养猴、驯猴、耍猴是当地风俗，但鲍凤山等人未办理任何证照将6只猕猴从河南新野运至黑龙江省等地演出，根据最高人民法院《关于审理破坏野生动物资源刑事案件具体应用法律若干问题的解释》及附表名录的规定猕猴属国家二级保护动物，非法运输6只已属情节严重。

（4）"假药案"中，陆勇代购的印度仿制药经其本人和众多患者服用后，疗效不亚于瑞典正牌药，而其药价却极为低廉，因病致贫的白血病患者被逼无奈才委托陆勇采取这一自救行为，许多患者因此得以续命。但是刑法第141条第2款规定销售假药罪中的"假药"，是指依照《中华人民共和国药品管理法》的规定属于假药和按假药处理的药品、非药品；《中华人民共和国药品管理法》第48条规定"按假药论处"的情形，包括"依照本法必须批准而未经批准生产、进口，或者依照本法必须检验而未经检验即销售的……"陆勇代购的大量印度仿制药虽有真疗效，但确系《药品管理法》所规定未经批准、检验而进口的"假药"，侵害了我国正常的药品管理制度。

上述四起案件的行为人都有各自情有可原的"苦衷"，对其行为进行刑事惩罚也未必是立法的"初衷"。如果仅以"冷冰冰"的法条将他们送进监狱，除了彰显刑法的严酷之外，一点也不能增进甚至还会有损民众对法的信仰。这时，司法人员还应机械的"依法办事"吗？而要体现法律的"温度"，离不开谦抑性原则的指引。由此看来，法定犯的裁断也是一门"技术活"，绝不是粗略查看一下法条，结果便能一目了然。

二、谦抑性原则弥合法定犯"罪与非罪"冲突的司法路径

法定犯系出于特定的行政、经济管理目的而设立，其刑事违法性也以

违反相关行政法、经济法为前置条件，而自然犯在具备刑事违法性之外并无双重违法的要求；且随着社会的发展变化，法定犯的类型亦经常随之作出调整，或增设、或废除、或变更，如 1997 年刑法废除投机倒把罪、"修九"增设组织考试作弊罪、非法利用信息网络罪等，而自然犯的类型却相对稳定。由此可见，谦抑性原则在法定犯裁断过程中的运用，应当把握法定犯的上述特征，即注重其特殊目的性、双重违法性以及对社会复杂现象的适应性，以严谨的思辨逻辑和对立法意图的深刻理解来诠释法律条文，弥合"罪与非罪"的边界纷争。

（一）谦抑性原则实现路径的个案差异

上述四起案件都引发了媒体的广泛热议及高层关注，都有着"过山车式"的诉讼经过，也都在谦抑性原则的指引下对法定犯的立法目的、违法前置条件以及对具体问题的适应性等作出了相应的司法判断，但各有不同的裁断结果，也体现了不同司法人员在调和罪与非罪或规范与自由的"边界冲突"时各自的"谦抑主张"：

（1）"玉米案"中对"市场"的完全顺应，就"口袋条款"作出严格解释。最高人民法院于 2016 年 12 月 16 日就该起基层法院裁判的案件作出再审决定，指令巴彦淖尔市中级人民法院对本案进行再审。最高法认为，在司法实践中对刑法第 225 条非法经营罪第四项"其他严重扰乱市场秩序的非法经营行为"的适用应当特别慎重，相关行为需有法律、司法解释的明确规定，且要具备与前三项规定行为相当的社会危害性和刑事处罚必要性，严格避免将一般的行政违法行为当作刑事犯罪来处理。就本案而言，王力军从粮农处收购玉米卖予粮库，没有严重扰乱市场秩序，且不具有与刑法第 225 条规定的非法经营罪前三项行为相当的社会危害性，不具有刑事处罚的必要性。巴彦淖尔中院于 2017 年 2 月 17 日改判王力军无罪。

（2）"汽枪案"中对"禁令"的有限调和，以"改判缓刑"体现相对合理。天津市河北区人民法院于 2016 年 12 月 27 日以赵春华犯非法持有枪支罪判处有期徒刑三年六个月。天津市第一中级人民法院于 2017 年 1 月 26 日作出二审判决，认定赵春华明知其用于摆摊经营的枪形物具有一定致伤力和危险性，无法通过正常途径购买获得而擅自持有，具有主观故意；其非法持有以压缩气体为动力的非军用枪支 6 支，依照刑法及相关司法解释的规定，属情节严重，应判处三年以上七年以下有期徒刑。考虑到赵春华非法持有的枪支均刚刚达到枪支认定标准，其非法持有枪支的目的是从事经营，主观恶性程度相对较低，犯罪行为的社会危害性相对较小，二审庭审期间认罪、悔罪，对其量刑依法予以改判，以非法持有枪支罪判处上诉人赵春华有期徒刑三年，缓刑三年。

（3）"猕猴案"中对民俗的适当让步，在"违法确认"同时网开一面。黑龙江省东京城林区基层法院于 2014 年 9 月 23 日以非法运输珍稀野生动物罪判决鲍凤山等人免予刑事处罚，鲍凤山等人不服提出上诉。黑龙江省林区中级人民法院于 2015 年 1 月 20 日作出二审判决，认定鲍凤山、鲍庆山、田军安、苏国印在未凭驯养繁殖许可证向行政主管部门申请办理运输证明的情况下，将国家二级重点保护野生动物猕猴从河南省新野县携带至黑龙江省牡丹江市，违反了国家野生动物保护法规关于运输、携带国家重点保护野生动物出县境必须经省级人民政府野生动物行政主管部门或者其授权单位批准的规定。但 4 名上诉人利用农闲时间异地进行猴艺表演营利谋生，客观上需要长途运输猕猴，在运输、表演过程中，并未对携带的猕猴造成伤害，故 4 名上诉人的行为属于情节显著轻微，危害不大，可不认为是犯罪，故改判无罪。

（4）"假药案"中对生命的充分尊重，将"价值考量"与"技术分析"结合彰显司法理性。该案经湖南省沅江市公安局侦查终结，于 2014 年 4 月 15 日以陆勇涉嫌妨害信用卡管理罪、销售假药罪向沅江市人民检察院移送审查起诉。沅江市人民检察院于 2014 年 7 月 22 日对陆勇以妨害信用卡管理罪、销售假药罪向沅江市人民法院提起公诉。因陆勇经传唤不到案，沅江市人民法院于 2014 年 12 月 23 日裁定中止审理，次日对陆勇作出逮捕决定。2015 年 1 月 10 日，陆勇被执行逮捕。同月 27 日，沅江市人民检察院向沅江市人民法院撤回起诉，同月 29 日，由该院决定对其取保候审。2015 年 2 月 26 日，沅江市人民检察院对本案作出绝对不起诉处理，并制作了详细具体、论证充分的"不起诉释法说理书"。该案"释法说理书"中指出，陆勇的行为是买方行为，并且是白血病患者群体购买药品整体行为中的组成行为，寻求的是印度赛诺公司抗癌药品的使用价值，不是销售行为，不构成销售假药罪。陆勇为用于代购药品结算而有购买使用虚假身份证明骗领的信用卡的行为，但情节显著轻微，危害不大，不认为是犯罪。陆勇的行为虽然在一定程度上触及了国家对药品的管理秩序和对信用卡的管理秩序，但其行为对这些方面的实际危害程度，相对于白血病群体的生命权和健康权来讲，是难以相提并论的。此案中的问题，完全可通过行政的方法来处理，如果不顾白血病患者群体的生命权和健康权，对陆勇的上述行为运用刑法来评价并轻易动用刑事手段，不符合刑法的谦抑性原则。

(二)谦抑性原则实现路径的共性特征

四起个案因为案情特殊而将谦抑性原则的适用差异呈现得更为明显、更为尖锐，不同的案件裁判的理据、把握的尺度、追诉"刹车"的程序都不尽相同。但笔者认为，我们可以从中发现谦抑性原则运用于法定犯裁断实的共性特征：

(1)谦抑性原则用于法定犯裁断，虽不要求进行道德考量，但绝不能抛弃价值判断。在司法实践中，从立法目的出发进行价值考量以准确诠释法律，并不是以道德代替法律，这还是体现谦抑性原则的最典型特征。任何一个执法者想必都能理解四案中被追诉对象的苦楚，"玉米生意"是当地群众广泛从事的"大众产业"，"汽枪摊位"是从他人手中才接过来两个月且并非独此一家的"旧营生"，异地耍猴是自东汉以来新野民间艺人们维持生计的非物质文化遗产，代购"假药"是为病友重燃生命之火的救命义举，当其行为似乎触碰法网却深感其情可悯时，究竟如何裁断？在此情形下，司法又如何坚守谦抑品格、彰显人文关怀？当执法者挥舞法律之剑后，不但没有伸张正义的成就感，反而有良心不安的忐忑，到底是法律本身有问题还是执法者对法律的理解有问题？西方有句法谚"法律不是嘲笑的对象"，如果解读法律的结论与公众的基本善恶标准背道而驰，那只能说是执法者的"任性"理解制造"恶法"，以强人之所难、逆民之所愿的执法意见，扭曲法律的本意，破坏公众对法律的信仰。上述四起案件，三起作无罪处理、一起作缓刑判决，尽管有人仍对案件改判的滞后性、不彻底提出质疑，但我们仍可看到对法律价值的本质追求在法定犯的认定过程中产生了重大影响，而最终的司法裁判也没有简单"盲从"于民意舆情、道德评价，仍是在法定框架内作出审慎的裁判。

(2)谦抑性原则用于法定犯裁断，只有进行时，没有完成时。四起案件中我们都看到了司法裁断的审慎，都在尽力恪守谦抑性原则诠释法律，切实尊重广大群众的法感情，尽量为法定犯的罪与非罪划定最科学的界限。如在"假药案"中，判定白血病患者间互助救命的代购药品行为，系谋求药品使用价值的购买行为,不属于销售假药犯罪意义上的"销售"行为。但当这四起案件尘埃落定之后,但我们发现仍有许多遗留问题:①"玉米案"中,最高法强调"其他严重扰乱市场秩序的非法经营行为"的种类需有法律、司法解释的明确规定,且要具备与前三项规定行为相当的社会危害性和刑事处罚必要性。但法律及司法解释的"负面清单"是否足够明确、相当性的认定标准又存在多大"自由裁量"空间?②"汽枪案"中,赵春华案以维持定罪改判缓刑的"折中"方式来解决,而类似案件却有着不同的处理方式。2012年北京市大兴区人民检察院曾办理的两起非法买卖枪支案,案件当事人系玩具经销商,将枪状物当作玩具枪售卖,但经鉴定其所出售物系枪支,此两案经向上级检察机关请示后,以无证据证明行为人主观上有非法买卖刑法意义上枪支的故意为由作存疑不起诉处理(案件信息源于"京华时报"微信公众号)。同理,赵春华是否具备持有刑法意义上枪支的故意、是否具备非难可能性、是否有刑事处罚的必要性等方面均有待深入研究。试想,如果赵春华的刑罚档次必须超过三年、没有适用缓刑的回旋余地,本案又将如何"折中"处理?③"猕猴案"中,从一审定罪免刑到二审宣告无罪,法院从情节是否显著轻微的社会危害程度上作出了自由裁量,但"情结显著轻微"的判断过多依赖于司法官员的主观认识,而本案的核心问题——因袭上千年的异地耍猴行为是否属于非法运输珍稀野生动物犯罪意义上的"运输"行为,并无最终的犯罪性质判断。

(3)谦抑性原则用于法定犯裁断,虽意义重大,但过程曲折。法律条文的抽象性带来法律适用过程中的各种难题,而更抽象的谦抑性原则在实践运用过程中更是有诸多困难。这四起案件便是例证,如果没有社会公众广泛关注、没有上级机关甚至是最高司法机关的高度重视等多重因素,刑事追诉的"车轮"可能依旧向前碾压,个别弱势群体的境遇将更为不堪。公检法三机关在办案过程中的相互制约、检察机关的法律监督、法院的审判权威等,都有诸多值得反思的问题。虽然获得迟到的正义,但司法机关的反思不能依旧迟到。如"猕猴案"中的二审法官最终从黑龙江专程赶赴河南新野异地宣判鲍凤山等人无罪,而在这场为保护野生动物而启动的刑事追诉程序中,被侦查机关"保护性"寄养到当地公园的 6 只猕猴,在当事人获释后去找寻时,竟得知其中 1 只成年猴已经死亡。

三、谦抑性原则化解法定犯"罪与非罪"冲突的素能要求

贯彻谦抑性原则以准确丈量法定犯的"边界"，最终都要通过高素质的执法者来实现。清末法学家沈家本有句名言："夫法之善者，仍在有用法之人，苟非其人，徒法而已……有其法者尤贵有其人矣。大抵用法者得其人，法即严厉亦能施其仁于法之中。用法者失其人，法即宽平亦能逞其暴于法之外。"此至理名言，亦为今日之良策，而提升执法人员准确把握谦抑性原则的能力，应从以下三点着手。

（一）执法者应存良善之心

四起案件夹杂着市场需求、民俗传统、社会常态、求生本能与法律制度的现实冲突，不仅考量执法者是否掌握娴熟的司法技艺，更考验执法者是否具备正确的司法价值观。古罗马法学家塞尔苏斯曾说："法律是善良公正的艺术"，善良与公正皆是法律的精髓，也是法律人理解法律、执行法律时应当具备的品性。对法律的认识并不排斥人类社会基本价值追求的考量，"法律之内，应有天理人情在"。如此，才有司法的人文关怀。执法者理解法律时既要有除恶务尽的严厉，也要有谦抑仁爱的温和，以良善之心探求法律的本意。当某一执法行为可能冲撞社会公众基本的善恶准则，甚至给执法者自身带来者良心上的纠结时，所执行的就"并非法律"。此时"即使名称是法，但如果其中缺少正义理念，它就没有作为法的价值，而是单纯的暴力"①。此刻，执法者应深刻反思此类执法行为是否有违立法原意，其执法效果能否引导民众更加信仰法律、崇尚法律。

（二）执法者应通辨识之法

良善之心可以指引执法者不偏离基本的价值导向，但要在执法过程中解决疑难复杂问题、得出精准司法结论却须通晓辨识之法。所谓辨识之法不单纯是对法律条文、概念等烂熟于胸，还须准确识别法律规范与案件事实的对应关系，"法律人的才能主要不在认识制定法，而正是在于有能力能够在法律的、规范的观点之下分析生活事实"②。以两案的焦点问题为例：

---

① 山田晟.法学［M］.东京：东京大学出版社,1964：72.
② 考夫曼.类推与"事物本质"——兼论类型理论［M］.吴从周,译.台北：台北学林文化事业有限公司,1999：87.

（1）如何理解"运输"①行为？刑法规定的"运输"并非单纯物品位移意义上的运送，应从实质意义上分析：一是耍猴人携带长期驯养的猕猴，既无危害野生动物之故意，也未对野生动物产生实质侵害，没有实质侵害非法运输珍贵、濒危野生动物罪所保护的法益；二是刑法中有多个选择性罪名包含"运输"行为，如走私、贩卖、运输、制造毒品罪和非法收购、运输、出售珍贵、濒危野生动物罪等，刑法之所以将运输行为与其他选择性行为设定相同的法定刑幅度，应是认为此类"运输"行为与其他选择性行为的社会危害程度相当。因此，一般情况下"只有与走私、贩卖、制造具有关联性的行为，才宜认定为运输"②，而本案耍猴人携带猕猴的行为显然与非法买卖无关。执法者应严格区分生活概念与刑法概念。

（2）如何认识"销售"行为？"所谓销售即卖出（商品）。在经济学上，销售是以货币为媒介的商品交换过程中卖方的业务活动，是卖出商品的行为，卖方寻求的是商品的价值，而买方寻求的则是商品的使用价值。全面系统分析该案的全部事实，陆勇的行为是买方行为"③，而不是销售行为。销售与购买、行贿与受贿等均属对合性行为，对合性行为虽然相互关联，但其与共同犯罪行为有本质区别：一是客观上，对合性行为双方各自独立且仅是互为行为对象，而共同犯罪人依据各自分工相互配合指向共同犯罪目标；二是主观上，对合性行为双方均为单方自主意志主导下的相互沟通，而共同犯罪人则形成了可以支配共同行为的犯意联络；三是法律后果上，对合性行为双方仍分别享受行为收益、各自承担行为后果，而共同犯罪人则共同对行为结果负责。因此，陆勇为病友代购印度公司假药，与印度公司系对合性关系，而非共同犯罪，且其代购行为并未从病友处谋利，亦无独立的转卖谋利行为，其行为不构成销售假药罪。执法者应当具备在错综复杂的案件事实中把握关键节点，并及时准确找到"恰当"规范进行比对的"归入能力"，而这种判断力需要一定的"悟性"支撑，需要司法经验的传承教导，更需要自身旷日持久的实践磨砺。

---

① 最高人民法院《关于审理破坏野生动物资源刑事案件具体应用法律若干问题的解释》第二条："'运输'包括采用携带、邮寄、利用他人、使用交通工具等方法进行运送的行为。"

② 张明楷.刑法学［M］.4 版. 北京：法律出版社，2011:1008.

③ 2015 年 2 月 26 日沅江市人民检察院《关于对陆勇妨害信用卡管理和销售假药案决定不起诉的释法说理书》。

(三)执法者应有担当之志

司法是守护公平正义的最后一道防线,就应当是最坚实的屏障,而担当之志是铸就这一屏障的"脊梁"。要有敢于主动回应社会关切、直面疑难复杂问题、坚决捍卫公平正义的司法自觉、司法自信与司法自律,特别是要客观评价和处置自身存在的问题,不应辜负人民群众对公正司法的殷切期望,而不是等待舆论炒作之后才被动应对。

法治之路依然任重而道远,"玉米案"等案件是法治进程中不容忘记的前车之鉴! 我们应牢记杜牧在《阿房宫赋》中的警示:"秦人不暇自哀,而后人哀之;后人哀之而不鉴之,亦使后人而复哀后人也。"愿此类教训越来越少,愿法治的明天越来越好!

涉检信访处置理论与实践探索

刘楚瑜* 兰 宁** 杨 平***

随着经济社会的不断发展，越来越多的社会矛盾以案件形式进入司法领域，也出现了诉讼与信访交织、法内处理与法外解决并存的状况，导致少数群众"信访不信法"，甚至"弃法转访""以访压法"等问题比较突出，严重损害司法权威，影响正常有序的涉法涉诉信访秩序。2014年3月，中央印发了《关于依法处理涉法涉诉信访问题的意见》，提出改革涉法涉诉信访工作机制，依法处理涉法涉诉信访问题。涉法涉诉信访机制改革对涉检信访案件化解工作产生极大的影响。自改革以来，检察机关受理涉检信访案件数大幅度增长，对检察机关科学处理涉检信访案件也提出了越来越高的要求。因而，认真研究涉法涉诉改革背景下涉检信访工作，找出涉检信访工作最佳推进路径，显得尤为迫切。

一、涉检信访制度的功能与价值

当前，在法学界和实务界出现一种错误的苗头，一些学者甚至个别司法实务工作者对涉检信访的存在合理性持否定态度，认为其人治色彩较为浓厚，消解了国家司法机关的权威，从体制上动摇了现代国家治理的基础，要求废除这项体制。① 笔者通过网上搜索发现，该观点在网上甚至得到一大

---

* 株洲市天元区人民检察院检察官助理。
** 韶山市人民检察院办公室副主任。
*** 沅陵县人民检察院检察官助理。

① 于建嵘.我为什么主张废除信访制度？[EB/OL](2016-05-02)[2016-05-02].http://mt.sohu.com/20160502/n447301754.shtml, 2016-05-02.

批网友的拥护。因而，非常有必要重新认识信访制度尤其是涉检信访制度的功能与价值，旗帜鲜明地支持涉检信访工作，坚定对涉检信访的制度自信、理论自信。

（一）涉检信访制度的功能

（1）监督功能。《宪法》第四十一条规定：中华人民共和国公民对于任何国家机关和国家工作人员，有提出批评和建议的权利；对于任何国家机关和国家工作人员的违法失职行为，有向有关国家机关提出申诉、控告或者检举的权利。可以看出，国家已从根本法的高度规定了公民的信访权。公民在与检察机关交往过程中，可以通过各种合法形式向检察机关信访部门进行控告申诉，对检察机关及其工作人员的工作提出批评或建议。该制度有利于倒逼检察机关和检察人员规范执法行为，起到了强有力的监督作用。

（2）维稳功能。稳定压倒一切，是邓小平理论中的一个基本观点。在坚持"以经济建设为中心"不动摇的同时，必须时刻维护稳定这个大局。美国著名社会学家科塞提出了著名的"社会安全阀"理论。科兹认为"安全阀"是一种社会运行的安全机制，如果敌对的情绪通过一定的途径得以发泄，就不会导致冲突，像锅炉的蒸汽通过安全阀适时排出而不会发生爆炸一样，不仅有利于社会结构的维持，而且有利于促进社会良性运行，协调发展。①涉检信访就是维护社会稳定的一个"安全阀"。检察机关通过安排人员热情接访，不但可以听取公民对检察机关案件办理的意见，还可以安抚上访人员情绪，帮助打开心结，维护其合法权利。这有利于防止上访人员做出极端事件，维护社会稳定。

（3）救济功能。在制度设计上，信访作为一种正常司法救济程序的补充，通过行政方式来解决纠纷和实现公民的权利救济。实践也证明，在法律所不及或法律不能发挥理想效果的地方，信访起到一种补充的权利救济功能。办案实践中，求决类信访在整个信访占据着很大比重，从大到涉及国家和群众利益的失职渎职犯罪、贪污犯罪等小到干警违纪、办案瑕疵等问题，当当事人不能满意时，往往会通过信访途到各级检察机关寻求解决。很多案件也确实通过当事人的信访，改变或撤销了原有的错误决定，维护

---

① 林飞. 两方社会学现论[M]. 南京：南京人民出版社，1999：335.

了社会公平正义。①

（二）涉检信访制度的价值

（1）中华文明的历史价值。如前所述，涉检信访是一项具有中国特色的权利救济机制，但是，其不是横空出现的，而是随着中华文明不断向前，不断淘汰和演进而产生的，是与本土社会生活实际高度融合的一项重要制度。信访制度继承了中国悠久历史中的法律文化，吸收了中国几千年文化奠基下的人本理念。从古代最初的原始社会到现代的社会主义社会，信访制度贯穿了整个中华文明的制度史，而信访制度所带来的文化理念也成为这条历史长河中鲜明的主题与象征。从原始社会末期尧舜设立"谤木"、"谏鼓"等相关制度，到秦国在一统天下的社会格局中正式确立的信访制度，唐代之后信访制度一直承袭"登闻鼓制"，随着时代变迁又被广泛沿用到了清朝，并发展成为设"叩阁"制度。信访制度的演进过程与传统文化相互渗透，紧密联系在一起，刻下了华夏文明的图章。涉检信访制度是信访制度的重要组成部分，和信访制度一样深深根植于中华传统文化发展的土壤，随着中华文明的演进而发展，具有独特而厚重的历史价值。

（2）自由和正义的价值。人生而自由。自由之于人类，就像亮光之于眼睛、空气之于肺腑、爱情之于心灵（英格索尔语）。亚当·斯密说过，只要不违反公正的法律，那么人人都有完全的自由以自己的方式追求自己的利益。公民在任何情况下都有利益表达的政治自由，无论在制度层面上有没有相应规定。② 涉检信访制度所保障的就是公民享有的表达自由权，通过这种制度的保障使公民拥有行使这种权利的最大限度的自由。同样，对正义的不懈追求也是人类固有的天性。正义价值是贯穿着涉检信访制度产生和发展进程的重要理念，体现了涉检信访制度存在的合理性。涉检信访制度设计之初是为了保证社会的民意传达，化解民间纠纷，是保障公民群体之间正义的重要手段。检察机关就是通过接受公民信访，发现自己或者下级执法办案中出现的问题，并进行矫正和整改，最终实现息诉罢访，维护正义。

---

① 刘海鹏.论涉检信访制度——从赤峰市检察院信访工作看涉检信访制度[D].呼和浩特：内蒙古大学，2012.

② 勒鲁.论平等[M].王允道，译.北京：商务印书馆，1998：12.

(3)人权与民主的价值。民主和人权是实现人类社会高度文明的必要因素，其发展程度决定了一个国家或民族的社会进步程度，其开放程度决定了这个社会的性质和未来。根据宪法第四十一条的规定，信访制度中赋予公民的各项权利来源于宪政理论，这是信访制度的宪法渊源。我国的宪政理论中最重要的理念就是人民主权原则和基本人权原则两方面。宪法是我国的根本大法，其一切出发点都是为了社会民主。毋庸置疑的是只要是公民享有的基本权利，无论宪法明确表示的还是隐含在宪法之中的，都是建立在人民主权理论的基础之上。[①] 公民通过信访对检察机关执法行为表达不满，以阻止检察权滥用、危及公民权利，直接体现公民享有充分的人权。另外，检察机关通过信访，广泛搜集检察执法信息，进一步改进执法办案方式方法并作出科学决策，充分体现出涉检信访制度的民主性。

二、涉检信访工作现状

当前，涉检信访工作中虽然面临"信访不信法"，甚至"弃法转访"、"以访压法"等现象，但整体而言，检察机关涉检信访工作非常有力，较好地维护了社会的稳定。以怀化市检察机关为例，近三年来化解涉检信访案件有127件、135人，支付国家赔偿申请人国家赔偿金共90.9万余元，争取到社会各类救助超过200万元，化解矛盾纠纷累计465个，制作调查笔录等法律文书200多份，走访各界群众1200多名，奔赴外省市进行调查核实50余次，办结涉检信访案件中发现执法瑕疵57个，依法纠正检察机关自身错误决定7个。所有办结的涉检信访案件当事人都签订了息访息诉协议，全市连续10年实现无涉检信访赴省、进京非正常上访，控告申诉工作连续三年在全省检察系统进入先进行列，并成为全市唯一一个信访工作连续四年被怀化市委、市政府评为先进的政法单位。该地作法引起社会广泛关注，《法制日报》专版推介了怀化经验。

（一）理念更新迅速

以法治思维和系统方法办结涉检信访案件，化解检察环节矛盾纠纷，是检察机关提高社会治理体系和治理能力现代化的重大使命。运用法治思维最重要的就是要转变执法理念。怀化市、县两级院紧跟时代要求，改变

---

① 李贺婷.信访制度价值的法理学思考[D].合肥：安徽大学，2013.

过去为了一味求稳、妥协退让的错误理念,坚持公平正义、忠诚履责、执法为民的执法理念,坚持法理与情理相结合。对缠访闹访敢于硬碰硬。如麻阳上访人满文奎控告麻阳县法院副院长案。在依法履行法律监督后,上访人在怀化市院办公楼内滞留、耍横,要挟检察机关必须将法官拘留判刑。针对信访人各种蛮横无理的表现,怀化市院旗帜鲜明地指出了上访人的违法之处,教育他们要依法依规反映诉求。经教育无效后,通知了公安民警现场依法处置,公安机关对责任人进行了行政处罚。对法度之外、情理之中的案件,积极主动与有关部门协调沟通,全力寻求解决问题的办法,帮助群众解决实际困难,努力实现案结事了人和。如郏伟元请求退还扣押财物、控告检察干警违法违纪信访案。郏伟元因涉嫌受贿罪被怀化市检察院在2001 年 3 月 1 日立案侦查,在侦查过程中追缴其涉案款物。该案相继经过一审和二审,最后怀化市中级人民法院终审判决认定犯罪数额为 30130 元。为了化解该起案件,市检察院派人专门赶赴上海找到郏伟元本人,上门释法说理和赔礼道歉,返还曾经扣押的 117870 元。最终,郏伟元答应息诉息访。

(二) 资源整合到位

涉检信访积案成因复查,化解难度大,仅靠检察机关或是原办案机关一己之力难以取得很好成效,必须整合信访资源,汇聚成强大的工作合力。怀化市、县两级检察机关坚持构建"党委牵头,上下联动,部门协作"工作格局,科学整合现有资源,妥善应对矛盾纠纷,紧紧依靠党委政府处理涉检信访积案,重点案件及时、动态汇报案件基本情况、处置方案,在党委政府领导下加强与财政、民政等职能部门协调配合,综合运用经济、社会、法律手段形成化解积案的整合力量。坚持上下联动处理纠纷。凡属涉检重复访案件和容易引发群体性事件、涉检负面舆情等后果的信访案件,整合市、区(县)两级检察院力量,进行集中清理和化解。根据职能分工不同,市检察院主要负责协调联络等指导性工作,基层院作为办案主体,具体负责申诉人情绪稳控、刑事申诉复查等基础性工作,上下联动处访机制实现信息共享、共同应对,取得了很好办案效果。近两年,怀化市两级检察机关共联合化解信访积案 90 余件,处置成功率 100%。坚持部门协作。对涉及多职能部门的多头信访案件,积极协调公安、法院、司法等部门介入,根据职能分工,各司其职。如芷江县吴春珍信访案。吴春珍因其未满 14 周岁女儿与他人发生性关系要求刑事立案，公安机关以谈恋爱为由未立案，吴春珍认为检察机关监督不到位，到省检察院等地上访。芷江县检察院及时介入案件调查，向公安局发出立案通知书，引导侦查取证方向，涉嫌性侵男子被法院判为有罪，吴春珍息访罢诉。

（三）工作机制更加完善

常态化、长效化工作机制有利于提高化解效率、规范办理行为、增强办理效果。怀化市、县两级检察机关在总结过往检察接访工作经验基础上建立健全多项重点工作机制。建立了积案排查机制。坚持日常排常和专项排查相结合，逐案登记建档，做到案件底数清，基本案情清，基本诉求清，问题症结清。在普遍排查的基础上，建立重点信访案件库，将中政委和省委政法委交办、严重影响社会稳定、有越级非正常上访苗头的三类信访案件重点办理，在人财物投入和时间安排上优先考虑。2010 年，对省委政法委交办却一直未办结的 9 件涉检进京重复访案件进行了专项办理，当年全部办结；对省委政法委交办的 87 件赴省重复访案件也进行了回访和化解。健全了领导包案机制。明确检察长为涉检信访案件第一责任人，分管控申工作的副检察长为主要责任人，访源发生单位或部门领导为直接责任人，层层签订责任状，分解、督办化解责任。各基层院检察长向市院检察长签订《怀化市人民检察院交办案件责任书》，逐案落实领导包案责任，要求领导干部亲自约谈信访人、阅卷审核证据、制定化解方案、出面协调和做息诉工作，并限期化解。如中央政法委交办的辰溪县周汝发涉检信访案，1984 年辰溪县检察院对周汝发作出免予起诉决定后，法律文书一直未送达，其个人遭受重大不利影响。辰溪县院检察长领受包案化解任务后，带队到浙江周汝发家中当面道歉和给予赔偿，70 多岁的信访老人深受感动，当场表示不再上访。[①]

三、涉检信访工作中存在的主要问题

虽然检察机关在涉检信访工作上取得了很好的成效，但是，目前仍然存在很多问题，需要深入进行研究和探索。

[①] 湖南省检察院研究室，怀化市检察院.关于怀化连续十年无涉检赴省进京非正常上访情况的调研报告[J].湘检调研专报，2015(26).

（一）源头控制不到位，矛盾化解缺规划

从源头上保证案件质量和化解矛盾纠纷是减少涉检信访案件最根本最有效的方式。实践中，有的检察机关办案人员责任心不强、执法规范性不够，导致案件办理出现瑕疵且未及时纠正，直接导致涉检信访的产生；有的检察机关办案人员在做出不捕、不诉、不抗等决定时，没有结合案情和当事人就具体情况进行释法说理和风险评估工作，当事人上访时手忙脚乱，缺乏有准备的应对；有的检察机关没有严格落实首办责任制，接访人员接访不规范、服务态度差，引发上访人员不满，进而出现越级上访情况。

（二）案件受理渠道不畅，上访群众抱怨"信访难"

案件受理是涉检信访的第一道门槛，受理渠道不畅，上访人员负面情绪得不到宣泄，将会导致上访人员对检察机关极度不满，一个小问题最终可能会演变成大问题。从怀化市县两级检察院接访情况看，仍然存在很多需要改进之处。如，个别基层院检察长接待日的个别接访领导执行检察长接待日制度不够严格；个别基层检察院接访仅满足于坐堂等案，不能真正深入基层了解群众诉求；部分基层检察院没有适应时代要求构建网上信访接待机制，总是等到出现网上涉检舆情之后才疲于奔命，忙于应付。

（三）处置方法单一传统，影响了矛盾化解效果

化解涉检信访矛盾纠纷非常讲求技巧，需要从不同角度构建多元化的处理机制。传统的处置方法存在严重弊端，体现为"随意性接待、无责性分工、马虎性调查、保护性处置、形式性追责"，部分基层院工作创新性不够，没有吸收第三方介入机制、信访终结机制、被害人救助机制等创新性机制，很多案件不能及时化解，成为积案，上访人员多头上访、重复信访、终而不访现象突出。

（四）监督和保障不够有力，导致部分案件久访不息

目前，个别地区接访和处置人员仍然存在群众观念淡薄、执法理念不正、素质能力不足、事业心责任感不强，工作不够认真，对待群众诉求冷漠、生硬等问题，案件久拖不决，而纪检监察和检务督察部门对此置若罔闻，导致群众久访不息。但也有些接访人员反映，近年来，缠访、闹访问题严重，有的上访者情绪异常激动，长期纠缠，甚至直接辱骂接访人员；有的上访人员尤其是年老的或者体弱多病的上访人员采取围堵机关大门等极端方式，影响正常办公秩序，而接访人员碍于上访人员身体状况不敢采取强硬措施，只能进行徒劳无功的劝解。这些问题的出现，迫切需要检察机关建立涉检信访监督和保障机制，确保检察机关接访人员依法公正履职。

四、涉检信访处置机制构建

(一)建立预防机制，从源头上减少涉检信访

(1)完善案件质量评查监督机制。通过对近年来怀化地区的涉检信访案件进行分析，发现很多涉检信访发生的原因为检察干警执法不规范、办案质量不高。因而，必须要完善案件质量评查机制，着力提高案件办理质量。各级检察机关要完善《案件评查工作的实施办法》，从评查范围、工作方法、督促指导、组织复查、落实效果等方面提出具体要求。要明确评查标准，就开展案件评查工作明确评查程序、评查内容、评查文书方面的工作标准，严格按照规定步骤开展评查，着重评查原案在诉讼程序、定案证据、法律适用、法律文书等方面是否依法、规范，并统一评查工作记录、评查报告等格式要求。积极开展自查，以自侦、不捕、不诉、申诉等环节群众信访突出、容易滋生执法问题的案件为重点，通过自行检查、交叉评审等方式，对原案办理的过程、结果、依据、效果予以客观评判，主动整改纠错，要将检查评查结果记入干警执法档案，作为年终考核的重要依据，促进执法规范化。要加强督促检查，专门组织力量对案件进行复查、抽查，并邀请人大、政协、律协有关人员参与监督，确保评查过程公正、透明。各级检察机关案件管理部门在干警办案过程中要加大案件质量管理流程监控力度，实现从人到案、从开始到结束的全过程、全方位监督，提高案件办理质量，尽量减少涉检信访的发生。

(2)建立风险评估机制。要通过建立风险评估机制，对所办案件进行准确预判，并针对性采取措施进行化解。对拟作出否定性结论的在办案件，如自侦部门拟作不立案、撤销案件等决定的案件；刑检部门拟作不批准逮捕、不起诉、不抗诉等决定的案件，民行部门拟作不立案、不提请抗诉等决定的案件；自侦部门拟作出查封、扣押、冻结财产等处理决定的案件；在社会上有重大影响的案件，如重大疑难案件、涉群体性事件案件、上级机关交办案件、人大代表、政协委员督办的案件等，明确风险等级，实行分级预警。根据事态的轻重缓急，可能引发的涉检信访风险程度，应将案件的风险科学界定为三个风险等级，即特别重大风险等级、重大风险等级和一般

风险等级。对于三级风险预警案件，应当分别采取相应的对策。对于特别重大和重大两级风险案件，承办人应当及时建立当事人的档案资料，一人一档或一案一档，形成档案资料，以便针对不同的情况制定相应的处置措施。对于一般风险案件，应由具体案件承办人或承办部门自行妥善处理，做好当事人的息诉工作。要结合案情和当事人特点对案件进行认真评估，经评估可能引发涉检信访风险，尤其是可能引发群体性事件、突发事件、过激上访、越级上访以及其他重大影响的案件，可以建立"一体化"联动化解机制，即上下联动、部门联动、内外联动。通过加强部门之间的分工合作，向上级检察机关、向外单位的延伸沟通，强化内部协作，外部协调，及时寻求上级指导，充分调动和发挥各种力量，形成工作合力，为有效化解矛盾纠纷提供保证。

（3）落实首办责任制。要进一步完善首办责任制，抓好初信初访工作，减少重信重访，从而避免小事拖大、简单问题转化为复杂问题和小矛盾上升到大矛盾的情况发生。要建立快速分流管理机制，做到快受理、快分流、快解决、快反馈。要建立涉检信访交办、督办全程跟踪监督机制，控申部门协调联动，通过交办、催办、督办、参办、协办等方式，督促上访案件的解决。要建立横向联系、纵向沟通的上访协调处理机制，加强与法院、公安、司法局、信访局、乡镇等有关部门的沟通协作，形成合力，共同做好上访工作，从而使上访人的合理诉求能够及时得到妥善解决。要着重抓好告急访、重复访、集体访案件，首办责任人对此类案件要做到包接待、包处理、包息访、包稳定，使上访人彻底息访罢诉。要制定首办责任人接访具体规范，要求接访人员做到热心、耐心、恒心。在接待来访群众时做到"三个一"，一句问候、一张笑脸、一杯热茶，杜绝门难进，脸难看，事难办。对群众的提问百问不烦，对群众的要求百听不厌，能解决的及时解决，不能解决的耐心做好解释工作，对所有重要事项耐心做好记录，及时反映给领导，并做好回复。要持久地保持工作热情，真诚待人，让上访群众能够感受到检察机关的温暖，防止因不满检察机关信访接待工作而上访。要明确责任，对拖延应付、进度迟缓、对上访群众蛮横冷漠的人员要通报批评，并及时调度，限期办结，对工作严重不负责任造成严重后果的，要进行组织和纪律处理。要通过铁的纪律和温情服务赢得上访人员对检察机关的信任，进而减少再次上访的发生。

（二）完善案件受理机制，确保群众诉求能够及时搜集到位

（1）完善传统便民接访制度。要进一步完善检察长接待日制度，必须制定《检察长接待日实施办法》，对检察长接待的时间、地点、方式和程序进行明确规定。由正、副检察长轮流接访，并实行定期接访、预约接访和上门接访相结合的接访方式。要严格考勤，保证全天候接待来访群众，及时处理群众反映的实际问题，必须要求接待日接访领导严格签到。可以借鉴银行系统考勤办法，全程开启监测视频，并与上级院联动，上级院进行实时监测考勤，且定期进行通报，防止接待日接访领导逃岗溜号或找他人替岗。要完善下访制度。充分发挥乡镇检察联络室作用，实施轮流接访、检察长不定期巡访，深入到乡镇检察联络室值班接访，听取群众诉求。建立"一村一检察官"工作机制，坚持定期驻村开展法律服务，及时接受群众控告、申诉和举报，对群众诉求积极妥善处理。要积极走访帮扶群众，由院领导带领干警深入联系包抓的镇村，参与当地信访接待、人民调解、法律咨询、收集举报线索等工作，利用控申接待等窗口部门工作优势，疏导群众情绪、处理群众诉求，不断提高群众满意度。

（2）建立互联网＋控告申诉机制。检察机关要适应互联网＋时代的要求，走出传统检察工作模式尤其是传统控告申诉检察模式，主动贴近群众需求。利用互联网传播移动化、社交化、可视化的特点，增强检察工作传播力、公信力、影响力。[①] 要学会利用大数据的海量信息，加强深度分析，让大数据服务控告申诉检察工作。要不断拓展检察信息传播的渠道和终端，打造出以门户网站、博客、微博、微信、手机客户端为主要内容的新媒体平台，将各个检察院的门户网站群、博客群、微博群、微信群、客户端群整合在网阵之下，形成互动、联通、共享的"大检察"格局，大力宣传检察工作尤其是涉检信访工作。要不断强化便民服务。借鉴O2O[②]运行模式，使互联网成为检察服务的渠道和平台，研发网上受理中心、约见检察官等服务平台，开发检察业务查询与办事功能，使群众足不出户就可以自主选择在网上向检察院提出控告申诉事项，并提交相关材料，检察机关则在线下进行

---

① 敬大力.探索构建"互联网＋检务"工作模式[N].检察日报，2015－09－23(09).
② O2O 即 Online To Offline(在线离线/线上到线下)，是指将线下的商务机会与互联网结合，让互联网成为线下交易的平台，这个概念最早来源于美国。O2O 的概念非常广泛，既可涉及线上，又可涉及线下，所以通称为O2O。

调查，在线上进行处理和答复。要通过现代互联网技术，力争将网上平台打造成通达社情民意、提供便民服务，推进涉检信访工作深入开展。

（3）建立涉检信访快速反应机制。信访案件快速反应处置机制主要是针对涉检集体上访、告急上访、应对群体性以及网上信访等突发事件的处理机制。当前，无理上访、缠访、闹访问题突出，某些缠访、闹访人员为了非法目的到敏感地区上访，甚至冲击国家机关、聚众寻衅滋事，有些上访人员为了吸引眼球，大肆歪曲事实并利用互联网传播，引发严重的涉检网络舆情。如果不能迅速处置，将会严重影响机关办公秩序和社会的稳定和社会公众对检察机关的信任。检察机关应当建立快速反应机制，经过核实之后，迅速反应，对于群体性上访等不文明上访案件，要组织信访部门工作人员和司法警察第一时间赶赴现场进行处置。要在充分了解上访原因的基础上，采取合适的措施稳定和控制局势，尽量避免出现激烈的交锋。要稳定上访人员情绪，根据案件实际和法律规定尽快受理案件，对已经终结或者没有管辖权限等无法受理的案件，要做好解释工作。对于非理性网上信访并引发严重涉检舆情的案件，要准确进行分析预判并进行调查核实，适时公布调查结果，回应群众关切。

（三）建立科学调处机制，确保矛盾纠纷能及时化解

（1）建立第三方介入机制。针对部分上访人员存在精神偏执不信任检察人员的情况，要引入第三方介入机制。要通过第三方干预部分难以化解出现缠访闹访的信访案件，让上访人员真心诚意接受案件处理结果。检察机关要制定《第三方介入涉检信访案件化解实施办法》，规定对于信访人与检察机关对信访事项的事实、证据或法律适用的认识存在重大分歧，信访人不接受检察机关解释疏导、久诉不息的；经检察人员多次释法说理、信访人对检察机关作出或拟作出处理决定不服、重访、闹访、缠访的；对不属于检察机关管辖的信访事项，已经引导信访人到相关部门反映问题，但信访人仍坚持认为应由检察机关管辖的；信访人申请要求第三方参与的；检察机关认为第三方适宜参与的重大、敏感信访案件；其他需要第三方参与的情形。邀请人大代表和政协委员、律师、社区代表、法学专家、鉴定人、人民监督员、特约检察员、检风检纪监督员等进行介入，进行释法说理和必要调查取证，参与化解矛盾纠纷。对于性格偏执、脾气暴躁、蛮横霸道的，要先邀请心理咨询师进行心理干预，矫正上访人员性格缺陷或者引导上访人平复心情理性信访。此外，还要制定完善的信息通报机制、介入保障机制等配套制度，让第三方可以依法依规自主进行调处工作，确保涉检信访能够及时得到化解。

（2）完善涉检信访终结制度。信访终结机制是涉法涉诉改革中的重要改革任务，也是一项实践中需要细致、谨慎处理的事项。信访案件的终结意味着对信访当事人权利救济渠道的全面否定，其后果对当事人而言极为严重。因此，作出的终结决定必须严格把关，真正做到认定事实清楚、证据确实充分、适用法律准确。要全面建立涉法涉诉信访案件终结信息数据库，将案件当事人基本信息、案件基本情况、相关承办人及处理过程、最终结论等全部录入数据库，并逐步实现上下级院与不同政法机关、信访部门之间的信息共享。凡是到上级部门上访的，应首先查询信访案件信息资料，对于初访的应给予受理和处理；而对于已经登记，并有省级以上政法机关明确处理结论，本次上访又无新的证据和理由的，应不予受理。要建立涉检信访终结的导出制度。对既不合法也不合理的要求，信访人仍不息诉罢访，继续闹访、越级上访、扰乱社会秩序的，要先对其进行思想教育、心理疏导、行为矫治。对经过教育、批评和劝导，仍然违法闹访或采取极端方式上访造成严重后果的，公安机关应依法对其采取措施。对既不合法也不合理的要求，信访人仍不息诉罢访，但并无违法行为或极端行为的，应当动员信访人所在的单位、社区及家属共同做其工作，争取使其息诉罢访。对虽不合法或不符合现行政策，但合乎情理的要求，应当充分发挥民政、社会救济的力量，对这类人予以必要的关心和救助。同时，要将已终结的案件的书面文书选择在一定范围内公开，运用电视、广播电台、报纸等多种新闻媒体宣传引导，运用社会力量强化终结结论对信访当事人的硬性约束。

（3）完善国家司法救助机制。对于生活确实严重困难的上访户，要在法律有规定的前提下，通过国家司法救助机制，进行必要的救助。要充分利用检察机关举报宣传周、检察开放日等宣传活动，以及通过在接访大厅张贴知识宣传挂图的形式，大力宣传国家司法救助机制。同时，要对国家司法救助机制进行完善，要详细规定国家司法救助的范围和具体程序，要积极贯彻及时救助的原则，减少审批环节，将各级国家司法救助办公室从各级政法委转到各级检察院、法院，由各级检察院、法院的检委会或者审委会决定是否进行救助以及救助金额，进一步增强国家司法救助的专业性和提高救助效率。各级检察院要积极适应司法改革后对司法救助工作提出的新要求。各省级院要加强与本级财政部门的衔接，专门预算安排国家司法救助资金，再根据各地实际具体情况统筹分配救助金额度。各市州检察院、县市(区)检察院还要积极拓宽资金来源渠道，广泛动员本地个人、企业和社会组织捐助国家司法救助资金，尽可能让更多因为受到刑事损害而未得到赔偿的贫困上访户能够及时得到救助，帮助其早日走出生活困境。

(四)建立监督和保障机制，确保检察人员依法依规履职

(1)建立全程监督机制。化解涉检信访不仅仅是控告申诉部门的任务，最终还是会落到办案部门头上，因而，必须要建立相关工作机制，确保涉检信访能及时化解。要充分发挥统一业务系统平台作用，案件从控申部门分流到具体办案部门后，受案部门必须尽快进行调查核实和填录信息。所受理的案件在评估以后，对存在不安定因素的案件在向控申部门报告的同时，必须向纪检部门备案，为纪检部门提供监督的依据。在处理问题阶段，受案部门要做到"两个必备，一个确保"，即：解决方案必备，结案文书必备，确保案件彻底息诉。纪检和控申部门对涉检信访案件进行全程监督，要随时跟踪统一业务系统，要求受案部门及时进行办案信息填录，全程留痕，并要求受案部门按时完成涉检信访化解工作，重点是抓好解决方案的落实、工作进度以及监测是否有矛盾进一步激化的情况。要借鉴移动公司、银行等行业系统进行客户反馈的做法，通过发放满意度调查表、发送满意度调查短信和进行事后回访等办法，详细了解上访人员对接访人员的服务满意情况。要全程监督、督促办案部门及办案人员按规定和要求开展工作，防止拖拉、扯皮现象的发生。

(2)建立责任倒查机制。责任倒查机制是一项重要的倒逼机制，是落实司法责任制的必然要求。要建立责任排查机制，对上级交办的涉检信访案件不按期处理、不反馈结果、久拖不决的，要进行责任倒查，对相关责任人员要及时移送有关部门追究责任。经自查、评查存在问题的所有案件，在解决法律问题的同时，视情况对办案单位及其办案人员实行严格的责任倒查：对自查或评查中发现办错案、瑕疵案或作风粗暴、态度恶劣引发群众上访的，倒查办案检察人员及有关负责人的责任；对群众反映问题推诿扯皮、久拖不办造成重复上访的，倒查报案领导和办案检察人员的责任；对存在违法违纪问题的，依纪依法严肃查处。在追究相关责任的同时，要尽力避免"头痛医头、脚痛医脚"的错误做法，要注重综合分析，注意找出执法工作和检察人员思想作风方面存在的突出问题，有针对性地提出具体整改措施。要进一步健全监管制度，促进执法办案能力和质量的提升，最大限度遏制和减少涉检信访新案的发生。

（3）建立依法履职保障机制。针对控告申诉部门干警害怕因为网上舆情、上访人伤害等情况而对缠访、闹访等不文明信访行为只能听之任之等问题，笔者认为必须要建立依法履职的保障机制。要在接访大厅安装全程无死角拍摄的摄像头，让所有接访干警在镜头下办案。要与本地医院建立联合协作机制，对于身体状况欠佳的缠访、闹访人员尤其是年老多病的上访人员，由专业医生进行身体状况评估，并在专业医师的协助下，将缠访、闹访人员带离信访接待场所，对发生突发紧急情况的，由医院进行紧急处理，确保检察机关办公秩序和上访人员人身安全。要建立干警合法权益因依法履行职务受到伤害的保障救济机制和不实举报澄清机制，对接访的控告申诉部门干警和现场处置的司法警察进行保护，受到上访人员伤害的要及时进行救济；对上访人员利用网络进行网上举报和到上级院进行举报的，要在查明情况的基础上，及时为接访干警澄清事实，缓解接访干警心理压力，维护接访干警合法权益。

相对刑事责任能力人转化型抢劫罪研究

郑台塘*　　胡洋舟**

一、问题的提出

当前，抢劫罪已经成为未成年人犯罪中最主要的犯罪类型。根据相关调查，未成年犯罪呈现出团伙化、校园化、低龄化、暴力化等特征，暴力类型从暴力程度较轻的盗窃、诈骗等轻微犯罪向抢劫、寻衅滋事等严重暴力犯罪扩展，作案往往不计后果，社会影响恶劣。不满 16 周岁的未成年人犯罪主要集中于抢劫、强奸、故意伤害致人重伤、死亡以及杀人，抢劫犯罪最多，占 61.8%。① 一般而言，我国刑法理论中将抢劫罪分为普通抢劫罪和转化型抢劫罪；前者体现在《中华人民共和国刑法》（以下简称刑法）第二百六十三条的规定，后者体现在刑法第二百六十九条的规定："犯盗窃、诈骗、抢夺罪，为窝藏赃物、抗拒抓捕或者毁灭罪证而当场使用暴力或者以暴力相威胁的，依照本法第二百六十三条的规定定罪处罚。"

现行刑法规定，已满十六周岁的人为完全刑事责任能力人，应当对所有犯罪行为承担刑事责任；已满十四周岁不满十六周岁的人为相对刑事责

　　* 汉寿县人民检察院公诉科干警。

　　** 常德市人民检察院干警。

　　① 刘艳红，李川. 江苏省预防未成年人犯罪地方立法的实证分析——以 A 市未成年人犯罪成因和预防现状为调研对象[J]. 法学论坛，2015(2)：145 - 152.

张远煌，姚兵. 中国现阶段未成年人犯罪的新趋势——以三省市未成年犯问卷调查为基础[J]. 法学论坛，2010(1)：90 - 96.

关颖. 未成年人犯罪特征十年比较——基于两次全国未成年犯调查[J]. 中国青年研究，2012(6)：47 - 52.

任能力人，应当对包括抢劫在内的八种犯罪承担刑事责任。司法实践中，认定未成年人普通抢劫行为构成犯罪没有什么障碍，问题常常集中于转化型抢劫罪的适用；其中又以相对刑事责任能力人能否成立转化型抢劫罪尤为明显，而且实践中也出现了许多实例，下面就是典型的一例：

十五周岁的蔡某为在读初二学生，父母长期在外务工。2016 年 1 月 8 日（1 月 22 日满十六周岁），因身上没钱用，便以感冒需要买药为由向班主任请假外出，携带刀具伺机盗窃。同日 16 时许，蔡某潜入被害人帅某家，趁无人之机在被害人家卧室翻找财物。正当此时，被害人帅某回到家中，蔡某为使不被发现遂躲进床底。约 5 分钟后，蔡某在没有听到被害人家中动响后爬出床底走出房间准备逃跑，然而刚到客厅时就被发现。蔡某为了防止其盗窃的事情败露，用随身携带的水果刀猛捅被害人的后脑勺，紧接着又连捅被害人头部数刀直至刀折断，被害人头部当场流血不止。后被害人的邻居报警，民警以迅雷不及掩耳之势赶至现场将蔡某抓获归案。

上揭案例主要涉及的是相对刑事责任能力人实施盗窃行为被发现后，为抗拒抓捕当场使用暴力并造成被害人轻伤的行为是否转化为抢劫罪。对此，形成了两种截然对立的两种意见：

第一种意见认为蔡某不构成犯罪。理由是：属于相对刑事责任年龄的蔡某的刑事责任问题应当遵循法律和司法解释的特殊规定。根据 2006 年最高人民法院发布的《关于审理未成年人刑事案件具体应用法律问题的解释》第十条的规定可以得出结论，只有十六周岁以上具备完全刑事责任能力、可以成为盗窃罪主体的未成年人，才能像成年人那样发生盗窃犯罪向抢劫罪的转化，而未满十六周岁的未成年人不能成为盗窃罪的主体，因此也不发生转化型抢劫问题。因蔡某实施该行为时尚未满十六周岁，不能成为盗窃罪主体，且其行为仅仅造成被害人轻伤而非重伤或死亡，因此也不构成故意伤害罪或故意杀人罪，应属于无罪。

第二种意见认为蔡某构成抢劫罪。理由是：转化型抢劫罪并不要求盗窃等先行为必须构成犯罪，因此关于盗窃犯罪嫌疑人必须达到十六周岁以上才能发生转化抢劫的理解实际上是一种曲解。本案中犯罪嫌疑人蔡某在主人实施抓捕时，使用暴力抗拒并致人轻伤，已构成转化型抢劫罪，但由于蔡某未取得财物，应属于抢劫未遂。

然而，问题的全部并不仅仅局限于上述案例及分歧意见，更折射出深层次的问题,而且范围非常广泛,如同平静湖面被石头击中时慢慢散开的微波一样从内到外无限的扩张,主要表现在两方面:宏观方面在于如何理解我国刑法第十七条、第二百六十三条、第二百六十九条之间的关系,即刑法第二百六十九条与第二百六十三条之间是否具有同质性,若具有同质性,那么相对刑事责任能力人当然能成为转化型抢劫罪的主体;微观方面在于如何理解刑法第二百六十九条规定的"犯盗窃、诈骗、抢夺罪"即"罪"到底是一种不以构成犯罪为必要条件的行为还是一种犯罪。在分析上述两方面问题的基础上,还必须来探讨2006年最高人民法院发布的司法解释第十条的合理性,如果不合理,出路又在哪里。这些问题的存在长期羁绊着司法实务人员处理司法实务案件,因此颇有研究的必要。

二、司法实践领域争议观点

相对刑事责任能力人①,是指行为人仅对刑法所确定的某些严重犯罪具有刑事责任能力,而对未明确限定的其他犯罪行为无刑事责任能力的情况。刑事责任年龄,是指法律所规定的行为人对自己的犯罪行为负刑事责任所必须达到的年龄。我国刑法第十七条第二款,已确认已满十四周岁不满十六周岁的人为相对刑事责任年龄人,这类人需要对故意杀人、故意伤害致人重伤或死亡、强奸、抢劫、贩卖毒品、放火、爆炸、投毒罪承担刑事责任。②

目前,关于已满十四周岁不满十六周岁的相对刑事责任能力人能否成为转化型抢劫罪的犯罪主体这一问题,在最高人民检察院、最高人民检察院出台的司法解释中存在很大争议。

(一)同一司法机关中的不同观点

关于这个问题,最高人民法院先后出台的不同解释中存在反复。1979年的旧刑法时代,1988年最高人民法院出台《关于如何适用刑法第一百五十三条的批复》,认为根据刑法第一百五十三条的规定,被告人犯盗窃、诈骗、抢夺罪,为窝藏赃物、抗拒抓捕或者毁灭罪证而当场使用暴力相威胁的,

---

① 责任能力,是指可科以作为非难的刑罚的能力。参见:[日]西田典之.日本刑法总论[M].王昭武,刘明祥,译.北京:法律出版社,2013.

② 陈兴良.刑法总论精释[M].北京:人民法院出版社,2016:383.

依照刑法第一百五十条抢劫罪处罚。① 1997 年的新刑法时代，根据 2005 年最高人民法院《关于审理抢劫、抢夺刑事案件适用法律若干问题的意见》第五条关于"转化抢劫的认定"的规定，行为人实施盗窃、诈骗、抢夺行为，未达到"数额较大"，为窝藏赃物、抗拒抓捕或者毁灭罪证当场使用暴力或者以暴力相威胁，情节较轻、危害不大的，一般不以犯罪论处，但具有下列情节之一的，可依照刑法第二百六十九条的规定，以抢劫罪定罪处罚：①盗窃、诈骗、抢夺接近"数额较大"标准的；②入户或在公共交通工具上盗窃、诈骗、抢夺后在户外或交通工具外实施上述行为的；③使用暴力致人轻微伤以上后果的；④使用凶器或以凶器威胁的；⑤具有其他严重情节的。可见，至 2005 年最高人民法院一直没有将已满十四周岁不满十六周岁的未成年人排除在转化型抢劫罪的主体之外。然而"意见"的精神并没有在随后出台的司法解释中得以贯彻与继承，相反还发生了相互抵牾的情况。② 根据2006 年最高人民法院《关于审理未成年人刑事案件具体应用法律若干问题的解释》第十条规定，已满十四周岁不满十六周岁的相对刑事责任年龄人实施盗窃、诈骗、抢夺时为窝藏赃物、抗拒抓捕或者毁灭罪证，当场使用暴力，故意伤害致人重伤或者死亡，或者故意杀人的，明确以故意伤害罪或故意杀人罪定罪。至于其他使用暴力或以暴力相威胁以及造成轻伤等情形，则没有提及。③

（二）不同司法机关间的不同观点

与最高人民法院相反，最高人民检察院《关于相对刑事责任年龄的人承担刑事责任范围有关问题的答复》第二条规定："相对刑事责任年龄的人实施了刑法第二百六十九条规定的行为的，应当依照刑法第二百六十三条的规定，以抢劫罪追究刑事责任。但对情节显著轻微，危害不大的，可根据刑法第十三条的规定，不予追究刑事责任。"可见，最高人民检察院的意见是肯定已满十四周岁不满十六周岁的人可以构成转化型抢劫的主体。

---

① 1979 年刑法第一百五十条规定："以暴力、胁迫或者其他方法抢劫公私财物的，处三年以上十年以下有期徒刑。犯前款罪，情节严重或者致人重伤、死亡的，处十年以上有期徒刑、无期徒刑或者死刑，可以并处没收财产。"第一百五十三条规定：犯盗窃、诈骗、抢夺罪，为窝藏赃物、抗拒抓捕或者毁灭罪证而当场使用暴力或者以暴力相威胁的，依照本法第一百五十条处罚。"

② 刘源，赵宁.论未成年人犯罪出罪机制在刑法中的表达——对转化型抢劫罪司法解释合理性的分析[J].青少年犯罪问题，2009(4)：42-45.

③ 姚兵.相对刑事责任年龄人适用转化型抢劫罪研究[J].刑法论丛，2011(1).

司法解释的"瞻前顾后"所产生的不同观点，造成了司法机关处理案件的两难。一方面，检察机关依据批复的精神及 2005 年最高人民法院的司法解释，认定行为人构成抢劫罪，但另一方面又害怕案件一旦起诉到法院，审判人员依据 2006 年最高人民法院的司法解释第十条判决无罪。对于解决上述问题而言，单纯围绕刑法条文进行思辨解释的说服力显然不充分，亦难以在罪刑法定原则的前提下实现实质正义的最大化。诚如有些学者指出，未成年人的刑事责任范围问题不仅仅是在刑法学领域就能解决的问题，还是刑事政策学领域的一个问题。只有贯通刑法学基本理论与未成年犯罪的刑事政策综合衡量确定未成年人犯罪的刑事责任范围才能使类似于刑法第二百六十九条所规定的转化型抢劫罪主体条件等问题的探讨获得令人信服的结论。如果脱离处理未成年人犯罪的刑事政策的指导意义片面地以刑法学理论解释未成年人犯罪的刑事责任范围，那么所得出的结论就会在科学性与合理性上大打折扣。[①] 这种见解是有一定的道理的。所以通过逻辑分析同一法律条文的含义和不同法律条文之间的关系的同时，还必须结合未成年人抢劫罪的事实特征来衡量利益和判断价值，由此才能得出既符合逻辑又具有实质合理性的结论。

三、转化型抢劫犯罪的相关刑法规范

与转化型抢劫犯罪的刑法规范，主要是指刑法第十七条第二款、第二百六十三条、第二百六十九条，其中第十七条第二款与第二百六十三条是一脉相承，关键是这两条与第二百六十九条的内在关系如何，此是探讨相对刑事责任年龄人是否能成为转化型抢劫罪主体的核心问题。一旦该问题得到解决，那么其他问题也将迎刃而解。因此下文将予以探讨分析。

（一）理论界的学说

关于相对刑事责任年龄人能否成为转化型抢劫罪的主体，目前学界并无统一共识，主要存在肯定说、否定说等两种立场。

1. 肯定说

持这种观点的人认为，已满十四周岁不满十六周岁的未成年人可以成

---

① 刘艳红. 转化型抢劫罪主体条件的实质解释——以相对刑事责任年龄的刑事责任为视角 [J]. 法商研究, 2008(1): 29 – 41.

为转化型抢劫罪的主体。如有学者认为，广义的抢劫罪既包括典型的抢劫罪，也包括转化型抢劫罪。转化型抢劫罪的刑事责任年龄，应与普通抢劫罪一样，只要年满十四周岁就构成本罪的主体。因为根据刑法第二百六十九条规定可以做出这样的理解，即实施了盗窃等行为的人，为了某种特定目的，当场使用暴力或以暴力相威胁的，依照刑法第二百六十三条的规定定罪处罚。那么就可说明，对刑事责任年龄的界定是根据刑法第二百六十三条，而非盗窃、诈骗、抢夺罪中的刑事责任年龄条件。①

2. 否定说

持这种观点的人认为，已满十四周岁不满十六周岁的未成年人不能成为转化型抢劫罪的主体。如有学者认为，转化抢劫不是严格意义上的抢劫罪，而是比照抢劫罪的一种准抢劫，二者不能完全同等看待。② 刑法第十七条是涵盖普通的抢劫罪，第二百六十九条规定的犯罪的刑事责任年龄是十六周岁，两罪的刑事责任年龄要求不一致，那么行为人在实施盗窃等行为后，以暴力来窝藏赃物或抗拒抓捕造成被害人重伤、死亡结果的，可以完全忽略抢劫这一转化行为，只追究其暴力行为，以故意伤害罪或故意杀人罪定罪处罚。③ 如果其暴力行为未造成任何伤亡结果或者仅造成轻伤的，依照罪刑法定原则，不能以抢劫罪定罪处罚。④

（二）分析检讨

判断两种观点的是非曲直，如果仅从刑法条文表面规定看，似乎否定说的理由更充分。⑤ 但笔者认为，采用否定说的理论依据并不充分，也不符合我国司法实践。

首先，导致客观归罪，影响刑法内部协调性。转化型抢劫行为是侵害的复杂客体，而否定说认为相对刑事责任年龄人实施转化型抢劫行为，不能以抢劫罪定罪处罚，如果当场使用暴力，故意伤害致人重伤、死亡或者故意杀人的，以故意伤害或故意杀人罪定罪处罚，这种主张只对侵犯他人人

---

① 张国轩.抢劫罪的定罪与量刑[M].北京：人民法院出版社，2001：189.

② 竹莹莹.论转化抢劫罪适用中的几个问题[J].法律适用，2005(8)：67－70.

③ 章惠萍.论转化型抢劫罪成立的条件[J].现代法学，2004(1)：81－86.
但未丽.抢劫罪研究概况及述评[J].四川警官高等专科学校学报，2006(2)：19－24.

④ 钱芳.盗窃转化为抢劫罪问题分析[D].湘潭：湘潭大学，2008.

⑤ 陈贺评，仝永涛.转化型抢劫罪之犯罪主体范围探讨[J].云南大学学报(法学版)，2009(6)：42－44.

身权利评价，而将侵犯的财产权置若罔闻，明显属于客观归罪。这种司法操作方法使危害性及危害程度基本相当的行为在定罪基础上严重失调，影响了刑法内部的协调。①

其次，曲解了 2006 年最高人民法院《关于审理未成年人刑事案件具体应用法律若干问题的解释》。该解释第十条被很多人理解为"限制未成年人转化型抢劫罪"的表达，并认为相对刑事责任年龄人，除非为窝藏赃物、抗拒抓捕或者毁灭罪证而当场致人重伤或者死亡，其他一律无罪。实际上该解释并没有明确已满十四周岁不满十六周岁的未成年人当场使用暴力致人轻伤以下后果的行为该如何处理。需要注意的是，司法解释只是没有明确，但并不意味着未成年人就当然获得了向抢劫罪转化时的豁免权。在该解释没有明确规定的情况下，当然可以依据 2005 年最高人民法院《关于审理抢劫、抢夺刑事案件适用法律若干问题的意见》第五条及 2016 年最高人民法院《关于审理抢劫刑事案件适用法律若干问题的指导意见》第三条，认定造成轻伤以下结果的行为转化为抢劫罪。②

再次，纵容犯罪，不利于保护未成年人。袒护和溺爱，并不是保护未成年人的有效途径。追究相对刑事责任年龄人转化型抢劫罪刑事责任的过程中，也是刑法对该种行为予以否定评价的过程，亦是教育的过程。刑罚的严肃性不在于其残酷性，而在于其不可避免性。如果以保护未成年人为理由，否认已满十四周岁未满十六周岁的人成为转化型抢劫罪的主体，会损害刑法的严肃性，使未成年人产生错误认识，在实施盗窃等违法行为时趋向于"用于反抗"，反而导致未成年人走向犯罪深渊。③

（三）肯定说之主张

其实，在笔者看来，转化型抢劫犯罪与普通抢劫犯罪在实行行为上都表现为侵财行为与暴力或胁迫行为相结合而形成的复合型行为，所要求的暴力和胁迫的力度也都是足以抑制对方反抗，但不要求直接对人的身体行

---

① 赵秉志.侵犯财产权[M].北京：中国人民公安大学出版社,1999:115.
② 杨晓明.未满十六周岁的未成年人盗窃时当场使用暴力致人轻伤应如何处理[J].人民检察,2007(5)：35－36.
③ 陈贺评.转化型抢劫罪之犯罪主体范围探讨[J].云南大学学报（法学版）,2009(6)：42－44.

使有形力。① 从体系解释的要求来看②，转化型抢劫行为与典型抢劫行为具有同质性，均应当被刑法第十七条第二款规定的责任主体所涵盖。该两种抢劫行为所侵害的都是财产权、人身权利的复杂客体。虽然两种行为结构略有不同，前者是先有取财行为，后有暴力性手段；后者是先有暴力手段，后有取财行为。但这只是形式上的差异，其实质是一样的，都是手段行为和目的行为的结合，均从统——一致的客观方面揭示了典型抢劫罪与转化型抢劫罪既劫人钱财又侵害人身的构成特征。③ 这种形式上的差别并不会带来危害程度的不同。而且从域外立法例来看，也是将转化型抢劫和典型抢劫归为一体。如我国台湾地区"刑法"在第三百二十八条规定了抢到罪，在第三百二十九条规定了准强盗罪。④ 有学者指出，准强盗罪虽类似于普通强盗罪的特别犯，但其实质违法性与一般强盗罪并无区别。⑤ 更有甚者将两者规定在同一法律条文中，如《瑞士联邦刑法典》第一百四十条规定：以对他人的身体或生命使用暴力或威胁使用暴力，或者使当事人不能进行反抗而为盗窃行为的，处十年以下重役或六个月以上监禁刑。行为人在盗窃时被当场抓获，为占有所盗之物而实施上述强制行为的，处刑与上款相同。⑥

四、转化型抢劫罪适用的前提条件

刑法第二百六十九条对转化型抢劫的条件作出了详尽的规定，但目前学界对成立转化型抢劫罪的前提条件的规定"犯盗窃、诈骗、抢夺罪"的理解并不一致。

（一）国外立法例

在现代外国刑法中，对先行实施盗窃、抢夺财物的行为，为窝藏、抗拒

① 陈兴良，周光权.刑法学的现代展开[M].北京：中国人民大学出版社，2006：592.

② 刘俊.转化型抢劫罪的刑事责任年龄[J].公民与法，2015(9)：9－12.

③ 曾粤兴，贾凌.抢劫罪、抢夺罪若干问题研究[J].中国人民公安大学学报，2003(1)：11－18.

梁卫华.抢夺转化型抢劫罪的刑事责任年龄及定罪数额问题研究[J].广东广播电视大学学报，2007(3)：59－63.

④ 第三百二十八条规定："意图为自己或第三人不法之所有，以强暴、胁迫、药剂、催眠术或他法，致使不能抗拒，而取他人之物或者使其交付者，为强盗者。"第三百二十九条规定："盗窃或抢夺，因防护赃物、脱免逮捕或者湮灭罪证，而当场施以强暴胁迫者，以强盗论。"

⑤ 黄仲夫.刑法精义[M].台北：元照出版有限公司，2005：608.

⑥ 姚兵.相对刑事责任年龄人适用转化型抢劫罪研究[J].刑法论丛，2011(1).

抓捕(逮捕)或者毁灭罪证而当场实施暴力或者以暴力相威胁的犯罪处理，大致有三种做法。一是立法例虽未予明确规定，但刑法理论都认为是抢劫罪。如《加拿大刑法典》没有明确规定这种犯罪情况，其刑法理论却认为，盗窃后为拒捕而对失主当场实施暴力或者暴力威胁的，应当构成强盗罪。①二是有些立法例明确的规定在抢劫罪里。这里又分成两种情况：其中有的不另设款项与抢劫罪区分，如罗马尼亚《刑法典》第二百一是一条第一款、保加利亚 1951 年通过的《刑法典》第一百八十四条第三款等；然而有的则在抢劫罪里另设款项加以规定，如巴西 1940 年颁布的刑法典第一百五十七条第一款，意大利 1968 年修正的《刑法典》第六百二十八条第二款等。三是有些立法例以另外的条文明确把这种情况规定为准盗窃罪。如日本《刑法典》第二百三十八条、联邦德国《刑法典》第二百五十二条。②

在大陆法系国家，一般将转化型抢劫罪的前提条件规定为一种行为。例如《德国刑法典》第二百五十二条(窃后抢劫)规定："盗窃时当场被人发现，为占有所窃之物，对他人实施暴力或以危害身体、生命相胁迫的，以抢劫罪论处。"③日本刑法典第二百三十八条规定："盗窃犯在窃取财物后为防止财物的返还，或者为逃避逮捕或者隐灭罪迹，而实施暴行或者胁迫的，以抢劫罪论处。"④

(二)我国理论界的观点

有的观点认为转化型抢劫罪的主体首先必须要符合盗窃罪、诈骗罪、抢夺罪成立的主体要件，系年满十六周岁的完全刑事责任能力人，而相对刑事责任能力人因不满十六周岁当然不符合转化为抢劫罪的条件(否定说)；但也有的观点认为持否定态度，认为是一种行为，不以符合盗窃罪主体条件为必要(肯定说)。

1. 否定说的代表观点

持这种观点的人认为，一个犯罪在什么情况下转化成另一个犯罪，以该犯罪定罪处罚，不是由刑事司法实践工作者可以不依法律明文规定而处

---

① 斯帕兹.加拿大法学概论[M].重庆：西南政法学院出版社,1985：65.
② 章惠萍.论转化型抢劫罪成立的条件[J].现代法学,2004(1)：81-86.
③ 徐久生.德意志联邦共和国刑法典[M].北京：中国政法大学出版社,1991：150.
④ 张明楷.日本刑法典[M].北京：法律出版社,1998：76.

断的①,这也是罪刑法定原则的要求。②刑法第二百六十九条被刑法理论称为转化犯。转化犯是一个犯罪向另一个犯罪的转化,其必然的前提是转化的基础罪本身也能够成立,如果基础罪不能成立,也就失去了转化的基础,正所谓皮之不存,毛将焉附? 故而不满十六周岁的相对刑事责任年龄人不能成为盗窃罪的犯罪主体,当然也就不能成立转化犯。③ 如果认为转化型抢劫罪主体为十四周岁至十六周岁的相对刑事责任年龄人,则说明刑法对于行为人的"盗窃"行为进行了评价,这显然是违反了刑法第十七条第二款关于已满十四周岁不满十六周岁的人承担刑事责任④,从而导致两种不应负刑事责任的违法行为合并为一种应承担刑事责任的犯罪行为,不当的加重了行为人的处罚。⑤

2. 肯定说的代表观点

持这种观点的人认为,从刑法第二百六十九条的立法本意及与抢劫罪的协调出发,适用刑法第二百六十九条定罪,先行的盗窃、诈骗、抢夺行为不要求构成犯罪,理由是:从立法角度看,刑法第二百六十九条规定的"犯盗窃、诈骗、抢夺罪",并不限于盗窃犯罪行为,而应理解为有犯盗窃的故意并且实施了盗窃行为,因为立法者制定这一条文的出发点,是考虑到盗窃行为在一定条件下可以向抢劫罪转化的情况,并且对该种行为予以严厉的惩处。⑥ 这种观点一度成为理论界的通说。⑦

(三)分析检讨

笔者赞同第二种观点,不敢苟同第一种观点,理由如下:

第一,第一种观点过于僵化理解罪刑法定原则。罪刑法定原则的思想基础是民主主义和尊重人权主义,法律保护的并非少数人的利益,而是广大人民群众利益、社会利益,这就要求与时俱进的理解罪刑法定原则。为了尽可能最大限度地保护人民利益,就可以根据社会发展,对刑法做出一

---

① 肖中.论转化犯[J].浙江社会科学,2000(3).

② 游伟.刑法理论与司法问题研究[M].上海:上海文艺出版社,2001:478.

③ 薛进展.转化犯基本问题新论[J].法学,2004(10):57-67.

④ 黄树山,刘彦君.未成年人抢劫犯罪案件适用法律疑难问题研究[J].中国检察官,2015(19):38-40.

⑤ 马柳颖.转化型抢劫罪主体刑事责任年龄的合理界定[J].学术界,2009(2):219-223.

⑥ 赵秉志.侵犯财产罪[M].北京:中国人民公安大学出版社,2003:111-114.

⑦ 高名瑄,马克昌.刑法学[M].北京:北京大学出版社,2000:232.

个扩张性解释，而这种解释并不违反罪刑法定原则。正如学者所言："虽然扩大解释会扩大刑法的处罚范围，不利于保障行为人自由，但是刑法不单单是为了保障自由，还要保护一般人的法益，而者必须平衡。当不进行扩大解释就不足以保护法益，而且扩大解释也无损国民预测可能性时，理应进行扩大解释。"①因此，第一种观点不考虑时代的发展、社会的变化，认为刑法不能扩大解释，是对罪刑法定原则的僵化理解。②

第二，忽视了立法基本意旨，剥夺被害人或第三人的防卫权。刑法第二百六十九条之目的是考察行为人实施盗窃行为时为了窝藏赃物、抗拒抓捕或者毁灭罪证而当场使用暴力或以暴力相威胁是否成立抢劫罪，而不是为了查明盗窃行为是否构成犯罪，坚持必须达到犯罪程度的观点明显违背了这一立法原旨。③ 而且也与国外立法例没有将前提限制于犯罪的大趋势不一致。如果要求前提行为构成犯罪，被害人或第三人很难行使防卫权。因为我国刑法第二十条规定的绝对防卫，只能针对包括抢劫在内的暴力犯罪行为，如果前提行为无罪，就意味着转化犯不能成立犯罪，被害人或第三人不能对行为人实施绝对防卫；既如此，就会与调动社会力量打击犯罪的立法初衷相背离。④

第三，逻辑混乱，不具司法操作性。根据第一种观点理论，成立转化抢劫罪的前提必须构成盗窃罪，但依据《中华人民共和国刑事诉讼法》第十二条规定："未经人民法院依法判决，对任何人都不能确定有罪。"也就是说，只有人民法院才有权在法律上确定某种行为是否构成犯罪，在法院作出判决之前，其他单位和个人都无权在法律上确定行为有罪。因此在第一种观点之下，司法实践中如果要追诉转化型抢劫罪，必须先由法院对行为人的盗窃行为作出有罪判决，然后再作出是否构成抢劫罪的判决，这在司法实践中是无法实施的。⑤

---

① 张明楷.刑法分则的解释原理[M].北京：中国人民大学大学出版社，2002:16.
② 陈贺评.转化型抢劫罪之犯罪主体范围探讨[J].云南大学学报（法学版），2009(6)：42-44.
③ 姚兵.相对刑事责任年龄人适用转化型抢劫罪研究[J].刑法论丛，2011(1)：.
④ 曾粤兴，贾凌.抢劫罪、抢夺罪若干问题研究[J].中国人民公安大学学报，2003(1)：11-18.
⑤ 陈贺评.转化型抢劫罪之犯罪主体范围探讨[J].云南大学学报（法学版），2009(6)：42-44.

第四，片面理解法条，导致司法不公。第一种观点显然是将盗窃和使用暴力或以暴力威胁的行为割裂开进行评价，但刑法设置转化型抢劫的目的本来就是从整体上评价这种先有取财后有暴力行为的特殊抢劫情形。如按第一种观点逻辑，相对刑事责任年龄人先以暴力造成被害人轻伤而后夺取财物的普通抢劫行为也不能评价为犯罪，因为刑法第十七条第二款没有规定故意伤害致人轻伤，这明显是一种逻辑悖论。[①] 而且会造成司法不公正，如一个成年人伙同一个十五周岁的未成年人盗窃他人财物后，抗拒抓捕共同杀害抓捕人，若依据上述第一种观点，未成年人构成故意杀人罪，而成年人则构成侵害程度更小的抢劫罪。[②]

五、相对刑事责任年龄人适用转化型抢劫的出路

通过上述分析可知：一方面，从刑法第十七条第二款、第二百六十三条、第二百六十九条的关系和立法原旨来看，我国刑法并没有将相对刑事责任年龄人排除在转化型抢劫罪的主体范围之外；然而另一方面2006年最高人民法院发布的司法解释又排除相对刑事责任年龄人成为转化型抢劫犯罪，并另辟蹊径在第十条规定相对刑事责任年龄人造成重伤或死亡的，以故意伤害罪或故意杀人罪定罪。这不禁让人去探寻司法解释的意图及合法合理性，并在此基础上寻求相对刑事责任年龄人是否为转化型抢劫犯罪的主体。

（一）司法解释之评析

在相对刑事责任年龄人是否为转化型抢劫罪主体问题上，2006年最高人民法院发布的《关于审理未成年人刑事案件具体应用法律若干问题的解释》与之前的相关司法解释未能保持一致。对个中缘由、认识各有不同。刑法学界比较一般的观点是，从刑事政策的角度出发认为"解释"的立法意图在于限制构成抢劫罪的范围，减少抢劫罪处罚未成年人的案件数量[③]，是贯

---

① 姚兵. 相对刑事责任年龄人适用转化型抢劫罪研究[J]. 刑法论丛，2011(1).
② 严欢. 对《高院关于审理未成年人刑事案件具体应用法律若干问题解释》的理解与反思[J]. 上海公安高等专科学校学报，2006(5)：88-90.
③ 刘艳红. 转化型抢劫罪主体条件的实质解释——以相对刑事责任年龄人的刑事责任为视解[J]. 法商研究，2008(1)：29-41.

彻"以教育为主,刑罚为辅"的未成年人犯罪刑事政策的体现。[①] 法律对未成年人给与特殊保护,以利于对他们进行教育和挽救,是应有的正确立场,也符合构建和谐社会的时代精神。但宽严相济的本质在于"区别对待、注重效果",而非对所有未成年人犯罪行为都给与无原则的宽容,尤其是那些明显具有相当大社会危害性的行为,在教育、挽救之前施与适当的刑事处理,以彰显法益的不可侵犯性。十四周岁本身已达到抢劫罪的刑事责任年龄,且根据实践经验,不少十四周岁以上不满十六周岁未成年人在盗窃他人财物时为窝藏赃物、抗拒抓捕或者毁灭罪证而当场使用暴力致人轻伤后果的行为,其危害后果要比普通的盗窃要严重得多,甚至比许多无伤害后果的抢劫罪要严重得多。[②]

而且,刑事政策必须以刑法规定为樊篱,不能超越刑法规定的文义范畴。因此如果把司法解释制定时立法意图解读为刑事政策需要,则司法解释规定也不应当超越刑法规范的文义内容,尤其是当全国人大常委会在做出立法解释中"罪"的表述解释为"罪行"而非"罪名"后,最高院的司法解释显然已不仅仅是与刑法理论通说及其他司法解释发生冲突的问题,更存在由于违反立法解释规定而导致司法解释无效。所以说2006年最高人民法院在《关于审理未成年人刑事案件具体应用法律若干问题的解释》中做出第十条规定时明显欠缺审慎、周密的考虑。[③] 在笔者看来,最高人民法院居于保护未成年的角度出发,对相对刑事责任年龄人构成转化型抢劫犯罪进行限制是正确的,只不过途径欠妥,不应当从限制主体要件为基点,而是需要通过其他渠道。

(二)相对刑事责任年龄人犯罪的刑法出罪机制

其实,在2006年最高人民法院发布的《关于审理未成年人刑事案件具体应用法律若干问题的解释》前的相关司法解释,都基本上肯定相对刑事责任年龄人可以成为转化型抢劫犯罪的主体,只不过紧随其后又都强调"对情

---

① 卢欣.不满卜六周岁的未成年人不宜适用转化型抢劫定罪处罚[J].辽宁公安司法管理干部学院学报,2008(1):29-30.

② 杨晓明,王志胜.无罪、轻罪还是重罪?——从一则案例看未成年人转化型抢劫罪的法律规范完善问题[J].青少年犯罪问题,2007(3):53-57,61.

③ 刘源,赵宁.未成年人犯罪出罪机制在刑法中的表达——对转化型抢劫罪司法律解释合理性的分析[J].青少年犯罪问题,2009(4):42-45.

节显著轻微、危害不大的，可不予追究刑事责任"这正好符合我国刑法第十三条"但书"规定，是一种限制犯罪的客观危害性来达到出罪的机制。对此，笔者认为，相对刑事责任年龄人实施转化型抢劫行为，应当在罪刑法定的框架内，以宽缓刑事政策为指导，根据不同情形区别对待：对于在转化抢劫中未造成轻微伤以上后果的，可以认为符合刑法第十三条但书"情节显著轻微危害不大"的规定，不作为犯罪处理。理由是，我国司法理念一贯注意控制相对刑事责任年龄人抢劫行为的处罚范围。如在旧刑法时代，1995年《最高人民法院关于办理未成年人刑事案件适用法律若干问题的解释》第二条第二款第（一）项规定，已满十四周岁不满十六周岁的人出于以大欺小，倚强凌弱，使用语言威胁或轻微暴力强行索取其他未成年人生活、学习用品或钱财的，可以不认为犯罪处理。而且根据2016年最高人民法院发布的《关于审理抢劫刑事案件适用法律若干问题的指导意见》第三条规定："对于以摆脱方式逃脱抓捕，暴力程度较小，未造成轻伤以上后果的，不以抢劫罪论处。"，可以进一步确定将未造成轻微伤以上后果的行为排除在相对刑事责任年龄构成转化型抢劫犯罪的实践基础。

六、结论

综上所述，笔者认为，我国刑法第二百六十三条和第二百六十九条具有同质性，均可被刑法第十七条第二款所涵盖，并且刑法第二百六十九条规定的"犯……罪"并不要求以构成犯罪为必要，从而认为相对刑事责任年龄人可以成为转化型抢劫罪的主体。在此基础上，笔者还认为2006年最高人民法院发布的《关于审理未成年人刑事案件具体应用法律若干问题的解释》第十条是不当的，是违背立法精神的。但考虑到教育为主、惩罚为辅的刑事政策要求，应当将未造成轻微伤以上后果行为的转化型抢劫排除在犯罪之外。

附条件不起诉制度的完善

谭泽林*　杨海平**

未成年人司法领域向来被视为司法改革的"试验田",许多有益探索都是从未成年人司法领域逐步拓展到成年人司法领域。附条件不起诉制度便是在未成年人司法领域开展的重要探索。但是,从实践来看,我国未成年人附条件不起诉制度在贯彻执行过程中存在许多问题,亟待研究和解决。

一、未成年人附条件不起诉之不同法域概览

未成年人附条件不起诉制度,是指未成年人的行为触犯刑律,并已构成犯罪,具备起诉条件,但鉴于其身心发展、社会危害性、犯罪情节以及犯罪前后的表现等,暂不提起公诉,而设定考察期观其表现,考察期满根据未成年犯罪嫌疑人表现作出是否起诉的制度。[①] 附条件不起诉制度在《刑事诉讼法》中的确立,源于多年来理论和实务经验的结合。同时,在两大法系国家,甚至我国澳门、台湾地区,该制度的立法和实践已日臻成熟。德国刑事诉讼法第153 条 a 项规定了暂缓起诉制度,在某一案件符合下列条件:一是得到审理法院和被告人双重许可;二是被告人履行一定附加义务,则检察院可以对轻罪案件不提起公诉。美国检察官对刑事案件可以采取延迟起诉方式,如果被告人在特定时间内履行特定义务(通常是辩护人协助其接受积极辅导或者治疗),则对他的刑事指控将会被撤销。澳门刑事诉讼法第263

---

　*　湖南省人民检察院研究室干部。

　**　泸溪县人民检察院党组成员、政工科长。

① 崔汪卫.我国未成年人附条件不起诉制度之检讨[J].上海政法学院学报(法治论丛),2015 (5):101 – 107.

条规定了缓诉制度，其适用于 3 年以下刑度的轻微犯罪，并且嫌犯必须无前科记录，同时需得到嫌犯、辅助人及被害人同意。我国台湾地区的缓起诉制度规定，被告所犯为死刑、无期徒刑或最轻本刑三年以上有期徒刑以外之罪，检察官参酌"刑法"第五十七条所列事项及公共利益之维护，认以缓起诉为适当者，得定一年以上三年以下之缓起诉期间为缓起诉处分，其期间自缓起诉处分确定之日起算。① 此外，丹麦、法国、荷兰、英国、挪威、韩国等国家的立法都有关于附条件不起诉的规定。附条件不起诉制度在各国获得了广泛的生存空间，并在实现案件繁简分流、降低诉讼压力、有效预防犯罪等方面取得了明显的实践效果。

二、未成年人适用附条件不起诉的价值考量

附条件不起诉作为一种新的不起诉机制，是检察机关公诉权的新发展，扩大了检察官的起诉自由裁量权。对限制刑事责任能力的未成年人实施的轻罪案件适用附条件不起诉不仅是刑事司法多重价值的体现，更是维护未成年人正当权益的现实要求。

（一）彰显了恢复性司法理念

恢复性司法主张在加害人与被害人之间建立某种沟通协调机制，促使双方当事人达成补偿与和解，以平和、融洽的手段解决纠纷。恢复性司法理念的核心就是恢复性正义理应取代报应性正义。② 附条件不起诉对犯罪嫌疑人设定了一定的义务，比如赔偿被害人或者是进行一定的社会公益服务等，这些义务一方面使其受到了惩罚和教育，另一方面对被害人也有一定的弥补，从而能够较好地化解社会矛盾。从另一个角度来说，附条件不起诉不仅维护了被害人的利益，也关注到了犯罪嫌疑人的利益。未成年人犯罪伤害的不仅是被害人，也破坏了自身家庭原本和睦的关系。不起诉使犯罪嫌疑人免于刑事审判，摆脱犯罪烙印的束缚，能更好地从内心唤醒赔偿犯罪损害的责任感和义务感，通过积极的悔罪表现来争取受害人与社会的宽容与谅解，最大可能地恢复社会关系，实现社会和谐。

---

① 杜何阳.论未成年人附条件不起诉之完善以比较法为视野[J].山西警官高等专科学校学报，2013(3)：41-44.
② 郑成良.法律之内的正义：一个关于司法公正法律实证主义解读[M].北京：法律出版社，2002：97.

（二）体现了宽严相济刑事政策

最高人民检察院《关于在检察工作中贯彻宽严相济刑事司法政策的若干意见》明确规定："检察机关贯彻宽严相济的刑事司法政策，就是要根据社会治安形势和犯罪分子的不同情况，在依法履行法律监督职能中实行区别对待，注重宽与严的有机统一。"未成年人作为特殊人群，在适用法律上应当区别对待，对未成年犯罪嫌疑人应慎用起诉，以使其有更为有利的改过自新的环境和机会。[①] 附条件不起诉既可避免刑罚的"标签"效应，促使未成年人顺利回归社会，体现对未成年人的特殊保护，又可以利用考验期对其进行教育、矫治，兼具教育和惩治双重作用，体现了宽严相济的刑事政策。

（三）符合诉讼经济的司法原则

诉讼成本过高，诉讼资源投入过多，案件久拖不决将会导致法律秩序的不稳定，不符合国家利益。诉讼经济要求公正快速地处理案件，结束长期不确定的诉讼状态，维护法律的权威。同时，诉讼经济的要求使犯罪与刑罚更加紧密地联系起来，清楚地展示犯罪的社会危害性和法律对违法者的惩处，从而可以起到教育和预防作用。附条件不起诉符合诉讼经济的原则。诉讼经济原则强调以最少的司法投入，获取最大的诉讼效益。通过附条件不起诉，在起诉环节分流一部分案件，可以减少检察机关出庭公诉、法院审判负担，节约司法资源，也可以减少当事人的诉累。附条件不起诉正是在案件数量急剧上升、司法投入变化不大、司法资源相对有限的情况下，依法、公正、高效执法的重要措施。[②] 对未成年人的附条件不起诉制度，通过对部分轻罪案件附条件和附期限地不予起诉，缩短了诉讼程序，节约了司法资源，既可以提高诉讼效率，又能最大程度地保护未成年人的合法权利。

（四）是未成年人再社会化的现实需要

未成年人犯罪往往是由于其思想不成熟、做事易冲动、法律知识淡薄造成的。大多数未成年人对其行为造成的后果没有一个正确的认识，不知

---

① 李希慧，王宏伟. 宽严相济刑事政策基本问题探究——以构建和谐社会为视角[J]. 2007(1)：1-16.

② 刘文莉，欧道华. 论我国暂缓起诉制度的构建[J]. 中南大学学报(社会科学版)，2009(3)：368.

道自己的行为触犯了法律，需要承担刑事责任。附条件不起诉，旨在为未成年犯罪嫌疑人提供一个接受正常教育、重新改过自新的机会。这种非刑罚的处理方式，有利于避免未成年犯罪嫌疑人在监狱内被"交叉感染"、重新走上犯罪的道路。另一方面，对未成年犯罪嫌疑人不起诉，使其免受刑事起诉，卸除有前科或"自身是罪犯"的思想包袱，让其有自信正常参与社会活动，从而更好地融入社会，减少社会对立面，不仅达到了惩戒、教育和改造的目的，也避免了未成年人的心理扭曲，降低再犯罪率，维护社会的和谐稳定。

三、未成年人附条件不起诉制度的实践困境

（一）适用范围的限定导致制度适用受限

我国附条件不起诉的适用范围，从主体范围、罪名、刑期均作了较为严格限制，客观上导致附条件不起诉适用比例较低。一方面，从罪名范围来看，现有附条件不起诉虽涵盖了未成年人涉足的大部分犯罪行为，但是范围仍然较为狭窄。在将社会危害性较大的危害国家安全罪、危害公共安全罪排除的同时，也排除了与侵犯公民人身权利和民主权利、侵犯财产罪、妨害社会管理秩序罪这三类犯罪危害程度相当的破坏市场经济秩序等犯罪，并且，由于立法限制导致司法差异，导致社会危害程度相当的犯罪可能承担不同的刑罚责任。另一方面，从刑度限制来看，对比世界上国家和地区关于刑期档位相关规定就会发现，我国大陆地区附条件不起诉一年以下的刑度限制过于严格，本来罪名就有严格限制，再对刑期作如此严格限制，必然导致附条件不起诉难以广泛适用。以沅陵县检察院为例，到目前为止，该院仅对 4 人适用附条件不起诉。

（二）程序设置不科学

程序是制度能否科学运行的关键。未成年人附条件不起诉制度程序设计不够严密，严重影响了该制度的运行效果。一是缺乏启动程序的规定。《刑事诉讼法》和相关法律规定仅规定要听取公安机关、被害人、未成年犯罪嫌疑人及其法定代理人和辩护律师的意见，但没规定如何启动。二是审查、决定程序设置过于复杂。法律和相关规定对如何开展附条件不起诉没有具体、明确规定，司法实践中，往往参照相对不起诉程序规定，对附条件不起诉的适用环节一般为：承办人认为可采取附条件不起诉→听取听取公

安机关、被害人的意见→报部门科长同意→报主管副检察长同意→报检察长同意→拟作附条件不起诉→提请检委会审议(复杂案件)→检委会讨论同意(复杂案件)→宣布附条件不起诉决定→考察帮教→作不起诉决定→宣布不起诉决定。实践中,检察院在作出不起诉决定前还要进行刑事调解,甚至有的还规定要进行公开听证等,之所以如此确定步骤,是为了严格限定诉权的自由裁量范围,防止"诉权便宜"主义的滥用和出现违纪违法现象。但是,如此复杂的环节,办案人的工作量也会相应地增加,特别是随着我国检察机关统一业务应用系统的使用,其工作量甚至会成倍增加,影响了办案人员积极性。三是办案时限过短。由于附条件不起诉考验期不计入案件审查起诉期限,故附条件不起诉案件全案最终审结的最长期限也只有一个半月,并需为考验期满后的程序预留时间。实践中,拟适用附条件不起诉的案件还须多方听取意见、进行社会调查等,要在审查起诉期限届满15日前必须完成所有准备工作,难度很大。

(三)适用条件规定不明确

附条件不起诉的四个前提条件中有两点规定较为模糊,在实践中难以把握。一是对于如何具体把握"可能判处一年有期徒刑以下刑罚",存在一定争议。有人认为,法律规定具有严谨性,可能判处有期徒刑的前提是法定刑期档位至多是一年以下。也有人认为,刑法分则第四、五、六章规定的犯罪中,法定刑在一年以下的只有侵犯通信自由罪和偷越国(边)境罪,单纯限定为一年以下,该制度就没有存在必要①。上述两种观点看上去似乎均有一定道理,因而亟待进行明确。二是对于难以具体把握"有悔罪表现"。《刑事诉讼法》和《人民检察院刑事诉讼规则》都没有规定"有悔罪表现"的具体情形,办案人员较难把握。司法实践中,一般从以下两方面把握:首先,犯罪嫌疑人是否具有自首或立功情节,或者虽不具有自首情节但能够如实供述主要犯罪事实;其次,判断一个人是否具备悔罪表现最常见和直接的方式是犯罪嫌疑人是否对被害人做出了民事赔偿。这主要是基于进行民事赔偿,犯罪嫌疑人可以得到被害人的谅解,也相当于给予犯罪嫌疑人

---

① 金朝,吕依蔚.附条件不起诉适用条件的把握——对"可能判处一年有期徒刑以下刑罚"的理解[J].法制与社会,2014(9):87-88.

一个惩戒。① 犯罪嫌疑人如实供述较容易做到，因而最终衡量标准就是被害人对得到的赔偿是否满意。这就导致一些被害人漫天要价，因而"花钱买刑"的质疑时有发生。

(四)监督考察机构设置不科学

按照《刑事诉讼法》的规定，对犯罪嫌疑人进行监督考察由检察机关进行，但是在检察机关并未设置专门机构负责考察，而是采取"谁办理谁负责"的方式进行。由于承办人日常的办案任务繁重，难以顾及帮教考察工作。司法实践中，通常由检察机关牵头，邀请学校、工作单位、村民委员会(社区居委会)予以配合，共同进行帮教。即使如此，也存在诸多问题。有些未成年犯罪嫌疑人业已退学，并不属于在校生，而由于其未满18周岁，也无固定的工作单位，学校和工作单位不能承担对其的帮教职能，只能依赖于村委会或居委会对其进行帮教。而村委会、居委会所拥有的人力、物力、财力又非常有限。特别是对于在本地无固定住所的外来人员，社区对其不太了解，因而更加不利于帮教工作的进行，甚至可能因其缺乏与本地社区的联系，导致社会对情况不了解，而被排除在附条件不起诉的范围之外。这明显违背刑法的公平原则。另一方面，检察机关是附条件不起诉的监督考察机关，如果还承担帮教职能，不利于监督制约。因此，有必要建立健全帮教工作机构和配套的帮教机制，以有效挽救和教育未成年犯罪嫌疑人。

(五)附条件不起诉与相对不起诉发生竞合难处理

单从法律规定本身来看，附条件不起诉和相对不起诉似乎不难区分，但在司法实践中，就涉嫌侵犯公民人身权利、民主权利、侵犯财产、妨害社会管理秩序犯罪的未成年人而言，在"可能被判处一年有期徒刑以下刑罚"和"犯罪情节轻微，依照刑法规定不需要判处刑罚或者免除刑罚"之间往往难以划定一条清晰的界限，这就不可避免地导致两者适用上的竞合。《最高检关于进一步加强未成年人刑事检察工作的决定》第21条规定："对于既可相对不起诉也可附条件不起诉的，优先适用相对不起诉。"从中我们可以清晰地看出，在针对犯罪情节轻微的未成年犯罪嫌疑人时，相对不起诉具有适用上的优先性，但是并不是说不可以适用附条件不起诉。换言之，附条

---

① 李五.如何把握附条件不起诉中的"悔罪表现"[N].江苏法制报，2014－08－14(00C).

件不起诉和相对不起诉在逻辑关系上，不是非此即彼的排斥关系，而是具有顺序上的优先适用关系，即：从相对不起诉到附条件不起诉的优先适用顺序，不能直接作出相对不起诉的，或者作出相对不起诉不适宜的，才考虑适用后者；符合相对不起诉的适用条件，应当优先考虑适用相对不起诉；在特定情况下，两者都适合时，如果针对个别的未成年犯罪嫌疑人适用附条件不起诉更合适，也可以适用附条件不起诉。但是，在实践中，当二者重合时，绝大多数承办人图简便，采取相对不诉的方式，导致附条件不起诉作用和优势难以充分发挥。

四、附条件不起诉制度的完善对策

（一）适当放宽附条件不起诉的适用条件

一要取消有关罪名的限制。现行法律将附条件不起诉的适用范围限定为刑法分则第四章至第六章的各种犯罪，但司法实践中未成年人触犯刑法分则其他章节罪名的情形也并不少见，很多案件的犯罪性质与情节轻重与现行立法确定的附条件不起诉适用罪名相当。笔者认为，对于附条件不起诉的探索力度要加大，不能够还是限制在特定的几个罪名中，建议采取刑度标准来有效控制附条件不起诉的适用范围，不再按照罪名进行划分。二是在刑度方面，可放宽至 3 年以下有期徒刑刑期档位。因为此类案件犯罪情节均不重，对社会危害性也较小，本身就有适用缓刑的可能性，采取附条件不起诉比较合适。

（二）完善附条件不起诉相关程序性规定

附条件不起诉的程序性规定必须根据现实需要进一步完善，进而提高运行效率和效果。一是要建立启动程序。建议启动该程序采取以下两种方式：其一，由未成年犯罪嫌疑人及其法定代理人、近亲属、辩护律师向检察机关提出书面申请，经审查符合条件由检察机关作出未成年人附条件不起诉处理决定；其二，检察机关在审查涉嫌未成年人犯罪案件过程中，认为符合未成年人附条件不起诉条件的，经法定程序作出未成年人附条件不起诉处理决定。二是要完善审查、决定程序。要积极适应司法改革的要求，进一步简化办案程序，按照"谁办案谁负责"的原则，由检察官拿出拟办意见后报主任检察官批准即可，不是疑难复杂案件不需要提交至检察长或者检委会讨论。主任检察官签发后，交由相关部门进行考察帮教。同时，检务督察、纪检监察部门要定期对附条件不起诉案件进行督查，严查办理人情案、关系案、金钱案现象，倒逼检察官公正办案。三是完善办案期限规。建议在原有基础上，对拟作附条件不起诉的案件增加7天的案件审查期间，缓解办案人员的压力，保证案件办理质量。

（三）明确附条件不起诉适用条件

第一，明确"可能判处一年有期徒刑以下刑罚"的范围。笔者认为，此处的"一年以下"是指宣告刑在一年以下的案件，而并非一定在一年以下的刑期档位。因为，附条件不起诉制度的存在就是为未成年犯罪嫌疑人提供一个改过自新的机会，最大限度地挽救、教育未成年人，使他们远离犯罪重归社会。既然宣告刑在一年以下，就说明这个案件社会危害性较小。未成年人可塑性强，如果给误失迷途中的他们提供一个不起诉的机会，避免其贴上一个"罪犯"的标签，就能够更加有利于这些未成年人的成长。这里有一点必须提出，就是要加强对办案检察官的素能培养，提高办案检察官的办案能力。第二，明确"有悔罪表现"的判断方法和标准。具体来说，办理案件时可以从以下几个方面来综合考虑：其一，犯罪嫌疑人以往的一贯表现和家庭成长环境，包括周围经常接触的人群；其二，分析未成年犯罪嫌疑人在实施犯罪后的行为，如是否主动意识到自己行为的危害性、犯罪后是否逃跑、是否有隐匿或者毁灭证据或者其他逃避犯罪追究的行为；其三，是否如实、全面供述自己的犯罪行为，特别是关键环节和事实上不能避重就轻；四是，在自己和家人经济能力承受范围之内是否最大限度地对被害人做出合理赔偿，并听取被害人意见，求得被害人谅解。特别要强调的是，这里要求是听取被害人的意见，而不是必须征得被害人同意。因此考虑是否赔偿、赔偿多少必须根据未成年人个人及家庭的经济能力范围来决定。

（四）建立帮教工作体系

附条件不起诉制度出台时间较短，难免存在配套制度不健全的情况，尤其是关于未成年人的帮教工作。实践中，有一种错误的倾向，就是重审查决定，轻帮教矫正，帮教工作体系没有建立起来。笔者认为，必须根据考察机关对被不起诉人的考察内容，将未成年人的帮教工作分为两类，分情况交由不同的组织担任：第一类帮教工作是对被不起诉人不作为类义务的监督和管理。不作为类义务包括遵守法律法规、遵守学校纪律、不得进入某场所、不得从事某活动、不得接触某类人员等，对被不起诉人的这类义务的监督管理交由被不起诉人的监护人、社区、学校或所在工作单位负责，检察机关定期向其了解被不起诉人履行义务的情况。第二类是围绕被不起诉人的作为义务展开，由检察机关构建法制教育基地、关护基地，由从事检察机关未成年人刑事犯罪检察工作的检察官负责对其进行帮教。可以统一组织处于考验期内的多名被不起诉人收听法制讲座、进行心理疏导、参加公益活动和技能培训等，帮助被不起诉人自我矫正。

（五）根据实际情况确定选用何种不起诉方式

附条件不起诉不仅仅是一项不起诉制度，更是帮助、矫正和挽救未成年人的一项重要措施，相比相对不起诉具有不可替代的优势。如果在对犯罪情节轻微的未成年犯罪嫌疑人适用不起诉时，一律优先适用相对不起诉，那么不仅附条件不起诉应有的功能得不到很好的体现，也达不到改造、矫治和教育未成年犯罪嫌疑人，促使其再社会化的效果。笔者认为，如果未成年犯罪嫌疑人属于涉嫌轻微犯罪的累犯、惯犯，或者之前经常实施违法行为，经常出入不良场所，接触不良人群，或者教育缺失等情况，即依据社会调查报告，适用附条件不起诉能够更好地达到改造、矫治和教育未成年人，促使其再社会化的效果下，可以考虑适用附条件不起诉。也就是说，检察机关对未成年人作出相对不起诉的决定后，依据社会调查报告，未成年人还是有可能会实施不法行为，在这种情况下，就应当考虑适用附条件不起诉，其他情况则优先采取相对不诉。

附条件不起诉制度是节约司法资源，提高办案效率和减少社会矛盾纠纷的一项重要探索。该制度如果能够贯彻执行到位并向成人司法领域进行推广，对推动法治进步将具有重要而深远的意义。

试论防卫过当的法理界定

卢武杰*　袁小安**

我国新刑法第二十条第二款规定："正当防卫明显超过必要限度造成重大损害的，应当负刑事责任，但是应当减轻或者免除处罚。"这里的"明显超过必要限度造成重大损害"的含义，与1979年的旧刑法相比对公民实施防卫行为进行了扩张，在鼓励公民更好地利用防卫权、保护合法权益、维护社会秩序方面，其积极意义是显而易见的，但由于立法过于简略，没有作出明确的界定，造成了在正当防卫理论上的争论和实践中的困惑，特别是罪与非罪的困惑，在司法实践中不容易操作。为此，对防卫过当的表现形式分析，对何谓"明显超过必要限度"以及"造成了重大损害"的标准与程度如何，笔者拟作些探讨，以期抛砖引玉，完善正当防卫的理论与实践。

一、现行法律关于防卫过当文本表述的缺陷

刑法关于防卫过当的表述存在明显逻辑矛盾的问题，例如将"正当防卫明显超过必要限度"改为"防卫行为明显超过必要限度"乃举手之劳，不予修改实为新刑法的一个缺陷。对于严重危及人身安全的暴力犯罪的防卫规定，在表述上仅规定"造成不法侵害人伤亡的，不属于防卫过当"似显不足。我们知道，正当防卫采取的是对不法侵害人造成损害的方法，至于损害的利益是不法侵害人的人身权益，或者是其财产权益，法律并未限制。在新刑法第二十条第一、二款将防卫的结果分别表述为"对不法侵害人造成损害

---

*　长沙市人民检察院行政检察处副处长。

**　湖南省新化县人民检察院党组成员。

的"和"造成重大损害的"，二者是相互协调的，第三款"造成不法侵害人伤亡的"表述则与前两款的表述不一致。笔者认为这无疑是正当防卫制度的又一缺陷，这样表述的弊端，一方面会造成对严重暴力犯罪的不法侵害人人身而不能对其财产进行防卫并造成损害的误解，另一方面对严重暴力犯罪的不法侵害人采取防卫行为造成其财产的重大损害是否也"不属防卫过当"，因立法上不明确则可能带来司法实践中的操作困难。笔者认为应增加对不法侵害人财产造成重大损害同样不属防卫过当的规定，同时仍应突出"人身伤亡"的规定，可以表述为"造成不法侵害人伤亡或者其他重大损害的，不属防卫过当"。

二、关于防卫过当的表现形式

根据防卫过当的概念，防卫过当的表现形式是行为过当与结果过当的统一，仅有行为过当或仅有结果过当均不能构成防卫过当。在审判实践中，要正确把握防卫是否过当，要紧扣两个环节，一是行为和结果都要过当，二是正确理解和认定两者之间的关系。首先，对立法关于防卫行为限度与结果限度的理解应是一致的，行为限度是明显超过必要限度的重大损害行为，结果限度就应是重大损害结果。其次，行为过当并不意味着结果就一定过当，反之亦然。例如，防卫人采取剥夺侵害人生命的方法防卫，用刀向侵害人心脏猛刺。根据当时的防卫需要是不应采取剥夺侵害人生命的方法防卫的，这时，防卫表现为行为过当。可是在防卫人刺出后，侵害人忙用手挡，只将侵害人胳膊刺伤，行为过当的结果并未产生，因此，结果并不过当；相反，防卫人采取伤害的方法防卫，如用木棒猛击侵害人头部，根据当时防卫需要是必需的，但由于用力过猛，致被害人死亡。这时防卫仅表现为结果过当，而行为不过当。这也并不意味否认过失防卫过当。不能把过失防卫过当和结果过当混为一谈。过失防卫过当是指防卫人应当预见所实施的防卫行为不是制止不法侵害所必需的，可能造成不应有的后果，由于疏忽大意而没有预见，或者已经预见而轻信能够避免，而实施这种行为，以致发生这种结果。可见，过失防卫过当的行为和结果都是过当的，防卫人在主观上具有过失的罪过。而单纯的结果过当是行为并不过当，主观上亦不存在罪过。

三、关于防卫过当的认定

认定正当防卫是否过当，应当以防卫行为是否明显超过必要限度，造成重大损害为标准。而法律没有具体规定必要限度的标准。从立法本意上讲，必要限度就是以防卫行为足以制止住正在进行的不法侵害行为必需的限度。必要限度应当从以下几个方面进行考察：

第一，不法侵害的强度。在确定必要限度时，首先要考察不法侵害的强度。所谓不法侵害的强度，是指行为的性质、行为对客体可能造成的损害结果的情况及造成这种损害结果的手段、工具和打击部位等因素的统一。对于不法侵害的正当防卫，如果能用较缓和的手段制止住不法侵害时，就不允许采取激烈的防卫手段。比如对于徒手的侵害，通常是无须动用器械致人重伤、死亡的。但是，如果侵害者身高力大或有武功，防卫者身单力薄，在弱不敌强的特殊情况下，用器械防卫徒手的侵害，就应当认定是必需的。如果用轻于或相当于不法侵害的防卫强度不足以有效地制止住不法侵害的，可以采取大于不法侵害的防卫强度。当然，如果大于不法侵害的防卫强度不是为制止住不法侵害所必需，那就是超过了正当防卫的必要限度。

第二，不法侵害的缓急。所谓不法侵害的缓急是指侵害的紧迫性，即不法侵害所形成的对国家、公共利益、本人或者他人的人身、财产等合法权利的危险程度。在某些情况下，不法侵害已经着手，形成了侵害的紧迫性，但侵害强度尚未发挥出来，因此无法以侵害强度为标准，只能以侵害的紧迫性为标准，确定是否超过了正当防卫的必要限度。

第三，不法侵害的权益。不法侵害的权益，就是正当防卫保护的权益，它是决定必要限度的因素之一。为了避免较轻的不法侵害，就不允许防卫者造成严重的危害结果。例如小偷偷窃晒在阳台上的几件衣服，其危害性不是很严重，但如果发现后即把小偷打成重伤，则是防卫过当，因为防卫的目的是避免或制止不法侵害，保护合法权益，而不是要对侵害者进行报复或者法外的惩治。对于明显危及人身安全或者国家和人民重大利益的不法侵害行为，而致不法侵害者重伤或死亡，可以认定是为制止不法侵害所必需，因而没有超过正当防卫的必要限度，不属防卫过当。

对防卫行为是否超过必要限度，除从上面三个方面考察外，还要根据不法侵害发生的时间、地点、环境等因素，进行全面的、实事求是的分析判断。由于不法侵害往往是突然袭击，防卫者没有防备，精神极度紧张，情况十分紧急，必须立即作出反应，在这种刻不容缓的一瞬间，一般很难立即判明不法侵害的确实意图和危险程度，往往没有条件选择一种恰当的防卫方式、工具和强度来进行防卫，甚至也难以预料防卫所造成的后果。因此，对正当防卫行为不宜规定苛刻的条件，在当时的情况下，只要是为了有效制止不法侵害所必需，没有明显超过必要限度，造成损害的，就应当认定是正当的合法的防卫行为。

四、对防卫过当的界定

防卫过当不属于一个单独的罪，而是一个法定的应当减轻或免除刑事责任的情节，是一个特殊的犯罪形式，应根据防卫过当的具体情况，根据犯罪构成要件，依照刑法分则的规定确定罪名，是什么罪就定什么罪名。例如，致侵害者重伤或者死亡的，可分别定为过失重伤，故意伤害罪（包括致人死亡的）或者过失杀人罪、故意杀人罪。否则，就会混淆罪与非罪界限。

刑法第二十条第二款规定，对防卫过当应当减轻或者免除处罚。之所以这样规定，是因为：①从主观上看，防卫人具有保护国家、社会公共利益和其他合法权利的防卫动机，虽然对于过当行为所造成的重大的危害具有罪过，但和一般犯罪相比，其主观恶性要小得多。②从客观上看，在防卫过当的全部损害结果中，由于存在正当防卫的前提，所以这种损害结果实际上可以分解为两部分：一是应有的损害，防卫人无须负责的部分；二是不应有的损害。防卫过当只对其不应有的危害结果承担刑事责任，而不对全部损害结果承担刑事责任。从立法上看，对防卫过当行为的界定，通常就是关于正当防卫的必要限度问题。

笔者认为，在认定防卫是否过当这一问题上，对"明显超过必要限度"的认定标准有待具体化、明确化。具体地说就是对防卫手段及其打击强度的认定。司法实践中实际是一个如何评判防卫限度之合法性的认识问题。确定正当防卫是否过当，应当以防卫行为是否明显超过必要限度，造成重大损害为标准。什么是"必要限度"，法律没有规定具体标准。如何理解和确定正当防卫的必要限度，在法学界和司法实践中曾有过"基本相适应说""必要说""需要说"三种不同观点。"基本相适应说"认为，防卫行为同不法侵害行为，在性质、手段、强度和后果之间，要基本相适应（不是完全相适应，允许适当超越），才能成立正当防卫。否则，防卫行为明显超过侵害行为，造成不应有危害的，是防卫过当。"必要说"，主张以制止住正在进行的不法侵害所必需的行为作为正当防卫的必要限度。只要防卫行为是为制止不法侵害所必要的，则无论造成的损害是轻是重，防卫都是适当的。如果不是非此不能制止不法侵害，造成不应有危害的，就应认为是防卫过当。"需要说"则认为，防卫是否过当，要以是否有利于鼓励和支持公民与违法犯罪行为作斗争的需要为原则。只要防卫者认为需要，无论实行什么行为，造成什么结果，都是正当的。

修订的刑法将1979年刑法规定的"正当防卫超过必要限度"修改"正当防卫明显超过必要限度"，"造成不应有的危害"改为"造重大损害"，从而降低了界定防卫过当的标准，扩大了正当防卫的范围。刑法原有规定的"超过必要限度"界定在防卫行为同侵害行为的性质、手段、强度和损害程度要基本相适应上，不利于对正当防卫人的保护。修订的刑法总结了实践经验，明确规定防卫行为的力度可以大于侵害行为，在防卫的必要限度上，只要没有"明显超过"，没有"造成重大损害"的，都是正当防卫。这一修订有利于打击犯罪，保护公民的合法权益。并且从立法上认定了基本相适应说已经过时，但并没有真正解决这一问题上的争论。

我国新刑法已经从立法上否定了基本相适应说，作出了可以明显超过必要限度的规定，防卫行为同不法侵害行为，在性质、手段、强度和后果之间，可以明显超越，而不强求要基本相适应。对于新的立法规定，学术界一般认为，它在继续强调防卫行为的目的性的同时，通过增加"明显超过"和"造成重大损害"等字眼，显然拓展了防卫行为的正当性范围。具体地讲，就是取消了要求防卫行为在手段、强度及损害后果上与侵害行为基本相适应的限制，明确肯定了"超过"的合法性。对于徒手侵害行为，一般情况下可以要求防卫人尽量不动用锐器致人重伤或者死亡。但这一通常情况并不排斥特殊情况下防卫人使用锐器的可能性和必要性。倘若在人数与力量上均超过防卫者，防卫人不借助器械，只以徒手反击，显然是难以对抗不法侵害的，在此情况下，当然也谈不上足以有效制止不法侵害行为了。注重了防卫行为与侵害行为的基本相当性，而相对忽视了防卫行为的目的性和有效性，这是我们在运用现行刑法的规则分析是否属于防卫过当案件性质时必须克服的在观念上的障碍。"需要说"主张对防卫手段不加任何限制，其与刑法所规定的精神不尽相符，因而也难以成立。笔者认为，对于防卫是否超过必要限度的把握，关键在于准确认定防卫损害是否为足以有效制止不法侵害所必须，以及是否属于明显的不应有的重大损害。应当说，"明显超过必要限度"和"造成重大损害"，实质是正当防卫限度条件的一体两面。"造成重大损害"是"明显超过必要限度"的具体表现；"超过必要限度"是"造成重大损害"判断标准。也就是说，并不存在所谓的明显超过必要限度但没有造成重大损害的情况，换言之，只是在造成重大损害的情况下，才存在明显超过必要限度的问题。不存在所谓的"手段过当"而"结果不过当"或者相反的现象。

如何去正确理解和确定"防卫的必要限度"呢？实际就是正确把握正当防卫必要限度的实质和具体标准。从本质上讲，必要限度就是以防卫行为足以制止住正在进行的不法侵害为必须的限度。对于防卫手段来说，其力度大于侵害力度是合理的，但防卫并非没有任何限制，"足以制止住不法侵害所必须"，本身就是限制，这也正是刑法规定的"必要限度"。因为采取正当防卫的最终目的是要制止正在发生的不法侵害，评判是否超过必要限度，应与不法侵害人的行为目的、手段、强度、后果相联系，因而正当防卫应以不法侵害人停止或不能继续进行不法侵害为限。同时，这种必须性，还体现在是否是必须进行防卫。因为绝大多数涉及正当防卫的案件，都是由行为人对侵害者的打击造成的。而确定行为人在什么情况下才可以对侵害者进行打击，是否有必要采取以伤害不法侵害者的身体的方式进行防卫，对确定是否构成正当防卫具有非常重要的意义。在许多时候，当不法侵害者对行为人进行侵害时，行为人用避开、喊叫等方法，可以阻止侵害行为的继续和防止侵害结果的发生，这样就不应再对侵害者进行打击，否则就属于互相斗殴或有意加害行为，构成犯罪的就要负刑事责任。当然，防卫行为是必须还是不必须，不能以防卫者的主观认识为标准，只能以客观的实际情况为标准。要从实际出发，把制止不法侵害的行为放在当时特定的环境中进行考察。因此，必须查明并根据当时的具体情况，如案件发生的时间、地点、环境，以及不法侵害的性质、手段、强度、后果，不法侵害者个人情况，防卫人所保护权益的大小、防卫人的处境等因素，进行全面地、实事求是地分析判断。防卫人往往是在促不及防的紧急状态下被动应战，其防卫意识与意志均形成于瞬息之间，在如此短暂的时间里倘若要求防卫人对不法侵害者的确实意图和危害程度立即作出判断，继而恰当选择防卫方式、工具，并准确控制防卫行为的损害程度，使之不造成"不应有的危害"，这对于享有正当防卫权的绝大多数公民来说，都可谓是一种苛求。现行刑法将防卫限度的评价对象集中于防卫行为所造成的损害结果，只要没有造成"重大损害"的，或者虽然造成了重大损害，但与侵害行为可能造成的危害相比较并非是"明显超过"的，都属于正当防卫。这样就既克服了上述要求防卫人须作复杂判断的"苛求"之弊，同时又使防卫行为"适当"与"过当"的限度标准获得了统一的评价，因而是可取的。因此，对正当防卫行为不宜提出过严的要求。在当时的情况下，只要是为有效制止不法侵害所必须，没有明显超过必要限度，造成重大的损害的，就应当认为是正当的、合法的防卫行为。如果防卫行为不是一般超过而是明显超过必要限度造成重大损害的，则属于防卫过当。

五、对防卫过当的处理

处理防卫过当案件中，如何把握减轻或者免除处罚呢？根据我国刑法的规定和司法实践的经验，在选择减轻或免除处罚时可以考虑以下几个方面：

第一，防卫的起因。尽管防卫都是针对不法侵害的，意义却是不完全等同的，如：因琐事互相争吵、辱骂之后导致一方对另一方实施不法侵害，另一方进行防卫，这与出于正义、在公共利益和他人利益受到不法侵害的紧急关头挺身而出进行防卫是不同的。后一种对保护国家和集体的利益，保护人民群众的生命财产的安全，维护社会主义法制积极意义更大。对这种防卫过当的处罚应相对更轻，甚至免除处罚。更有利于鼓励和支持人民群众敢于见义勇为，积极同违法犯罪行为作斗争。

第二，防卫过当的程度。过当程度的大小体现了社会危害性程度，因而影响到防卫过当的量刑。一般说来，程度重则罪行重，处罚亦重，程度轻则罪行轻，处罚亦轻，以至免除处罚，这是决定防卫过当，处罚轻重最首要的方面。

第三，正当防卫所保护的权益的性质。合法权益在法律上是平等的，均受法律保护，但在对防卫过当量刑时，应加以考虑。防卫行为保护的是公共利益或他人利益同保护个人利益应有所区别，保护重大利益与较小利益加以区别，前者较之后者应更轻些。

第四，社会效果。正当防卫制度是为维护合法权益，制止犯罪而设立的。而防卫过当是由防卫引起，因此，群众也往往抱有同情感，社会舆论表示支持。为了不挫伤群众同违法犯罪作斗争的积极性，防卫过当案件的减轻处罚幅度应适当增大，格外从宽一些。但在对过当行为追究时，却应因案制宜，对完全出于社会正义感、道德感，积极同犯罪作斗争的，应当得到大力支持。做到既不挫伤公民正当防卫的积极性，又能维护社会主义法制的严肃性。

在对防卫过当进行处罚时，应当减轻或者免除处罚。对免除处罚是好把握的，就是免除刑事责任，对减轻处罚就要正确把握了。减轻处罚，应根据刑法第六十三条规定"犯罪分子具有本法规定的减轻处罚情节的，应当在法定刑以下判处刑罚"进行。"明显超过必要限度、造成重大损害"是一个问题的两个方面，并且这两方面具有相互独立，又相互联系的关系。修订后的刑法将防卫过当规定为"明显超过必要限度造成重大损害"，意在强化必要限度内的防卫损害亦即合法损害的范围，摆脱以往司法实践中对防卫损害衡量尺寸的苛求所构成的羁绊，以鼓励广大公民充分行使正当防卫权利，更有力地同违法犯罪行为作斗争。同时，也为司法机关具体认定防卫是否过当提供一个相对明确的判断标准——只有造成不应有的"重大损害"，才可认定为"明显超过必要限度"，也才能认定为防卫过当。然而，何为不应有的"重大损害"？法律没有明确规定，因而仍有必要给出一个可操作的具体量化标准。

我国检察权的内涵及边界探析

屈　煜[*]

一、检察权起源的域外考察

检察制度是我国现代刑事制度的重要组成部分，但是在我国古代几千年的法制发展史上并没有与检察制度相对应的制度设置，也没有关于检察权的相关探讨。我国古代"纠问式"诉讼模式并不需要一个类似于现代检察机关的机构存在。因此，可以说现代检察制度并非是我国传统制度内生而成，而是近代历史学习全面学习西方制度的产物。我国建立的现代检察制度始于晚清时期，在当时"师夷长技以制夷"的大背景下，中国晚清政府派员到西方考察制度，在彻底颠覆原有的刑民不分、诸法合体的基础上，引入了现代检察制度。具体的事件是1905年晚清政府派五大臣到日本及欧美考察宪政，其中检察制度也是考察任务之一。沈家本、伍廷芳等人在考察宪政的基础上着手对清朝的律例及司法体制进行改革，改革的内容之一是明确控审分离，并确定由检事提起公诉。[①] 因此，在控审分离诉讼模式的改革背景下，需要成立一个专门的检察部门专司公诉。

从大陆法系与英美法系分野的基本研究范畴出发，现代检察制度在两大法系发源及发展存在极大不同。其中大陆法系的检察制度发源于法国，英美法系的检察制度发源于英国。在法国大革命中，为了适应启蒙运动倡

＊　长沙市岳麓区人民检察院干部。

①　公丕祥.清末法制改革与中国法制现代化[J].江苏社会科学,1994(6)：25－30.

导的社会价值，将纠问式诉讼模式改为控辩式诉讼模式。①"控辩分离"的诉讼模式主要目的是为了大幅度限制法院的权力，彻底改变法院专权擅断的司法黑暗状况。主要改革的方法分为两步：第一步是对法院原来刑事追诉的权力进行分割；第二步是将分割的权力由不同的部门行使，形成部门之间的权力制衡。具体而言，将整个刑事诉讼模式划分为侦查、控告、审判，将该三种权力分离，设立检察机关专门从事刑事控告。因此，在欧洲检察官制度被称为"革命之子"和"启蒙运动的遗产"。英国的检察制度起源于"国王财产诉讼的公共利益代表人"。英国检察总长源于中世纪的国王代理人和王室高级律师，英皇将国王律师改为总检察长。将国王辩护人改为副检察总长，正式形成了英国的检察制度。在之前相当长的时间内，英国并未如大陆法系国家设置检察机关。原则上，刑事案件采用私人追诉主义，每个人均可以控告犯罪，因此没有设立专门的具有国家公诉职能的检察机关。1879 年英国颁布《犯罪检举法》设立总检察长，对重要案件实行国家公诉。但是此时期的检察院制度并不像大陆法系将犯罪案件总是由检察机关公诉，实际上的情况是由警察机构负责大部分案件的起诉。② 英国的检察制度随着英国殖民统治在全球的扩展被推广到殖民地。

二、我国检察权的权属性质

因此，在研究检察权内涵及边界理论过程中一直存在检察权属争议。主要的观点内容如下：

认为检察权属于行政权的观点。第一种理由是，检察权本质上属于公诉权，而按照西方立法权、行政权、司法权的三权分立之国家权力划分的观点，公诉权属于典型的行政权，因此检察权属于行政权。第二种理由是，检察机关内部管理体系体现了将强的行政机构性质，即检察机关是上下级领导关系，上下一体，上级检察机关对下级检察机关具有命令的权力，该种内部上下级机构之间的关系与行政机关内部的关系基本一致。第三种理由是，西方国家在"三权分立"的基础上，基本上均将检察机关定义为行政

---

① 万毅.检察权若干基本理论问题研究——返回检察理论研究的始点[J].政法论坛，2008(3)：91 - 106.

② 刘宗珍.理解检察权：语境与意义[J].政法论坛，2015(5)：55 - 65.

机关。

认为检察权属于司法权的观点：检察官与法官等同，系司法体系下不可或缺的重要组成部分。第一种理由是，我国的权力架构是人民代表大会制度，所有的权力均来源于人民。在人民代表大会制度的前提下实行"一府两院"制，其中国务院是最高行政机关，最高人民法院和检察院系最高司法机关。因此，在我国的国家权力架构下，检察权属于司法权。第二种理由是，《宪法》第一百三十一条规定："人民检察院依照法律规定独立行使检察权，不受行政机关、社会团体和个人的干涉。"既然宪法规定检察机关不受行政机关的干涉，因此检察权不可能属于行政权。第三种理由是，检察官与法官在任职条件、职务保障等方面基本一致，可见检察权应当与审判权同属于司法权的范畴。第四种理由是，检察机关全程参与刑事诉讼的整个环节，其行为特征具有司法属性，特别是在审查起诉阶段，检察机关具有居中审查裁判的功能。

还有观点综合了上述两种观点，认为检察权兼具司法权与行政权的特征。其中司法权属性的集中表现为：检察官在行使检察权的过程中具有一定的独立自主性，不是单纯的执行上级领导的命令，而是以正确适用法律为最终目的；检察官的身份保障与法官基本类似。而检察权行政权的属性集中表现为：检察机关上下一体的领导与被领导关系，而行政权最为本质特性是上级对下级的命令关系，因此检察权具有行政权属性。检察权可以直接实施侦查行为，在实施侦查行为过程中，具有主动追究犯罪的属性，具有行政权管理行政相对人的属性。①

还有学者认为检察权是一种法律监督权。他们认为行政权与司法权的研究范畴的理论基础在于西方国家的"三权分立"的国家权力划分理论，而我国的政权组织形式与"三权分立"的国家组织机构存在本质区别。人民代表大会制度是我国的根本政治制度，国家权力统一由人民代表大会行使，在人民代表大会之下设置四个机关分别执行人民代表大会的决议，代为行使部分国家权力。这四个机关分别为：行政机关、审判机关、法律监督机关、军事机关。相应的在人民代表大会统一国家权力之下形成了：行政权、司法权、法律监督权及军事权。这种一个总权力加上四个分权力的国家权

---

① 张铁英.论检察权的配置[J].法学杂志，2012(1)：132–136.

力结构模式与"三权分立"的国家权力结构模式中的行政权、司法权、立法权具有一定的相似之处，但是不论是权力的内容以及性质上均存在极大差异。因此，在我国人民代表大会统一行使国家权力的基础上，检察权即不属于一种行政权，也不属于狭义的、纯粹的司法权，而是一种存在独立评价价值的法律监督权。

我国《宪法》第一百二十九条规定："中华人民共和国人民检察院是国家的法律监督机关。"因此，笔者认为将我国法律监督属性纳入检察权的属性之一的观点是准确的，且具有宪法依据。在国家权力的设置及运行过程中，限制国家权力，将权力关在"笼子里"是永恒的课题。英美国家通过将国家权力划分为立法权、司法权、行政权，通过制度设置使这三种基本权力以及由其衍生的其他权力隔开分离，在此基础上使权力之间相互制衡。因此，在英美法系语境下探讨检察权的属性必须要在三权分立的范畴内进行。而苏联限制权力的操作方式与英美国家迥异，其并非通过分权以及制衡来限制权力，而是在权力一元体制下，通过设置不同类型的监督机关对权力进行外部监督实现限制权力。十月革命胜利后，苏维埃政权作为新兴的社会主义制度，需要建立全新的社会制度，当然也包括全新的检察制度。当时列宁指出："法制统一的必要性要求建立一个严格监督法律的遵守、保证法律在全国范围内有一个同一的了解与适用的机关，这个机关必须拥有绝对的权威并脱离地方政府而独立。"①可见，列宁将检察机关定位为法律实施的监督机关，而且是最高监督机关，在行使监督职能时拥有绝对的权威和独立性，检察机关以法律为最高教义。在此，其并未突出检察机关在刑事诉讼中进行刑事控告的职能。基于此，1933 年 12 月通过的《苏联检察署条例》第 4 条规定："苏联检察署所负职责如下：监督苏联，及各加盟共和国各主管机关及行政机关的决议是否与苏联宪法相一致。"②中华人民共和国建立后绝大部分的社会制度及权力设置系苏联的翻版。中国检察制度的模板是苏联 1936 年《宪法》，该宪法第 113 条规定：苏联总检察长对于所有的部和那些部所属的机关，以及每一个公职人员和苏联公民是否严格遵守法

---

① 列宁.论"两重"从属制和法制[M]//甄贞,等.法律监督原论.北京：法律出版社,2007：224.

② 王新环.公诉权原论[D].北京：中国政法大学,2004.

律，行使最高检察权。宪法明文规定了总检察长的一般监督权，最高监督权。① 对法律实行监督是检察权的基本内涵之一。

三、检察权的边界界定

笔者认为，从检察权实际涵盖的范围及权能很难将其界定为纯粹的某一类型的权力。上述检察权属于行政权亦或司法权的观点均从某一方面揭示了检察权特征。将检察权界定为法律监督机构也有宪法基础，也是对检察机关法律监督职能部门恰当的概括。不论是行政权说、司法权说还是法律监督说均是根据目前检察机关实际拥有的权力进行的界定。但是，事物的客观规律在于变化，唯一不变的就是变。因此，我国的检察制度以及检察权的研究均建立在变革的基础上。笔者认为，从应然的角度而言，应当将检察权的内涵及边界界定为以公诉权为核心的司法权。具体理由如下：

首先，行政权说从检察机关的上下领导体制认为其与行政机关一致，因此认为检察权应当属于行政权范畴。笔者认为，在此需要区分两个概念，检察机关与检察权，行政机关与行政权。检察机关与检察权并非对等的概念，检察机关上下级的关系是从科层领导体制的角度界定上下级检察机关之间的关系，而非对检察权内涵的界定。而行政机关上下级的隶属关系也并非对行政权内涵的界定。因此，不能因为检察机关上下级的领导与被领导的关系与行政机关上下级的隶属关系一致，就认为检察权属于行政权。因此，对检察权内涵的研究应当回归检察权本身的权能。

其次，检察机关属于法律监督机关，检察权属于法律监督权的观点也不能准确的揭示检察权的基本内涵。如前文所述，我国将检察机关定位于法律监督机关源于苏联关于检察机关的法律定位。但是，在苏联的制度中将检察机关的法律监督定位于最高法律监督机关，其地位凌驾于法院及其他所有国家权力之上，在于我国所谓的检查基本属于法律监督机关的说法具有本质区别，这种区别根源于国家权力组织结构的差异。笔者认为，不宜将检察权的基本内涵界定为法律监督机关。一方面，在司法实践中，检察机关在提起公诉时，还同时作为国家公诉人对法庭的审判活动履行法律

---

① 谢佑平，等.中国检察监督的政治性与司法性研究［M］.北京：中国检察出版社，2010：296.

监督职责，这种既做运动员又做裁判员的行为长期以来备受诟病，其打破了控辩审三方的权力平衡。另外一方面，在我国权力体现中存在各种类型的监督，本质上因为我国的权力平衡及制约的重要方式就是权力之间的监督。在这些错综复杂的监督中，检察权的监督并不能保持其独立性及统一性。最后一方面，法律监督本身的内涵及外延均较为模糊，这种无所不包的概念只会带来似是而非的结论，将检察权纳入法律监督中，只会导致检察权的内涵不清，外延不明，丧失自己应有的独立性。

再次，从现代检察权孕育的历史背景及理论基础而言，检察权是为了保障个人自由而生的。正如前文所述，现代检察权孕育于欧洲大陆，为了解决"纠问式"诉讼模式中对被追诉人自由的剥夺，在人权、自由等启蒙思想的影响下，欧洲诸国或是通过革命或是通过改良，对当时欧洲中世纪的审判诉讼模式进行改革，为了限制审判权，改变司法黑暗的境遇，于是将控告权及审判权分离，建立检察机关形式刑事控告权。从现代检察权的孕育过程可见，其出现的历史背景是欧洲中世纪的司法黑暗——审判机关可以肆意追究被告人的责任，而被告人的自由被剥夺殆尽。现代检察权出现的目的是为了遏制当时的司法擅断，在原来诉讼一体的模式中分离出刑事控告权，从而限制审判机关的能动性，剥夺审判机关积极主动追究被告人刑事责任的功能。现代检察权建立的最终目的是通过限制审判权，保障被告人的自由。从现代检察权的孕育过程可见，检察权更加应当归入到司法权中，因为检察权是在诉讼模式改革过程中形成的一种新的国家权力，也是针对审判权的一种权力，而审判权是典型的司法权。

当事人和解机制的实证探析

周 勇*

2012 年 3 月 14 日修改通过的新《刑事诉讼法》，当事人和解的公诉案件诉讼程序，作为特别程序规定在《刑事诉讼法》的第五编第二章第二百七十七条至第二百七十九条。当事人和解机制，即我国司法界近年来一直探索的刑事和解制度的升级发展和完善统一，标志着我国刑事和解制度正式以立法形式确认为当事人和解机制。为此，笔者围绕刑事和解问题展开实证调研，对某县检察机关近六年办理的当事人和解案件进行分析，并与刑事诉讼法修改前后的办理情况进行对比。在此基础上，笔者提出对当事人和解机制的发展思考方向，并展开完善和修订剖析，以期为构建和谐社会、妥善解决社会纠纷、稳定社会秩序发挥良好的法治保障作用。

一、当事人和解机制的实践现状

笔者统计了某县检察机关 2011—2016 年的相关办案数据①，以检察环节为视角，对立法前后的实践效果进行对比分析。

1. 前后对比具体办案数量基本上变化不大

在《刑事诉讼法》修改之前，运用和解机制办案情况如下：2011 年共办理 34 件（不起诉 11 件，均为《刑事诉讼法》第一百七十三条第二款规定的酌情不起诉，又称相对不起诉，下同）；2012 年共办理 40 件（不起诉 15 件）。在《刑事诉讼法》修改之后，运用当事人和解机制办案情况如下：2013 年办

---

* 宁乡县人民检察院检察员。

① 数据来源：某县人民检察院内网，2017 年 4 月 2 日。

理 32 件(不起诉 26 件);2014 年办理 57 件(不起诉 11 件);2015 年办理 58 件(不起诉 12 件);2016 年办理 63 件(不起诉 23 件)。综合前述,前后对比运用和解机制的办案数量是基本持平,一是立法的案件范围限制是主要原因,严格限定"民间纠纷"以此来界定和解案件,真正办案数是只减不增的,实务界的反响可以说是非常平淡;二是公安机关不再拥有撤案权而影响其积极性,以 2009 年出台的湖南省规定为例,公安机关拥有对和解案件的撤案权,而立法以后只规定公安机关有从宽处理建议权,据不完全统计,在公安机关达成和解的刑事案件,至少占到整个和解案件的 1/3 以上,无形之中其积极性会有所影响。

2. 前后对比刑罚结果的非监禁刑仍是主流

《刑事诉讼法》修改之前运用刑事和解机制办理的案件,撤案率 22.5%,不起诉率 30.6%,非监禁刑判处率 44.9%(其中缓刑判处率 91%,罚金判处率 7.2%,其他刑罚 1.8%),实刑判处率 2%。《刑事诉讼法》修改之后运用当事人和解机制办理的案件,撤案率为 0,不起诉率 41.2%,非监禁刑判处率 54%(其中缓刑判处率 89.7%,罚金判处率 5.5%,其他刑罚 3.8%,免予刑事处罚为 1%),实刑判处率 4.8%。通过实践分析,检察环节的不起诉和审判环节的非监禁刑仍是主流(公安机关的撤案不是刑罚结果,且新《刑事诉讼法》修改之后未再赋权),立法前后非监禁的适用率均占和解案件刑罚结果的 90% 左右。经进一步实践调研并分析,一是不起诉率在立法修改前后适用例基本相同,维持在 45% 左右;二是免予刑事处罚适用率为 0;三是在实践中无案例因和解而予以减轻处罚的。由此说明,立法限制了公安机关的撤案权,首先使公安机关的参与度下降;同时法检两家对立法赋予的"不起诉"和"从宽处罚"权利仍持谨慎态度,不敢大胆使用,基本按照原有模式在处理和判决。

3. 前后对比所办案件类型基本相似

《刑事诉讼法》修改之前运用刑事和解机制办理的案件,类型最多的分别为故意伤害、盗窃、非法拘禁、故意毁财,占比分别为 36.4%、27.1%、14.4%、10.2%。《刑事诉讼法》修改之后运用当事人和解机制办理的案件,类型最多的分别为故意伤害、盗窃、故意毁财、交通肇事,占比分别为 28.7%、23.3%、17.8%、16.4%。司法实践中反映最多的问题:"民间纠纷"的界定。依据立法规定,故意犯罪型案件的起因只有"因民间纠纷引起"才能适用和解，其实意义有限。① 以民间普发的普通盗窃案为例，一是9成以上不是因民间纠纷引起，而原来此类案件属于和解的主要案源，适用和解符合双方当事人意愿，符合宽严相济刑事政策要求且社会效果良好；二是界定"民间纠纷"增加侦查取证的工作负担，影响司法效率；三是运用其他机制办案，如退赃退赔等同样可以取得类似效果，导致运用和解机制显得可有可无。②

二、当事人和解机制存在的问题

当事人和解制度契合了世界刑事司法的趋势，但在司法实践中也客观存在一些负面影响，从探索开始延续至今，仍然没有得到较好的解决。深刻反思制度的不足，是继续推行当事人和解制度，保证其价值目标得以正确实现的首要前提。

1. 和解机制与"罪刑相适应"存在认识矛盾，需要寻求化解之策

我国社会影响颇深的"不冤枉任何一个好人、也不放过任何一个坏人"的传统思想，导致许多人认为当事人和解制度对传统的"罪刑相适应"原则及报复主义刑罚观产生了冲击。同样的犯罪行为会因为是否进行了和解而出现不同的处罚结果，出现合法的"同罪异罚"现象，民众由此产生"花钱买刑"的怀疑，进一步导致"仇富"心理的加剧，反过来出于同情穷人而对和解制度进行抵制。

2. 和解机制可能出现"一和了之"现象，缺乏监督处分机制

基层司法机关在办理和解案件中，为追求办案效率，一般在达成和解之后就较快地作出最终处理，对和解之后双方当事人的关系修复、民众反响等问题就很少去了解，让双方当事人产生和解即结案的认识。在实践中一般对犯罪当事人提出了诸如确保遵纪守法、积极修复与被害人关系、完成一定公益义务等要求，但后续效果却难以保证。

3. 和解机制是否过分提升被害人地位，呼吁良性健康发展

犯罪当事人在获得被害人"同意"后可免除或减轻处罚，在一定程度上

---

① 施奈德.国际范围内的被害人[M].许章润，等译.北京：中国人民公安大学出版社，1992：419.

② 朗胜.中华人民共和国刑事诉讼法释义[M].北京：法律出版社，2012.

模糊了原来泾渭分明的刑事犯罪与民事侵权之间的关系，这样刑、民责任的主导在司法实践中，几乎都被集权于被害人一身，使被害人的地位得到过分拔高。但目前却无良好的制约保障制度，不可避免地出现犯罪嫌疑人要求和解而被害人漫天要价的局面，使得真正的刑事和解内涵丧失，沦为一场金钱交易，足以引起注意。

4. 和解机制与司法办案要求难免冲突，推动宽严相济任重而道远

在司法实践中受制于诸多外部因素，如在公安机关的考核中，刑事案件的刑拘率等是重要考核指标，但是否和解成功却没予以考虑，从严从快打击的指导思想仍然存在；检察机关办理一起不起诉案件，其工作量是普通案件的3倍以上；法院近年案件呈爆炸性增长，怕"费力不讨好"而不愿花时间来进行调解，为追求结案率从快"一判了之"。所以，当事人和解机制并没有在符合和解政策以及有和解需求的案件中得到充分适用，甚至已呈萎缩趋势，作为贯彻我国宽严相济刑事要求的一项重要立法规定，如何真正在实践中长远坚持并广泛适用，可谓任重而道远。

三、当事人和解机制的完善建议

(一)立法修改

审视新《刑事诉讼法》关于当事人和解程序的法律条文，根据立法本意及和解机制的价值追求，更好地在实践之中贯彻宽严相济刑事政策，从立法层面提出三方面的修改建议。

1. 对法律适用之故意犯罪型案件范围的修改建议

根据《刑事诉讼法》第二百七十七条规定，故意犯罪型案件适用和解有三项硬性条件，即"民间纠纷、只限侵犯公民人身财产及民主权利、可能判处三年以下有期徒刑刑罚"，根据审慎立法的本意，前两项规定尚可理解和接受，但第三项关于刑罚结果的规定即存在不妥之处。何为"可能判处"的刑罚，司法实践及理论界均认为是指实际可能判处而非法定最高刑，但以故意伤害(致人重伤)为例，一般情形的法定刑为三年以上十年以下有期徒刑，问题：一是未经审判先行判断加害人是否可能判处三年以下，有违背"未审先定"原则之嫌；二是按量刑规范化的规定，故意伤害(致人重伤)案件是否达成和解，量刑完全有可能在三年有期徒刑的上下浮动(同时也是决定是否适应缓刑的关键条件)，但尚未开展和解就需先行判断，这给司法工

作者带来选择困难，若开展和解则担心有逾越法律、随意扩大和解范围之嫌，若未进行也担心未正确理解法律规定。因此，建议对故意犯罪型案件，在符合"民间纠纷、只限侵犯公民人身财产及民主权利"两项前提条件的情况下，不妨将第三项条件修改为"法定刑在十年以下有期徒刑以下刑罚的"，一是明确为法定刑而非实际可能判处的刑罚，可解决司法实践中的难于操作性；二是现行立法限定"三年以下"无非是想表明和解机制只适用于轻刑案件，但笔者认为符合前面两项条件的案件均属"内部矛盾"，一般均属当前宽严相济刑事政策中"从宽"的范畴，拘泥于是否为"三年以下"意义不大。

2. 对刑事追诉之侦查立案权的修改建议

和解机制作为对传统刑事领域刑与民、公与私社会关系的一种重新构建，目标价值是契合司法潮流与人权要求的。我国司法界长期以来忽视《刑事诉讼法》对公民权利的保障功能，从前期探索的刑事和解机制可以看到，在刑法谦抑性原则的影响下，诸多刑事政策已有进步和突破，如对达成和解的轻微刑事案件侦查机关可以在立案之后再撤案。但新《刑事诉讼法》修改之后明确规定此类案件"公安机关可以向人民检察院提出从宽处理的建议"，实则规定公安机关不得因达成和解而撤销案件，不得不说立法过于谨慎，这也是一种法治的退步。笔者建议在目前严格限定了适用条件及范围，且制度已成形、渐趋成熟的情况下，可再赋予公安机关在和解诉讼程序中的撤案权，理由有三：一是实践中在侦查阶段和解的案件比例达到了1/3以上，鉴于我国国情，当事人对公安机关的信赖度以及和解成功率都是非常高的，公安机关目前的参与积极性已受影响，迫切需要提高；二是在实践中和解之后大部分都是作不起诉或判处缓刑，后续处理手续和程序较多且对当事人无较大影响，若赋予公安机关以撤案权处理，既可大幅减少刑事诉讼工作量、提高整体效率，也可使当事人免受诉累，减轻身心负担；三是若持谨慎态度担心公安机关滥用撤案权，则建议增加监督，要求公安机关建立撤案台账，撤案须经同级公安机关负责人批准，并报检察机关侦查监督部门同步审查。

3. 对定罪量刑之"从宽"设置的修改建议

《刑事诉讼法》第二百七十九条有两种"从宽"表述，即公安机关可提出从宽处理的建议、检察机关可提出从宽处罚的建议和法院可依法对被告人从宽处罚。分析从宽处理与从宽处罚之异同，笔者理解，从宽处理应为立法赋予的"入罪"与"出罪"的权利，从宽处罚应为立法赋予的"重刑"与"轻刑"的权利。虽然立法已许可在定罪量刑上的自由裁量权，但目前检、法两家在和解案件的"从宽"层面还常自缚手脚，笔者结合司法实践提两点建议：一是检察机关要加大不诉权的行使。虽然自刑事和解制度推行以来，关于检察机关对此行使不诉权的担忧就不绝于耳（认为可能存在腐败），这实则是一种假想的推测，任何权力都有出现腐败的可能。在实践中绝不能束缚手脚，深究公诉权的行使，"像其他国家权力一样，公诉权也必须保持一的谦抑性，即是否提起公诉，应当考虑是否具有起诉的必要，而不是机械地要求有罪必诉"①。所以，笔者认为对和解成功的案件，不仅要加大不诉权的行使，充分体现立法之中"从宽处理"赋予的"出罪"功能，因此建议考虑对达到不起诉标准的案件"应当"（现行是"可以"）作出不起诉决定。二是审判机关对"从宽处罚"要加大适用力度。根据《高法解释》规定，从宽处罚包含从轻、减轻和免予刑事处罚三种（其是否合法将在下文阐述）。根据某县检察机关对 2013—2016 年的和解案件统计报表显示，法院判决中适用从轻处罚、判处非监禁弄的比例达到 95% 以上，无减轻处罚的案件，免予刑事处罚四年间只有 2 例。究其原因很简单，法官都愿意运用惯用判罚，担心质疑腐败，而不敢充分和顶格适用，导致立法本意没有充分体现，因此建议在立法之中将从宽处罚具体细化为"从轻、减轻和免予刑事处罚"，以增加操作刚性。

（二）制度完善

公、检、法三家在新《刑事诉讼法》修订之后，就如何细化当事人和解的公诉案件办理程序，作出了相应的内部规定，但仍有不详细不明确和需改进之处。

1. 对细化和解赔偿标准的完善建议

长期以来，"花钱买刑"是困扰和解制度推行的最大阻力之一，时至今日还没有很好的办法解决。因和解的方式主要是进行经济赔偿，就笔者了解的和解案件而言，还没有出现过未进行经济赔偿而和解成功的案例，同时同等伤害赔偿金差异在 10 倍以上的和解案例却时有发生。但目前全国既

---

① 吴宏耀. 论认罪认罚从宽制度[J]. 人民检察，2017（5）：5－11.

无具体的制度规定，也不宜统一赔偿标准，笔者就针对经济赔偿标准问题提出初步设想：建议在司法机关内部规定中，参考最高法关于量刑规范化的做法，授权各省、自治区、直辖市（量刑规范化即授权地方可以进行细化），以地方为标准，对于赔偿范围和赔偿金额做出相对明确的规定，如以当地年度平均工资或收入标准来统一计算损害赔偿，同时允许有30%的浮动，从而有利于和解机制的规范健康发展。

2. 对明确和解组织职责的完善建议

立法为体现民事权益的自由处分，规定了司法机关只有主持制作和解协议书的权力，但同时又担忧私权力行使中出现强迫、引诱等违法情形，又规定司法机关要对和解协议进行合法性审查监督。比如案发后当事人期盼着司法机关主持公道，而办案人员却只能答复"你们自己调，调好了我来主持写协议，若违法我也有权撤销"。立法规定过于简单和审慎，不利于充分发挥司法机关促成和解的积极性，且监督和解也只注重事后监督，但事前双方如何起意、协商过程却不知情，无法全程透明监督，这让实践中许多办案人员都感觉无所适从。公、检、法三部门在内部操作规程中对此问题态度不一，法院规定当事人提出申请的，可以主持双方协商以达成和解；检察规定可以建议当事人进行和解；公安则完全回避了此问题，这也说明在立法修改之后其办理和解案件的积极性受到了影响。在司法实践中司法机关对促成调解的作用是非常重要的，不完全统计依靠民间组织和双方自愿调解成功，只占20%左右。笔者建议，为统一操作流程、发挥司法主动性，当事人（包括双方或单方）提出调解申请的，公、检、法三机关均可在各自诉讼程序中组织和主持调解，但须附书面调解申请，以求不突破立法原意。同时规定，若无书面调解申请，则司法机关无权出面来组织和主持调解。

3. 对保证和解协议效力的完善建议

和解协议的签订是基于双方自愿、合法处分民事权利之基本原则，但协议的履约保证却需要司法机关从法律层面予以保障。分析公、检、法三家对协议履行保证的相关规定，在不同的诉讼环节，还需进一步细化和对接，笔者就两个问题提出讨论和建议：第一，关于和解协议履行完毕后单方（双方）反悔的司法保护问题。《高法解释》规定在此情况下除有证据证明和解违反自愿、合法原则外，否则法院不予支持；《高检规则》对此未作规定，只规定在不起诉之前反悔的可另行达成和解、不起诉之后反悔的则需审查双方是否系自愿、合法;《公安部规定》对此未作规定。从三家的规定可以看出,对此问题既无统一意见也在操作之中做法不一。笔者建议,为维护和解的制度统一和权威刚性,公检法三家应统一明确"和解协议达成全部履行后当事人反悔的,除有证据证明和解违反自愿、合法原则外,否则司法机关不予支持",而不论是处于何诉讼阶段、作出了何处理决定。第二,关于和解协议履行完毕后威胁、报复被害人导致的和解协议效力问题。该问题只有《高检规则》作出了规定,认为"应当认定和解协议 无效",已批捕和不诉的可以撤销原决定。在实践中这种情况时有发生,但该规定欠妥,一是履行完毕之后再行起意威胁报复的,原协议是在合法状态下达成并完成的,实属两个独立法律事件,用事后行为来否定事中行为有悖法律常理;二是若基于民事部分的和解,导致刑事部分已作有利决定,事后又予以否定推翻,则不符合我国刑法原则,不能出现"民事决定刑事"的局面和结果;三是公检法三家对此问题无统一意见,又带来了实践操作困难。综上所述,笔者建议:首先,查实原和解协议是否自愿、合法,若系自愿、合法则原应确认协议有效;否则予以撤销,不再运用和解机制办理。其次,在协议有效的前提下,若诉讼程序未作终结,则将此作为加害人认罪态度的重要考量,以此来决定刑罚结果;若诉讼程序已作终结,则可将威胁、报复行为依照《治安管理处罚法》规定,作为新的案件由公安机关依法打击。

基层检察机关内设机构设置问题探析

禹 杰[*]

　　随着社会经济的迅速发展和司法体制改革的深入推进，基层检察工作的执法工作量大幅增加，一方面任务增多、难度增加、人力资源紧缺，案多人少；另一方面内设机构过多，一些人才限于事务性工作无法抽身，检察权的行使与执法公信受到一定程度的制约和影响。基层检察院作为履行法律监督职能的基础单位，其内设机构改革的成功与否更是检验整个检察改革成果的重要方面。本文旨在通过反思基层检察院在内部机构设置上存在的问题以及面临的新挑战，并对其成因进行分析，进而提出基层检察院机构改革应坚持的原则和需要注意的问题，以期对检察改革实践提供有益参考。

一、基层检察院内设机构设置的现状

　　自检察机关恢复建院以来，根据《人民检察院组织法》的有关规定，以宪法赋予检察机关的法律监督权能为中心，不同时期，根据形势需要，设置了很多内设机构和派驻机构。基层院一般都设有侦查监督科、公诉科、反贪污贿赂局、反渎职侵权局(有的地方称反渎职局)、监所检察科(刑罚执行检察科)、民事行政检察科、未成年人犯罪检察科、控告申诉检察科、犯罪预防科、案件管理中心(有的地方称案件管理科)、人民监督员办公室、办公室(有的地方办公室和行政装备科分立)、政治处、纪检监察室等内设机构。从数量上看，一般都在 15 个左右，原理上基本都是根据上级院或者工作业务上下对应设置，从功能上来说，与法律赋予检察机关的职能或派生

---

　　* 麻阳县人民检察院办公室主任。

职能基本相适应。但随着社会的发展,这些内设机构的设置体系显示出了不少不适应或即将不适应社会发展和检察事业发展的环节和部位,主要表现在以下几个方面:

(一)内设机构设置混乱、职能不明确

从原理上说,内设机构的设置其与检察职权的内部配置应当密切相连,其设置的是否科学、合理,直接反映了对检察权及其派生权力的认识程度。从目前情况看,在我国,甚至是同一地区的基层检察院的内设机构都没有统一标准。

(二)内设机构名称混乱

在基层检察机关现有的内设机构中,职能大体相同的内设机构,名称却存在着明显的差别。同是政治工作部门,有的基层院设政治处,下面不再设立科室,有的院设立政治处,下设组织人事科、宣传教育科,还有的院叫政工科,下面不再设立科室。又如,调查研究工作,有的设调查研究室,有的设政研室,有的设法律政策研究室,有的设宣传调研科。

(三)派出机构乱

派驻机构是检察法律监督职能的延伸,检察机关派驻机构不仅仅涉及检察法律监督职能延伸的空间问题,也涉及对检察权性质功能的理解认知问题。《人民检察院组织法》第二条第二款规定:"省一级人民检察院和县一级人民检察院,根据工作需要提请本级人民代表大会常务委员会批准,可以在工矿区、农垦区、林区等区域设置人民检察院作为派出机构。"各级派出检察机构行使派出它的人民检察院的职权。实践中,基层人民检察院曾在乡镇、大型企业、事业单位、监狱等单位设置派出检察室;基层院在级别上,有的派出机构是副科级,有的是股级;名称上有的叫派出检察室、有的叫派驻检察室、有的叫驻所检察室。

(四)内设机构设立缺乏自主权

内设机构设置缺乏自主性是指检察机关的内设机构设置权不是由自己决定,也不是由上级检察机关决定,而是由同级国家编制机关审批而定。根据《人民检察院组织法》的规定,检察机关内部机构的设置应当根据工作需要进行确定,但实际情况却非如此。在我国,检察机关实行条块结合领导体制,不仅上级院不能左右自己的内设机构如何设立,对基层院更无法左右,虽然有的时候上级院以发文或联合发文的形式要求基层院设置某内设机构，但地方不执行文件精神，基层院也无可奈何。而同级机构编制部门如何批准设立，我们没有任何参照系。有的时候是以政府各级部门之间是否平衡作为是否批准的出发点，有的情况下是不谙熟国家机关的职能特点，而无法完全考虑到各部门实际情况，也许从检察机关来看确属需要，非设不可，但机构编制部门却很难予以批准。即使按照上级检察机关行文要求设立机构，如果得不到机构编制部门的认可，也难以名正言顺。

二、国外检察机关内设机构设置的基本模式述略

从世界范围来看，国外检察机关内设机构的设置大体分为两种模式：即多个内设机构并存模式和以检察官负责制为依托，内设业务机构与非业务机构并存模式。另外大多数国家的检察机关除设置业务机构之外，还辅之以非业务机构为行使检察权提供保障。

（一）多个内设业务机构并存模式

这种模式基本上是按照案件种类或者职权加案件种类的标准来设立业务机构。在德国，按照案件种类划分业务部门，州和市检察机关一般设立法律研究部门、少年犯罪检察部门、交通罪检察部门、谋杀伤害罪检察部门等4～5个业务部门，分别办理经济政治案件，谋杀、抢劫、拐卖儿童、强奸等刑事案件，少年犯罪案件以及其他轻微案件。

在日本、俄罗斯、韩国等国家，基本上是采取混合的标准设置内设业务机构，即主要根据职权，同时结合特殊的案件种类设立业务机构。日本各级检察厅内设机构的设置都由政令加以规定，不能随意设置机构、增加人员编制。俄罗斯检察机关的内设机构的设置也基本采用职权标准。《俄罗斯联邦检察机关法》规定，在联邦总检察院，分领导机构、综合管理机构、业务机构设置。业务机构设有侦查局等19个局、处，共计26个内部机构。在联邦主体检察院（相当于地方检察院）和专门检察院里，也相应设置。

（二）以检察官负责制为依托，内设业务机构与非业务机构并存模式

普通法系国家检察机关的内设业务机构设置主要体现为单一的业务机构和非业务机构并存，业务机构并不突出的特点，其中以英国为典型。英国皇家检察院总部，由皇家检察长领导下设6个机构，其中秘书长职位1个、厅长职位5个。秘书长，亦叫行政主管，负责皇家检察院行政事务。秘书长职位比厅长职位高半级，相当于副检察长的职位。5个厅长职位分别

是业务厅长(办理最严重、复杂和卷帙浩繁的案件，包括涉及恐怖主义、国家安全法、种族仇恨、欺诈、共同谋杀、投诉警察、跨国和有组织犯罪、引渡、欧洲联盟法、没收财产的案件；此外，对于一些过度慈悲的判决就适用法律问题向上诉法院和上议院上诉)、政策厅长(负责完善起诉政策，向皇家检察院检察官及辅助人员就法律和程序问题提供具体指导)，其他为财务厅长、人事厅长、业务信息系统厅长等。

以上我们可以看出，国外检察机关内设机构设置模式基本上有如下特点：一是内设机构基本上分为两类，即业务机构和非业务机构；二是检察机关的职能、检察权的性质和特点决定内设机构设置类型。检察职能的多少决定了内设业务机构的设立标准和数量，职能多的则主要依据职能划分，职能单一的则业务机构单一，主要根据案件种类划分。所以，原则上，高层级的内设业务机构的划分标准是依照职能来划分的，次一位层级内设机构的设立是以案件的种类标准来划分的。

三、我国基层检察机关内设机构设置构想

检察机关内设机构设置改革不仅需要顺应国家政策，同时也需要立足自身情况。因此，根据实际情况和工作需要设置具有自身特色的检察机关内设机构。

(一)合理设置业务机构，突出检察主业

检察机关是代表国家依法行使检察权的国家机关，其主要职责是实施法律监督。为突出检察主业，应尽可能优化内部机构组成结构，合理地划分各内设机构的权能和界限，争取最大限度地发挥工作合力。

(二)科学整合行政机构，发挥最佳效能

除去业务部门，非业务部门有政工办、办公室、技术科、服务中心、法警大队。为响应国家对于"大部制"改革的号召，解决内设行政机构数量过多的问题，可将以上五个非业务部门整合为"检务保障局"。"检务保障局"既具备行政管理的职能，也具备服务保障职能，具体负责文秘、印章、信息、统计、档案、技术、调研、行政事务、财务装备、局域网等保障检察机关得以正常运行的职责。如此设置有利于精简检察干部职数、服务业务工作大局、提高行政工作水平，保障检察政务的正常运行，达到政令畅通、政事无阻滞，为检察业务做好保障和服务，促进检察工作高效高质完成，突显检

察机关的司法属性。

（三）强化完善监督机构，规范检察工作

检察机关是宪法定位的法律监督机关，"强化法律监督，维护公平正义"是检察机关的工作主题。法律监督工作的好与坏，关乎法律能否正确实施、社会公平正义能否得到保障。然而，检察机关不仅要对外行使监督职能，对内也需要单独设置"监察室"，以强化内部监督，保证各内设机构及检察人员忠实于宪法与法律，正确履行职责，公正司法，保证政令畅通，维护检察纪律，促进廉政建设，提高工作效能，规范监察工作。

诚然，检察机关内设机构改革与职能配置，既要考虑检察机关内部的科学、稳定，也要考虑与政府及其他司法机关的外在联系，还要考虑各级各地检察机关的实际情况。但是，无论改革方向或进度如何，去除检察机关内设机构的行政化管理模式，在机构设置、职能配置、资源使用和工作机制上，更加重视发挥主任检察官的相对独立性和主观能动性，实行"大部制"机构改革和内部扁平化管理等制度机制的作用，是促进检察官职业化和专业化建设的必由之路。

基层检察院案件管理工作情况的调查与思考

刘彩娥*　　龙赤霞**

　　案件管理部门在维护法律的正确实施、履行检察院职能职责、理顺检察机关内设部门关系等方面发挥了重要的作用。但是案件管理部门在运行中也存在着一些问题。通道县人民检察院通过组织召开座谈会听取各级院领导、公诉部门、侦监部门、反贪局、反渎局、政工部门、纪检监察部门等方面的意见建议，以书面调研和实地调研相结合、工作调研和理论研究相结合的方式就案件管理工作在通道县人民检察院运行中存在的问题，以及问题存在的原因开展了调查研究，并提出了解决问题的建议，以期对实践有些许借鉴意义。

一、主要做法和经验成效

1. 强化案件流程节点监管

　　一是严把"进口"关。针对公安机关或自侦部门移送的案件，该院案管中心审查案件是否属于本院管辖，对犯罪嫌疑人常住地、案发现场不属于本院管辖的，案管办坚决不予收案。审查案卷材料是否规范、齐备。查看卷宗装订、封面和目录填写是否符合要求，对卷宗封面涂改、填写不全、卷宗材料装订混乱的，一律要求移送机关进行补正。审查犯罪嫌疑人是否在案及采取的强制措施。对羁押的嫌疑人，按程序审查接收卷宗；对嫌疑人采取取保候审、监视居住的，既要审查强制措施是否适当，又要审查嫌疑人

---

　　*　通道县人民检察院副检察长。
　**　通道县人民检察院干部。

通讯方式是否顺畅，保证诉讼程序顺利进行。二是严把"出口"关。案件办结后需要向其他单位移送案卷材料的，案管部门审核移送材料是否规范、齐备，如发现法律文书有明显瑕疵或材料不齐等情况，及时通知办案部门补送、更正，把失误堵在"出口"内。三是严抓特殊节点监控。紧盯涉案财物处理、同步录音录像、变更强制措施等重点办案环节，坚持开展日常巡查，定期开展专项检查，并在本院内网通报检查情况，确保重点环节办案行为零违规。

2. 强化流程的动态监督

一是科学制作监控清单。根据上级院流程监控情况通报和本院流程监控发现的问题，制作易发问题清单，涵盖案件办理过程中可能存在的各种常见问题，使监控有章可循。二是对照清单严格监控。流程监控员对照清单开展监控，将发现的问题列入每日流程监控通报中，督促案件承办人及时整改。系统上线以来案管部门共对 180 起案件进行了流程监控，提出办案流程监控预警 12 件次，业务部门主动纠正 8 次。该院到目前为止无一超期办案、超期羁押等违法情形发生。三是定期汇总分析研判。对日常流程监控中发现的问题定期汇总分析，针对问题产生的原因，制作《案件管理监督建议书》，向相关业务部门提出改进工作的意见建议，并报送院领导参阅。

3. 强化对案卡数据填录监管

一是规范案卡填录。按照"谁办案、谁录入、谁负责"的原则，明确案件流转过程中各部门的具体职责。制定了"删除案件""修改核心数据"审批及操作规范，明确错填、漏填案卡责任，有效减少填录差错。二是规范文书公开。将法律文书公开情况纳入流程监控范围，对已作出生效判决的公诉案件建立台账，及时督促承办人公开法律文书。三是规范系统操作。定期汇总办案部门在操作系统过程中出现的易发多发问题，制作并定期更新操作指引，促进案件承办人规范使用系统。

4. 强化对业务条线全面监管

一是配强流程监管员。在案件管理部门确定 1 名干警担任专职流程监管员，在各办案部门分别设置 1 名兼职流程监管员，同时制定《流程监管员管理办法》，明确专兼职流程监管员的选任办法、工作职责及工作流程。二是加强问题反馈。要求各办案部门兼职流程监管员对本部门的案卡填录、文书制作、流程操作等情况进行监管,并建立相应台账,定期报送至案件管理部门专职流程监管员审查。三是建立联席会议制度。每季度组织由案件管理部门、办案部门负责人及流程监管员参加的联席会议,共同分析流程监控中发现的问题,并研究制定整改方案和措施。

5. 强化接受外部监督意识

以案件信息公开系统上线运行为契机,进一步提升案管工作规范化程度。今年以来,共发布案件程序性信息151条、法律文书108份、重要案件信息37条,通过每日向社会公布案件程序性信息,及时公布终结性法律文书和重要案件信息,自觉接受社会监督,以案件信息公开"倒逼"规范执法办案行为,以公开促公正,以公开促规范,从根源上杜绝了线上线下"两张皮"现象的发生。制订了《案件信息公开工作实施细则》、《案件信息查询及接待工作细则(试行)》,为案件信息公开的正确运行提供了制度依据和操作便利。设置了独立的律师阅卷室,研发了电子分屏阅卷系统,方便律师查询、下载、复制,保障律师的执业权利。

二、基层检察机关案件管理工作中存在的问题

1. 相关法律制度不完善

对案件管理部门的规定只存在于《人民检察院刑事诉讼规则(试行)》中,该规则第十五章规定了案件管理部门的主要职责,且只做了概括的、基础性的规定。且规则中构建的是大案管模式,实际操作中,因这种大案管模式在本地无法构建,而又不得不履行规则中规定的各项事务性工作,因此,案件管理部门实际上流于"大内勤",完全背离了高检院推行案件管理机制的初衷。高检院除了制定《最高人民检察院案件管理暂行办法》外,也没再出台对全国检察机关案件管理工作具有指导性的其他文件。各地根据各自的工作特点开展工作,导致职能不一,操作程序也不一,达不到管理促案件质量的预期效果。相关法律法规未对案件管理部门职能进行定位,对案件管理部门的监督权限也不明确,案件管理部门只是对内部进行监督还是一样可以对外进行监督等各种问题都没有一致的规定。在受案中发现的侦查机关存在的违反法律程序的问题,是由案件管理部门直接纠违还是建议办案部门进行纠违,对于侦查机关捕后未移送审查起诉、捕后变更强制措施、退回另作处理等方面的问题,检察机关侦查监督部门审结后不再

过问，公诉部门也没有监督，案件管理部门通过流程监控发现一些案件流失或久拖不决的是否可以进行监督。

2.流程监控难落实，内部监督流于形式

根据《规则》规定，案管部门不仅管理案件，还负责对案件办理情况进行监督。然而，实践中缺乏对流程环节的考核，也尚未建立与奖惩、激励挂钩的流程监控责任机制，对办案的监督往往流于形式。究其原因，一是内部的平级监督，权威不够，致使不敢监督；二是案管工作人员多是年轻干警，缺乏办案经验，致使不会监督；三是流程监督涉及侦监、公诉、反贪等各类业务，工作对象复杂，案件数量巨大，加之全国检察机关统一业务应用系统目前仍无法实现对办案流程的全面便捷监督，公检法网络系统不能相互衔接、传输文件，使案管部门在发挥同步跟踪、事前监督的作用上略显乏力，内部监督很难完成。

3.案件质量评查不够科学，还未能达到预期效果

一是"重程序、轻实体"现象严重。实践中由于缺乏操作性强的统一具体的案件评查标准，案件数量多评查时间紧，加之评查人员大多不在办案一线，评查往往着力于容易发现的法律文书瑕疵和案件程序性问题上。二是评查未能常态化制度化，评查结果具有局限性。基层检察院自身的案件质量评查多流于形式，上级检察院的评查多为临时性集中式评查，评查的案件范围狭窄，评查结果无法全面反映检察机关整体的办案质量和水平。三是评查效果不理想。目前的案件质量评查主要是案后评查，发现的多为程序性问题，且缺乏与评查挂钩的实质性奖惩追责机制，案件评查所发现的问题仍易复发。

4.案件管理工作人员素质要求高，队伍建设难度较大

案件管理是一项综合性强的组织协调工作。案件管理工作人员除了必须具备较强的业务素质和责任心以外，还必须熟悉各个部门的业务流程。但是由于基层检察机关人员力量有限，导致业务骨干难以分配到案件管理部门工作。案件管理需要配备高素质、熟悉计算机操作技能的检察人员，既熟悉案管工作流程又熟知检察业务的案件管理人员比较少见。熟悉案件管理信息系统的专业技术人才匮乏。案件管理相关培训学习的缺失，导致案件管理工作人员大多也是一个"外行"。这也是业务部门干警不配合案件管理工作的重要原因。检察人员大多缺乏对案件管理工作的系统学习，不

少检察干警对于案件管理部门的职能存有模糊认识，对案管工作的职能定位、管理模式缺乏统一标准，使得案管部门与其他部门间的职能划分不明确，不利于案件管理工作的开展。

5. 案管部门定位认识不清，对能否入额产生担忧

《最高人民检察院案件管理暂行办法》第二条规定，案件管理办公室是专门负责案件管理的综合性业务部门。综合性业务部门的定位让许多基层检察院的同志难以明确其部门性质，面对正在全面推进的检察官员额制改革，不少业务经验丰富的检察干警对案管工作岗位缺乏信心，或担心被划出检察官员额配给范围，或忧虑因员额配给过少而造成过于激烈的竞争；案管部门是综合性业务部门，不同于公诉、反贪等纯业务部门，员额制改革是否利于该部门人员，还有待商榷。另从职能上看，案管工作涉及面广、层深，压力大、任务重，检察官额制等司法改革工作的推进若无法给予相应的倾斜，可能会导致实践与案管工作改革初衷的背离。

三、推进案件管理工作完善的建议

1. 制定完善案件受理环节工作规范

当前，案件受理环节的运转操作主要依据《刑诉规则》第 7 章的相关规定进行，然而其中关于案件管理部门案件受理的审查内容、审查后的处理方式等案件受理环节的核心内容只有短短数个条文加以规定，可操作性不是很强，尚有较大的完善空间。因此，应尽快制定并完善案件受理环节工作规范，对案件受理的范围、审查内容、审查后的处理方式等进行详细的规定说明，使案件受理环节有章可依、有规可循。例如，在案件受理的审查内容方面，除加入上文中的有限实质性审查内容外，还可考虑针对不同业务部门办理的不同性质的案件对审查的重点进行有的放矢的分类规定，使案件受理人员在对案件进行受理时能清楚地了解所需审查的内容，在提升案件受理效率的同时也能避免案件受理人员超越职权对案件进行不必要的审查。

在案件审查后的处理方式方面，当前侦查机关或自侦部门在移送案件时一般当场即能审查完毕并办理相应的受理登记手续，然而，由于增加了实质审查的内容，对案卷材料的审查时间必然要相应的延长，特别是遇到侦查机关或自侦部门在一段时间内集中批量移送案件的情况下更是如此。

因此，可以考虑将对普通审查起诉等案件受案审查的时间设定为 3 天，对普通审查逮捕以及其他对办案时限要求较高的案件受案审查的时间设定为 1 天，审查完毕后案件管理部门应及时通知侦查机关或自侦部门案件的审查结果并依据《刑诉规则》第 154 条的规定作出相应处理。对于一些社会关注较高，需要及时处理的案件或上级交办案件以及重大、复杂案件等由于对时限要求较高，可以规定对此类案件应当即时审查完毕。此外，对于可能适用"简案快办"程序处理的案件，为提高办案效率，可以考虑将对某一案件是否适用"简案快办"程序的决定权赋予案件管理部门，并要求对能够适用"简案快办"程序处理的案件在案件受理时也应即时审查完毕。

2.监控重点，解决案件流程监督不力问题

解决案管工作流程监控这一难题，不妨借鉴上海等发达地区的先进做法，在监督中突出重点。流程监督着眼重点环节、重点案件，将有限的人力和物力用在刀刃上。在案件类型上，对于有重大社会影响、涉及敏感问题、当事人主体身份特殊以及涉检案件等四类案件，作为重点案件进行监控。在流程管理上，加强对案件材料受理移送、赃证物管理和职务犯罪查办等重点环节、项目的管理监督，建立管理登记台账。实践证明，这可以有效推动案管部门流程监控职能的落实，增强内部监督。同时，随着统一业务应用系统的升级和完善，检察机关将进一步加强办案期限的监督和预警，实现网上案件质量评查，逐步建立以信息网络技术为支撑的案件全流程管理机制。这样既能实现对案件的登记、预警、催办等管理功能，又能实现生成统计报表、查询分析、数据录报、自行制作统计分析报表等功能，促进办案效率和质量的大幅提升。

3.完善机制，确保案件评查工作取得实效

一要配足配强案件质量评查队伍。从业务骨干中设立专职及兼职评查员，成立评查人才库，从事常态化、专业化评查；加强对评查人员的学习培训，确保其掌握最新最全面的业务知识，提高其专业素养，为评查工作提供智力支持。二要建立科学的案件质量评查体系。按照法律规定和检察机关办案规则的要求，制定评查标准（标准应当包括检察执法的全过程，兼顾实体与程序，且具有可操作性。）和评查办法，做到常规评查、重点评查和专项评查相结合。同时要逐步建立起集"事前、事中、事后"监督于一体的案件质量评查机制，及时发现并纠正办案问题。三是建立科学的案件评查奖惩机制，提高评查效能。推广基层先进经验，建立完善办案人员执法档案，将每起案件的评查情况详细记录在案，作为年终考核及奖惩、晋级、晋职的重要依据。

4. 强化队伍建设，打造案件管理精英团队

案件管理工作由于涉及对不同类型、不同诉讼阶段案件相关法律文书、案卷内容的审核以及涉案款物的审核等事项，因此对案件管理人员的综合业务能力提出了较高的要求。随着司法责任制改革的深入推进，案件管理部门定位于对检察执法各业务部门办案活动实施全程管理、动态监督，对案件质量进行把关和评查，这也对从事案件管理的人员的素能提出了更高的要求。因此，应强化案件管理队伍建设，配备合格专业人员，加强检察业务技能培训，为案件受理工作的顺利开展提供人才支撑。一是培养全能型业务管理人才。案件管理工作涉及检察执法办案的各项业务，这要求案件管理人员要熟悉检察侦查业务、公诉业务、刑事诉讼监督业务、民事行政检察业务、刑事申诉复查和国家赔偿业务等，要能够懂得各种检察业务工作的流程，掌握各项检察业务工作的技能，要熟练掌握各诉讼环节对证据、事实的不同要求，要熟知各项检察业务工作容易出现问题的环节。唯此，方能实现对侦查机关或自侦部门提请或报送的案件进行有效筛查，将不符合受理标准的案件挡在"进口"外的目的，使案件受理环节的作用得到有效发挥。二是打造案管精英团队。案件管理环节加入实质性监督内容后，原则上对案卷材料的实质监督应由具备检察官以上或者检察官助理以上资格的检察人员进行，但鉴于当前检察机关尤其是基层检察机关的案件管理部门在人员结构上以年轻干警及老同志为主，业务能力强的资深检察官配备有所不足，因此在案件管理部门的队伍建设方面应当注重配齐配强案件管理人员，进一步优化案件管理部门人员结构，使案件管理部门成为理论功底扎实、富于创新精神的年轻力量，又有经验丰富、综合能力强的资深检察业务人员的精英团队。

如何做好对员额检察官的监督工作

欧阳群生[*]

我国《检察官法》第二条规定：检察官是依法行使国家检察权的检察人员。可以看出对检察官的角色定位，是以检察权为逻辑起点。在新一轮司法改革前，一些并不行使国家检察权的人，也具备检察官身份。去年以来，新一轮检察司法体制改革迈出了关键一步，实行员额检察官制，对检察官资格进行重新洗牌，通过考试考核遴选出理论功底深厚、办案经验丰富的优秀检察官，让他们回归一线办案，对案件质量终身负责。建立检察官员额制是检察人员分类管理的核心与关键，也是促进检察官去行政化，变得更为专业纯粹的必由之举，更是实现司法公平、维护司法权威的迫切要求。正因为员额制检察官具有较大的办案事项决定权，在其为主的办案小组里具有主导权，因此加强对员额检察官的监督显得尤为必要和迫切。

一、当前对员额检察官监督之困惑

（1）对员额检察官进行监督的现有机制尚需完善。随着检察机关队伍建设的不断加强，检察机关内部建立了不少行之有效的廉政勤政监督制度，形成了较为严密的监督体系，但对员额检察官的监督研究不够。在现有的制度中，通常是把对员额检察官的监督等同于对一般干警的监督，而针对员额检察官的特殊性监督兼顾不够。加之这些制度比较原则，且多强调正面要求，而具体实施细则和配套措施较少，使得检察机关内部现有的各项制度对员额检察官监督的针对性和配套性需要完善。

---

[*] 永州市冷水滩区人民检察院。

（2）受"谁办案谁负责"规定的束缚，监督工作有所削弱。一方面监督对象，员额检察官被称为"放权检察官"，即经检察长授权享有相对独立的办案权力，同时承担相应责任的检察官。从它的定位来看，不是真正意义上的"官"，但在其负责的办案小组里，却又是"官"。因此，有的检察院的员额检察官，业务能力上去了，但自身政治素质不高，认为自己是检察院的办案主体，不愿意接受监督；还有些员额检察官自恃高明，定力强，自我感觉良好，认为不用监督；或者认为被别人监督有损自己的办案权威，是对办案独立性的束缚压制，这种片面理解"谁办案谁负责"的想法，直接导致在实际工作中"业务至上，不要监督"的现象。另一方面监督主体即纪检组和监察室，纪检监察人员存在监督水平和能力差异，纪委派驻改革和监察体制改革导致监督的领导体制和监督的职能定位面临大的调整，因此，在价值取向上的实用主义、价值定位上的本位主义和个人主义也导致了监督主体自身的监督意识削弱，在实际工作中表现为不敢、不愿或不真监督现象。

（3）权力运作欠规范，不便监督。目前，检察权及检察管理权的运行机制尚有待进一步规范、完善。《关于完善检察官权力清单的指导意见》第3条规定"检察官权力清单应当以明确检察委员会、检察长（副检察长）、检察官办案事项决定权为主要内容。办案职责、非办案业务、操作性及事务性工作以及司法责任等内容原则上不列入权力清单"。但事实上，员额检察官在权力运行方面还存在各地授权不一，透明度不高的问题，如有的省级检察院在制定检察官权力清单采取正面清单形式，即具体列明检察委员会、检察长、检察官的职责权限，有的省级检察院则采取负面清单形式，除检察委员会、检察长保留的职权外，没有具体列明的其他职权一律委托检察官行使。检察院内部办案小组权力运行行使和运作过程的公开性和透明度不高，难为人们所了解，使得在实践中，虽然实行网上留痕办案，通过业务应用系统可以全程监控，但网下如何操作办案，只有员额检察官本人或办案小组的成员知道，因此不可避免地出现检察机关外部和内部监督盲区。

二、对员额检察官监督的范围

（1）对员额检察官遵守政治纪律和政治规矩的监督。即对员额检察官是否与党中央保持一致，不发表与中央改革方针不一致的言论，尤其不能在QQ、微信、微博等社交媒体发表或转发不当言论，是否坚决执行上级党委和本单位党组的决定进行监督。对能否加强党纪法规学习，做到理论联系实际，艰苦奋斗、密切联系群众进行监督。

（2）对员额检察官的民主作风的监督。即对员额检察官在办案小组里是否坚持集体讨论和发扬民主的情况进行监督，将其能否坚持开展批评与自我批评，能否接受不同意见，作为对员额检察官进行监督和考核的内容。

（3）对员额检察官执法、守法情况的监督。即对员额检察官执法、守法的状况进行监督。特别是对于员额检察官作为某一案件检察权行使的最终决定者时，防止办"三案"即办关系案、人情案、金钱案应当成为监督的重点内容。

（4）对员额检察官办案事项决定权的监督。即对员额检察官行使办案事项权力的民主化、公开化和规范化程度和力度进行监督。既要注重对其决定程序进行监督，也要对决定结果进行监督，特别是突出对不捕、不诉和撤案情况的监督。

（5）对员额检察官的廉政勤政的监督。即对员额检察官能否勤恳、敬业；是否开拓进取、廉洁奉公情况进行监督，并把廉政与勤政区分对待。

（6）对员额检察官的道德品质监督。即对员额检察官的社会公德、职业道德进行监督。突出对员额检察官作风建设的监督。学习作风、工作作风、生活纪律作风、思想作风都直接反映着员额检察官的人格魅力和人格风范。而员额检察官作为检察院的主体，他们的人格风范将直接影响整个单位，甚至整个检察系统的风气和作风。因此，应作为监督的重要内容。

（7）对员额检察官工作外情况的监督。即对员额检察官的八小时以外的朋友圈、生活圈、社交圈进行监督，做到防患于未然。

三、对员额检察官监督的需处理的关系

要实现对员额检察官的有效监督，关键在于制度建设，而在制度的构建方面应着力处理好以下几方面的关系：

（1）处理好员额检察官办案负责制与监督员额检察官办案的关系。司法体制改革后，检察机关在办案过程中实行员额检察官办案负责制，也就是员额检察官经授权具有办案事项决定权。然而，检察机关目前实行的是民主集中制下的检察长负责制，因此，员额检察官在办案事项决定中，必然要受到检察长、检察委员会和其他相关职能部门的监督，这是既授权又限

权原则的内在要求。也就是说，员额检察官办案负责制与监督员额检察官办案是辩证统一的关系。因此，对员额检察官的监督制度应当是既保障员额检察官办案负责制的实现，又能够实现对其进行有效监督的统一。

（2）处理好树立员额检察官权威与员额检察官接受监督的关系。作为法律监督机关，各级检察机关的员额检察官是行使各项检察权的当然主体，除少部分疑难复杂案件需经检察长或检察委员会决定外，对大部分案件拥有办案事项决定权和建议权。因此，员额检察官是当然的监督主体，这一点毋庸置疑。然而，法律监督只是国家监督体系的一部分，因此，相对于其他监督形式而言，检察机关的员额检察官也是当然的监督对象，必须接受来自检察机关外部和内部的监督，才能使员额检察官的各项权力不会被滥用，不被异化，才能真正确立员额检察官的权威。从这个意义上讲，树立员额检察官的权威与对员额检察官的监督二者是统一的。

（3）处理好员额检察官自律与他律的关系。自律与他律的关系实际上就是内因与外因的关系。所谓内因是指事物发生变化的内部原因，是事物发展的根本原因。所谓外因是指事物变化、发展的外在因素，是一事物和他事物的相互联系和互相影响。唯物辩证法认为，外因只是事物发展变化的外部条件，外因只有通过内因才能起作用。因此，在监督制度的构建上要做到自律和他律并重。也就是说，既要构建他律的制度，也要注重构建调动员额检察官自身内在积极性的自律制度。

四、构筑对员额检察官监督的制度体系

习近平总书记指出："要健全问责机制，坚持有责必问，问责必严，把监督检查，目标考核，责任追究有机结合起来，形成法规制度执行强大推动力。"因此，建立和完善各项监督问责制度至关重要。

（1）权力制衡机制。权力制衡机制大致包括以下几方面内容：一是应以深化司法体制改革为载体，努力研究和完善与检察权运作规律相适应的对员额检察官授权、分权机制，改变当前各级检察机关对员额检察官授权、分权不统一的现状和检察权运作行政化的弊端。二是以党务、政务、检务公开为要点，在坚持接受党委领导和人大监督的同时，按照高检院《关于全面推进检务公开工作意见》的要求，全面实行案件信息、政务信息、队伍信息等的公开，应用高检院案件信息公开网中案件程序性信息查询、重要案件

信息发布、法律文书公开、辩护与代理预约申请"四大平台",实现诉讼程序网上查、法律文书网上晒、重要信息网上挂,广泛接受外部监督,形成权力制衡关系,使员额检察官得到有效的监督和制约。三是制定严格的案件质量指标体系,强化案件质量评查。依托统一业务应用系统随时跟进监督案件办案流程,巡逻检查各诉讼阶段法律文书登记情况,从办案程序、事实认定、法律适用、法律文书制作及案卷装订等方面逐一全面评查各类案件并形成专门的评查通报,增强评查的互动性,引导员额检察官时刻落实规范司法行为。

(2)法规制约机制。首先,以落实最高人民检察院新修订的《检察人员纪律处分条例》为主要内容,研究制定有针对性的配套规定和措施,建立健全各类惩戒和退出员额机制。其次,是以规范检察机关员额检察官权力运作为目的,完善现有内部各项规章制度,建立科学合理的授权范围和办案事项最终决定权的决定程序以及检察委员会、检察长、分管副检察长对那些案件需要对员额检察官进行监督指导。此外,还要结合《中国共产党廉洁自律准则》《中国共产党纪律处分条例》《中国共产党党内监督条例》等监督执纪问责核心法规,制定和完善相应的配套规定,使之真正落到实处,发挥作用。

(3)自我约束机制。首先应以防范制约为重点,以个人品格风范为重要内容,完善对员额检察官的任前组织考察机制。其次,以主题教育活动为主线,建立和完善教育培训机制,加大对员额检察官的培训和教育力度,切实加强对各级检察机关员额检察官的自身内在品质的培育,提高自我约束的意识和能力。此外,也要注重研究和实行包括员额检察官在内的,符合检察规律的检察人员薪酬保障制度。薪酬制度改革以检察官等级制为基础,将过去职务对应检察官等级的制度改为检察官等级对应薪酬,还可根据实际,适当提高检察官医疗保险、退休金、养老金等标准,这样,可以凸显员额检察官的职业特性,形成职业尊严和社会认可,吸引更多具备条件的优秀人才加入检察队伍,从而使各级检察机关的员额检察官真正做到自律、自省、自警、自励。

(4)责任追究机制。员额检察官经检察长授权享有相对独立办案事项决定权,同时承担相应责任。从某种意义上说,员额检察官所享有的权力正是其主体地位的根本体现。一是按照最高人民检察院《关于完善人民检察院司法责任制的若干意见》的要求，在健全司法办案组织及运行机制，界定检察人员职责、权限的基础上，明确检察官司法责任范围、类型，认定和追究程序等主要问题。二是组建检察官考评委员会，吸收律师、法学专家等作为考评委员对检察官的德、能、勤、绩、廉进行考核评价。三是建立员额检察官退出制度。员额检察官在司法活动中有徇私舞弊、贪赃枉法等违法违纪行为的，必须按法定程序予以清退；员额检察官办案绩效考核达不到考核标准，连续两年被确定为基本称职以下等次的，应当退出员额。建立科学的测评办法，将测评指标作为员额检察官退出的依据；引入社会测评机制，建立由案件承办律师、案件当事人对检察官职业道德、司法水平进行评价制度，建立律师、案件当事人投诉制度，将评价投诉作为测评依据之一；建立员额检察官品行考评机制，将员额检察官征信记录、行为规范、生活作风作为测评依据之一。

轻微刑事案件司法处置实证调查

曾 欢* 张 武**

　　长期以来，在"严打"传统和群众对重大恶性刑事案件高度关注的背景下，社会各界对轻微刑事案件的司法处置问题缺乏必要的关注。2012 年《刑事诉讼法》修订后，刑罚的目的从偏重打击犯罪向打击犯罪和保护人权并重转变。面对占检察机关办案数量绝对多数的轻微刑事案件，如何妥善处置，避免刑罚滥用，实现案结事了，对减少社会对抗、促进社会和谐具有极为重要的意义。为此，长沙市检察院对该市 2011—2016 年办理的轻微刑事案件进行了一次专题调研，对当前政法机关在轻微刑事案件处置中存在的问题及其原因进行分析，并由此提出对策和建议。

一、轻微刑事案件司法处置的基本内涵与实际运行

（一）轻微刑事案件的界定及司法处置方式

　　本文所述的轻微刑事案件主要指犯罪情节轻微，社会危害较小，案件事实清楚，证据确实充分，可能判处三年以下有期徒刑、拘役、管制或者单处罚金的刑事案件。司法实践中，对轻微刑事案件的处置主要有两种方式，一是入罪化处置，就是对轻微刑事犯罪行为，由公安机关依法侦查，检察机关依法起诉，法院依法审判，使犯罪者依法受到刑事处罚。二是非罪化处置，就是"将迄今为止作为犯罪处理的行为，不再以犯罪论处"①。

---

　　* 　长沙市望城区人民检察院。

　　** 　长沙市人民检察院。

　　① 　张明楷.司法上的犯罪化与非犯罪化[J].法学家,2008(4):70.

（二）长沙市检察机关办理轻微刑事案件情况

1. 刑事案件总量变化情况

如图1，2011—2016年，长沙市检察机关受理各类审查起诉案件数量总体呈上升趋势。2011年全市检察机关受理审查起诉案件5925件、9790人，2016年受案7782件、11456人，从绝对数量上看，6年间增加了1857件、1666人，分别增长了31.3%和17%，整体增幅明显。检察机关提起公诉情况与受案情况基本一致，2016年相对于2011年增加1844件、1875人，分别增长37.9%和24.1%。

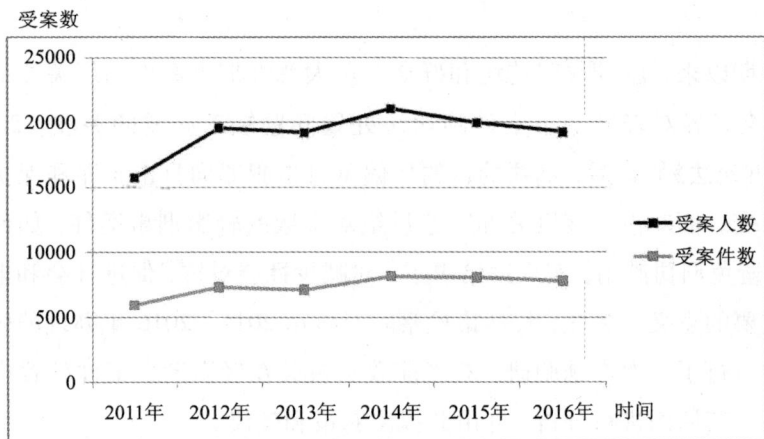

图1　长沙市检察机关受理审查起诉案件情况

2. 轻微刑事案件变动情况

如表1，2011—2016年长沙市检察机关办理的轻微刑事案件占刑事案件总量的比例呈持续增长态势，由2011年所占的76.1%上升到2016年的89.6%，轻微刑事案件所占比重增长了13.5%，绝对人数由2011年的5339人上升到2016年的6284人，增长了17.7%。而同时期被判处三年以上有期徒刑的人数，则由2011年的1680人下降至2016年的731人，绝对人数减少了949人，下降幅度高达56.5%，占刑事案件总量的比重，也由2011年的23.94%下降至2016年的10.4%。由此可见，无论是绝对数量还是所占比重，轻微刑事案件都已成为当前长沙市检察机关办理的重中之重。

表 1 长沙市检察机关办理轻微刑事案件情况

	2011 年	2012 年	2013 年	2014 年	2015 年	2016 年
提起公诉后一审判决总人数	7019	8823	8387	9690	7034	7015
判处三年以上有期徒刑人数	1680	1840	1047	1021	778	731
判处三年以下有期徒刑、拘役、管制及单处罚金人数	5339	6983	7340	8669	6256	6284
轻微刑事案件所占比重	76.1%	79.2%	87.5%	89.5%	88.9%	89.6%

3. 非罪化处置力度分析

如表 2，长沙市检察机关对刑事案件做不起诉的数量基本呈上升趋势，而不起诉总人数占审查起诉总人数的比重也在不断增长，2011 年不起诉占受理审查起诉总人数的比重为 6.6%，2012 年为 4.7%，2013 年为 6.7%，2014 年为 8.2%，2015 年为 9.2%，2016 年为 8.8%。6 年间，不起诉案件占刑事案件总量的比例增长 2.2%，绝对数量增加 360 人，增长 55.6%。尽管如此，相比于大幅增长的案件总量，特别是轻微刑事案件数量，检察机关作非罪化处置的数量和比重都不高。

表 2 长沙市检察机关办理不起诉案件情况

	2011 年	2012 年	2013 年	2014 年	2015 年	2016 年
受理审查起诉人数	9790	12261	12089	2903	11896	11456
不起诉人数	647	579	804	1061	1095	1007
不起诉人数占比	6.6%	4.7%	6.7%	8.2	9.2%	8.8%

二、轻微刑事案件持续增长的成因分析

（一）犯罪化趋势扩大了刑事制裁范围

（1）刑法修订增加了新罪名。正如有学者所说，"刑法产生的历史，就是犯罪化的历史"[①]。从 1997 年全国人大修订并颁布现行刑法开始，一直到 2016 年，全国人大及常委会共制定颁布了 1 个单行刑法、9 个刑法修正案，《刑法》涉及的各类罪名也由 1997 年的 416 个增加到 2016 年的 450 个，罪名的增加也使一些以往不认为是犯罪的违法行为被纳入刑事制裁范围，而这些行为大多属于轻微刑事犯罪。比如，《刑法修正案（八）》将醉酒驾驶正式作为危险驾驶罪追究刑事责任后，长沙市公安机关在 2011—2015 年的 5 年间共查处该类案件 114 起，这些案件自然也成为该市轻微刑事案件数量持续增长的一部分。

（2）劳教废止后部分案件进入刑法程序。在 2013 年全国人大常委会依法废止了劳动教养制度。在对原劳教适用对象的分流问题上，司法实践中主要采取"三管齐下"的办法。一是对于部分尚不够刑事处罚的违法行为，比如卖淫嫖娼，给予治安处罚；二是对吸毒成瘾者强制隔离戒毒；三是通过出台司法解释的办法，适当扩大相关罪名的适用范围。劳教废止后的刑法分流也必然带来轻微刑事案件数量的增长，但其在法治上的合理性和进步性是值得肯定的。

（3）群众平安诉求推动司法机关加大办案力度。群众强烈的平安诉求促使司法机关采取诸如开展专项行动等方式，加大对各类刑事犯罪活动的打击力度，进入刑法程序的案件数量也因此出现了相应增长。以长沙市望城区检察院办理开设赌场案件为例，该区公安机关 2011—2016 年移送检察机关审查起诉的涉嫌开设赌场罪的被告人分别是 19 人、40 人、117 人、87 人、70 人、51 人。该类型案件在 2013 年出现爆发式增长，相比 2012 年增长 192.5%，2014 年后查办人数又大幅下降。造成这一情况的主要原因是该区公安机关根据近年赌博情况高发，群众反映很大的情况，决定开展专项打击行动，将开设赌场类案件作为打击重点，从而造成了当年该类案件数量出现大幅增长。

---

① 白建军. 关系犯罪学 [M]. 北京：中国人民大学出版社，2005：280.

(二)执法办案不规范导致犯罪圈不当扩大

(1)重"严"轻"宽"思想致非罪化力度不足。在贯彻"宽严相济"刑事政策的司法实践中,公安机关往往倾向于"严",而不太重视"宽",检察机关则正好相反,在树立刑法谦抑、疑罪从无、保障人权等现代法治理念等方面更加深入彻底。以长沙市望城区为例,2011—2016 年的 6 年间,公安机关对轻微刑事案件做出撤回审查起诉处理的仅 57 人,而同时期检察机关做出不起诉处理的有 285 人,数量相差达 5 倍。

(2)刑事犯罪与行政处罚适用界限不够明确。我国当前《刑法》与《治安管理处罚法》对部分行为的定义存在竞合,公安、检察执法标准往往并不统一。如公安机关办理的陈某容留卖淫案,陈某已经 79 岁,与同村村民姚某协商:姚某在陈某家卖淫,每接一名嫖客收嫖资 40 元,付给陈某 10 元。后姚某在陈某家中卖淫 2 次,按约定付给陈某 20 元。公安机关查获后,对陈某刑事立案并移送审查起诉。陈某的行为虽已达到追诉标准,但主观恶性小,犯罪情节轻微,这种将犯罪情节或社会危害性简单等同于数额、数量的做法,过于机械、生硬,不仅提升司法成本,也有悖于现代刑法谦抑理念。

(3)运动式执法容易导致打击面不当扩大。长期以来"重刑主义"思想和"严打"传统的影响,公安机关在执法办案中仍习惯于采取"运动式执法"、"专项行动"等工作方式。该方式回应了群众平安诉求,为改善社会治安状况发挥了积极作用,但往往也存在打击面不当扩大、大抓大放、证据粗糙等一系列问题,导致部分一般性违法行为也被作为刑事案件进行处理。

(4)不合理的考核规定倒逼办案人员重视办案数量。当前基层政法机关的考核评价体系中仍存在一些不科学、不合理的规定。比如公安机关对立案数、破案率、批捕率等办案指标仍有考核要求。办案机关一方面追求案件数量,另一方面又对案件质量提出极高要求,特别是对立案、批捕、起诉后作非罪化处理的情况设置了较高条件,一旦案件因事实、证据发生变化,最终做出撤案、不批捕或无罪判决处理,办案人员就会面临追责的严重后果。这一评价体系一定程度上会倒逼办案人员相互关照、配合,对于一些完全可作非罪化处理的轻微刑事案件,确保其"顺利"批捕、起诉直至判决。这不仅导致案件数量居高不下,也不利于保障人权、促进社会和谐,更为冤假错案的出现埋下了隐患。

三、对轻微刑事案件司法处置的多维分析

(一)入罪化处置的积极意义

(1)有利于维护社会稳定。立法机关通过修订相关法律法规，扩大刑罚圈，将诸多违法行为和新型犯罪纳入刑事制裁范畴。司法机关也通过开展专项行动等方式加大办案力度，集中力量惩治群众反映强烈的相关犯罪，取得了明显成效。如长沙市政法机关近年就先后开展了"一打三整""五清查一打击"等专项行动，有力维护了社会和谐稳定。由于工作成效明显，该市连续 4 届获评"全国社会治安综合治理优秀地市"，并取得全国政法综治工作最高荣誉"长安杯"，市民生活安全感和幸福感也一直较高，连续多年获评全国"最具幸福感城市"。

(2)有利于依法保障人权。相对于公安机关行政处罚缺乏有效监督制约和被处罚者缺少权利救济等程序保障的情况，刑事处罚由于必须遵循严格的法定程序，可以获得律师辩护，且公检法之间又彼此相互制约，因此犯罪嫌疑人、被告人的诉讼权利都可以得到依法保障，体现了《宪法》和《刑事诉讼法》关于尊重和保障人权的原则，而这也正是法治的规范性、公正性和进步意义所在。

(二)过度入罪化的消极影响

(1)增加社会不稳定因素。对轻微刑事犯罪嫌疑人一律苛以刑罚，一方面会给他们打上犯罪前科的"烙印"，并实质性地阻碍这些人顺利回归并正常融入社会，他们的家庭亦会因此遭受长期影响。另一方面，容易导致犯罪人员之间的"交叉感染"，不少初犯、偶犯刚开始还怀有较深的悔罪心理，但是被判处羁押刑后，或因丧失生活自信、茫然自卑而"破罐子破摔"，或因受到其他罪犯的"交叉感染"，释放后很容易再次实施犯罪行为。长沙市检察院曾对该市 2013—2015 年间有犯罪前科人员再次犯罪问题开展专项调研，调研显示：2013—2015 年生效刑事裁判的被告人中，有犯罪前科再犯罪人员占裁判总数的 22.4%，累犯占再次犯罪人员总数的 58.67%，二次犯罪人员占再次犯罪人员总数的 67.52%，三次犯罪人员占再次犯罪人员总数的 32.48%，且呈现出再次犯罪人员数量逐年上升，再犯罪人员年龄偏低等趋势。对大量轻微刑事案件当事人一概进行犯罪化处置，是否有利于实现案结事了，值得反思。

（2）损害司法公信力。当前司法机关内部考核项目的设置往往与基层办案机关的工作实际存在一定差距，不科学、不合理的地方较多。如："侦查机关每年立案侦查的案件数有一定的数量指标，个别的还有每年递增多少幅度的要求；已立案的案件通常不能撤案，否则就是立案错误；已逮捕的嫌疑人通常不能无罪释放，否则是逮捕错误，作为错案处理，而即便是相对不起诉、判拘役、缓刑也要在考核时扣除一定分数；凡起诉的案件不能无罪，否则就是起诉错误，要倒查责任；一审判决二审不能改判，否则法院内部要对一审作负面评价等等。"①由于内部考核直接关系个人福利、职务升迁、单位荣誉等切身利益，长此以往，办案人员容易将考核指标等同于执法标准，而忽视了法律、职业道德等更高层面的价值标准，本地公检法之间也会因此更加强调相互协调配合，而不是相互监督制约，这样一来，必然对司法公信力造成实质性的损害。

（3）透支司法资源。长沙市检察院 2015 年的一项调研结果显示，该市基层检察院中受案最多的浏阳市检察院，人均办理审查逮捕、审查起诉案件达到 185 件、124 件；受案最少的望城区检察院，人均办理审查逮捕、审查起诉案件也达到 70 件、65 件。全市办理审查逮捕案件数量最多的检察官年度办案达到 210 件，平均 1.7 天办理一起案件；办理审查起诉案件数量最多的检察官年度办案达到 157 件，平均 2.3 天办理一起案件。有学者指出："伴随着犯罪圈扩张的将是越来越多的犯罪进入刑事诉讼程序之中，如果不从侦查程序开始就进行适当的非罪化实践，整个刑事司法系统显然不足以有效处理如此多的犯罪，即使能够应付下来也必然导致案件处理质量的下降，这最终不但难以保证司法公正，亦会损害司法权威。"②

四、妥善处置轻微刑事案件的对策建议

（一）树立正确的司法理念

（1）理性看待犯罪化趋势。在我国，"只有范围较小的犯罪才进入司法程序，受司法机关的管辖，而大量的轻微犯罪与治安违法却属于行政机关

---

① 北京市人民检察院课题组.轻微刑事案件司法处置实证研究［J］.法学杂志，2014（7）：106－116.

② 李晶.非犯罪化的制度实现与风险控制——以侦查阶段为视角［J］.河南社会科学，2014（11）：36－41＋123.

处罚的对象……通过司法程序的刑罚处罚，由于存在公检法三机关的制约以及获得律师辩护，因而被告人的诉讼权利依法受到保障。但治安性与行政性的处罚却是行政机关，尤其是公安机关在没有其他机关制约也没有赋予被处罚者以各种程序性权利的情况下独自决定适用的，因而虽有效率却有悖法治的基本要求"①。因此，不论是从维护稳定、保护群众，还是依法治国、保障人权的角度出发，都要求立法机关与司法机关实行犯罪化，这是现实的需要，也遵循了法治的要求，应予理性认识和看待。

（2）适度强调非罪化理念。2012年，修改后的刑事诉讼法虽然正式确立了"尊重和保障人权"原则，但"徒法不足以自行"，立法本意和效果能否充分体现出来，往往依赖与之匹配的司法理念。特别要注意在一线办案人员中树立明确、具体的司法理念，相对于"宽严相济""谦抑主义"等宏大价值来说，"无罪推定""疑罪从无""有利于被告人"等明确、具体且操作性强的执法理念在个案办理中更能发挥实际作用。比如2016年长沙市望城区检察院与公安机关会签了《关于在审查逮捕工作中加强双向说明理由工作的若干规定》（以下简称《规定》），《规定》要求：公安机关对于提请检察机关审查逮捕的案件，除提供证明犯罪嫌疑人涉嫌犯罪等证据材料外，应当制作提交《逮捕必要性理由说明书》及相关证据，对逮捕必要性进行说明论证。对于证明材料无法证明逮捕必要性的，检察机关可以要求公安机关在审查逮捕期限内及时补充，到期不能提供或证明不充分的，检察机关可以无逮捕必要性作出不予逮捕的决定。《规定》通过设立常态化的审查机制，将"无罪推定"等司法理念落实到办理的每一起案件中，更有助于司法人员实实在在地转变司法理念。

（二）建立科学规范的执法机制

（1）修正不合理的考核规定。比如公安机关应彻底摒弃下办案指标和数量任务的做法，不再提"限期破案""命案必破"等违反司法规律的口号。检察机关对审查逮捕案件捕后作存疑不诉、审查起诉案件撤回起诉或被判无罪等情况，应当严格区分过错责任和无过错责任，对检察官已尽到审查义务，只因证据变化等客观原因导致错案的，应当不予责任追究。在保护检察官办案积极性的同时，杜绝出现因害怕责任追究，将应作不诉决定的

---

① 陈兴良.犯罪范围的合理定义[J].法学研究，2008（3）：141.

案件予以起诉，或应作无罪判决的案件却协调法院判决有罪等违背司法规律、损害司法公信力的情况发生。

（2）严格落实"但书条款"。为防止情节显著轻微的刑事案件因执法简单化倾向及"运行惯性"，一路批捕、起诉、判决，导致犯罪圈不当扩大，有必要设置一定的规范化、常态化监督程序，对案件的社会危害性等情节进行重点审查，遏制"轻重不分""构罪即捕"等处置倾向。比如前述长沙市望城区检察院与该区公安局会商签订的《关于在审查逮捕工作中加强双向说明理由工作的若干规定》，就通过制定规范性文件明确要求当地公安机关对于提请检察机关审查逮捕的案件，必须提交《逮捕必要性理由说明书》及相关证据，对逮捕必要性进行说明论证，从而将《刑法》中"情节显著轻微危害不大的，不认为是犯罪"的"但书条款"真正落实到具体办案中

（3）细化统一公检法办案标准。有必要结合各地实际情况，在现行立法规范下，细化统一公检法之间对相关轻微刑事案件行为的办案标准。比如某地公检法通过研究协商，会签了《关于办理恶意透支型信用卡诈骗、寻衅滋事案件的会议纪要》，"从运行情况看，该区检察院的公诉人在收到相关案件后，第一反应不再是起诉，而是审查该案是否符合纪要精神，应否做非罪化处理"①。这一做法是值得探索和推广的，可以有效避免办案人员因无章可循而导致犯罪圈的不当扩大。

（三）加强对司法办案的监督制约

（1）加强对专项行动的提前监督。一是在专项行动开展前，检察机关可以通过与公安机关召开联席会议、出台会议纪要、制定规范性文件等形式，就专项行动达成司法处置共识，细化入罪、出罪的数额、危害结果等量化标准，规范入罪、出罪的操作程序；二是查找专项行动案件中是否存在执法不规范、证据不到位等问题，通过梳理分析，由侦查监督科或公诉科主要负责人为公安机关进行集中反馈和指导讲解，引导办案干警明晰证据证明标准，提高侦查质量；三是建立公安局长列席检察委员会制度，针对专项行动中法律适用存在争议等案件，适时邀请当地公安局局长或主管刑侦工作的副局长列席检察委员会案件讨论，以增强公检两家的交流沟通，统一办案标

---

① 北京市人民检察院课题组.轻微刑事案件司法处置实证研究[J].法学杂志,2014(7):106－116.

准，确保案件质量。

（2）建立多维监督体系。一是建立抄送报告机制，检察机关发出的检察建议、纠正违法通知书、退回补充侦查建议书等监督文件，应抄送同级党委政法委及人大常委会，并定期对纠正违法、检察建议及退回补充侦查等监督情况进行总结，向当地党委常委会和人大常委会汇报，争取将检察建议、纠正违法等监督工作落实情况纳入本地年度绩效考核或相关案件质量考核，提升监督实效；二是加强与辩护律师的沟通交流，虽然检察官与辩护律师是庭审中的控辩双方，但二者在防范冤假错案、维护司法公正这一维度上理应是天然的联盟。检察机关在办理审查起诉案件过程中，应该主动听取辩护律师的无罪或罪轻意见，并将此作为一项必备内容纳入工作程序，比如将律师辩护意见随案附卷，拟作不起诉案件提交检委会集体讨论时，承办检察官必须汇报辩护律师意见等，通过多渠道、多方位的与辩护律师加强交流互动，对轻微刑事案件进行妥善处置；三是建立案件信息公开机制，依托检察机关案件信息公开系统，及时公开案件程序性信息和相关法律文书，方便案件当事人及家属及时了解相关情况，并提出侦查活动是否存在违法行为或改变强制措施、从轻处理、非罪化处理等意见，依法保障当事人的合法权利。

基层检察机关检察人员分类管理的思考

李敬军*

中共十八届三中全会明确要求"改革司法体制，推动省以下地方法院、检察院人财物统一管理，探索……"①随后，最高人民检察院在 2015 年 2 月下发《关于深化检察改革的意见(2013—2017 年工作规划)》，把建立检察人员管理制度作为重点任务的一项内容，再次强调要对检察人员实行分类管理。至此，在司法体制改革背景下，检察制度改革中的检察人员分类管理势在必行。

一、基层检察机关人员分类管理的内涵及必要性

检察机关人员职位分类管理是将检察机关全部职位，按照是否直接行使检察权，横向划分为司法职类和综合管理两大职类，然后依序逐级细分为检察官、检察辅助人员和检察行政人员三大职组和若干职系，再对各职系的职位按照其责任大小、复杂程度以及所需资格条件等因素，纵向划分成有高低顺序的职级、职等，不同类别的人员适用不同的管理制度，重点突出检察官的中心地位，建立符合检察工作规律的科学的人事管理制度。②

检察人员分类管理是重新塑造检察职业价值的必要手段。检察权的行使以法律授权为前提，体现在对司法活动直接参与和亲身经历，对法律问题做出独立的判断和决定。检察官办理案件要经历"获知案件事实—选择

＊　长沙市岳麓区人民检察院。

①　中共中央关于全面深化改革若干重大问题的决定[R/OL]. (2013－11－12)[2013－11－15]. http://www.cfbb.gov.cn/include/content.php? id＝551.

②　张佳宁.检察机关人员职位分类管理研究[D].广州：华南理工大学，2015.

法律规范—解释法律规范—对法律规范与案件事实的价值和逻辑关系进行辩证分析—形成决断"的思维过程,这是检察官法律职业属性的表现。检察官代表国家独立行使检察权并为其担负责任是检察官职业的内在属性的要求。① 我国宪法明文规定,检察机关独立于其他机关团体而存在,检察权行使不受外界干扰。

检察人员分类管理是回归检察法律专业属性的要求。司法公正和司法效率要求检察官具有专业的法律人素质,只有专业化才能保证司法的公正与效率。公正与效率的关系是辩证统一的,没有效率的正义是延误或虚幻的正义,而没有正义的效率则是恣意的效率。检察机关人员职位分类管理制度为检察官回归法律职业专业属性提供了可能,检察官不再被行政事务性工作纠缠,能够腾出时间专注地在法律领域走专业化精英化道路。

二、基层检察机关人员管理中存在的问题及原因

(一)检察人员岗位不够规范及人员配置不合理

我国现在检察官存在混岗情况,检察员、助理检察员、书记员权责不明,业务部门与行政部门工作混同,出现检察官地位职责不明的情况。有检察官从事办公室、政治部等综合工作的,也有司法警察从事办公室工作的。出现检察官和书记员比例倒置现象,有些内设业务机构甚至没有书记员。由于长期缺乏书记员,检察官不得不替代书记员履行诸如复印案件材料、告知被告人家属、归档诉讼文书等职能,严重影响了检察官的办案效率和质量。同样,司法警察的人员占比也过低,检察官也经常代行司法警察的职责。如反贪局的检察官在查询银行交易明细、查找相关证人、控制犯罪嫌疑人、送达诉讼文书和执行强制措施等方面就履行了司法警察的多项职能。

案件数量与办案人员数量不匹配。案多人少一直是困扰检察系统的一个老问题,在司法改革的转型期,这个问题依旧存在。司法员额制改革和司法责任制的初衷本是希望让更多的办案力量能够投入到一线办案当中。随着司法改革的推进却发现在改革转型期,办理审查起诉、侦查监督等一类案件的检察力量并没有大大增加,案多人少矛盾仍旧存在。以笔者所在

① 张河洁.检察官管理体制改革的理论与实践[J].国家检察官学院学报,2005(2):45–49.

的基层院为例，人员分类管理前该院公诉科共有包括科长在内干警 6 名，另有聘用制书记员 1 名，该院 2016 年共受理审查起诉案件 425 件 593 人，除科长外 5 名干警参与办理案件，人均办案量 85 件。按照全省统一规定，入额检察官必须亲自提审、亲自出庭支持公诉的要求，全年除去约 52 个双休日与约 10 天的法定节假日后，约 251 个工作日，入额检察官平均 2.9 天就要办理一个案件，并且几乎每天都要有看守所提审、法院开庭的日程安排。这种高强度工作负荷的背后显示了案件数量与办案人员数量不匹配的问题。造成这种问题的原因一方面是由于员额比例限制，能够直接办理案件的检察官总量减少了。目前中央确定的检察官员额比例是 39%，各地区由于需要预留部分员额比例，目前确定的员额比例都低于 39%，像笔者所在基层院员额比例定位 35% 左右。这样一个比例大大低于原来能够直接办案的人员比例，使得能够直接办理案件的人员总量大大减少。另一方面是许多原来作为办案主力的人员现在因为没有进入员额而无法办案了。在司法员额制实施过程当中，对于申请入额设置了相应的工作年限，在相当一部分的基层检察院，这些未满年限的人员原来承担了相当一部分办案任务，甚至还有很多已经是办案主力了。而一部分原来担任院领导职务的人员入额之后办案量只相当于入额人员平均办案量的一部分，这样其实又进一步降低了办案的效率。

（二）入额检察官与司法辅助人员之间的关系失衡

司法改革的初衷是通过新型检察团队的组建使检察官与司法辅助人员实现有效的分工，从而促使案件办理效率与质量得到提升。但是在司改的转型期，检察官助理问题已经成为制约司法员额制与司法责任制改革效果的一个瓶颈性问题。目前主要存在三个问题：一是现有检察官助理数量偏少，在大多数基层检察院，无法达到组建"1∶1∶1"检察官团队的配备标准。而且目前的助理当中有相当一部分是处于过渡期未入额老检察官，无法承担真正的助理角色。检察官除了依法独立办案以外，还需承担大量的检察官助理的事务性工作，为司法责任制的推进带来了客观障碍。[①] 二是检察官助理未来晋升通道、待遇保障还未明确。目前许多在过渡期入不了额的检

---

① 沈利强，钟丽，陆明敏.论基层检察人员分类管理改革困境之破解——以检察官员额制为切入视角[J].法制博览，2015(34)：174.

察员对于过渡期结束后如何入额不确定因素较大。这反过来进一步制约助理的招录与补充，尤其在案多人少的基层检察院。三是检察官助理单独职务序列尚未完全成型，造成检察官助理的考评体系和晋升机制不太明确，一定程度上削弱了入额检察官对其助理的管理权。[①]

(三)行政事务与司法事务之间的关系失衡

当前司法改革的一个重要目的是实现司法的去行政化趋向，让司法机关回归到司法本位。改革的一个基本定位就是人员上向办案一线倾斜，只有承办案件的人员才能进入员额，优化入额人员的待遇保障，从而促使精英力量进入办案队伍。但目前这种思路在司法改革的实践当中还存在两个问题：一是检察院的行政事务并未减少，尤其在基层检察院更是如此。尽管司法改革方案当中有省级统管地方法检人财物的制度设计，但这一制度设计还未实现。基层检察院目前并未摆脱地方的人财物制约，地方许多行政事务依然属于法检单位应当承担的范畴。[②] 二是由于目前大部分地区检察院的待遇主要还是依据行政职级来分配的，检察官等级与行政级别的职务配套改革还未完全完成，检察官等级还只是一个"虚名"。因此，许多从综合部门进入办案一线的人员就将自身的行政级别带到了办案部门，而在组织部没有供应新的职级的情况下，综合部门目前就没有新的职级来吸引人才的进入。这一方面妨碍了新型办案团队的形成，因为综合部门里入额的那些人还无法真正脱离综合部门，融入办案一线；另一方面也制约了综合部门的工作效率，因为综合部门的行政领导本身处在一种不甚明确的过渡状态，这些问题还需要在改革中进一步解决。[③]

三、司法改革背景下基层检察机关完善人员分类管理模式思考

(一)建立以检察官为主体的业务运作机制

(1)修订完善相关法律法规。相对以往的一些法律法规，检察人员的分类管理制度可谓是先行一步，这里就出现了法律与制度政策的矛盾冲突。为了避免分类管理制度在法律层面缺乏正当合理性，应尽快修订完善相关

---

① 吴洪淇.司法改革转型期的失序困境及其克服[J].四川大学学报，2017(3).
② 黄维智，王沿琰.检察人员分类管理改革研究[J].四川大学学报，2016(1).
③ 夏阳，卞朝永.检察人员分类管理改革的实践与思考[J].人民检察，2013(8).

法律法规。具体而言，主要是修订《中华人民共和国检察官法》《中华人民共和国人民检察院组织法》《中华人民共和国公务员法》。前两部法律是检察官人事管理的基本法律，但在检察人员管理制度方面，这两部法律规定"参照国家公务员管理检察官"，要在这样的法律平台上实现检察人员的分类管理具有相当大的难度。而在《公务员法》强势、《检察官法》弱势的时代，对检察人员的分类管理可能受到以违反公务员法为由的阻制。因此，需要修订《中华人民共和国检察官法》《中华人民共和国人民检察院组织法》和《公务员法》，以明文规定的方式确认检察人员分类管理的原则、程序、标准和方法。

（2）做好检察官遴选工作。在不降低检察人员原有的待遇前提下，适当、合理、有效、平稳推进检察官遴选重新洗牌，这是一个艰巨而又复杂的任务。实行分类管理，意味着"大锅饭"不复存在，这样的改革必然引发一些同志的思想反弹，出现一些不利于分类管理改革顺利推进的声音。① 具体而言，可考虑通过以下方法推进制度改革：一是对 40 岁以下的检察官重新开展检察官选拔考试，报考人员可报考高于或等于其原来的检察官等级，考察方式应以综合考察为主，通过理论水平、实践能力、办案经验、民主测评等方面进行考察。二是对于重新选拔为检察官的，应当立即将其调入检察机关业务部门，迅速与其他检察辅助人员和司法行政人员分离及管理，及时定岗定职。三是对未能在考试中被选拔为检察官的，转为检察辅助人员，其原有的行政级别与工资待遇保持不变，有资格的可继续参加检察官考试。

（3）明确各类检察人员之间的关系。一是明确检察长和检察官的办案权责。明确规定检察长与检察官在业务上是领导与被领导，监督与被监督的关系，直接对分管检察长或检察长负责。根据检察业务性质，详细制定各职务层次的检察官行使检察权的"权力清单"，做到"权、责、利"相统一。二是明确检察官与部门负责人的关系。规定部门负责人对检察官只有行政事务上的领导权，在业务上只有监督权，没有领导权。三是明确检察官助理与检察官的关系。检察官助理的工作职责是协助检察官办理案件，检察官与检察官助理在业务工作上是领导与被领导的关系，检察官助理在办案

---

① 邢小川.我国检察人员分类管理相关问题研究[D].合肥：安徽大学，2013.

过程中听从检察官指挥，对检察官负责。①

（二）设置好与办案机制配套的内设机构

分类管理模式下的内设机构设置，应充分考虑以下三个方面：第一，检察官具有内设机构的属性，因为其本身具有独立的司法属性；第二，现行的机构设置与分类改革后检察官职能不协调，要通过整合各业务部门的职能重新设置机构；第三，需要增设专门的业务监督机构，与检察官独立办案机制相对应。②

基于以上分析，在分类管理制度下对基层检察院实行内设机构改革，可作如下设置：首先，按业务部门、行政部门大类设置。根据职位分类管理的要求，及各类人员工作职能，检察官和检察辅助人员归入业务部门，行政人员依然保留在行政部门，新增业务监督部门监督检察官办案。其次，整合业务部门，按照此次改革中高检院要求基层检察院最多设置6个业务部门，成立刑事检察部、案件管理部、未成年人刑事检察部、诉讼监督部、职务犯罪侦查局。由现行的公诉科、侦查监督科划入刑事检察部；民事行政检察科、监所科、驻监检察室、举报控申科划入诉讼监督部；反贪污贿赂局、反渎职侵权局、职务犯罪预防科划入职务犯罪侦查局。最后整合原办公室、技术部门设立办公室，保留原政治部、法警队、纪检监察部门。③

（三）建立完善执法办案内部监督制度

充分发挥业务监督部门的作用，机构从层级管理向扁平化管理转化，案件管理部是检察长监督检察官执法办案、评估案件质量的主要途径，负责对全部检察官承办的案件进行监督、协调、预警，对检察官的业务能力和办案效果进行考核和评估。案件管理部对检察官的监督，主要通过有以下三种途径：一是案件办理同步督查。利用检察业务统一应用系统，案管部门可以实行对检察官办案全过程的动态、同步监督，发现问题，通知预警，督促改正，如督促检察官在法定期限内办结案件；提醒羁押犯罪嫌疑人期限；要求按刑事诉讼法和上级院的规定上报备查；对案件质量中发现的问题及时通报预警等。二是抽查检察官办理的案件同步进行。案管部门可以

① 上海市浦东新区人民检察院课题组.检察人员分类管理比较研究及思考[M].北京：中国检察出版社，2014.

② 胡泽君.深化检察改革的若干思考[J].人民检察，2012(5).

③ 张佳宁.检察机关人员职位分类管理研究[D].广州：华南理工大学，2015.

随时抽查检察官已经办结或正在办理的案件。三是考评检察官的业务能力和办案效果。制定检察官的业务评价标准和办案质量的考核标准，制定规范的检察官办案质量考评办法和程序，通过检察官自评、监督部门常规性和年度考核结果和案件质量责任追究制度，严格对检察官进行绩效考核，考核结果存入个人档案，作为检察官晋升的重要依据。[1]

(四)建立符合检察人员职业特点的司法保障体系

(1)完善检察人员的待遇标准。一是检察官的待遇标准。现行检察官的待遇标准是根据其对应的行政级别进行发放，未来改革的方向只有一条，即检察官的待遇理应根据其检察官的等级进行发放。这是改革的基础和根本性原则。建议检察官的薪酬保障做到以下两项改良：第一，检察官的待遇应适当高于对应行政级别的其他公务员，具体以高50%左右直接纳入工资部分，另外设置以检察官津贴及绩效考核奖金。第二，建立健全检察官保障房制度。[2]该保障房制度类似于国外的"官邸制"，检察官只拥有房屋的使用权，而没有房屋的产权，检察官退休之后依然可以居住，直至其与伴侣死亡，该保障房不能继承与转让，检察官及其伴侣死后，国家应当将保障房收回。检察人员取得检察官身份后，工作十年可分得一套检察官保障房，或者取得检察官身份后，工作五年，已结婚并年满三十周岁的，可以分得一套检察官保障房。取得主任检察官资格的，应当保障其应有的住房水平和条件。二是完善检察辅助人员与司法行政人员的待遇标准。尽快完善检察官助理、书记员的单独序列及待遇标准。司法行政人员的待遇标准可严格按照对应的公务员级别发放，晋升模式严格按照《公务员法》及《公务员职务任免与职务升降规定》的规定进行。司法警察的待遇按照人民警察的待遇标准发放，其晋升模式参照《公务员法》与《中华人民共和国人民警察警衔条例》的规定进行。[3]

(2)建立健全检察人员的内部流动机制。检察人员分类管理制度推行后，检察人员分为检察官、检察辅助人员和司法行政人员三大类，由于检察官的地位和待遇均要高于检察辅助人员和司法行政人员，加上检察人员分

---

① 张佳宁.检察机关人员职位分类管理研究[D].广州：华南理工大学,2015.
② 丛林 黄维智.检察人员分类管理研究[J].西南民族大学学报,2017(1).
③ 丛林 黄维智.检察人员分类管理研究[J].西南民族大学学报,2017(1).

类管理制度推行的过程中，在打破原有利益格局的基础上必定会有一些历史遗留问题和矛盾，若问题得不到妥善解决，可能导致检察官与其他检察人员之间无法实现真正的融入和配合，进而影响到分类管理的初衷。为了更好地平衡检察官与检察辅助人员、司法行政人员之间的关系，可以从以下两方面着手：一是建立检察辅助人员和司法行政人员通往检察官的准入机制，只要该两种检察人员通过国家司法考试，服务满一定的年限，同时符合初任检察官的各项条件，有意愿致力于检察事业，就应当为其提供通往检察官的一条通道；二是要加快检察辅助人员和司法行政人员的行政晋升力度，对于那些无法进入或无心进入检察官队伍的其他检察人员，应当通过加快行政晋升力度或适当增加工资收入等方式，进一步激发其工作的热情和积极性，共同为检察工作的开展和人民检察事业的发展贡献应有的光和热。①

（3）建立符合司法规律的绩效考评机制。探索建立科学合理的绩效考核机制。主要内容包括：一是分业务设置考核指标。不同业务类型设置不同的考核内容、针对不同的考核内容设计不同的考核指标，这是分类管理改革的自然延伸。二是分序列设置考核指标。类别不同，考核的指标也应有所差别。检察官侧重于检察业务、办案数量质量的考核，检察辅助人员侧重于事务性工作、技术性工作的考核，行政人员侧重于保障性工作内容的考核。三是分类别设置考核指标。绩效考核的内容包括业务类（管理类）、综合类两类，由各考核指标构成。四是分权限设置考核指标。拥有什么权限就承担什么责任，权限大的责任大。出台检察人员《职位设置目录》《权力清单》《权限分配办法》，对每个职位检察人员的权限进行了明确界定，这为实行科学的检察人员绩效考核提供了基础。检察长和检察官的权限不同，考核指标也不同；检察官和检察辅助人员的权限不同，其考核指标也应有所差别。

---

① 范爽.检察人员分类管理中交流转任机制的构建[J].法制与社会，2015（4）.

关于未成年人附条件不起诉制度的思考

周 清 文思慧 胡 琦*

2012 年修改后的《中华人民共和国刑事诉讼法》，增加了未成年人刑事案件诉讼程序的特别程序，重点是增设了专门适用未成年犯罪嫌疑人的附条件不起诉制度，同时《人民检察院刑事诉讼规则（试行）》也对附条件不起诉的具体如何适用作了进一步规定和细化。随着配套的司法解释和相关法律文件的出台，以及该制度在司法实践中的不断探索，一些适用的重点难点问题渐渐暴露。①

一、未成年人附条件不起诉制度的运行状况

（一）附条件不起诉制度的运行现状

附条件不起诉制度正式确立以来，笔者所在的蒸湘区人民检察院为了适应办案的现实需要，公诉部门安排了专人负责未成年人案件。根据数据统计及相关案例显示，该制度在实施过程中取得了一定的成效，具体数据分析如下。

2013—2017 年蒸湘区人民检察院共受理未成年人刑事案件 24 件 58 人，其中只对 10 人作出附条件不起诉决定，附条件不起诉的数量仅占未成年人犯罪嫌疑人审查起诉总人数的 17% 左右，案件呈现以下特点：

（1）案件类型多为侵财型和侵犯人身权利犯罪。其中侵财型犯罪以盗窃罪和抢劫罪为主，盗窃案件 14 件、20 人，占案件总数 41%；抢劫案件 7

---

* 衡阳市蒸湘区人民检察院。

① 范爽.检察人员分类管理中交流转任机制的构建[J].法制与社会,2015(4).

件、18 人，占案件总数 20%；侵犯人身权利的犯罪以故意伤害为主，占案件总数 20%；还有 1 件是妨害社会管理秩序的犯罪，即为组织卖淫罪，占案件总数 1%。

（2）案件主体多为未成年人的共同犯罪。其中共同抢劫犯罪案件有 4 件、11 人，占未成年人抢劫类案件总数的 50%。这类案件多为临时起意，而采取轻微的暴力行为劫取被害者身上的钱财，以达到自己挥霍消费的目的。此类案件动机较为简单、作案手段较单一。

（3）犯罪原因普遍一致。大多数文化程度偏低，没有正确的价值观、是非观。因没有父母监管，生活来源无保证，只能靠盗窃或是抢劫他人财物为生为，或是在社会上结交了所谓的兄弟、朋友，当朋友有难，出于义气动手帮助。

（4）大多数案件没有有效的帮扶措施。大部分的涉罪未成年人存在明显的家庭教育缺失：父母关系不和致使家庭破碎；或是父母外出务工致使孩子长期留守在家，只有年迈的爷爷奶奶照顾，因年龄代沟较大无法交流；大多数孩子甚至辍学，得不到学校的监管。

（二）附条件不起诉制度适用所取得的效果

从司法实践的角度看，该制度实施运行以来取得了良好的社会效果、法律效果和政治效果。

1. 有利于矫正未成年犯罪嫌疑人的人格

青少年在成长过程是心智和思想逐渐成熟的一个过程，而许多未成年人犯罪就是在成长过程中发生的，可以说未成年由于心智不成熟就免不了会犯错误。附条件不起诉制度的设立实际上是暂缓对失足的未成年人定罪，而是设定一个期限来考验未成年人是否有重塑的可能，附条件不起诉制度就是挽救、教育未成年人，是积极落实国家对未成年人的司法保护原则。附条件不起诉的适用，要求未成年犯罪嫌疑人能够真正认识到自己行为给社会造成的影响，给被害人造成的伤害，并通过学法教育让未成年人深刻反省，自我担当，让未成年人真正认识到自己的错误，才能重新塑造自己。这样的悔罪效果才是最真诚、最持久的。从另一个角度来看，将未成年人的轻微刑事案件经过审判，背上罪犯的名称，这并不是减少青少年犯罪的有效手段，而可能造成严重交叉感染，不利于青少年的成长，附条件不起诉制度将这类犯罪作有罪不诉处理，体现了刑法的谦抑性，这更有利于未成年人的人格矫正。如本院办理的王某某、罗某某、全某某抢劫案，在作出附条件不起诉后，三个孩子经过各自家庭、学校的帮教，在考察期内均无再犯罪且重返校园后能积极向上、努力学习，其中罗某某还当上了班干部。由于没有罪犯的"名片"，他们才能更好地融入社会和校园。

2. 有利于节约司法资源

附条件不起诉制度使未成年人犯的轻微刑事案件，已经符合起诉条件而暂缓起诉，在审查起诉环节中止刑事诉讼，设置考验期，对犯罪的未成年人要求履行法律义务，并进行帮教，从而减少一部分未成年人犯罪的案件进入审判阶段，缓解了审判机关和刑罚执行机关的压力，节约了司法资源。

3. 有利于社会和谐稳定和矛盾化解

已经取得被害人的原谅和犯罪嫌疑人本身已有悔罪表现是其适用的必备条件，在适用过程中充分听取了被害人的意见，也考虑了未成年犯罪嫌疑人的基本情况和帮教条件。不起诉制度是建立在沟通的基础上，通过满足双方的需求，即被害方获得赔偿，嫌疑人一方免予处罚，来减少冲突，修复被损坏的社会关系，减少当事人之间的冲突。如王某某、罗某某、全某某抢劫案中，三人均积极赔偿了被害人的损失并真诚悔罪，取得了被害人及家属的谅解，最终重返校园。正常的学习和生活既不受影响，又避免刑罚执行时的交叉感染，以及与父母不能见面的痛苦。在此过程中，被附条件不起诉人及其家庭充到了法律的关怀、社会的关爱，以及被害方的宽容，使其能好好改造并回报社会。

二、附条件不起诉制度适用局限性的分析

1. 附条件不起诉适用案件类型范围较窄

从《刑事诉讼法》的规定来看，未成年人适用附条件不起诉的条件比较苛刻。主要案件类型限定在刑法分则第四章（侵犯公民人身权利、民主权利类）、第五章（侵犯财产类）、第六章（妨害社会管理秩序类）。未成年人犯罪虽然绝大多数是这三类犯罪，但也不排除其他犯罪类型，因此这样的规定并不合理。附条件不起诉的立法意图在于对主观恶性较小的犯罪嫌疑人提供一个改造的机会，但在司法实践中，过失犯罪相对于故意犯罪来说，其主观恶性更小。比如，现在随着经济条件改善，比较常见的无证驾驶机动车的交通肇事罪，以及数额较大的信用卡诈骗罪，这类犯罪的情节轻微且

主观恶性小，适用附条件不起诉也是符合立法本意的，应当被纳入。

2. 刑罚条件限定较严

未成年犯罪嫌疑人在犯了《刑法》第四、五、六章规定的犯罪，且可能判处一年以下有期徒刑的，才适用附条件不起诉，这是附条件不起诉的刑罚条件。我国《刑法》规定法定刑为一年以下有期徒刑的罪名非常少，法定刑为一年以上的需要检察人员在适用之前考虑到该案如果被起诉法院会不会处一年以下的刑罚，在 2012 年附条件不起诉制度出台之前，这类案件检察机关也可以作相对不起诉。

3. 规定的附加条件过于笼统

将未成年人有悔罪表现的作为检察院适用附条件不起诉的附加条件，而没有规定"有悔罪表现"的具体情况。在实践中，判断犯罪嫌疑人是否有悔罪表现更多是以对被害人赔偿是否到位为标准。由于没有明确的制度规定，容易导致不平衡，会有地区差异。检察机关在适用时没有统一的标准，单独以对被害人的赔偿作为标准，会导致家庭经济条件富裕的未成年犯罪嫌疑人更容易被适用该制度，若实践中这样操作，会让人产生只要有钱就可以免受刑罚的思想，不利于化解矛盾。要想使犯罪嫌疑人深刻认识错误，附加条件中应当还有对被害人公开道歉、民事赔偿等条件，在考验期向学校或社区提供无偿劳动等规定。因此，关于附加条件《刑事诉讼法》的规定过于简单，司法实践中不好操作，应进一步细化。

4. 适用程序烦琐

不起诉是检察机关自由裁量权的体现，它的适用程序比起诉案件要复杂。不起诉案件一般需要经过案件讨论以及检察委员会研究程序。而附条件不起诉与一般类型的不起诉相比，还多了听取意见和监督考察环节，需要投入大量的时间和精力，且无法预判未成年犯罪嫌疑人在考察期间的行为，有无可能再犯罪，这些都需要承办人提前预判，适用的风险较大。因此，在案多人少的办案压力下，检察人员并不愿意适用附条件不起诉，就算要不起诉，也是适用相对不起诉，导致附条件不起诉适用率低。

三、完善我国未成年人附条件不起诉制度的构想

附条件不起诉作为一项替代起诉轻微犯罪的制度，对关爱未成年人具有重大的意义。为了未检工作更好的推进，建议从以下几个方面进行完善。

（一）完善附条件不起诉制度的法律规定

1. 适度扩大适用范围

在国际司法领域，设立有附条件不起诉制度的国家，其适用的主体都比较宽泛。适用的案件类型一般是可能判处三年以下的，甚至一些重罪也可以适用。但我国立法者是出于对扩大适用范围可能带来不良后果的考量而没有采纳相关建议。随着法治理念的增强和经济的发展，我国附条件不起诉的适用范围也应当相应的扩大。第一，在适用主体上，不单一只适用于犯罪的未成年人，一些成年人犯罪的刑事案件也应当可以适用，比如成年人的过失犯罪，以及已满 75 周岁的老年人犯罪的案件也可以考虑适用，因为老年人的生理和心理相对而言也不适宜羁押，对老年人附条件不起诉更符合公共利益，减少司法同样的负累。第二，可以适当扩大适用案件的范围，将案件适用的刑罚条件也可以适当扩大到可能判处三年以下的有期徒刑。

2. 增加考验期的附加条件

这里所说的附加条件是《刑事诉讼法》第 272 条第 3 款所规定的，被附条件不起诉人在考验期应当遵守的规定，它规定了被不起诉人应当履行的义务，但都是一些被动性的要求，不利于被附条件不起诉人认识错误、改过自新。附加条件的目的本在于能使犯罪嫌疑人认识到自己所犯的错误以及积极赔偿被害人造成的损害，消除其人身危险性，避免其再犯罪，尽快地恢复被破坏的社会关系。如果附加条件就是一些纪律性的要求，就容易使被附条件不起诉人为了作出最终的不起诉决定仅仅在考验期内严格遵守，而不能使其从内心上悔罪、从本质上改造，不能对犯罪的未成年人达到教育的目的。因此附加条件需增加，比如要向社区提供义务劳动，不仅不能离开所居住的市、县，还应适用禁止令，不得出入网吧、娱乐和赌博场所等。这样才能让附条件不起诉制度真正发挥挽救的功能，达到教育的目的。

（二）建立科学有效的社会化考察帮教体系

附条件不起诉制度的核心环节就是考察帮教，考察帮教是否到位，对被附条件不起诉人能否真心悔过、重新回归社会有十分重要的意义。要利用现有的资源，建立健全科学、有效的考察帮教体系，加强对未成年人的管教。

1. 整合资源，与社区矫正体系合作

检察机关没有派出机构，不能像公安的派出所那样深入基层，不能实

现对考察对象的全方位跟踪帮教。目前社区矫正制度用于缓刑的执行已经非常成熟，从法理上讲，社区矫正可以用于缓刑犯，也就可以用于被附条件不起诉人，只是需要在法律上明确。另外社区作为一个基层组织，与基层群众亲密接触，容易被接受，使得社会调查和帮教更全面、更有针对性。利用社区现有的社区矫正工作人员来承担考察帮教工作，检察机关可以采取听取汇报、定期考核等方式来对社区矫正工作进行监督、制约。

2. 邀请专业机构或专业人员进行引导和帮教

虽然现在检察机关要求有专门人员承办未成年人刑事案件，要求办案人员能够了解未成年犯罪嫌疑人的特殊心理，那么办案人员不但要有扎实的业务功底，还需具备社会学以及心理学等方面的知识，但目前的检察人员在这方面经验不足。因此要想对犯罪的未成年人进行心理疏导，就需要有心理学家等的介入。同时对于有被害人系未成年人的，心理专家及社会专家介入对抚慰被害人的心灵创伤有非常重要的作用。因此在附条件不起诉制度的发展实践中有必要与相关的机构合作，引入专业人员或专业机构进行引导和帮教。

3. 建立管护教育基地

如果适用对象有固定住所则有利于案件的追踪，更有利于全面的考察帮教。如果适用对象没有固定的住所，办案人员则会认为无法开展此项工作，自然就不会考虑对其适用附条件不起诉，这样对外来人员不公平，该制度的适用就违背了平等适用原则。

近来，为解决对外来未成年犯罪嫌疑人开展帮教的问题，有些检察院建立了管护教育基地，用于接收无固定住所的未成年人，来打破这种导致不平衡的格局。还有一些基层检察院与公益企业签订协议，由企业安排部分合适的岗位给未成年犯罪嫌疑人进行劳动改造并协助检察机关进行管教，企业不仅可以给外来未成年人提供住所，还可以让他们在考验期内学得一技之长，可谓一举多得。当然，让企业作为管护教育基地协助行使司法机关的权力也存在一些弊端。一是缺乏明确的法律依据，法律明确规定的主体是司法机关承担主要的帮教职责，社区、居委会及学校，他们起辅助作用。二是由于没有纳入司法机关职能范围，致使这项工作缺乏统一的管理、指导与协调。但经过一定的完善，管护教育基地可以很好适应我国司法实践的需求。比如，政府应当在税收或其他方面多鼓励企业设立管护教育基地。同时，管护教育基地的建设可以充分利用"互联网"的优势，本着有利于未成年犯罪嫌疑人家庭沟通等人性化原则，构建异地帮教、跨区域帮教模式。建立管护教育基地，为外来人员提供了改过自新的机会，有利于该制度的平等适用。

（三）完善社会支撑体系

在参与主体上，应当实现司法机关、学校、家庭、基层组织（社区、居委会）等多元参与，共同治理模式。要通过发展社会自治进行多元化治理模式。更确切地说，笔者认为我国应当建立从司法机关到基层组织、从家庭到学校的未成年人全方位的犯罪防范体系，通过积极探索和社会宣传教育，形成推崇和接纳附条件不起诉制度理念，为检察机关更好适用附条件不起诉制度提供更好的外部环境；同时，通过社会全员参与帮助未成年人真正认识到自己的错误，改过自新，形成司法机关与社会各界全员参与治理的模式。在强化社会效果上，应当加强对未成年被害人的救助。一方面积极落实对未成年被害人关爱救助机制。如学习其他检察院的先进经验，整合社会资源，建立属于本地区的相适应的救助机制，在检察机关与各单位之间形成科学有序、行之有效的救助模式。另一方面完善法律教育。在学校要加大法制教育的投入，使各年龄阶段、各教育阶段的学校都应形成"学法、知法、懂法"的良好氛围。并努力创新法制教育的方式方法，因人制宜，寓教于乐，如今年我院在蒸湘中学举办的"法治进校园"活动，就打破平时严肃沉闷的课堂环境，使学生们在欢声笑语中学习了法律知识，记忆深刻。整个活动取得了喜人的成果，不但有利于未成年人在面对不法侵害时，懂得如何应对及自我保护，更起到了预防未成年人犯罪的先导作用。

危害食品安全犯罪的成因及防控

蒋利清* 王湘俊**

危害食品安全犯罪是指在食品生产和销售过程中发生的危害食品安全，依法应当承担刑事责任的犯罪行为。以是否直接侵犯食品安全制度为标准，可将危害食品安全犯罪分为基本犯罪和延伸犯罪。基本犯罪是指犯罪行为直接侵害了食品安全制度的犯罪，包括生产、销售不符合食品安全的食品罪和生产、销售有毒、有害食品罪。延伸犯罪是指未直接侵犯食品安全制度，但与侵犯食品安全制度有间接关系的，与基本犯罪共同构成危害食品安全刑法规范体系的其他犯罪，如生产、销售伪劣产品罪、危害食品安全渎职罪和非法经营罪。本文以宁远县人民检察院近三年来提起公诉的危害食品安全犯罪案件为样本，对当前危害食品安全犯罪的特点、原因及对策进行了分析。

一、危害食品安全犯罪案件特点

（一）发案数呈明显上升趋势

2014—2016 年，宁远县人民检察院共办理危害食品安全犯罪案件 11 件、23 人，其中生产、销售有毒有害食品罪 5 件、9 人，生产、销售伪劣产品罪 6 件、14 人。办理危害食品安全类犯罪案件从 2014 年 0 件，至 2015 年 2 件、4 人，到 2016 年 9 件、19 人，发案数呈明显上升趋势。

---

* 湖南省永州市人民检察院研究室主任。
** 湖南省宁远县人民检察院干部。

（二）犯罪行为持续时间较长

2016 年办理的 6 起生产、销售注水牛肉案中，14 名涉案犯罪嫌疑人有 2 人自 2013 初开始生产、销售注水牛肉，4 人自 2013 年底开始生产、销售注水牛肉，6 人自 2014 年 5 月开始生产、销售注水牛肉，2 人自 2015 年初开始生产、销售注水牛肉。截至案发，犯罪行为持续时间超过 1 年的有 12 人，所占比例高达 85.7%。

（三）涉案人员文化程度较低

23 名涉案犯罪嫌疑人中，具有小学文化 9 人，占 39%；初中文化 9 人，占 39%；高中文化 5 人，占 22%；无一人具有高中以上文化。其中，初中及以下文化共占 78%，整体文化程度偏低。

（四）牲畜屠宰市场是发案重灾区

23 名涉案犯罪嫌疑人中，经审查除存疑不起诉的 1 人外，共起诉 22 人，其中有 14 人是牲畜屠宰市场的生产经营者，占总数的 66.6% 以上。经查，不法分子将牛宰杀后利用水管向牛肉中注入自来水以增加肉的重量，以次充好并按照正常的销售价格在市场上进行销售。注水后的牛肉，肉品极易腐烂，容易造成病原微生物污染，给食用者健康造成严重危害。

（五）适用缓刑率高

宁远县检察院以涉嫌生产、销售有毒、有害食品罪和涉嫌生产销售伪劣产品罪向法院提起公诉的 22 人中，有 20 人被法院判处缓刑，2 人被判处免予刑事处罚，无一人被判处实刑，其中 20 人被并处以 2000 元至 160000 元不等的罚金。总体来看，审判机关对危害食品安全犯罪案件的惩处相对宽容，基本不判处实刑，而是以判处缓刑并处罚金的形式予以实现。

二、危害食品安全犯罪发案原因分析

（一）食品安全观念淡薄

由于生产经营者文化水平低，法律意识淡薄，对食品安全缺乏敬畏，不能正确认识自己的行为可能带来的严重后果，在生产过程中追求利益最大化而犯罪。部分有毒有害食品的销售者在明知所售食品有毒有害的情况下，依然继续销售，只为追求高额利润。

（二）市场监管力度不足

食品安全领域的行政执法存在较为严重的职能交叉、重叠问题，加上基层监管部门整体素质不高、法律意识不强，监管力度不足问题普遍存在。如生产、销售注水牛肉案中，工商、市管、质检部门多次对犯罪嫌疑人的违法行为进行劝诫，犯罪嫌疑人依然我行我素。相关职能部门未在危害食品安全行为持续期间对其采取有效手段，在某种程度上放任了危害食品安全犯罪的发生。

（三）犯罪成本较低

危害食品安全违法犯罪行为无一不是受到利益驱动，由于管理部门监管力度不够，大量的违法犯罪行为逃避了法律的制裁。即使被监管部门查获，也多以行政处罚为主，未追究刑事责任，相对于获取高额利润、其风险系数和违法成本较低，助长了犯罪分子的侥幸心理，导致不法分子一再铤而走险。

（四）案件认定有难度

由于初期介入的行政机关收集、固定证据的意识和手段不强，加上食品安全犯罪存在证据难以收集、被害人不确定、生产数量、销售金额难以查明等问题，导致了案件是否构成犯罪、罪轻罪重等方面难以认定，也导致了法院定罪量刑偏轻。

（五）两法衔接不顺畅

行政执法部门对衔接的重要性认识不足，未能充分发挥两法衔接平台的作用，一些行政执法单位还未接入信息共享平台，部分已接入信息共享平台的单位录入的案件数据和基本信息存在不完全或不完整的情况，有案不移的行为也不同程度地存在。实际执法中，行政处罚、以罚代刑现象仍然存在，部分危害食品安全的犯罪案件被降格行政处理。

三、预防食品安全犯罪的对策和建议

（一）加大刑事打击力度

将刑事打击作为惩处食品安全违法犯罪行为的常态化手段，依法严厉打击食品安全违法犯罪行为，确保对犯罪分子刑事责任追究到位。检察机关可联合相关职能部门开展联合执法专项行动，加大刑事打击的深度和力度，使相关从业人员真正从心理上受到震慑，重新审视犯罪成本，丢掉侥幸心理，达到有效遏制犯罪的目的。

（二）加大宣传教育力度

加大食品生产者、销售者的食品安全培训力度，加强对各个食品领域各个环节的警示宣传教育，增强食品行业从业者的安全意识、法律意识。检察机关应联合食品安全部门开展食品安全专项普法教育活动，将食品安全纳入公益性宣传范围，提高人民群众食品安全意识。大力推行食品安全举报奖励制度，调动人民群众参与食品安全治理的积极性、主动性。

（三）健全"两法衔接"机制

检察机关要定期与食品安全监管职能部门召开联席会议，建立健全案件移送机制，推动信息共享平台建设，明确录入案件的内容标准和移送的法律依据，将合作、协调、监督方式以及相应的责任明确化、规范化，实现行政处罚和刑事处罚无缝衔接，形成打击和预防危害食品安全犯罪的合力。

（四）大力开展督促履职工作

检察机关要立足民行检察职能，对食品安全负有职责的职能部门行政执法和履行职责情况进行法律监督，坚决纠正食品安全领域不作为、乱作为问题。通过主动走访、摸排，排查食品安全隐患，对发现的行政机关违法行使职权或不行使职权的行为，通过检察建议等方式督促其正确履职，对涉嫌犯罪的线索依法移送公安、反渎等单位或者部门。

（五）深挖危害食品安全事件背后的渎职犯罪

要把依法打击危害食品安全犯罪与查办国家工作人员职务犯罪紧密结合起来，深挖危害食品安全事件背后的渎职犯罪。着重围绕食品许可证发放、添加剂使用等重点环节及"注水肉""地沟油"等高发问题，严肃查处相关监管部门工作人员渎职犯罪。对于办案中发现的监管机制、体制等问题，及时向有关部门和发案单位提出整改意见和建议。

（六）加强基层食品安全监管能力建设

针对基层监管部门整体素质不高，能力不足等问题，有关部门要加强对监管人员的法律法规、业务技能、工作作风教育培训，提升基层监管队伍的整体素质和监管人员的实际监管能力，打造一支专业化、职业化的基层食品安全监管队伍，推进基层食品安全监管的规范化、标准化。

刑事案件庭审讯问的方法与技巧

蒋智勇[*]

　　庭审讯问，是指在刑事案件开庭审理过程中，公诉人通过当庭对被告人就起诉书指控的犯罪事实以及相关活动进行发问和被告人回答相关问题的过程。庭审讯问承接起诉书的宣读，引领后续庭审的举证、质证、辩论等相关诉讼环节，关系到法庭调查的成败。庭审讯问具有明显的目的性。公诉人在法庭上想通过讯问达到什么目的直接决定了公诉人所采取的讯问方法。公诉人可以根据案件证据特点以及被告人认罪情况为庭审讯问设置多层次的目标定位，并可以根据讯问工作的进展情况适当调整定位。庭审讯问是一项非常有技巧性的工作，由于被告人回答问题的不确定性，决定了庭审讯问的难度。因此，庭审讯问除了考验公诉人对案件的熟悉程度，还考验公诉人组织语言的能力和讯问方式的技巧。比如，如果公诉人期待被告人回答"被告人用匕首捅伤了被害人"这样一个事实。大致可能形成以下几种问法。第一种问法："被告人，你是如何伤害被害人的？"这是正面发问，即开放式提问。这种提问方式，容易导致被告人回答问题的内容出现公诉人无法预测的局面。公诉人在庭审讯问过程中应当尽量少用这种提问方式。第二种问法："你是用匕首捅伤了被害人的，对吗？"这是结果提问法，即封闭式提问。这种提问方式，因在问话中已经涵盖了问题的答案，使得被告人回答问题的内容不致出现大的偏差。但因问话中隐含答案，在提问时应注意背景和条件，避免给人留下诱导反问的印象。第三种问法："你是用匕首捅伤了被害人的，难道不是这样吗？"这是故意反问，即倒逼式提

---

　　* 湖南省人民检察院公诉一处检察员。

问。这种提问方式，具有较强的攻逼态势，对于认罪态度不好的被告人具有较强的攻心效果。但也因问话中包含答案，同样需要注意提问的背景和条件。三种不同的提问方式，答案和效果是完全不同的。笔者结合自己的办案心得，借鉴他人成功经验，谈谈庭审讯问的方法与技巧。

一、认罪案件的讯问技巧

对于被告人认罪的案件，一般情况下，公诉人可以围绕犯罪构成的主要问题，按照一定的顺序进行庭审讯问，通过讯问向法庭还原犯罪的时间、地点、人物、行为、手段、后果、动机等与定罪量刑有关的事实，使被告人的犯罪行为及犯罪情节在庭审中完整的展现。

但从提升诉讼效率目的出发，公诉人对于被告人认罪案件的法庭讯问，可以适当进行简化。《最高人民法院、最高人民检察院、司法部关于适用普通程序审理"被告人认罪案件"的若干意见》（以下简称《意见》）第七条规定，对于被告人对被指控的基本犯罪事实无异议，并自愿认罪的第一审公诉案件，公诉人对被告人的讯问、发问可以简化或者省略。根据该规定，对于认罪案件，庭审讯问应充分体现效率原则，对庭审讯问进行简化，可以只讯问主要的犯罪事实，对于细枝末节的事实不必纠缠，甚至可以省略。

简化和省略不是要求公诉人在讯问阶段不做任何事情，而是可以阐述检察机关的立场和观点："审判长、审判员，通过刚才的法庭讯问，我们发现被告人对起诉书指控的犯罪事实没有异议，也当庭供认的自己的犯罪行为，我们认为被告人×××的认罪态度较好，这一点建议合议庭在量刑时予以考虑。同时，我们认为本案符合最高人民法院、最高人民检察院、司法部《关于适用普通程序审理'被告人认罪案件'的若干意见》的相关规定，可以对庭审方式进行简化，我们将在举证阶段就控辩双方无异议的证据，仅就证据的名称及所证明的事项作出说明，请合议庭许可。"这种概括，不但表明了检察机关的公正立场，而且兼顾了诉讼效率，还为简化举证做好了铺垫。

此外，对于被告人对指控的犯罪事实没有异议，只是对行为性质提出辩解的，公诉人在庭审讯问阶段没有必要进行展开，因为庭审讯问解决的是事实和情节，而行为性质是法庭辩论阶段才需要解决的问题。公诉人可以提醒被告人在法庭辩论阶段再阐明观点。

二、翻供案件的讯问技巧

翻供指的是犯罪嫌疑人或被告人对于案情事实进行了有罪供述后又推翻其全部或部分供述，致使前后数次供述内容不一致、相互矛盾冲突，足以影响定罪量刑的情形。

对于翻供案件，公诉人首先应当牢固掌握的是法律和司法解释所确立的基本规则。《最高人民法院关于执行〈中华人民共和国刑事诉讼法〉若干问题的解释》第八十三条规定："审查被告人供述和辩解，应当结合控辩双方提供的所有证据以及被告人的全部供述和辩解进行。被告人庭审中翻供，但不能合理说明翻供原因或者其辩解与全案证据矛盾，而其庭前供述与其他证据相互印证的，可以采信其庭前供述。"我们在庭前准备时，应当围绕以下方面开展：①重点考察原有罪供述产生的背景，是否属于自愿供述，是在何种情况下接受讯问，侦查活动是否符合法律和司法解释的规定等；②要严格审查其原有罪供述与在案的其他证据相互印证的程度，这对于被告人供述和辩解的采信具有重要作用；③要注意对其辩解中所解释内容的审查，其理由是否具有正当性，是否符合基本逻辑和常情常理。对于翻供理由能够成立的，公诉人应当着重审查有罪供述的合法性，并对被告人的供述进行排他性审查，确认全案的证据体系能否认定被告人有罪。如果证据存在严重瑕疵，就应当通过延期审理的方式补充调查核实，并采取其他措施予以纠正和补救。如补救仍不能解决问题的，应当通过变更起诉或者撤回起诉的方式回避无罪风险。对于被告人翻供理由不能成立的，公诉人则应该通过庭审讯问揭露被告人翻供理由的虚假性。这种情况下，被告人通常在对待公诉人的讯问时，会有较强的对抗心理和准备，在回答讯问时往往答非所问或胡搅蛮缠，甚至恶意攻击办案部门、办案人员。公诉人对此必须当庭选择相应的方法，有理、有节、有效地进行讯问，揭露和证实犯罪。

公诉人对翻供案件的讯问应当因人制宜、因案制宜地选择适当的方法进行。如，被告人的庭审翻供，决定了很难强求公诉人通过讯问当场促使被告人认供。有的公诉人过于追求这一点，结果导致被动。实际上，公诉人只要能通过讯问，揭示被告人供述的虚伪性，即为有效。在这种情况下，如果通过讯问达到以下状态即是理想的：一是通过细节上的追问，使被告人的供述自相矛盾，被告人的虚假供述本质被认清；二是通过追问，使得被告人对自己的某些关键性辩解不能做出合理解释，显示其狡辩的本质；三是通过讯问，使得被告人无话可说，法庭记录显示为"不语"；四是在讯问过程中，设置好"圈套"，为后面示证、辩论环节揭露被告人虚假供述的本质做好准备。①

三、零口供案件的讯问技巧

在邹某某受贿案中，某市公安局治安支队案件侦查大队大队长邹某某具有对所在辖区内各种娱乐场所经营违法行为查处的职责。2003 年 10 月至 2004 年 8 月期间，邹某某先后多次收受辖区内电游室经营业主所送的现金共计 15 余万元。该案的证据有：①多名电游室经营业主证实，邹某某多次利用职权，向其索要所谓"保护费"，在经营赌博机的过程中得到了邹某某的关照。②治安支队民警证实，在查处一些电游室经营赌博机的过程中，扣缴的赌博机后来都根据邹某某的指示返还给了各电游室经营业主，但具体原因不知道。③行政处罚文书，证实涉案电游室涉及经营赌博机被查处，但只给予了最低罚款，且对赌博机未进行收缴没收。④被告人邹某某始终未承认自己的犯罪行为，并辩解涉案经营赌博机的案犯系初犯、偶犯，所以做出了从轻处理。

本案的庭审讯问中，被告人邹某某矢口否认收受贿赂，庭审讯问未取得实际效果。对于零口供案件，公诉人在出庭之前可以对几个问题进行预判：①能否具有在庭审过程中突破被告人口供并迫使其当庭认罪的强大能力？②本案如果没有被告人的口供，能否认定被告人有罪？③如果在庭审过程中，被告人都矢口否认公诉人所提的问题，庭审效果会怎样？如果这些问题的答案都是否定的话，那我们是否选择不问。在审判长问"公诉人是否需要对被告人进行讯问"时，我们可以选择如下方式：审判长、审判员，本案系被告人零口供的案件，但本案不仅有多名证人证实被告人邹某某利用职权收受他人贿赂的犯罪事实，而且还有大量书证证实了被告人邹某某利用职权为他人谋取利益的事实。根据《中华人民共和国刑事诉讼法》第五十三条的规定：'没有被告人供述，证据确实、充分的，可以认定被告人有

---

① 彭东.国家公诉人出庭指南[M].北京：法律出版社，2013：73.

罪和处以刑罚。鉴于本案被告人未如实供述自己的罪行，我们在法庭讯问阶段不再对其讯问，对其犯罪罪行将在举证阶段加以揭露和证实。但其始终拒绝承认自己的犯罪罪行，说明其悔罪态度较差，仍具有较大的社会危害性，这一点敬请合议庭在定罪量刑时予以考虑，"这种表态，不仅阐述了法律的相关规定，而且指明了案件特点，回避了讯问不力可能带来的负面效果，同时点明被告人的认罪态度，可以实现讯问所能达到的目的。

四、庭审讯问的其他技巧

（一）掌握好讯问开场语

方案一：被告人×××，根据法律规定，公诉人现在对你进行讯问，你应当如实回答问题，你今天的认罪态度的好坏，直接关系到对你的量刑，你是否听清楚了？

方案二：被告人×××，根据《中华人民共和国刑法》第六十七条第三款的规定，如实供述自己罪行的，可以从轻处罚，现在公诉人依法对你进行讯问，希望你如实回答问题，你是否听清楚了？

通过对比，我们可以看出，方案二的优势在于：①引用法律明确；②贯彻了尊重和保障人权的原则。在刑事诉讼法已经作出相关修改的情况下，我们对于被告人的讯问不宜过于强势，尤其是注意不应当包含强迫被告人自证其罪的语气。

对于有自首情节的讯问，还可以结合有关司法解释进行讯问开场，如我们可以这样表述：被告人×××，根据法律规定，公诉人现在依法对你进行讯问。我们注意到，你系案发后主动投案并如实交代自己犯罪罪行的，但根据最高人民法院《关于处理自首和立功应用法律若干具体问题的解释》第一条第二款第四项的规定，"犯罪嫌疑人自动投案并如实供述自己罪行后又翻供的，不能认定为自首"，希望你今天在庭上能继续坚持良好的认罪态度，如实供述自己的罪行，争取法律的宽大处理。你是否听清楚了？

（二）核实被告人的认罪态度

刑事诉讼规则第四百三十九条第二款规定："被告人在庭审中的陈述与在侦查、审查起诉中的供述不一致，足以影响定罪量刑的，可以宣读被告人供述笔录，并针对笔录中被告人的供述内容对被告人进行讯问，或者提出其他证据进行证明。"

为灵活运用好该讯问技巧，公诉人在确认被告人对起诉书的事实是否持异议之后，应当对被告人发问："被告人×××，你在侦查阶段和审查起诉阶段的供述是否属实？"公诉人在庭审讯问阶段，能否很好的驾驭庭审讯问，这句话至关重要。如果被告人回答不属实，应当追问其哪里不属实，以及不属实的原因在哪，并应当要求其提供相关线索和材料。对于辩解明显不能成立的，应当通过讯问揭露其辩解的虚假性或荒谬性。同时，全面清楚了解被告人的辩解，为此后的举证及辩论做好准备。如果被告人回答属实，则应当牢牢把握其侦查阶段和审查起诉阶段的供述应当成为其定罪或量刑的基础，一旦被告人有所偏离，应当提醒其回到有罪供述上来。

实践中，经常碰到的现象是，被告人一方面承认自己在侦查阶段和审查起诉阶段的供述是属实的，但另一方面为逃脱责任却在庭审讯问阶段加入很多无罪或者罪轻的辩解。此时，公诉人应当引起足够的注意。如果其辩解影响到定罪，或者罪轻的辩解不符合事实和证据，应提醒被告人对某一问题的回答关系到其坦白能否认定，必要时可以宣读其在侦查阶段或审查起诉阶段的供述节选，将被告人拉回到有罪供述上来。

（三）兼顾效率详略得当

对于多次犯罪的案件，经常会碰到被告人对其中部分犯罪事实没有异议，仅对部分事实提出异议的情形；在受贿案件中，也经常会碰到被告人对于收受财物的行为没有异议，仅对是否利用职务便利谋取利益提出异议；在毒品案件、隐瞒掩饰犯罪所得等案件中，也经常会碰到被告人对于具体实行行为没有争议，仅对主观上是否明知提出异议。

针对不存在争议的问题，或者是庭前会议已经解决的问题，公诉人没有必要再浪费大量的时间和精力去开展讯问。庭审讯问应当集中精力解决有争议的事项，注意提高庭审的质量和效率。例如，对于起诉书指控多笔犯罪事实的，合议庭一般会在公诉人宣读起诉书之后，确认被告人对起诉书指控的事实是否有异议。如果被告人只对其中几笔事实有异议的，公诉人在开展法庭讯问之前可以再追问被告人对于无异议的事实，其侦查阶段的供述是否属实。如果被告人表示属实，则公诉人可以提醒书记员记录在卷，并向合议庭说明："鉴于被告人×××对起诉书指控的第×、××笔事实没有异议，也承认就这几笔事实在侦查阶段的供述是属实的，公诉人对这几笔事实不再开展讯问，法庭讯问仅就有争议的几笔事实开展。"再如，有些案件被告人对部分构罪要件没有异议，仅就部分构罪要件如主观故意、因果关系等提出异议，公诉人也可以在巩固其供罪部分的基础上，集中精力就有争议的构罪要件展开讯问，做到有的放矢，详略得当。

（四）注意进行庭审讯问小结

针对被告人翻供的案件，我们可以这样小结：审判长、审判员，通过刚才的法庭讯问，我们发现被告人对指控的犯罪事实予以了否认，但其在侦查阶段曾经作出过有罪供述。其今天庭审翻供的理由，有以下几点不符合常理（本案证据状况）：一、二、三。对此，我们将在举证阶段通过出示大量详实的证据对其罪行加以揭露和证实。另其当庭认罪态度不好，说明其仍未认识到自身犯罪行为的严重社会性，仍具有较大社会危害性，这一点，敬请合议庭在量刑时予以考虑。

针对被告人部分翻供的案件，我们可以这样小结：审判长、审判员，通过刚才的法庭讯问，我们发现被告人对指控的犯罪事实予以了部分否认，其今天在庭上的供述证实了本案以下几点犯罪事实：一、二、三。这一点，敬请书记员详细记录在卷。但其否认××，与本案证据不符，对此，我们将在举证阶段通过出示大量详实的证据对其罪行加以揭露和证实。

如果被告人否认的事实影响到自首的成立，我们还应当指出，被告人当庭否认×××。而该事实是××罪的核心犯罪事实（××罪的实行行为），对该事实的否认直接影响到本案关键事实的认定。被告人对该事实予以否认，说明其对主要事实予以了翻供，其认罪态度不再满足成立自首的法定条件，这一点，敬请合议庭在量刑时予以考虑。对其翻供的事实，我们将在举证阶段通过出示大量详实的证据对其罪行加以揭露和证实。

（五）灵活运用反对权

在庭审讯问过程中，遇到辩护人故意引导被告人做虚假陈述或者被告人态度恶劣等情形的，公诉人应当结合讯问情况，运用好制止权和反对权。

一般而言，在法庭讯问阶段，被告人有下列不当回答的，公诉人应根据情况提请审判长制止：①被告人的供述与案件无关或答非所问的；②被告人使用污言秽语，或者攻击国家机关、社会团体或其他公民的；③对侦查人员进行人身攻击和侮辱的；④提出反对国家政权、反对社会主义的反动言论的；⑤回答语无伦次，表述不清的。

在法庭讯问阶段，辩护人对被告人进行诱导性发问或其他不当发问可能影响案件客观真实再现的，公诉人应根据情况提请审判长制止，或者提出反对意见：①发问与案件无关的；②公诉人发问时被告人已经陈述清楚，不必要重复发问的；③辩护人或诉讼代理人采取威胁、诱导等不正当方式进行提问可能影响案情客观真实再现的；④辩护人问题模糊，易误导被告人作出违背原意的回答的；⑤辩护人的提问可能泄露与案件无关的国家机密的；⑥辩护人以猜测的方式发问，引导被告人认同或者否认其提出的猜测的；⑦辩护人的反问中暗含两个以上的问题，被告人难以掌握应具体针对哪个问题进行回答的；⑧辩护人的发问超出了直接提问，而是直接陈述某种事实，或作出某种结论，要求被告人进行确认的；⑨辩护人发问意在向被告人提供信息，将前面庭审的内容透漏给被告人的；⑩辩护人越权为同案其他被告人辩护的，但该辩护有利于从轻、减轻或者免除自己当事人刑罚的除外。①

公诉人提请审判长制止的方式可以是："审判长，刚才辩护人的提问带有明显的诱导（假设、推测）性质，不利于法庭查明事实真相，建议合议庭予以制止。"或者："审判长，被告人当庭使用污言秽语，有损法庭庄严的形象，建议合议庭予以制止。"

公诉人提出反对时应注意以下问题：①提出反对一定要准确揭露辩护人的诱导企图，向法庭说明反对的理由；②如果法庭裁决公诉人的反对无效，准许辩护人继续发问，应当尊重审判人员作出的自由裁量。但可提请审判长让书记员将公诉人的意见记入庭审笔录。③庭审结束后公诉人对审判活动的意见可依法定程序以人民检察院的名义向人民法院提出。④审判长对公诉人的反对难以作出支持或不支持裁断的，公诉人可以建议审判长要求辩护人说明发问的目的，以此为依据作出裁断。②

（六）注意补充发问

对于辩护人的发问，公诉人应当认真聆听，注意分辨出被告人的陈述前后是否有矛盾或差异。如果发现这类情况并可能影响定罪量刑的，公诉人在辩护人发问完毕后应当及时征得审判长许可，进行补充发问予以澄清。有的案件甚至存在辩护人故意颠倒黑白，污蔑司法机关的情形，公诉人应

---

① 最高人民检察院公诉厅.刑事公诉办案规范手册[M].北京：中国检察出版社，2015：410.
② 湖南省人民检察院.公诉岗位专用操作规程[M].北京：中国检察出版社，2016：304.

当通过补充讯问对辩护人的不当发问进行劝诫或警告。

如张某某单位行贿、偷税、行贿一案开庭审理时，辩护人讯问张某某："你在侦查阶段的陈述是否受到外来干扰?"张某某回答："是的，侦查人员对我威胁恐吓，还对我使用过暴力。"辩护人继续发问："那你在侦查阶段的有罪供述是否不属实?"被告人随即表示不属实。对此，公诉人在征得审判长许可后补充进行了发问，公诉人出示了被告人在审查起诉阶段的提审笔录，讯问张某某："在审查起诉阶段，本公诉人在对你进行讯问时，是否问过你侦查人员对你的讯问是否存在刑讯逼供等违法情形?"张某某回答是的。公诉人继续问："那你的回答是什么?"张某某回答说："没有。"公诉人再问："之前公诉人讯问你在侦查阶段的供述是否属实，你回答的内容是属实的，这一点书记员也已经记录在卷。那么，你刚才回答辩护人的问话，岂不是在当庭撒谎?"张某某十分尴尬。公诉人最后发问："被告人张某某，请你仔细考虑后，如实向法庭陈述，侦查人员对你的讯问是否存在刑讯逼供等违法情形，你在侦查阶段的供述是否属实，以便于法庭确认你是否认罪，并裁决是否可以对你从轻处罚，你听明白了吗?"张某某后来否认了刑讯逼供的存在，并承认自己侦查阶段的有罪供述是真实的。讯问完毕后，公诉人针对辩护人的不当发问，发表了意见："审判长，辩护人身为一名法律工作者，应当知道提出排除非法证据的申请，应当提供相关的证据材料或线索。但辩护人在没有提供任何材料和线索的情况下，无端指责检察机关违法取证，其发言的内容是不负责任的。而且，在被告人全面认罪的情况下，误导被告人推翻有罪供述从而可能导致被告人如实供述的法定情节难以认定，无法获得法律从轻或减轻处罚，其刚才的提问也是极不严肃的。"审判长当即采纳了公诉人的意见，批评了被告人与辩护人。

(七)避开庭审讯问禁忌

(1)避免在被告人不认罪或者翻供的情况下过于强势，避免使用挖苦讽刺性语言，或对被告人进行人身攻击或人格贬损。法庭讯问应当尽量做到"理性、平和、文明、规范"。一方面，要避免讯问引起被告人强烈的抵触及反对情绪，出现公诉人与被告人直接冲突对抗的尴尬境地，导致讯问无法或难以顺利进行。另一方面，也要注意"言出法随"，所说的每一句话都应当有事实和证据支撑，都应当符合法律规范，避免留下明显语言漏洞。

(2)避免出现与指控主张无关的问题。庭审讯问应当紧紧结合起诉书指控的犯罪事实和各种量刑情节开展，不应当出现与指控犯罪事实无关的问题。如在指控伪证罪的法庭讯问中，不应当出现被告人嫖娼或者住高级酒店的发问内容。但对辩护人或被告人以"与犯罪无关"干扰公诉人必要讯问的，公诉人应简要地向审判长说明讯问的目的，继续必要的讯问。

（3）避免威胁性、诱导性发问。庭审讯问应当避免可能影响客观真实的诱导性讯问以及其他不当讯问。公诉人不能为获取某一回答，而在提问中添加暗示被问者如何回答的内容，或者将需要被问者有争议的事实假定为业已存在的事实进行提问。

（4）避免讯问无法预知的问题。庭审讯问，实际上是公诉人通过讯问的方式，由被告人向审判人员重述案件事实。因此，在讯问过程中，公诉人应当尽量问自己觉得有底或者已经预知答案的问题，以便掌握讯问节奏和整个流程。因此，公诉人要避免过多问"为什么"。